Dietrich Herzog · Hilke Rebenstorf · Bernhard Weßels (Hrsg.)

Parlament und Gesellschaft

Schriften des Zentralinstituts für sozialwissenschaftliche
Forschung der Freien Universität Berlin

ehemals Schriften des Instituts für politische Wissenschaft

Band 73

Dietrich Herzog · Hilke Rebenstorf ·
Bernhard Weßels (Hrsg.)

Parlament und Gesellschaft

*Eine Funktionsanalyse der
repräsentativen Demokratie*

Westdeutscher Verlag

Alle Rechte vorbehalten
© 1993 Westdeutscher Verlag GmbH, Opladen

Der Westdeutsche Verlag ist ein Unternehmen der Verlagsgruppe Bertelsmann International.

Das Werk einschließlich aller seiner Teile ist urheberrechtlich geschützt. Jede Verwertung außerhalb der engen Grenzen des Urheberrechtsgesetzes ist ohne Zustimmung des Verlags unzulässig und strafbar. Das gilt insbesondere für Vervielfältigungen, Übersetzungen, Mikroverfilmungen und die Einspeicherung und Verarbeitung in elektronischen Systemen.

Umschlaggestaltung: Horst Dieter Bürkle, Darmstadt
Umschlagbild: Reichstagsgebäude ab 1980, Außenansichten.
              © Ullstein Bilderdienst, Berlin – Günter Peters.
Druck und buchbinderische Verarbeitung: Lengericher Handelsdruckerei, Lengerich
Gedruckt auf säurefreiem Papier
Printed in Germany

ISBN 3-531-12469-2

Inhalt

Einführung 7

Dietrich Herzog
Der Funktionswandel des Parlaments in der sozialstaatlichen Demokratie 13

Hilke Rebenstorf
Gesellschaftliche Interessenrepräsentation und politische Integration 53

Bernhard Weßels
Politische Repräsentation als Prozeß gesellschaftlich-parlamentarischer
Kommunikaton 99

Manfred Hirner
Der Deutsche Bundestag im Netzwerk organisierter Interessen 138

Camilla Werner
Das Dilemma parlamentarischer Opposition 184

Uli Brückner
Der Deutsche Bundestag im Europäischen Maßstab. Neue
Anforderungen durch die Europäische Integration 218

Helmut Müller-Enbergs
Zwischen Bewahrung und Modernisierung. Politische Einstellungen in
der letzten Volkskammer der DDR 248

Bettina Scholz
Bundestag und Volkskammer. Meinungsprofile von Abgeordneten im
Vergleich 272

Literatur 300

Anhang A:
Auszüge aus den Fragebögen 315

Anhang B:
Veröffentlichungen aus dem Projekt "MdB - Rolle und Kommunikationsbeziehungen des Abgeordneten in der repräsentativen Demokratie" 332

Über die Autoren 334

Einführung

"Das kritikbedürftigste Moment am Bonner Parlamentarismus scheint mir die landläufige Kritik zu sein, die an ihm geübt wird." Diese Aussage Ernst Fraenkels aus dem Jahr 1964[1] hat auch heute noch, fast drei Jahrzehnte später, nichts von ihrer Gültigkeit verloren. Trotz einer inzwischen außerordentlich entfalteten Parlamentarismusforschung und einer vielfältigen Informationstätigkeit des Bundestages selbst klagt man nicht nur in der gehobenen Publizistik, sondern auch in einem Teil der sich publizistisch gerierenden Politikwissenschaft über angebliche "Defizite" oder "Legitimationskrisen" des parlamentarischen Regierungssystems; von der "Abgehobenheit" des Bundestages ist die Rede, seinem "Funktionsverlust", seiner "Bürokratisierung", von einer mangelnden "Transparenz" parlamentarischer Entscheidungen, von "Fraktionszwang" und einem angeblichen Widerspruch zwischen Abgeordnetenfreiheit und Parteibindung, von nicht-"repräsentativer" sozialer Zusammensetzung des Bundestages, fataler "Professionalisierung", "Parlamentsverdrossenheit", usw. - die Palette parlamentarismus-kritischer Themen ist groß, und sie haben nicht erst seit Fraenkels vehementer Antikritik die veröffentlichte Meinung in Deutschland stets aufs neue bestimmt[2].

Zweifellos ist eine kritische, aufmerksame Öffentlichkeit unabdingbare Voraussetzung für die Funktions- und Reformfähigkeit einer demokratischen Ordnung. Es stellt sich freilich die Frage, ob derlei kritische *Topoi* die wirklichen Probleme der Zeit treffen oder ob sie als weitergeschleppte Stereotype der öffentlichen Meinung ein Eigenleben entfalten.

Nun wird man sich sicherlich damit abfinden müssen, daß die Ergebnisse der politikwissenschaftlichen Forschung - wie übrigens auch die anderer Disziplinen - immer nur höchst partiell, zeitlich verzögert oder gelegentlich, aus ideologischen Motiven, überhaupt nicht rezipiert werden. Es könnte aber auch sein, daß die Parlamentarismusforschung ihrerseits zu zögerlich ist, manche "landläufigen" Problemstellungen aufzugeben oder sie zumindest durch wirklichkeitsadäquatere zu ergänzen. Ernst Fraenkels eingangs zitierte Äußerung muß keineswegs nur als

---

1   In seinem Aufsatz "Strukturdefekte der Demokratie und deren Überwindung", erstmals abgedruckt in: Aus Politik und Zeitgeschichte, Beilage zum Parlament, 26. Februar 1964; aufgenommen in Ernst Fraenkel, *Deutschland und die westlichen Demokratien*, 6. Aufl., Stuttgart/Berlin/Köln/Mainz: Kohlhammer 1974.
2   Vgl. Hartmut Wasser, *Parlamentarismuskritik vom Kaiserreich zur Bundesrepublik. Analyse und Dokumentation*, Stuttgart/Bad Cannstatt: Frommann-Holzboog 1974. Siehe auch Richard Stöss, Parteikritik und Parteiverdrossenheit, in: *Aus Politik und Zeitgeschichte*, B 21/90, S. 15 - 24.

Ideologiekritik, sie kann auch als Wissenschaftskritik verstanden werden. Dann hätten wir es mit einem *scientific lag*[3] innerhalb der wissenschaftlichen Profession zu tun, einer Art Widerspruch zwischen den mittlerweile veränderten Bedingungen und Herausforderungen der Zeit und deren wissenschaftlicher Bearbeitung[4].

Eine solche Hypothese ist zweifellos riskant. Sie vergröbert den Entwicklungsstand einer in Wirklichkeit hoch entfalteten Parlamentarismusforschung. Auch mag sie Erwartungen wecken, die weder von einem einzelnen Wissenschaftler, noch von einem einzelnen Forschungsprojekt eingelöst werden können. Gleichwohl ist sie als Forschungsimpuls notwendig, um der Gefahr thematischer Ritualisierungen zu entgehen. Deshalb setzen die hier versammelten Beiträge die gerade in Deutschland sehr ausgeprägte verfassungsrechtliche und institutionenkundliche Betrachtungsweise nicht fort. Vielmehr wird versucht, in der Parlamentarismusforschung bestimmte Fragen neu zu stellen oder sie zumindest neu zu akzentuieren.

So steht denn auch methodisch die Analyse der Handlungen und Auffassungen der parlamentarischen Akteure selbst, also der Bundestagsabgeordneten, im Zentrum des Forschungsinteresses[5]. Diese einstellungs- und verhaltensanalytische Methode ist in Deutschland im Unterschied zur amerikanischen Parlamentarismusforschung noch wenig etabliert[6], obwohl gerade sie geeignet ist, das Parlament innerhalb des ihm vorgegebenen verfassungsrechtlich-institutionellen Rahmens als Handlungsaggregat individueller und kollektiver Akteure verstehbar zu machen.

---

3 Der Begriff ist eine Adaptation des Konzepts *cultural lag* von William F. Ogburn, der damit die zeitlich verzögerte Anpassung der Kultur und der sozialen Organisation einer Gesellschaft an technologische Veränderungen bezeichnete.

4 Vgl. dazu Dietrich Herzog, Was heißt und zu welchem Ende studiert man Repräsentation?, in: Dietrich Herzog/Bernhard Weßels (Hrsg.), *Konfliktpotentiale und Konsensstrategien. Beiträge zur politischen Soziologie der Bundesrepublik*, Opladen: Westdeutscher Verlag 1989, S. 307 - 335.

5 In diesem Zusammenhang ist auf einen bedauerlichen Mangel der deutschen Parlamentarismusforschung aufmerksam zu machen - auf das Fehlen regelmäßiger Abgeordneten-Surveys. In der allgemeinen Elitenforschung wurde inzwischen damit begonnen, kontinuierliche repräsentative Befragungen (mit einem Grundbestand gleicher Interviewfragen) durchzuführen; das erlaubt die Analyse von Konstanz und Wandel der soziopolitischen Führungsschicht im Zeitablauf (zusammenfassend dazu s. Ursula Hoffmann-Lange, Eliten in der Bundesrepublik Deutschland, Opladen: Leske + Budrich 1992). Gleiches ist auf der Grundlage der bisher erst wenigen, zudem thematisch disparaten Abgeordnetenbefragungen nicht zu leisten. Welche Bedeutung aber regelmäßige Abgeordneten-Surveys für die Analyse der Entwicklung des parlamentarisch-repräsentativen Systems haben können, zeigt die in dieser Hinsicht vorbildliche Parlamentarismusforschung in den Niederlanden und in Schweden (s. unter anderen Sören Holmberg, Political Representation in Sweden, in: Hans-Dieter Klingemann/Richard Stöss/Bernhard Weßels [Hrsg.], *Politische Klasse und politische Institutionen. Probleme und Perspektiven der Elitenforschung*, Opladen: Westdeutscher Verlag 1991, S. 290-324).

6 Vgl. die im Literaturverzeichnis aufgeführten Untersuchungen von Matthews, Wahlke u.a., Eulau/Wahlke, Barnes, Converse/Pierce und Farah. In der neueren deutschen Parlamentarismusforschung ist die verhaltensanalytische Methode insbesondere von Werner Patzelt (Wahlkreisstil und Abgeordnetenrolle, in: *Zeitschrift für Parlamentsfragen*, 20/1989, S. 114-150) aufschlußreich angewendet worden.

Einführung 9

Das Handeln der Abgeordneten transparent zu machen, wird aber um so wichtiger, als rechtlich nicht geregelte Formen der Politikgestaltung für die Funktionsfähigkeit des "informalen Verfassungsstaates" der Gegenwart offenbar an Bedeutung gewinnen[7].

In der Sache geht es darum, nicht die klassischen "Funktionen" des Parlaments abzuhandeln[8], sondern die Bedeutung des Deutschen Bundestages, also seine *Funktion* unter den sich wandelnden Bedingungen der gesellschaftlichen und staatlichen Ordnung, zu analysieren. In diese Richtung laufen bereits gewichtige Vorschläge zur Kontexterweiterung der Parlamentarismusforschung. So hat Hannah Pitkin am Ende ihrer ausführlichen Begriffsanalysen angeregt, "Repräsentation" nicht lediglich als (duale) *Beziehung* zwischen Repräsentierten und Repräsentanten, sondern als *System* komplexer Interaktionen zu thematisieren: "Political representation is primarily a public, institutionalized arrangement involving many people and groups, and operating in the complex ways of large-scale social arrangements. What makes it representation is not any single action by any one participant, but the over-all structure and functioning of the system, the pattern emerging from the multitude activities of many people"[9]. In ähnlicher Weise betont Heinrich Oberreuter die Notwendigkeit, die Bedeutung des Parlaments, hier des Deutschen Bundestages, im gesellschaftlich-staatlichen Informations-, Interessenvermittlungs- und Willensbildungsprozeß zu untersuchen[10]. Auch Winfried Steffani hebt die Bedeutung des Parlaments im weiteren Zusammenhang des soziopolitischen Systems hervor, wenn er feststellt: "Nur wenn das Parlament in ständiger Kommunikation mit den Wählern, Massenmedien und Verbänden steht, können Parlament und Regierung ihre wichtigste *Systemfunktion* erfüllen: demokratische Richtungsbestimmung und Kontrolle staatlichen Handelns zu sichern und damit zur demokratischen Legitimation staatlichen Handelns bei-

---

7 Wie stark die Funktionsfähigkeit des parlamentarischen Regierungssystems von den Handlungsweisen und den Einstellungen (d.h. der "Parlamentskultur") der Abgeordneten abhängt, wird auch von verfassungsrechtlicher Seite hervorgehoben (s. Helmuth Schulze-Fielitz, *Der informale Verfassungsstaat. Aktuelle Beobachtungen des Verfassungslebens der Bundesrepublik Deutschland im Lichte der Verfassungstheorie*, Berlin: Duncker & Humblot 1984).
8 Derartige Kataloge von Parlamentsfunktionen sind in einem gewissen Sinne willkürlich. Sie klassifizieren entweder verfassungsrechtliche Zuständigkeiten oder beobachtbare Tätigkeiten eines Parlaments. Sie eignen sich gut zur Analyse einzelner Tätigkeitsbereiche, verdecken aber eher den Funktionswandel moderner Parlamente im Zuge sozio-politischer Veränderungen (vgl. Walter Bagehot, *The English Constitution*, 1. Aufl. 1867; Uwe Thaysen, *Parlamentarisches Regierungssystem in der Bundesrepublik Deutschland*, Opladen: Leske + Budrich 1976; ders., Repräsentation in der Bundesrepublik Deutschland, in: Uwe Thaysen/Robert H. Davidson/Robert G. Livingston [Hrsg.], *US-Kongress und Deutscher Bundestag. Bestandsaufnahmen im Vergleich*, Opladen: Westdeutscher Verlag 1988, S. 73-107).
9 Hannah F. Pitkin, *The Concept of Representation*, Berkeley: University of California Press 1967 (Hervorhebung v. Verf.).
10 Heinrich Oberreuter, Legitimation durch Kommunikation - Zur Parlamentarismusforschung in der Bundesrepublik Deutschland, in: Jürgen W. Falter/Christian Fenner/Michael Th. Greven (Hrsg.), *Politische Willensbildung und Interessenvermittlung*, Opladen: Westdeutscher Verlag 1984, S. 238-253.

zutragen[11]". Und Uwe Thaysen weist auf die "ständig steigenden Steuerungsbedürfnisse moderner Gesellschaften" hin, woraus sich als grundlegende Frage ergäbe: "Inwieweit werden die Parlamente bei grundsätzlicher Aufrechterhaltung der Prinzipien gesellschaftlicher Pluralität in der Lage sein, ihren eigenen Entscheidungsprozeß den gesteigerten Steuerungsbedürfnissen sowohl inhaltlich als auch organisatorisch anzupassen?"[12]

Allen diesen Äußerungen liegt die Vorstellung zugrunde, das Parlament in seiner Bedeutung, also hinsichtlich seiner Funktion, innerhalb der gegenwärtigen gesellschaftlichen und staatlichen Ordnung genauer verstehen zu lernen. Dann aber tauchen andere Fragen auf als die seit nunmehr einem Jahrhundert in der Parlamentarismustheorie gestellten. Dann reicht es nicht mehr aus, allein die Beziehungen zwischen Repräsentierten und Repräsentanten ins Auge zu fassen und den gängigen Begriff "Volksvertretung" zu konservieren. Zwar mag der konstitutionelle Ballast - mit seinen Gegenüberstellungen von Exekutive und Legislative, Regieren und Kontrollieren, Entscheiden und Räsonnieren - das Schiff der Parlamentarismusforschung schwimmfähig erhalten, aber auf derselben Stelle. Deshalb ist es an der Zeit, neue, gegenwartsadäquate Fragen zu entwickeln, neue theoretische Ansätze zum Verständnis des modernen Parlaments zu suchen und fortgeschrittene Methoden der empirischen Sozialforschung zu testen. Darum geht es in den vorliegenden Beiträgen. Ihr Ziel ist es,

- den Funktionswandel des Parlaments unter den Bedingungen der gegenwärtigen sozialstaatlichen Demokratien aufzuzeigen (Dietrich Herzog);
- neuere Ansätze der Elitentheorie auf die Analyse von Sozialstruktur und Einstellungen der Abgeordnetenschaft anzuwenden (Hilke Rebenstorf);
- für das Verständnis parlamentarischer Repräsentation den Einstellungsvergleich zwischen Abgeordneten und Wählern im Rahmen eines Kommunikationsmodells fruchtbar zu machen (Bernhard Weßels);
- parlamentarische Arbeitskontakte und Vermittlungsstrukturen im Rahmen neokorporatistischer Theorieansätze zu untersuchen (Manfred Hirner);
- die gegenwärtigen Handlungsbedingungen der parlamentarischen Opposition zu analysieren (Camilla Werner);
- die Anforderungen aufzuzeigen, die sich für den Deutschen Bundestag aus der europäischen Einigung ergeben (Uli Brückner).

Zusätzlich werden die Ergebnisse einer Parallel-Untersuchung über die erste frei gewählte (und zugleich letzte) Volkskammer der DDR dargestellt. Die beiden damit befaßten Beiträge sollten als Pilotstudien verstanden werden. Denn sie betreffen nicht nur ein exzeptionell kurzlebiges Parlament, sondern bekanntermaßen auch ein Repräsentativgremium, dessen Bedeutung erst im größeren Zusammen-

---

11 Winfried Steffani, Parlamentarische Demokratie - Zur Problematik von Effizienz, Transparenz und Partizipation, in: ders. (Hrsg.), *Parlamentarismus ohne Transparenz*, 2. Aufl., Opladen: Westdeutscher Verlag 1973, S. 38 (Hervorhebung v. Verf.).
12 Thaysen, *Parlamentarisches Regierungssystem* (Anm. 8), S. 91.

Einführung 11

hang demokratischer "Transitionen" erschlossen werden kann[13]. Ansätze dazu werden in dem Beitrag von Helmut Müller-Enbergs vorgestellt, der die Einstellungen der Volkskammerabgeordneten in bezug auf den Prozeß des demokratischen Umbruchs in der DDR und der deutschen Vereinigung analysiert; der zweite Beitrag, von Bettina Scholz, ist komparativer Art insofern, als er die Zielvorstellungen und Meinungsprofile der Abgeordneten der Volkskammer mit denen des Bundestages vergleicht.

Der größte Teil der empirischen Daten, die in den folgenden Beiträgen verarbeitet werden, wurde im Rahmen eines Forschungsprojekts erhoben, das zunächst von der Kommission für Forschung und wissenschaftlichen Nachwuchs der Freien Universität Berlin, in der Hauptsache dann von der Deutschen Forschungsgemeinschaft, finanziell unterstützt worden ist; ihr sei dafür ausdrücklich gedankt Das Projekt besteht im wesentlichen aus drei Umfragen, einer Totalerhebung unter den Mitgliedern des 11. Deutschen Bundestages, einer zeitgleich durchgeführten repräsentativen Bevölkerungsumfrage (im Rahmen des ZUMA Sozialwissenschaften-BUS) sowie einer während der Laufzeit des Projekts aus aktuellen Gründen zusätzlich eingeschobenen schriftlichen Umfrage unter den Abgeordneten der 10. Volkskammer der DDR. Einige Ergebnisse des Projekts liegen bereits in mehreren Publikationen vor[14]. In der ersten Monographie, "Abgeordnete und Bürger", findet man auch alle Angaben über das Forschungsdesign, die deshalb im vorliegenden Band nicht erneut dokumentiert zu werden brauchen[15].

Obwohl die in der vorliegenden Veröffentlichung versammelten Beiträge aus einem gemeinsamen Forschungsprojekt (mit der generellen Fragestellung nach "Rolle und Kommunikationsbeziehungen des Abgeordneten in der repräsentativen Demokratie") stammen, hatten die Autoren in der inhaltlichen Ausgestaltung ihrer Themen weitgehend freie Hand. Zwar wurde nach Absprache versucht, Wiederholungen zu vermeiden; andererseits sollten die Verfasser nicht an die Kette *einer* Lehrmeinung gelegt werden. So spiegeln die folgenden Beiträge, je themenspezifisch, die zum Teil unterschiedlichen theoretischen Ansätze und politischen Wertungen der Autoren wider.

---

13 Die Untersuchung der Frage, welche Rolle Parlamente bei der Überwindung totalitärer oder diktatorischer Systeme spielen können, steht noch aus. Vgl. hierzu Peter A. Kraus, Elemente einer Theorie postautoritärer Demokratisierungsprozesse im südeuropäischen Kontext, in: *Politische Vierteljahresschaft*, 31/1990, S. 191-213; Ulrike Liebert/Maurizio Cotta (Hrsg.), *Parliament and Democratic Consolidation in Southern Europe*, London/New York: Pinter 1990; Juan J. Linz/Alfred Stepan (Hrsg.), *The Breakdown of Democratic Regimes*, Baltimore 1978; Adam Przeworski, Some Problems in the Study of Transitions to Democracy, in: G. O'Donnell u.a. (Hrsg.), *Transitions from Authoritarian Rule*, Baltimore 1986; Dankwart A. Rustow, Transitions to Democracy, in: *Comparative Politics*, 2/1970, S. 337-363.
14 Das Projekt hatte den Titel "MdB - Rolle und Kommunikationsbeziehungen des Abgeordneten in der repräsentativen Demokratie". Es hatte zum Ziel, "empirisch gesicherte Erkenntnisse über die Funktion des Deutschen Bundestages im Prozeß der gesellschaftlich-parlamentarischen Kommunikation sowie der staatlichen Entscheidungen zu gewinnen". Die bisherigen Veröffentlichungen sind in Anhang B aufgelistet.
15 Eine vollständige Dokumentation der Abgeordnetenbefragung sowie des Sozialwissenschaften-BUS ist im Zentralarchiv für empirische Sozialforschung, Köln, verfügbar.

Selbstverständlich stellen einzelne Umfragen, auf deren Ergebnissen die folgenden Beiträge im wesentlichen beruhen, für sich betrachtet immer nur "Momentaufnahmen" dar. Sie geben Informationen über die Situation zu einer bestimmten Zeit. Wissenschaftlich werden sie jedoch dann relevant, wenn ihre Ergebnisse entweder in die Dynamik des soziopolitischen Wandels eingebunden, also zeitvergleichend analysiert werden; oder wenn es darum geht, aufgrund genereller theoretischer Fragestellungen systematische Zusammenhänge herauszufinden und damit Erkenntnisse über die Funktionsweise und die Funktionsprobleme der repräsentativen Demokratie der Gegenwart zu ermitteln. Beides wurde in den nachfolgenden Aufsätzen so weit wie möglich zu realisieren versucht. Insofern hoffen die Autoren, nicht nur der Gefahr "landläufiger Kritik" am parlamentarisch-repräsentativen System der Bundesrepublik entgangen zu sein, sondern auch einen Beitrag zur thematischen und methodischen Erweiterung der deutschen Parlamentarismusforschung geleistet zu haben.

An der Produktion des vorliegenden Bandes waren mehrere Mitglieder des Zentralinstituts für sozialwissenschaftliche Forschung der Freien Universität Berlin, das den Band in seine Institutsreihe aufgenommen hat, beteiligt. Frauke Burian hat den Band als Lektorin betreut. Uta Heinicke (FU) und Gudrun Mouna (WZB) haben sich mit den vielen Korrekturarbeiten abgemüht und Tobias Nazemi mußte die technischen Probleme bei der Erstellung der Druckvorlage lösen.

Berlin, im Januar 1993   Die Herausgeber

Dietrich Herzog

Der Funktionswandel des Parlaments in der sozialstaatlichen Demokratie

> *"La multitude que ne se réduit pas à l'unité c'est confusion; l'unité qui n'est pas multitude est tyrannie."*
>
> Pascal

1. Problemstellung

In der Geschichte des deutschen Parlamentarismus gehört die Wandlung vom konstitutionellen System des Kaiserreiches zum parlamentarischen Regierungssystem der Weimarer Republik zu den einschneidensten und bekanntesten Veränderungen. Dieser Transformationsprozeß vollzog sich über einige Jahrzehnte und auf verschiedenen Ebenen. Es änderte sich das Verhältnis zwischen Parlament und Wählerschaft durch das Dazwischentreten der nunmehr fest organisierten politischen Parteien; es änderte sich die Rolle des Abgeordneten, die sich vom Typ des mehr oder weniger unabhängigen "Honoratiorenpolitikers" zu dem des in Fraktionen eingebundenen Parteirepräsentanten wandelte; und es änderte sich das Verhältnis zwischen "Legislative" und "Exekutive" insofern, als die Regierung nunmehr auf dem Vertrauen der Parlamentsmehrheit beruhte[1], wodurch zugleich das konstitutionelle System der Gewaltentrennung und -kontrolle durch die neue Frontstellung zwischen Regierungsmehrheit und Opposition ersetzt, zumindest überlagert wurde.

Diese fundamentale Transformation des parlamentarischen Repräsentativsystems vollzog sich auch in anderen, namentlich kontinentaleuropäischen Ländern, wenngleich zeitversetzt und in unterschiedlichen Ausprägungen. Sie ist in der historischen, verfassungsgeschichtlichen und politologischen Forschung seit langem

---

1 Das ist vergröbert ausgedrückt. Natürlich muß man hinzufügen, daß nach der Weimarer Reichsverfassung die Reichsregierung zusätzlich auch des Vertrauens des Reichspräsidenten bedurfte.

ein zentrales Thema[2], und ihre Auswirkungen sind bis heute Gegenstand demokratietheoretischer Kontroversen und verfassungspolitischer Reformüberlegungen[3].

Inzwischen freilich scheint sich bereits ein neuerlicher Wandlungsprozeß anzudeuten: Vom "dualen System" des "Parteienstaates" (auf parlamentarischer Ebene gekennzeichnet vor allem durch das Spannungsverhältnis Regierungsmehrheit *versus* Opposition) zum parlamentarisch-gesellschaftlichen "Verhandlungssystem" der sozialstaatlichen Demokratie. In ihm verändert sich nicht nur die Rolle des Parlaments im Regierungssystem, sondern darüber hinaus dessen Funktion in der politischen Ordnung insgesamt.

Noch ist diese neuerliche Wandlung nur in Einzelheiten erkennbar. Da sie erst vor etwa zwei Jahrzehnten begann und noch keineswegs zum Abschluß gekommen ist, ist eine zusammenfassende Beurteilung zur Zeit kaum möglich. Auch fehlt in der Parlamentarismustheorie bisher ein akzeptierter Begriff, der die neue Situation präzise kennzeichnen könnte. Anhängig jedoch ist die Aufgabe, die veränderten gesellschaftlichen Bedingungen und staatlichen Funktionserfordernisse herauszuarbeiten, unter denen das Parlament, hier in Sonderheit der Deutsche Bundestag, nunmehr zu handeln gezwungen ist[4]. Unter dieser Perspektive läßt sich zumindest vorläufig beschreiben, welche Richtung der Funktionswandel des Parlaments vermutlich nehmen wird - und welche neuen Aufgaben folglich auf das Parlament zukommen werden. Denn der Bundestag speziell, wie auch das parlamentarische Regierungssystem insgesamt, werden ihre Handlungsfähigkeit und ihre demokratische Legitimität nur dann bewahren, wenn sie sich den neuen - nationalen und transnationalen - soziopolitischen Herausforderungen anpassen. Eine solche Per-

---

2 Aus der reichhaltigen Literatur s. insbes. Max Weber, Parlament und Regierung im neugeordneten Deutschland, in: ders., *Gesammelte Politische Schriften*, München: Drei Masken Verlag 1921, S. 126-260; Gerhard Leibholz, Der Strukturwandel der modernen Demokratie, in: ders., *Strukturprobleme der modernen Demokratie*, Karlsruhe: C. F. Müller 1958, S. 78-131; Gerhard A. Ritter (Hrsg.), Gesellschaft, Parlament und Regierung - Zur Geschichte des Parlamentarismus in Deutschland, Düsseldorf: Droste 1974; Eberhard Schütt-Wetschky, *Grundtypen parlamentarischer Demokratie - Klassischaltliberaler und Gruppentyp*, Freiburg/München: Alber 1984.
3 Beratungen und Empfehlungen zur Verfassungsreform. Schlußbericht der Enquête-Kommission Verfassungsreform des Deutschen Bundestages, hrsg. vom Presse- und Informationszentrum des Deutschen Bundestages, in: *Zur Sache*, 2/77, Bonn 1977; Hildegard Hamm-Brücher u.a., Parlamentsreform - eine demokratische Notwendigkeit, in: Aus Politik und Zeitgeschichte, 25. März 1988; Carl Christoph Schweitzer, *Der Abgeordnete im parlamentarischen Regierungssystem der Bundesrepublik*, Opladen: Leske u. Budrich 1979; Winfried Steffani (Hrsg.), *Parlamentarismus ohne Transparenz?*, Opladen: Westdeutscher Verlag 1973; Uwe Thaysen, *Parlamentsreform in Theorie und Praxis*, Opladen: Westdeutscher Verlag 1972.
4 Eine solche soziologische Vorgehensweise ist keineswegs neu. Nur droht sie in der gegenwärtigen Parlamentarismus- und Repräsentationsforschung (sei diese verfassungstheoretisch, einflußanalytisch oder behavioristisch angelegt) gleichsam vergessen zu werden. Jedoch lag sie den Arbeiten eben jener Autoren zugrunde, die wir heute als "Klassiker" der Parlamentarismustheorie schätzen. So waren die Verfassungskonstruktionen eines John Locke oder eines Montesquieu nicht lediglich Ergebnisse staatstheoretischer Reflexion; sie waren zugleich auch Versuche, die Verfassungsstruktur des Staates den gesellschaftlichen, insbes. sozialstrukturellen Bedingungen der Zeit anzupassen.

spektive ist auch deshalb von Bedeutung, weil die Parlamentarismusforschung auf der Hut sein muß, ältere Fragestellungen zu perpetuieren, wenn sich die neuen Probleme bereits abzeichnen. Das erwartet auch die Öffentlichkeit, der mit allgemeinen "Krisen"-Szenarien ebensowenig gedient ist wie mit der Fortsetzung konventioneller Kontroversen über normative Demokratiepostulate.

Parlamente sind sensible Institutionen. Sie sind für interne Paralysen und das Abrutschen in die Bedeutungslosigkeit ungleich anfälliger als kleinere, hierarchisch organisierte und deshalb robustere Strukturen wie Regierungen, Ministerialverwaltungen, Militärführungen u.ä. Das hat gerade auch die deutsche Geschichte, insbesondere die der Weimarer Republik, gezeigt, und das zeigt sich an den Schwierigkeiten parlamentarischer Regierungsformen in den post-totalitären Demokratien der Gegenwart. Denn die Abgeordnetenschaft muß Widersprüchliches miteinander vereinen können: Sie muß gegensätzliche gesellschaftliche Interessen und parteipolitisch konfligierende Prioritäten zum Ausdruck bringen; und sie muß zugleich zur Koalitionsbildung, zum Interessenausgleich und zur Kompromißfindung, also zur politischen Integration der Gesellschaft, fähig sein[5].

Parlamente sind aber auch anpassungsfähig an neue Bedingungen. Das zeigt die englische oder die US-amerikanische Verfassungsgeschichte, wo die Parlamente über mehr als zwei Jahrhunderte fundamentaler gesellschaftlicher Umwälzungen - von agrarisch-feudalistischen über industriell-klassengespaltene bis hin zu den gegenwärtigen, interessendifferenzierten und mobilen Gesellschaftsformationen - ihre Bedeutung als staatliche Entscheidungszentren behaupteten. Und, was wichtiger ist, sie haben dann auch, ungleich besser als populistische Diktaturen oder technokratische Regime, der politischen Ordnung dauerhafte Legitimität verleihen können. Auch deshalb gehört die Frage nach den Bedingungen und Möglichkeiten ihrer Anpassung an neue Zeitumstände auf die Prioritätenliste politikwissenschaftlicher Forschung.

Um den Funktionswandel moderner Parlamente analysieren und daraufhin die tatsächlichen Anpassungen des Deutschen Bundestages beurteilen zu können, sind drei Aspekte von Bedeutung:

Erstens geht es um die Beziehungen zwischen Parlament und Wählerschaft, also um das gegenwärtige System parlamentarischer *Repräsentation*. In dieser Hinsicht ist die zentrale These die, daß die konventionellen Formen der Interessenvermittlung zwischen Wählern und Gewählten - über "soziale Repräsentativität" der Abgeordnetenschaft bzw. über den Wahlakt, also über das Parteiensystem - unter den neuen gesellschaftlichen Bedingungen nicht mehr ausreichen, um Legitimität und Effizienz des parlamentarischen Regierungssystems zu gewährleisten; wichtiger werden nun neue Formen parlamentarisch-gesellschaftlicher Kommunikation. Diese kann nicht mehr nur "Interessenvermittlung" in dem Sinne sein, Interessen oder Erwartungen der Bevölkerung aufzunehmen und sie in den parlamentarischen

---

5 Zur empirischen Analyse s. u.a. Dietrich Herzog, *Konsens und Konflikt in der politischen Führungsschicht Berlins*. Ein Forschungsbericht, FU Berlin, Informationen aus Lehre und Forschung 1/1985.

Entscheidungsprozeß zu übertragen. Kommunikation muß vielmehr wechselseitig verlaufen, also auch Information über anstehende Probleme, Aufklärung über realisierbare Lösungen und Werbung für anstehende Entscheidungen durch die Abgeordneten beinhalten[6]. Es handelt sich dann um einen (wechselseitigen) Prozeß der "Politikvermittlung". Wobei gerade auch den sogenannten einfachen Abgeordneten, die sich ungleich weniger als die Spitzenpolitiker über die Massenmedien äußern können[7], eine für die Funktionsweise des repräsentativen Systems außerordentlich wichtige Aufgabe in der direkten Kommunikation mit den Bürgern, mit den Vereinen, Organisationen, Betrieben usw. zukommt.

Zweitens ist - mit Bezug auf die moderne Verfassungstheorie - die veränderte Rolle des Parlaments im Regierungsprozeß zu untersuchen, wobei insbesondere das Thema *"gemeinsame Staatsleitung"* wichtig wird. Unter diesem Aspekt wird hervorzuheben sein, weshalb das klassische Muster der Gewaltentrennung zwischen den Staatsorganen, in der Gegenwart im wesentlichen konstituiert durch den Gegensatz zwischen Regierungsmehrheit und Opposition, zur Lösung zahlreicher neuartiger Probleme allein nicht mehr genügen kann; parlamentarische Arbeitsteilung und - als notwendige Ergänzung dazu - intra- und inter-fraktionelle *Kooperation* werden unabdingbar.

Drittens sollen die Ansätze der neueren Staatstheorie und politologischen Kybernetik für eine Analyse der *Steuerungskapazität* des Parlaments fruchtbar gemacht werden, und zwar unter Berücksichtigung der Bedingungen der modernen sozialstaatlichen Demokratie. Denn die Verpflichtung des Staates zur ausgleichenden Regulierung gesellschaftlicher Verhältnisse wird in Zukunft vermutlich noch zunehmen, mehr noch: auf den Staat kommt, ob man das wünscht oder nicht, eine "umfassende Verantwortung für die gesellschaftliche *Entwicklung*"[8] zu. Das muß auch bei der Parlamentarismus-Analyse berücksichtigt werden. Deshalb wird zu untersuchen sein, weshalb die Beziehungen zwischen Staat und Gesellschaft, hier insbesondere zwischen dem Parlament einerseits und den gesellschaftlichen Gruppen und Institutionen andererseits, nicht mehr hierarchisch gestaltet sein können; autoritative Entscheidungen, sofern sie gemeinwohlorientierte und zugleich gesellschaftlich akzeptable Problemlösungen hervorbringen sollen, bedürfen vor allem der Interessen-*Konversion* und -*Koordination* zwischen zahlreichen, notwendigerweise autonomen gesellschaftlichen Einheiten. Und es sind gerade die Parlamente, die, besser als andere Staatsorgane, diese Aufgabe zu bewältigen vermögen - vorausgesetzt freilich, es gelingt ihnen, sich ihrerseits eine hinreichende *Autonomie* zu bewahren.

---

6   In diesem Sinne erhält in der modernen sozialstaatlichen Demokratie die bereits von Walther Bagehot (*The English Constitution*, 1. Aufl. 1867) hervorgehobene "teaching"-Aufgabe des Parlaments eine neue Bedeutung.
7   Siehe Ulrich Dübber, Neunzig Prozent ohne Resonanz. Das Bild der Bundestagsabgeordneten in Presse, Hörfunk und Fernsehen, in: Harmut Klatt (Hrsg.), *Der Bundestag im Verfassungsgefüge der Bundesrepublik Deutschland*, Bonn: Presse- und Informationszentrum des Deutschen Bundestages 1980, S. 149-151.
8   Dieter Grimm, *Die Zukunft der Verfassung*, Frankfurt a.M.: Suhrkamp 1991, S. 342 (Hervorhebung vom Verf.).

Vorwegnehmend sei hier bereits hervorgehoben, daß allem Anschein nach der Funktionswandel des Parlaments nicht als Abfolge historischer Zäsuren interpretiert werden muß. Er ist vermutlich eher gekennzeichnet durch eine Funktions-*Erweiterung*: Parlamentarische Rechte und tatsächliche Handlungsmöglichkeiten, die sich in historisch früheren Entwicklungsphasen des deutschen Parlamentarismus herausgebildet haben, können in der Gegenwart als jederzeit aktualisierbare "Handlungsreserven" erhalten bleiben, was dann nichts anderes heißen würde als - Erweiterung des parlamentarischen Handlungsrepertoires. Ob und wie jenes erweiterte Handlungsrepertoire allerdings tatsächlich ausgeschöpft wird, hängt freilich von den Abgeordneten selbst ab, von ihrem Engagement, ihren Erfahrungen, ihrem Selbstverständnis und ihrem kollektiven Handeln. Für die Analyse der Funktionsweise des Parlaments rücken dann bestimmte Fragen ins Zentrum der Parlamentarismusforschung, die bisher, unter der in Deutschland ausgeprägten Dominanz verfassungsrechtlicher und institutioneller Problemstellungen, eher als marginal betrachtet worden sind - Fragen der Rekrutierung, der Qualifikation und des Verhaltens der parlamentarischen *Akteure*.

2. Das Parlament im gesellschaftlichen Wandel

Will man die Funktionsbedingungen untersuchen, unter denen die Parlamente in den gegenwärtigen sozialstaatlichen Demokratien zu handeln haben, so wird man sich zunächst mit dem Verhältnis Parlament - Wählerschaft, und das heißt: mit den gegenwärtigen gesellschaftlichen Entwicklungstendenzen, befassen müssen. Dabei geht es nicht nur um die Frage nach dem Handlungskontext; vielmehr ergibt sich aus der Gesellschaftsentwicklung - in der Gegenwart mehr denn je - zugleich für das Parlament eine eminente politische Gestaltungs- und Integrationsaufgabe. Denn im Unterschied zu früheren Geschichtsperioden ist die gegenwärtige Gesellschaft durch eine spezifische, neuartige sozialstrukturelle, kulturelle und politische Dynamik und Konflikthaftigkeit gekennzeichnet.

Seit dem Ende der sechziger Jahre hat in der Bundesrepublik - wie in anderen westlichen "Industriegesellschaften" auch - ein fundamentaler Strukturwandel eingesetzt. Er zeigt sich in mehrerer Hinsicht, und er ist in der soziologischen Literatur inzwischen ausgiebig dokumentiert[9]. So hat sich grundlegend die Berufs- und Schichtungsstruktur verändert. Ihr generelles Merkmal ist eine fortschreitende Differenzierung. Die im Zuge der Industriellen Revolution entstandene Klassenschichtung hat sich "entstrukturiert"[10]. Zwar sind soziale Ungleichheiten keines-

---

9 Vgl. Joachim Matthes (Hrsg.), *Sozialer Wandel in Westeuropa*, Frankfurt a.M.: Campus 1979.
10 Peter A. Berger, *Entstrukturierte Klassengesellschaft? Klassenbildung und Strukturen sozialer Ungleichheit im historischen Wandel*, Opladen: Westdeutscher Verlag 1986.

wegs verschwunden, jedoch bestehen sie im wesentlichen nicht mehr zwischen den Erwerbsklassen, sondern verlaufen entlang anderer Disparitätsdimensionen: Arbeitsplatzsicherheit, Infrastrukturversorgung, soziale Absicherung von Lebensrisiken, Wohnqualität, "Randständigkeit" usw.[11]. Aus dem ehemaligen "Proletariat" ist ein nach Einkommen, Sozialstatus, Bewußtsein und sozialer Sicherheit differenzierter Teil der "Arbeitnehmerschaft" geworden[12].

Noch stärkere Unterschiede bestehen in der größten Berufsschicht, dem "neuen Mittelstand" der Angestellten und Beamten, die fast ausschließlich im "tertiären Sektor", also in dem sich rapide ausdehnenden Dienstleistungsbereich, tätig sind. Bei dieser Berufsschicht kann von einer gemeinsamen "Klassenlage" oder einem spezifischen "Klassenbewußtsein" überhaupt nicht mehr gesprochen werden. Andererseits hat sich die in den fünfziger Jahren vorausgesagte Entwicklung zur "nivellierten Mittelstandsgesellschaft"[13] nicht bewahrheitet. Statt dessen ist eine "Heterogenisierung", d.h. die Zunahme sozialer Unterschiede, für den berufs- und sozialstrukturellen Wandel kennzeichnend.

Das trifft auch auf die gesellschaftlichen Institutionen zu. Nirgendwo haben sie sich vollkommen aufgelöst - weder die traditionellen Konfessionsgemeinschaften noch die Familie oder die verschiedenen gesellschaftlichen Organisationen. Jedoch haben sie an Bindungskraft für die Individuen verloren[14]. Dafür sind neben ihnen lockere Formen gesellschaftlicher Assoziation, Bürgerinitiativen, soziale Bewegungen, Stadtteilgruppen u.ä., entstanden[15], die dem einzelnen eine variable Teilnahme - ohne feste Verpflichtungen - erlauben. Man spricht insofern von einer die gesamte Gesellschaft durchziehenden "Individualisierung" oder einer "Pluralisierung der Lebensstile"[16].

---

11 Vgl. hierzu Karl Martin Bolte/Stefan Hradil, *Soziale Ungleichheit in der Bundesrepublik Deutschland*, 5.Aufl., Leverkusen: Leske 1985; Rainer M. Lepsius, Soziale Ungleichheit und Klassenstrukturen in der Bundesrepublik Deutschland, in: H.-U. Wehler (Hrsg.), *Klassen in der europäischen Sozialgeschichte*, Göttingen: Vandenhoek & Ruprecht 1979; Stefan Hradil, Entwicklungstendenzen der Schicht- und Klassenstruktur in der Bundesrepublik, in: Joachim Matthes (Hrsg.), *Krise der Arbeitsgesellschaft?*, Frankfurt a.M./New York: Campus 1983.
12 Vgl. Joseph Mooser, Abschied von der "Proletarität", in: Werner Conze/M. Rainer Lepsius (Hrsg.), *Sozialgeschichte der Bundesrepublik Deutschland*, Stuttgart 1983; Walter Müller, Wege und Grenzen der Tertiarisierung: Wandel der Berufsstruktur in der Bundesrepublik Deutschland 1950-1980, in: Joachim Matthes (Hrsg.), *Krise der Arbeitsgesellschaft ?*, Frankfurt a.M./New York: Campus 1983, S. 142-160.
13 Helmut Schelsky, Die Bedeutung des Schichtungsbegriffs für die Analyse der gegenwärtigen Gesellschaft, in: *Transactions of the Second World Congress of Sociology*, Bd. I, London 1954 (abgedruckt in: ders., *Auf der Suche nach Wirklichkeit*, Düsseldorf: Diederichs 1965, S. 331-336).
14 Vgl. Bernhard Weßels, Vielfalt oder strukturierte Komplexität? Zur Institutionalisierung politischer Spannungslinien im Verbände- und Parteiensystem in der Bundesrepublik, in: *Kölner Zeitschrift für Soziologie*, 43 (1991), S. 454-475.
15 Vgl. Roland Roth/Dieter Rucht (Hrsg.), *Neue soziale Bewegungen in der Bundesrepublik Deutschland*, Bonn 1987.
16 Wolfgang Zapf u.a., *Individualisierung und Sicherheit. Untersuchungen zur Lebensqualität in der Bundesrepublik* Deutschland, München: Beck 1987.

Ein zweites Merkmal dieses Gesellschaftswandels ist eine fortschreitende Mobilisierung. Das betrifft zum einen die neuen Werthaltungen. Neben den traditionellen Werten wie Ordnung, Sicherheit, Fleiß, wirtschaftlicher Erfolg und ähnliches haben sich zunehmend sogenannte post-materialistische Werte ausgebreitet, unter denen "Selbstverwirklichung", "Mitbestimmung" und "Lebensqualität" von zentraler Bedeutung sind[17]. Auch die politischen Zielvorstellungen haben sich gewandelt. Standen in den ersten Jahrzehnten der Nachkriegszeit (in allen westlichen Demokratien) Fragen der Wirtschaftsentwicklung, der Sozialpolitik, der inneren und äußeren Sicherheit im Vordergrund, so sind seit dem Ende der sechziger Jahre neue Themen wichtig geworden, darunter Umweltschutz, Gleichberechtigung der Frauen, Schwangerschaftsabbruch, Scheidungsreform und ähnliches. Sie haben sich inzwischen derart in der Wählerschaft verfestigt, daß Sozialforscher bereits von einer neuen, nunmehr die politischen Auseinandersetzungen strukturierenden gesellschaftlichen Konfliktlinie sprechen, der zwischen "alter Politik" und "neuer Politik"[18].

Mit dem Auftauchen neuer Werte und Zielvorstellungen hängt auch eine allgemeine Verhaltensmobilisierung zusammen. Bereits in den sechziger Jahren vermerkte die Sozialforschung in allen westlichen Gesellschaften einen beträchtlichen Aktivitätsschub. Unter dem Stichwort "partizipatorische Revolution" faßte man eine zwar nicht neue, wohl aber beträchtlich gestiegene Bereitschaft zur öffentlichen Willensbekundung zusammen[19]. Sie reicht von Unterschriftensammlungen über die Teilnahme an Bürgerinitiativen und Protestversammlungen bis zu mehr oder weniger gewaltsamen Aktionen. Mobilisiert hat sich auch das Wahlverhalten. Wie in anderen westlichen Demokratien schrumpft auch in der Bundesrepublik die Stammwählerschaft der Parteien. Offenbar sind zunehmend mehr Wähler bereit, von Wahl zu Wahl unterschiedlich zu votieren, der Wahl aus Protest fernzubleiben oder neuen - auch extremistischen - Parteien ihre Stimme zu geben[20].

---

17 Grundlegend dazu Ronald Inglehart, *The Silent Revolution*, Princeton: Princeton University Press 1977; ders., *Kultureller Umbruch*, Frankfurt a.M. 1989; Helmut Klages/Peter Kmieciak (Hrsg.), *Wertewandel und gesellschaftlicher Wandel*, Frankfurt a.M.: Campus 1982.
18 Kai Hildebrandt/Russell J. Dalton, Die neue Politik. Politischer Wandel oder Schönwetterpolitik, in: *Politische Vierteljahresschrift*, 18 (1977), S. 231-256; s.auch Russell J. Dalton/Scott C. Flanagan/Paul Allen Beck (Hrsg.), *Electoral Change in Advanced Industrial Democracies: Realignment or Dealignment?*, Princeton: Princeton University Press 1984; Weßels, Vielfalt (Anm. 14).
19 Gabriel Almond/Sidney Verba, *The Civic Culture*, Princeton 1963; Samuel H. Barnes/Max Kaase u.a., *Political Action. Mass Participation in Five Western Democracies*, Beverly Hills/London: Sage 1979; Kendall L. Baker et al., *Germany Transformed. Political Culture and the New Politics*, Cambridge, Mass. 1981.
20 Vgl. Max Kaase/Hans-Dieter Klingemann (Hrsg.), *Wahlen und politisches System. Analysen aus Anlaß der Bundestagswahl 1980*, Opladen: Westdeutscher Verlag 1983; Hans-Dieter Klingemann/Max Kaase (Hrsg.), *Wahlen und politischer Prozeß. Analysen aus Anlaß der Bundestagswahl 1983*, Opladen: Westdeutscher Verlag 1986; Max Kaase/Hans-Dieter Klingemann (Hrsg.), *Wahlen und Wähler. Analysen aus Anlaß der Bundestagswahl 1987*, Opladen: Westdeutscher Verlag 1990.

Ein drittes Merkmal des gegenwärtigen Gesellschaftswandels ist der zunehmende "sozialstaatliche Interventionismus". Wie immer man die sozialen Leistungen des Staates beurteilen mag, so ist doch sowohl das Leben des einzelnen als auch die soziale und ökonomische Entwicklung der Gesellschaft insgesamt von staatlichen Regulierungs- und Verteilungsmaßnahmen abhängig geworden. Dabei ist es in unserem Zusammenhang unerheblich, ob man von einer "Krise des Sozialstaates"[21] sprechen kann oder nicht; wichtig ist, daß die *Erwartungen* an staatliche Leistungen generell - und in allen Sektoren der Gesellschaft - beträchtlich gestiegen sind. Sie schlagen sich in Ansprüchen nieder, die nicht nur die staatliche Agenda ausweiten, sondern - was hier wichtiger ist - untereinander in Konkurrenz stehen und sich (latent oder manifest) in gesellschaftlichen Konflikten äußern. Die Etablierung des modernen Sozialstaates, notwendig zum Ausgleich gesellschaftlicher Disparitäten und damit zur Dämpfung sozialer Konflikte, hat zugleich zu einer Differenzierung, politischen Mobilisierung und damit zur Konfliktausweitung in der Gesellschaft beigetragen[22].

Alle diese sozialstrukturellen und kulturellen Veränderungen brauchen hier nicht im einzelnen dargestellt zu werden. Jedoch sind sie für jede Analyse der Funktionsweise und des Funktionswandels staatlicher Organe, hier insbesondere des Parlaments, von wesentlicher Bedeutung: Sie besagen, daß sich die gesellschaftlichen Interessengegensätze vermehren, daß gesellschaftliche Konflikte eher zu- als abnehmen werden. Die aus der Zeit der Industrialisierung und Nationalstaatsbildung stammenden, relativ eindeutigen Konfliktfronten - "Kapital" versus "Arbeit", Zentralismus versus Regionalismus, Konfessionalismus versus Laizismus[23] - verlieren ihre Konturen. Und sie verlieren ihre ehemals die politischen Auseinandersetzungen strukturierende Wirkung. Neue Themen schieben sich zusätzlich und gleichsam quer in die bisherige öffentliche Auseinandersetzung hinein. Noch ist nicht sicher auszumachen, ob sich die neue Konfliktlinie, bisher mit den mißverständlichen Begriffen "alte Politik" - "neue Politik" bezeichnet, stabilisieren wird. Bisher fehlen ihr die gesellschaftlichen Träger; sie ist noch am stärksten in transitorischen Sozialgruppen, nämlich bestimmten Generationen, veran-

---

21 Vgl. Hans-Hermann Hartwich, *Sozialstaatspostulat und gesellschaftlicher status quo*, 3. Aufl., Opladen: Westdeutscher Verlag 1978; Jens Alber, *Der Sozialstaat in der Bundesrepublik 1950-1983*, Frankfurt a.M./New York: Campus 1989; Günther Schmid, Krise des Wohlfahrtsstaates. Alternativen zur staatlichen Finanzierung und Bereitstellung kollektiver Güter, in: *Politische Vierteljahresschrift*, 25 (1984), S. 6-30.

22 Vgl. Jens Alber, Die Krise des Wohlfahrtsstaates, in: *Soziologisches Jahrbuch*, 1/1985, S. 259-273; ders., Der Wohlfahrtsstaat in der Wirtschaftskrise - Eine Bilanz der Sozialpolitik in der Bundesrepublik seit den frühen siebziger Jahren, in: *Politische Vierteljahresschrift*, 27 (1986), S. 28-60; Edeltraut Roller, Einstellungen der Bürger zum Wohlfahrtsstaat der Bundesrepublik Deutschland, Opladen: Westdeutscher Verlag 1992.

23 Zur Herausbildung und politischen Bedeutung jener Konfliktfronten (cleavages) s. Seymour M. Lipset/Stein Rokkan (Hrsg.), *Party Systems and Voter Alignments: Cross-National Perspectives*, New York: Free Press 1967; vgl. auch Heinrich Best, *Die Männer von Bildung und Besitz. Struktur und Handeln parlamentarischer Führungsgruppen in Deutschland und Frankreich 1848/49*, Düsseldorf: Droste 1990.

kert[24], nicht aber in beruflich-sozialstrukturell bestimmten Gruppen, wie das vergleichsweise in den früheren Konfliktlinien der Fall war, als z.b. die Konfliktlinie "Kapital"-"Arbeit" in den seinerzeit noch deutlich unterscheidbaren Sozialgruppen "Bürgertum" bzw. "Arbeiterklasse" fundiert war. (Gleiches traf auf den seinerzeitigen Gegensatz "Klerikalismus" - "Laizismus" zu, der sich nun aber in den beiden großen Konfessionen im Zuge der allgemeinen Säkularisierung stark abgeschwächt hat.) Zudem haben Themen der alten und der neuen Politik ihre Konjunktur; sie können sich jeweils verstärken oder abschwächen, also neue Konfliktkonstellationen herbeiführen, wenn - wofür es in der Bundesrepublik nach der deutschen Einigung genügend Anzeichen gibt - Probleme der alten Politik (Wirtschaftsentwicklung, Staatsverschuldung, innere Sicherheit u.ä.) wieder virulent werden.

Darauf hatten Kai Hildebrandt und Russell Dalton bereits 1977 in ihrem bahnbrechenden Aufsatz über die "neue Politik" andeutungsweise hingewiesen[25]. Gesellschaftliche Wertprioritäten verändern sich vermutlich nicht im Sinne eines einlinigen, evolutionären Prozesses, sondern eher nach dem Muster eines "Konjunkturzyklus". Das korrigiert das ursprüngliche Fortschrittsparadigma der Theoretiker der "stillen Revolution"[26], wonach die Herausbildung "post-materialistischer" Werte eine gleichsam unaufhaltsame, höhere Entwicklungsstufe des gesellschaftlichen Bewußtseins indizierte. Unter dem Gesichtspunkt gesellschaftlicher Konfliktlagen und den Möglichkeiten ihrer politischen Reduzierung ist jedoch ein weiterer Aspekt des Wertewandels von Bedeutung: Die Wahrscheinlichkeit, daß sich die "post-materialistischen" Wertprioritäten aus den sechziger und siebziger Jahren in einer inzwischen wiederum veränderten Problemsituation als Anpassungs-*Blockaden* erweisen. Da sie sich in einer bestimmten Zeit zwar nicht sozialstrukturell, wohl aber in einer bestimmten Generation verankert haben, altern die einstmals "neuen" Politikprioritäten mit ihr; und je tiefer sie sich in einer Generation verfestigt haben (namentlich in deren öffentlichkeitswirksamer Meinungsführerschaft), desto eher stoßen in einer veränderten Problemsituation politisch intendierte Reformen auf Widerstand. Notwendige Neuorientierungen und Strategieveränderungen werden jedenfalls schwieriger und konfliktreicher.

Zusammengenommen heißt das, daß das soziopolitische System der gegenwärtigen entwickelten Demokratien zugleich fragmentierter und dynamischer wird. Ehemals stabile soziopolitische "Koalitionen" zwischen bestimmten Wählergruppen und ihren jeweiligen Parteien haben sich stark abgeschwächt oder sogar auf-

---

24 Siehe Helmut Fogt, *Politische Generationen. Empirische Bedeutung und theoretisches Modell*, Opladen: Westdeutscher Verlag 1982; Wilhelm Bürklin, *Wählerverhalten und Wertewandel*, Opladen: Westdeutscher Verlag 1988; Bernhard Weßels, *Erosion des Wachstumsparadigmas: Neue Konfliktlinien im politischen System der Bundesrepublik?*, Opladen: Westdeutscher Verlag 1991, insbes. Kap 5.
25 Zur Frage des "Konjunktur-Zyklus" gesellschaftlicher Wertprioritären s. Hildebrandt/Dalton, Die neue Politik (Anm. 18); Wilhelm Bürklin, *Grüne Politik - Ideologische Zyklen, Wähler und Parteiensystem*, Opladen: Westdeutscher Verlag 1984.
26 Insbesondere Inglehart, *The Silent Revolution* (Anm. 17).

gelöst, wofür man den Begriff "Entkopplung" (*dealignment*) benutzt[27]. Aufgrund der sozialstrukturellen Differenzierung wie auch der ideologischen und verhaltensmäßigen Mobilisierung - bei gleichzeitig unscharfen Konfliktfronten (*cleavages*) - entstehen zunehmend differenziertere gesellschaftliche Bedürfnisse, die politisch zu berücksichtigen sind. Das bedeutet nicht nur eine *Ausweitung* von Ansprüchen, es bedeutet auch eine Zunahme von Interessen-*Gegensätzen*, gesellschaftlichen Spannungen und öffentlich ausgetragenen Konflikten[28]. Die parlamentarische Agenda in den sozialstaatlichen Demokratien der Gegenwart wird nicht nur quantitativ ausgeweitet - sie wird auch zunehmend durch gegensätzliche, häufig kostspielige und in ihren Auswirkungen schwer abzuschätzende Anforderungen bestückt.

Hinzu kommt, daß in den letzten Jahrzehnten neuartige, komplexe und langfristige Probleme aufgetaucht sind, die sozialstrukturell überhaupt nicht mehr eindeutig verankert sind. Sie betreffen die Lebensverhältnisse ganzer Regionen, der Gesellschaft insgesamt oder sind sogar globaler Natur. Dazu gehören die Absicherung und ständige Anpassung der sozialen Leistungssysteme, der Umbau ganzer Wirtschaftszweige, die europäische Einigung, der Abbau des Nord-Süd-Gegensatzes, in Deutschland speziell die Bewältigung der DDR-Hinterlassenschaft, aber auch die Bewahrung der natürlichen Lebensgrundlagen, die Kontrolle technologischer Entwicklungen (z.B. in der Gentechnologie) usw[29]. Zwar können in diesen und ähnlichen Problembereichen jeweils spezielle ökonomische, kulturelle oder andere organisierte "Interessen" durchaus relevant sein, jedoch lassen sie sich nicht mehr eindeutig bestimmten Sozialgruppen zuordnen. Wer von derartigen Problemen "betroffen" ist, läßt sich nach den früheren gesellschaftlichen Konfliktkonstellationen, wie sie sich im späten 19. Jahrhundert herausgebildet haben, nicht mehr ausmachen. Die Wandlung der früheren Klassen- oder Interessenparteien zu sogenannten Volksparteien (mit einer breit gefächerten Wählerschaft und untereinander ähnlichen, eher additiven denn ideologisch integrierten Programmen) ist nicht anders denn als Anpassung an den Gesellschaftswandel zu verstehen.

Diese hier nur angedeuteten, tatsächlich aber fundamentalen Veränderungen in der Struktur und im Problemhaushalt gegenwärtiger Gesellschaften haben nun Konsequenzen auch für die Funktionsweise des parlamentarischen Systems. Was aus einer engeren, nur retrospektiven Sicht als "Krise des Parlamentarismus" erscheinen mag, läßt sich angesichts der erwähnten gesellschaftlichen Transformationen als ungenügende Anpassung des parlamentarischen Systems an die neuen Herausforderungen verstehen. So hat sich der Charakter parlamentarischer "Repräsentation" verändert. Eine der Wählerschaft irgendwie proportionale soziale Repräsentativität der Abgeordneten wäre in einer sich zunehmend differenzieren-

---

27 Vgl. Dalton/Flanagan/Beck (Hrsg.), *Electoral Change* (Anm. 18.).
28 Vgl. Samuel P. Huntington, Postindustrial Politics. How Benign Will It Be?, in: *Comparative Politics*, 1973/74, S. 163-191.
29 Eine eindringliche Auflistung dieser neuartigen Probleme findet man in dem ausführlichen Krisenpanorama von Ulrich Beck, *Risikogesellschaft. Auf dem Weg in eine andere Moderne*, Frankfurt a.M.: Suhrkamp 1986.

den und mobilisierenden Gesellschaft weder herstellbar noch praktikabel. Die ständische Repräsentation, die noch zu Montesquieus Zeiten ein realistisches Prinzip staatlicher Herrschaftsorganisation war, ist seit langem passé[30]. Aber auch ihre neueren Versionen, z.B. berufsständische, klassenmäßige oder sozialstruktuelle Repräsentation, verlieren in einer sich dynamisierenden Gesellschaft ihren Sinn. Das bedeutet nicht, daß nicht immer wieder bestimmte soziale und politische Gruppen auf Repräsentanz im Parlament drängen - so beispielsweise gegenwärtig die Frauen, die Angehörigen der jüngeren Generationen oder die Vertreter ökologisch-postmaterialistischer Werthaltungen. Aber das ist eine Frage der "Offenheit" des Rekrutierungssystems. Die personelle Repräsentation neuer gesellschaftlicher Interessen im Parlament - sofern sie überhaupt sozialstrukturell verankert sind - mag deren Berücksichtigung im staatlichen Entscheidungsprozeß dienlich sein; eine solche Erneuerung ist indes allemal zu träge, um den sich selbst innerhalb einer Legislaturperiode wandelnden Entscheidungsanforderungen entsprechen zu können. Ganz abgesehen davon, daß bloße Interessen-Repräsentation ein modernes Parlament inflexibel, und das heißt letztlich: einflußlos machen würde.

Das trifft selbst, wenn auch nicht in gleichem Maße, auf die sogenannte "*policy representation*" zu[31]. Die Aufnahme und parlamentarische Vertretung politischer Präferenzen der Wählerschaft, sei es die Wählerschaft im Wahlkreis oder darüber hinaus, gehört zweifellos nach wie vor zur unabdingbaren Voraussetzung für die Funktionsfähigkeit und Legitimität parlamentarischer Repräsentation. Diese sind fundamental gefährdet ohne eine hinreichende "Responsivität" der Gewählten gegenüber den Erwartungen ihrer Wähler[32].

Aber auch diese Form der Repräsentation kann heute nicht mehr ausreichen, wenn damit lediglich eine Kongruenz zwischen den Erwartungen je bestimmter Wähler-Klientele und den Optionen der Abgeordneten gemeint ist. Denn erstens sind Abgeordnete (bzw. Parlamentskandidaten) aller größeren Parteien natürlich daran interessiert, auch Anhänger anderer Parteien oder bisherige Nichtwähler für sich zu mobilisieren, also auch auf deren Erwartungen nach Möglichkeit einzugehen. Zweitens ist die "Wählerschaft", definiert durch Staatsbürgerschaft und zu-

---

30 Es war die besondere Leistung Montesquieus, daß er das normative Prinzip der Gewaltentrennung (als Voraussetzung für die Freiheitssicherung) mit einer Gesellschaftsanalyse seiner Zeit verknüpfte. Den (damaligen) Trägern gesellschaftlicher Macht wurden verfassungsrechtliche Kompetenzen zugewiesen. Siehe die klassische Studie von Emile Durkheim, *Montesquieu and Rousseau. Forerunners of Sociology*, Ann Arbor: The University of Michigan Press 1960. Die Bedeutung Montesquieus für die gegenwärtige Staatsverfassung wird erörtert in Detlef Merten (Hrsg.), *Gewaltentrennung im Rechtsstaat. Zum 300. Geburtstag von Charles de Montesquieu*, Berlin: Duncker & Humblot 1989.
31 Zum Konzept der "policy representation" s. Philip E. Converse/ Roy Pierce, *Political Representation in France*, Cambridge, Mass.: Belknap Press 1986; Sören Holmberg, Political Representation in Sweden, in: Hans-Dieter Klingemann/Richard Stöss/Bernhard Weßels (Hrsg.), *Politische Klasse und politische Institutionen*, Opladen: Westdeutscher Verlag 1991, S. 290-324.
32 Vgl. den interessanten demokratietheoretischen Ansatz von Herbert Uppendahl, Repräsentation und Responsivität - Bausteine einer Theorie der responsiven Demokratie, in: *Zeitschrift für Parlamentsfragen*, 12 (1981), S. 123-134.

sätzliche Bedingungen des aktiven Wahlrechts, selbst nur ein Teil jener gesellschaftlichen Referenzgruppen, auf deren Belange Parlamentarier zu reagieren haben; man denke hier zum Beispiel an noch nicht wahlberechtigte Jugendliche oder - was in den modernen Gesellschaften zunehmend wichtiger wird - an ausländische Bevölkerungsgruppen. Zudem werden in einer zunehmend verflochtenen Welt noch die gesellschaftlichen Interessen in anderen Staaten, z.B. in den Entwicklungsländern oder anderen ausländischen Problemgebieten, im parlamentarischen Handeln zu berücksichtigen sein. Insofern sprengen die modernen gesellschaftlichen Entwicklungen nicht nur das konventionelle Repräsentationsgefüge zwischen Wählern und Gewählten, sondern mehr und mehr auch den Rahmen lediglich nationalstaatlicher Repräsentation.

Faßt man die genannten gesellschaftlichen Entwicklungstendenzen zusammen, so ergeben sich daraus neue Funktionsanforderungen an das moderne Parlament. Seine "Artikulationsfunktion" (bei Bagehot "expressive function"), die den eigentlichen Kern des repräsentativen Systems ausmacht, wird natürlich nicht irrelevant; jedoch kann in der modernen Gesellschaft nicht mehr erwartet werden, daß - angesichts der Fülle und der Dynamik nationaler und transnationaler Problemlagen - *alle* Bevölkerungsinteressen im Parlament und schon gar nicht allein im Plenum "artikuliert" werden können. Die normative Vorstellung einer möglichst *totalen* Responsivität würde das Parlament hoffnungslos überfordern, ja paralysieren. Statt dessen ist eine, freilich öffentlich zu begründende, Selektion der parlamentarisch zu behandelnden Themen unabdingbar. Das wiederum setzt die Fähigkeit voraus, Prioritäten zu definieren. Aus der "Artikulationsfunktion" wird Strategieentwicklung, also eine politische "Strategiefunktion".

Dieselbe Folgerung ergibt sich bei der Frage nach der parlamentarischen Repräsentation gesellschaftlicher "Spannungslinien" (*cleavages*). Auch hier wird man sich vor einer pauschalen Bagatellisierung ihrer die politischen Konflikte strukturierenden Wirkung hüten müssen; nach wie vor ruhen die politischen Parteien, und damit auch ihre parlamentarischen Fraktionen, auf je bestimmten, in der Gesellschaft verankerten Konfliktlagen. Jedoch verlieren diese Spannungslinien an Konsistenz. Zahlreiche und zumal die wichtigsten Entscheidungsprobleme sind nicht mehr eindeutig dem "Interesse" einer bestimmten sozialen Klasse oder Wählerschicht zuzuordnen - man denke nur an den Umweltschutz, an das Problem der (ehemalige "Klasseninteressen" überwölbenden) Subventionen, den zunehmend gefährdeten Staatshaushalt oder den Funktionserhalt sozialer Sicherungssysteme. Von einer einfachen, gleichsam selbstverständlichen "Übersetzung" scharf abgrenzbarer gesellschaftlicher "Interessen" in parlamentarische Konfliktstrukturen kann in den entwickelten, sozialstrukturell wie ideologisch mobilen Demokratien der Gegenwart keine Rede mehr sein. Die Wandlung der politischen Parteien zu "Volksparteien" mit eher additiven, denn integrierten Programmen ist dafür symptomatisch. Wenn das moderne Parlament mehr sein will als lediglich ein Artikulations-"Forum" oder "Resonanzboden des Zumutbaren" (Steffani), wenn es also gestaltenden Einfluß auf staatliche Entscheidungen haben soll, ist weniger die

"Artikulation", als vielmehr die "Konversion" gesellschaftlicher Interessen in politische Strategien die Voraussetzung seiner Handlungsfähigkeit. Da für die Strukturierung politischer Konflikte in den entwickelten Demokratien der Gegenwart die aus dem 19. Jahrhundert stammenden Ideologien (wie Konservatismus, Liberalismus, Sozialismus) unbrauchbar geworden sind[33], da sich auch die früheren sozialstrukturell verankerten Konfliktfronten abschwächen und somit ihre verhaltensleitende Bindungskraft verlieren, wird jene Konversion gesellschaftlicher Interessen und Problemlagen in politische Strategien um so wichtiger - nicht nur für die Klärung konkreter Entscheidungsalternativen, sondern auch für die politische Integration einer sich differenzierenden, Gegensätze multiplizierenden Gesellschaft. Diese Strategieformulierung wird heute mehr denn je zu einer Aufgabe der politischen Akteure, nicht nur, aber vor allem in den Parlamenten; und sie kommt keineswegs nur auf die Regierungsfraktionen zu, sondern gleichermaßen auf die der Opposition.

In diesem Zusammenhang gewinnt auch die seinerzeit von Walther Bagehot hervorgehobene "teaching function" des Parlaments einen neuen Sinn. Daß sie in den "Funktionskatalogen" der neueren Parlamentarismustheorie fallen gelassen wurde, mag vordergründig berechtigt sein, kann doch das moderne Parlament in einer kulturell entwickelten, partizipationsfähigen und wertmäßig differenzierten Gesellschaft nicht mehr der "Lehrmeister der Nation" sein. Jedoch stellen sich gerade in einer derartigen Gesellschaft einigermaßen verbindliche politische Strategien nicht mehr von selbst her. Eine tonangebende, in sich geschlossene Oberklasse oder kulturelle Elite, wie sie zu Bagehots Zeit noch vorhanden (und im englischen Parlament repräsentiert) war, ist in den modernen Demokratien, und hier insbesondere in Deutschland, nicht mehr existent. Um so mehr kommt auf das Parlament die Aufgabe zu, die vielfältigen, in der Gesellschaft konfligierenden und zudem rasch wechselnden Erwartungen in strategische Perspektiven umzuformen[34]; dabei bedürfen nicht nur die politischen Ziele, sondern gerade auch die für ihre Erreichung notwendigen "Kosten" der öffentlichen Klärung. Schließlich ist eine "teaching function" des Parlaments in der Gegenwart auch deshalb notwendig, um gesellschaftlichen Unsicherheiten oder Frustrationen zu begegnen, die für den Wähler aus der Komplexität der Probleme ebenso resultieren wie aus der Reiz- und Informationsüberflutung durch die modernen Medien.

Damit wandelt sich der Charakter parlamentarischer Repräsentation. Macht die Differenzierung gesellschaftlicher Bedürfnisse und Probleme deren *vollständige*

---

33 Natürlich werden ältere Ideologien immer wieder für die politische Mobilisierung reaktiviert. Das trifft in der Gegenwart besonders auf die Ideologie des Nationalismus zu. In Phasen nationaler Unabhängigkeitsbestrebungen bildet sie zweifellos ein Integrationsmoment. In einer transnational verflochtenen Welt aber kann sie nur destruktive Wirkungen zeitigen.
34 Für eine solche Unterrichtung der Öffentlichkeit gilt traditionell das Parlamentsplenum als wichtigster Ort. Angesichts der Aufgabenvielfalt moderner Parlamente kann allerdings die Plenardebatte in der Gegenwart diese Aufgabe indes nicht mehr leisten. Es kommt vielmehr auf die verschiedensten kommunikativen Aktivitäten jedes einzelnen Abgeordneten an, ob "das Parlament" seine Unterrichtungsfunktion erfüllt.

"Vergegenwärtigung", also "Artikulation", in einem Parlament ohnehin illusorisch, so erfordert die Pluralisierung gesellschaftlicher Konflikte in zunehmendem Maße eine politische Integrationsleistung. Diese kommt sicherlich nicht allein, aber doch im wesentlichen auf das Parlament zu. In der pluralistischen, also konfliktermöglichenden Demokratie wird Repräsentation vorrangig zu einem "Gestaltungsprozeß", der zwar das Parlament übergreift, in dessen Zentrum aber das Parlament stehen sollte und - sofern bestimmte Voraussetzungen gegeben sind - auch stehen kann[35].

Eine zentrale Bedingung ist die intensive parlamentarisch-gesellschaftliche Kommunikation[36]. Die Kommunikation zwischen den Abgeordneten sowie den Wählern, den gesellschaftlichen Organisationen und Gruppen war seit Beginn der Parlamentarisierung ein normatives Postulat unter dem Gesichtspunkt demokratischer Legitimität; unter den neuen Bedingungen gesellschaftlicher Differenzierung und Dynamik wird sie eine unabdingbare Voraussetzung für die parlamentarische Handlungsfähigkeit. Sie ermöglicht es, Kenntnisse über die sich wandelnden Problemlagen zu gewinnen, und sie bewirkt eine flexible "Responsivität"[37] des Abgeordneten nicht nur gegenüber der eigenen Wählerschaft, sondern den Erwartungen in der Gesellschaft insgesamt[38]. Anstelle traditioneller parlamentarischer "Interessenvertretung" gewinnt die Fähigkeit zur *Konversion* gesellschaftlicher Problemlagen in strategische Entscheidungen als Handlungsimperativ des Parlaments zunehmend an Bedeutung. Insofern wird der Vertreter partikularer "Interessen" - wie auch der bloße "Parteirepräsentant" - im modernen Parlament eine gleichsam disfunktionale Figur. Natürlich bleibt die Unterstützung durch die Partei die wichtigste Voraussetzung, um ein Mandat zu gewinnen, wie auch die Partei- und Fraktionsbindung für den einzelnen Abgeordneten die wichtigste Machtressource darstellt[39]. Darüber hinaus sind parteipolitisch strukturierte Fronten - außerhalb und innerhalb des Parlaments - insofern unabdingbar, als sie der

---

35 Ansätze zu einer modernen Repräsentationstheorie finden sich insbes. bei Hasso Hofmann/Horst Dreier, Repräsentation, Mehrheitsprinzip und Minderheitenschutz, in: Hans-Peter Schneider/Wolfgang Zeh (Hrsg.), *Parlamentsrecht und Parlamentspraxis*, Berlin/New York: de Gruyter 1989, S. 165-197.
36 Darauf hat vor allem Heinrich Oberreuter hingewiesen. Siehe u.a. seine Beiträge: Parlament und Öffentlichkeit, in: Wolfgang R. Langenbucher (Hrsg.), *Politik und Kommunikation - Über die öffentliche Meinungsbildung*, München: Piper 1979; Legitimation durch Kommunikation - Zur Parlamentarismusforschung in der Bundesrepublik Deutschland, in: Jürgen W. Falter et al. (Hrsg.), *Politische Willensbildung und Interessenvermittlung*, Opladen: Westdeutscher Verlag 1984, S. 238-253. Vgl. auch Wolfgang Ismayr, *Parlamentarische Kommunikation und Abgeordnetenfreiheit*, Frankfurt a.M. 1982.
37 Uppendahl Repräsentation und Responsivität (Anm. 32).
38 Parlamentarisch-gesellschaftliche "Kommunikation" soll hier in einem weiten Sinne verstanden werden. Sie umfaßt die (wechselseitige!) Vermittlung von Sachinformationen, strategischen Optionen, speziellen "Interessen", Personalpräferenzen, Sanktionsdrohungen u.a.
39 Nur unter diesem einfluß- oder machttheoretischen Gesichtspunkt läßt sich die "Parteienstaatsthese" aufrecht erhalten. Vgl. Gerhard Leibholz, Der Strukturwandel der modernen Demokratie, in: ders., *Strukturprobleme der modernen Demokratie*, Karlsruhe: C. F. Müller 1958, S. 78-131.

Wählerschaft strategische Politikalternativen verdeutlichen. Jedoch hängt eine problemlösungsorientierte *Ausfüllung* des parlamentarischen Mandats von einer extensiven Kommunikation des Abgeordneten ab, um Informationen zu gewinnen (und zu vermitteln). Die noch immer kontrovers diskutierte Frage, ob zwischen dem "freien Mandat" (Art. 38 GG) und der Parteibindung des Abgeordneten ein Widerspruch besteht oder nicht, mag parlaments-*rechtlich* relevant sein; sie verliert indes unter den Handlungsbedingungen des modernen Parlaments ihre praktische Bedeutung. Wenn das Parlament mehr sein soll (und mehr sein will) als nur "Legislative" oder "Resonanzboden des Zumutbaren" (Steffani), wenn es - wie später auszuführen sein wird - in der modernen sozialstaatlichen Demokratie ein politisches Entscheidungs- und Steuerungszentrum sein muß, dann kann auch die Rolle des Abgeordneten weder die des ungebundenen "Anwalts" (*trustee*) noch die des gebundenen Partei- (oder Verbands-)"Delegierten" sein; sie wird vielmehr im wesentlichen die eines Politik-(also nicht nur Interessen-)"Vermittlers" und "strategischen Koordinators" werden müssen[40].

Im übrigen entspricht ein solches Rollenverständnis vermutlich auch den Erwartungen in der Wählerschaft. Zwar bleibt für das Wahlverhalten die "Parteineigung" ausschlaggebend. Jedoch sind die sogenannten Wählerwünsche notorisch unbestimmt. Von besonderen Situationen abgesehen, stellen Wahlen gewöhnlich "keine klaren Wählermandate zur Verfolgung einer bestimmten Politik dar. Sie sind keine Abstimmungen über einzelne politische Fragen, sondern über Bündel von Wahlprogrammen und politischen Akteuren..."[41]. Quer durch die parteipolitischen Lager (vielleicht mit Ausnahme der Wähler radikaler oder extremistischer Parteien) scheint sich denn auch zunehmend die Erwartung durchzusetzen, daß es die Aufgabe *aller* Abgeordneten ist, politische Lösungen für anstehende Probleme zu finden[42].

Damit wird auch ein "klassisches" Postulat der Demokratietheorie, die auf Rousseau zurückgehende Forderung nach einer "Identität" zwischen Repräsentier-

---

40 Auch in der empirischen Parlamentsforschung hat sich die konventionelle Rollentypologie (freier "Anwalt", "Delegierter", "Parteivertreter") als unbrauchbar erwiesen. Die Rolle des heutigen Parlamentsabgeordneten muß vielmehr als "hybrid" (d.h. als je situationsbezogen variabel) bzw. generell als Rolle eines "politico" oder "policy-makers" verstanden werden. Vgl. hierzu Heinz Eulau/J. D. Wahlke, *The Politics of Representation*, London: Sage 1978.

41 Ursula Hoffmann-Lange, Kongruenzen in den politischen Einstellungen von Eliten und Bevölkerung als Indikator für politische Repräsentation, in: Klingemann/Stöss/Weßels (Hrsg.), *Politische Klasse* (Anm. 31), S. 282.

42 Das hat nichts mit einer angeblichen "Autoritätsgläubigkeit" in der deutschen politischen Kultur zu tun. Auch amerikanische Parlamentarismusforscher wie Eulau und Wahlke haben denselben Tatbestand hervorgehoben: Mass publics "seem to evaluate government clearly and lend it their support in terms of generalized feelings about whether it is dealing adequately with the most pressing problems...Also many legislators view the legislative task as one of identifying and dealing with problems... Moreover, even if the task of the legislature is defined as dealing with clashing interests, the primary goal almost inexorably becomes reconciliation, reduction of conflict, not merely registry of preponderant demands..." (Eulau/Wahlke, *Representation* [Anm. 40], S. 172.)

ten und Repräsentanten, fragwürdig. Zwar ist es nicht unbedeutend, ob bestimmte gesellschaftliche Gegensätze sich auch im Fraktionenspektrum des Parlaments wiederfinden. Eine vollständige Kongruenz zwischen Wählerwünschen und Abgeordneteneinstellungen (oder sogar Abgeordnetenhandeln) ist in einer hochgradig differenzierten und mobilen, zudem international verflochtenen Gesellschaft (weder innerhalb der Parteilager noch in bezug auf das Gesamtparlament) unmöglich. Es wäre ein gründliches Mißverständnis, das moderne Parlament als "Volksvertretung", als mehr oder weniger gutes "Spiegelbild" gesellschaftlicher Verhältnisse, verstehen zu wollen. Eine derartige "Identität" zwischen Wählern und Gewählten ist auch als *Voraussetzung* für die Funktionsfähigkeit und Legitimität des parlamentarischen Regierungssystems nicht nötig[43]. Sie ist bestenfalls partiell, im Hinblick auf einzelne Entscheidungsfragen, erreichbar, und sie ist dann die *Folge* intensiver parlamentarisch-gesellschaftlicher Kommunikation.

Obwohl über Art und Intensität derartiger Kommunikationen bisher erst wenige empirische Untersuchungen vorliegen, lassen die bisherigen Forschungsergebnisse doch den Schluß zu, daß die Kommunikationsbeziehungen zwischen den Bundestagsabgeordneten und der Gesellschaft, d.h. sowohl zu den Wählern als auch zu den mannigfachen Organisationen und Institutionen, tatsächlich häufiger und intensiver sind als gemeinhin angenommen wird[44]. Ob sie ausreichen, ist eine andere Frage. Auch hängt das von dem Maßstab ab, den man anlegt. Ganz generell jedoch ist die kommunikative Aktivität der Abgeordneten - heute mehr denn je - die eigentliche Einflußressource des Parlaments. Es ist die Fähigkeit der Kontaktaufnahme zu Bürgern, Gruppen und Institutionen, die das Parlament insgesamt und die parlamentarische Opposition im besonderen anderen staatlichen Institutionen, insbesondere der Regierung und der Ministerialbürokratie, voraus hat - wie immer die rechtlichen Kompetenzen zwischen den Staatsorganen verteilt sein mögen und wie unterschiedlich die technische Kapazität der Informationsverarbeitung im einzelnen ist. Unter diesem Gesichtspunkt sollte - was hier nicht im einzelnen erörtert werden kann - jede Parlamentsreform vorrangig darauf abzielen, die Möglichkeiten der Abgeordneten zur "gesellschaftlichen Kommunikation" zu erweitern.

Freilich reicht die parlamentarisch-gesellschaftliche Kommunikation allein nicht aus, um die Handlungsfähigkeit eines Parlaments zu gewährleisten. Hinzu kommt, und das ist gleichermaßen wichtig, eine genügende parlamentsinterne Kooperation. Hierauf wird im folgenden Teil genauer einzugehen sein.

---

43 Siehe dazu auch Dietrich Herzog, Was heißt und zu welchem Ende studiert man Repräsentation?, in: Dietrich Herzog/Bernhard Weßels (Hrsg.), *Konfliktpotentiale und Konsensstrategieen. Beiträge zur politischen Soziologie der Bundesrepublik*, Opladen: Westdeutscher Verlag 1989, S. 307-335.

44 Siehe Dietrich Herzog/Hilke Rebenstorf/Camilla Werner/Bernhard Weßels, *Abgeordnete und Bürger*, Opladen: Westdeutscher Verlag 1990. Ausführlicher dazu Bernhard Weßels, Parteien und Wahlkreiskommunikation als Faktoren politischer Repräsentation, in: Klingemann/Stöss/Weßels (Hrsg.), *Politische Klasse* (Anm. 31), S. 325-356, sowie in dem Beitrag von Bernhard Weßels in diesem Band.

3. Das Parlament im System der "gemeinsamen Staatsleitung"

Während sich im Zuge des sozio-kulturellen Wandels die Beziehungen zwischen Parlament und Wählerschaft veränderten, änderte sich parallel dazu auch die Rolle des Parlaments im Regierungssystem. Seine "klassischen" Funktionen als repräsentatives Forum gesellschaftlicher Interessenartikulation, als Gesetzgeber und als Kontrolleur staatlicher Exekutivgewalt wurden zunehmend ergänzt, wenn nicht sogar überlagert, durch seine Einbeziehung in die Gesamtverantwortung für staatliche Entscheidungen. Aus der ehemaligen "Volksvertretung" wurde ein "staatsleitendes" Organ. Zwar kann im Regierungssystem der Bundesrepublik keinesfalls von einer Parlaments-"Suprematie"[45] gesprochen werden, geschweige denn von einer Art Parlaments-"Absolutismus"[46]. Andererseits ist heute kaum noch umstritten, daß das Modell einer *strikten* Gewaltenteilung zwischen "Legislative" und "Exekutive" (mit der "Judikative" als "*pouvoir en quelque façon nulle*", wie es Montesquieu formulierte) unrealistisch geworden ist[47].

Darauf hat, aus verfassungsrechtlicher Sicht, bereits 1958 Ernst Friesenhahn nachdrücklich hingewiesen[48]. Schon bei der Gesetzgebung wirken Parlament und Regierung zusammen, u.a. durch das Initiativrecht der Regierung und durch die Teilnahme von Regierungsvertretern an den Beratungen in den Ausschüssen und den Aussprachen im Plenum, andererseits durch die Mitwirkung des Parlaments bei Regierungsakten oder bei der Ernennung von Funktionsträgern. Zwar dürfe kein Organ die verfassungsrechtlichen Zuständigkeiten des anderen "in vollem Umfang an sich reißen", beide lebten aber in "ständiger Durchdringung und gegenseitiger Abhängigkeit". In der Verfassungsordnung der Bundesrepublik stehe der

---

45 Eine solche "Suprematie" des Parlaments hat sich seit der "Glorious Revolution" in der englischen Verfassungstradition entwickelt. Ihre theoretische Begründung geht auf John Locke zurück (s. *The Second Treatise of Civil Government*, Kap. XIII, zuerst 1690); allerdings sind in der Geschichte der englischen Verfassungsinterpretationen auch gegenteilige Auffassungen zu finden (z. B. John Stuart Mill, *Considerations on Representative Government*, zuerst 1861).

46 Zeiten faktischer Omnipotenz eines Parlaments hat es - bis in die Gegenwart - häufig gegeben: Beispiele sind das "Lange Parlament" in England, die französische Nationalversammlung in der ersten Revolutionsverfassung von 1791, die türkische "Große Nationalversammlung" zwischen 1920 und 1957 usw.

47 Der Begriff "Gewaltenteilung" hat sich im deutschen Sprachgebrauch eingebürgert, korrekt wäre es von "Gewaltentrennung" zu sprechen. Montesquieu verwendete bekanntlich nicht das Wort *division*, sondern *séparation*; wobei die Exekutive (seinerzeit in Gestalt der Krone) und die, aus zwei Kammern bestehende Legislative (seinerzeit als Repräsentanz des Adels bzw. des Dritten Standes), in mehrerer Hinsicht miteinander verschränkt waren (z.B. Einberufung und Auflösung der Legislative durch die Exekutive, Kontrollrechte der Legislative gegenüber der Exekutive). Diese Gewaltenverschränkung ist in den modernen demokratisch-parlamentarischen Regierungssystemen noch enger geworden, ohne daß freilich der Grundgedanke Montesquieus - Freiheitssicherung durch *wechselseitige* Machtbeschränkung der obersten Staatsorgane - aufgegeben werden darf. Vgl. hierzu Merten (Hrsg.) *Gewaltentrennung* (Anm. 30).

48 Vgl. Ernst Friesenhahn, Parlament und Regierung im modernen Staat, in: *Veröffentlichungen der Vereinigung der Deutschen Staatsrechtslehrer*, H. 16 (1958), S. 9-73.

Regierung und dem Parlament die Staatsleitung "gewissermaßen zur gesamten Hand" zu.

Diese Auffassung ist seither in der verfassungsrechtlichen Literatur weithin akzeptiert und detailliert untermauert worden. So sieht Siegfried Magiera Parlament und Regierung als "sich ergänzende Verfassungsorgane", die jeweils mit eigenen Aufgaben an einer "kooperativen Staatsleitung" beteiligt sind[49]. Unter politisch-soziologischen Gesichtspunkten ist vor allem Magieras Unterscheidung zwischen einem "Informationsvorsprung" der Regierung und einem "Wertvorsprung" des Parlaments von Bedeutung. Sicherlich befriedigt diese Begrifflichkeit nicht ganz; denn "Informationen" über die Interessen, Bedürfnisse, Erwartungen und Konflikte in der Wählerschaft (wie auch in den Parteien, den gesellschaftlichen Organisationen usw.) haben Parlamentarier aufgrund ihrer direkten Wählerkontakte natürlich in ungleich größerem Maße als Kabinettsmitglieder oder Ministerialbeamte. Während, umgekehrt, Minister, sofern sie wie üblich zugleich führende Rollen in ihren Parteien spielen, politische Wertvorstellungen repräsentieren (oder sogar maßgeblich formulieren). Trotzdem ist die Folgerung Magieras relevant. Unterscheidet man zwischen dem technisch-administrativ-juristischen Wissen der Regierung, genauer: ihres "Unterbaus", der Ministerialverwaltung, und dem Wissen der Abgeordneten um die Politikpräferenzen und die Interessenkonflikte in der Wählerschaft, so folgt gerade auch aus *diesem* Unterschied, daß zielgerichtete und gemeinwohlverträgliche Problemlösungen nur über eine enge, kooperative Interaktion zwischen Regierung/Ministerialbürokratie und Parlament zu erwarten sind. Gerade wegen der verschiedenartigen "Informationen" der beiden Staatsorgane wird "kooperative Staatsleitung" notwendig.

Das ergibt sich auch konkret aus der Prozeßstruktur des Gesetzgebungsverfahrens. Wenn Regierungsvorlagen[50] ins Parlament, also in die zuständigen Ausschüsse gelangen, sind sie gewöhnlich bereits über längere Zeit nicht nur inter-ministeriell, sondern auch in einem komplexen Verfahren der Abstimmung mit den Ländern und den betroffenen Spitzenverbänden gleichsam "unangreifbar" geworden; der "Gesetzgeber" könnte kaum mehr tun als akzeptieren (oder ablehnen) - wenn nicht die Abgeordneten, und hier insbesondere die Fachleute der Koalitionsfraktionen, aber eben auch diejenigen der Opposition, bereits vor der Befassung in den Ausschüssen, also schon im Entwurfsverfahren des Gesetzes, auf seine Gesamtkonzeption und auf die Detailausführungen Einfluß nehmen. Und dies ge-

---

49 Siegfried Magiera, *Parlament und Staatsleitung in der Verfassungsordnung des Grundgesetzes. Eine Untersuchung zu den Grundlagen der Stellung und Aufgaben des Deutschen Bundestags*, Berlin: Duncker & Humblot 1979.
50 Gesetzesvorlagen "aus der Mitte des Parlaments" sind bekanntlich äußerst selten und auch dann üblicherweise unter Mithilfe der Ministerialbürokratie (sei es des Bundes, sei es, was die Oppositionsfraktionen betrifft, derjenigen von Bundesländern) vorbereitet. Dieses Verfahren ist - entgegen landläufiger Kritik - tatsächlich auch politisch zweckmäßig. Es entlastet das Parlament von juristisch-administrativer Detailarbeit und verschafft ihm andererseits Spielraum für die politisch-strategische Richtungskontrolle.

Der Funktionswandel des Parlaments

schieht tatsächlich ständig[51]. Ein "Mitregieren" des Parlaments, zumindest seiner Regierungsmehrheit, ist somit in der gegenwärtigen Gesetzgebungspraxis angelegt.

Kommt man auf die zuvor erörterte Notwendigkeit des Austausches verschiedenartiger "Informationen" der beiden Staatsorgane Regierung und Parlament zurück, so setzt dies voraus, daß auch die "Informations"-Vermittlung *innerhalb* der beiden Staatsorgane, also zwischen ihren Personen und Gruppen, funktioniert. Auf Seiten der Regierung ist das aufgrund bürokratischer Organisation hinreichend gewährleistet; in der Abgeordnetenschaft, sogar zwischen den Koalitionsfraktionen, ist der "Informations"-Austausch hingegen wegen parteipolitischer und persönlicher (Karriere-)Rivalitäten immer prekär. Unabdingbar ist deshalb ein hohes Maß an kollegialen Kontakten, Kompromißfähigkeit und gegenseitigem Vertrauen[52]. Zwar war eine derartige "Parlamentskultur"[53] seit jeher eine wichtige Vorbedingung für einen zügigen innerparlamentarischen Arbeitsablauf; sie gewinnt aber nun zentrale Bedeutung, wenn das Parlament seinen Einfluß als Partner im neuen System gemeinsamer Staatsleitung behaupten will.

In ähnlicher Weise kommt auch Wilhelm Mössle nach ausführlicher Analyse der "Regierungsfunktionen des Parlaments" zu dem Schluß, daß Regierung und Parlament trotz, oder besser: wegen, ihrer je eigenen Zuständigkeiten "Einheiten eines im Zusammenhang wirkenden und wirksamen Leitungssystems" bilden. "Dieses System arbeitet nicht nach einer rigiden Funktions- und Kompetenzunterscheidung, sondern nach dem Prinzip einer möglichst optimalen Aufgabenerledigung, deren sachliche und demokratische Prämissen Parlament und Regierung in einen flexiblen, arbeitsteiligen, sich gegenseitig ergänzenden Zusammenhang bringen."[54] Bereiche der parlamentarisch-gouvernementalen Kooperation sind insbesondere:
- die Mitwirkung (und Letztentscheidung) des Parlaments bei internationalen Verträgen, wobei dem Auswärtigen Ausschuß eine zentrale Rolle bereits bei der Vorbereitung außenpolitischer Entscheidungen zukommt;
- die Haushaltsgesetzgebung, mit beträchtlichen Entscheidungskompetenzen des Haushaltsausschusses (z.B. durch qualifizierte Sperrvermerke);

---

51 Siehe dazu, aus der praktischen Erfahrung eines langjährigen Parlamentariers und Ausschußvorsitzenden, die Ausführungen von Herbert Helmrich, Politische Grundsatzdiskussion oder Verbesserung der Regelungstechnik als Aufgabe der Bundestagsausschüsse, in: Hermann Hill, (Hrsg.), *Zustand und Perspektiven der Gesetzgebung*, Berlin: Duncker & Humblot 1989, S. 149-176.
52 Erste Einblicke in die interpersonalen und interfraktionellen Kommunikationen im Deutschen Bundestag vermitteln Herzog/Rebenstorf/Werner/Weßels, *Abgeordnete* (Anm. 44).
53 Siehe dazu die Untersuchung von Renate Mayntz und Friedhelm Neidhart, Parlamentskultur. Handlungsbedingungen von Bundestagsabgeordneten - eine empirisch-explorative Studie, in: *Zeitschrift für Parlamentsfragen*, 20 (1989), S. 370-387.
54 Wilhelm Mössle, *Regierungsfunktionen des Parlaments*, München: Beck 1986, S. 190. Vor dem Hintergrund dieser neuartigen parlamentarisch-gouvernementalen Interaktionen müßte auch einmal die konventionelle Klassifikation parlamentarischer "Funktionen", wie sie seit Walter Bagehot bis in die jüngste Zeit verwendet wird, modernisiert werden.

- der Parlamentsvorbehalt in bezug auf das Verordnungswesen, was insbesondere den gesamten Planungsbereich betrifft;
- die in verschiedenen Gesetzen verankerte Berichtspflicht der Regierung über die Situation in jeweiligen Politikbereichen und die gemäß parlamentarischer Vorgaben erfolgten Maßnahmen;
- die Mitwirkung der Regierungsfraktionen (und zunehmend auch ihrer Parteiführungen) bei der Besetzung leitender Ministerialpositionen durch Koalitionsabsprachen, wodurch das Prinzip der dem Minister zustehenden Organisationsgewalt und Personalhoheit abgeschwächt wird[55].

Zusammen genommen bedeutet dieses neuartige System "kooperativer Staatsleitung" einen wesentlichen Einflußgewinn für den Deutschen Bundestag. Das gehört zu den wichtigsten Innovationen in der Verfassungspraxis der Bundesrepublik. Dafür hatte das Grundgesetz bereits die rechtlichen Voraussetzungen geschaffen. Nach den Erfahrungen der Weimarer Republik sollte sich das Parlament nicht mehr länger seiner gesamtstaatlichen Verantwortung entziehen dürfen. Mit der Herausbildung des Systems "gemeinsamer Staatsleitung" wurde das Parlament nun auch *realiter* aus seiner traditionellen Rolle als "Volksvertretung" und "Legislative" herausgeführt und ins Zentrum staatlicher Entscheidungsprozesse gerückt[56].

Diese Einbeziehung des Parlaments - also prinzipiell aller Fraktionen - in die gesamtstaatliche Verantwortung wirft freilich demokratietheoretische Probleme auf, die im bisherigen "dualen" System von Regierungsmehrheit *versus* Opposition, anders ausgedrückt: im System der "alternierenden Regierungsweise", nicht oder jedenfalls nicht mit derselben Schärfe zum Vorschein gekommen sind. Sie betreffen zum einen die Rolle der parlamentarischen Opposition, sowohl unter dem Gesichtspunkt der (sachlichen und personellen) Regierungsalternative als auch unter dem der parlamentarischen Exekutivkontrolle; zum anderen stellen sie neuartige Anforderungen an die Handlungsweisen und Verantwortlichkeiten der Abgeordneten.

Betrachtet man zunächst die Rolle der parlamentarischen Opposition, so ist es gerade die Stärkung des Parlaments (im neuen System der "gemeinsamen Staatsleitung"), die die Opposition in ein spezifisches Dilemma bringt[57]. Während sie einerseits - als Teil des Parlaments - erweiterte Möglichkeiten direkter Einflußnahme auf staatliche Entscheidungen und zwar bereits im Vorbereitungsstadium erhält, kann eben diese Mitwirkung, sofern sie extensiv betrieben wird, dazu führen, daß ihr eigenes parteipolitisches "Profil" in der Wählerschaft verschwimmt. Das wiederum kann ihre Wahlchancen mindern, was für das Prinzip der "alternierenden

---

55 Dazu im einzelnen Mössle, *Regierungsfunktionen* (Anm. 54), S.163 ff.
56 Diese Auffassung vom Parlament als dem "zentralen politischen Leitungsorgan" wurde auch von der Enquête-Kommission Verfassungsreform des Deutschen Bundestages von 1976 besonders betont (s. Beratungen und Empfehlungen zur Verfassungsreform, Teil I: Parlament und Regierung, in: *Zur Sache*, 3/76, Bonn 1976, S. 51).
57 Ausführlicher dazu der Beitrag von Camilla Werner in diesem Band.

Der Funktionswandel des Parlaments 33

Regierungsweise" nichts anderes bedeutet, als verminderte Chancen für den demokratischen Machtwechsel.

Ob freilich dieses Dilemma so unauflöslich ist, wie häufig in der Parlamentarismuskritik dargestellt[58], darf bezweifelt werden. Fragwürdig ist bereits, ob das am britischen Regierungssystem gewonnene Modell der "Machtalternanz" auch der gegenwärtigen deutschen Verfassungsordnung zugrunde liegt, ob also die hier mit dem föderativen System angelegte "Politikverflechtung" nicht gerade andere, kooperative Konfliktregelungsmuster und Oppositionsstrategien bedingt[59]. Zudem ist die jeweilige Struktur der Beziehungen zwischen (Oppositions-)Fraktion und Partei zu berücksichtigen. Jede zu enge Bindung an bestimmte strategische oder ideologische Vorgaben ihrer Partei bzw. an spezifische, öffentlichkeitswirksame Wähler-Klientele wird zu einer "kompetitiven", wenn nicht sogar "konfrontativen" Oppositionshaltung führen. Das fördert zwar in der Öffentlichkeit die "Alternativenklarheit", kann aber, zumindest bei einem oppositionellen *Konfrontationskurs*, wie ihn bisher die neue Partei der Grünen steuerte, die Selbstausschaltung aus der praktischen Politikgestaltung, also den Verzicht auf die erweiterten parlamentarischen Mitwirkungsmöglichkeiten, bedeuten[60]; umgekehrt begünstigt eine (relative) Autonomie der (Oppositions-)Fraktion und ihrer einzelnen Abgeordneten ihre "kooperative" Beteiligung an staatlichen Entscheidungsprozessen. Tatsächlich haben die Oppositionsfraktionen, insbesondere der SPD bzw. CDU/CSU, bisher durchaus flexible Strategien verfolgt - teils im Sinne einer Mischung ("Kooperation" in der Gesetzgebungsarbeit, Konfliktbetonung im Plenum[61]), teils in der zeitlichen Abfolge (Wechsel von Konflikt- und Kooperations-

---

58 Auf einen möglichen Verlust an "Alternativenklarheit" und damit auf eine Einschränkung des demokratischen Prinzips der "Machtalternanz" durch "kooperative" Oppositionspolitik haben insbesondere hingewiesen: Michael Hereth, *Die parlamentarische Opposition in der Bundesrepublik Deutschland*, München 1969; Hans-Peter Schneider, *Die parlamentarische Opposition im Verfassungsrecht der Bundesrepublik Deutschland*, Frankfurt a.M.: Klostermann 1974; ders., Gewaltenverschränkung zwischen Parlament und Regierung, in: Detlef Merten (Hrsg.), *Gewaltentrennung* (Anm. 30), S. 77-89; ders., Verfassungsrechtliche Bedeutung und politische Praxis der parlamentarischen Opposition, in: Hans-Peter Schneider/ Wolfgang Zeh (Hrsg.), *Parlamentsrecht* (Anm. 35), S. 1055-1086. Umgekehrt betonen Autoren wie Manfred Friedrich (Opposition ohne Alternative?, in: Kurt Kluxen (Hrsg.), *Parlamentarismus*, Köln/Berlin: Kiepenheuer & Witsch 1971, S. 425-440) oder Heinrich Oberreuter (*Parlamentarische Opposition. Ein internationaler Vergleich*, Hamburg: Hoffmann und Campe 1975) die Notwendigkeit und Zweckmäßigkeit, daß die Opposition eigene Vorstellungen in die praktische Gesetzgebungsarbeit der Regierung einbringt - bei gleichzeitiger Verdeutlichung eines Alternativprogramms.
59 Darauf weist u.a. Adolf Kimmel hin (Parlamentarische Opposition und parlamentarische Kontrolle, in: *Neue politische Literatur*, 1979, S. 349).
60 Siehe dazu die Fallstudie von Sabine Laue, *Parlamentarische Opposition und deutsche Einheit. Zu Problematik "kooperativer Opposition", dargestellt am Beispiel der Beratungen über die Verträge zur deutschen Einheit im Bundestag*, Egelsbach: Hänsel-Hohenhausen 1992.
61 Vgl. Hans-Joachim Veen, *Opposition im Bundestag. Ihre Funktionen, institutionellen Handlungsbedingungen und das Verhalten der CDU/CSU-Fraktion in der 6. Wahlperiode 1969-1972*, Bonn: Eichholz Verlag 1976.

phasen[62]). Sie haben - auch aus der Opposition heraus - nicht nur "reaktiv" gehandelt, sondern haben dabei auch politikgestaltende Erfolge erzielt[63]. Und sie haben, abgesehen von bestimmten Phasen ausgesprochener "Konfrontation", überwiegend sowohl kompetitive als auch kooperative Aktionsformen angewandt, ohne daß eben diese Mischung in den Augen der Wählerschaft zwangsläufig zu einer politischen "Konturlosigkeit" der Parteien führen muß[64]. Ob für Zeiten schwacher parlamentarischer Opposition, in denen eine klare und starke parlamentarische "Alternative" fehlt, (oft zitiertes Beispiel ist die Zeit der Großen Koalition 1966-1969), zutrifft, daß außer- oder sogar anti-parlamentarische Kräfte entstehen, ist als These zwar zunächst einleuchtend, bleibt jedoch zeitvergleichend und komparativ noch zu untersuchen. Auf jeden Fall muß dabei berücksichtigt werden, daß sich neue soziale Kräfte oder politische Parteien vermutlich nicht aufgrund bestimmter parlamentarischer Kräftekonstellationen formieren, sondern auf der Basis neuer gesellschaftlicher Interessenlagen. Sie wiederum können von parlamentarisch vertretenen Parteien aufgefangen und integriert, aber auch ignoriert oder politisch bekämpft werden - unabhängig davon, ob die jeweiligen "etablierten" Parteien im Parlament die Regierungsmehrheit oder die Opposition stellen. Angesichts der nächsten Wahlen ist *jede* im Parlament vertretene Partei gezwungen, dem durch eine konkurrierende neue Partei drohenden Wählerverlust nach Möglichkeit vorzubeugen.

Vergegenwärtigt man sich die Funktionsbedingungen der gegenwärtigen sozialstaatlichen Demokratie, so wird "kooperative" Opposition im parlamentarischen Alltag gleichsam zum Imperativ vorausschauender Oppositionspolitik. Angesichts der Komplexität und langfristigen Wirkungen staatlicher Entscheidungen[65] wird

62 Siehe die Periodisierung bei Manfred Friedrich, Parlamentarische Opposition in der Bundesrepublik Deutschland: Wandel und Konstanz, in: Oberreuter, *Parlamentarische Opposition* (Anm. 58), S. 230-265.
63 Vgl.Martin Sebaldt, Innovation durch Opposition: Das Beispiel des Deutschen Bundestages 1949-1987, in: *Zeitschrift für Parlamentsfragen*, 23 (1992), S. 238-265.
64 Ohnehin scheint die Zeit der großen, dann auch ideologisch begründeten parteipolitischen Entwürfe, wie sie noch bis in die Zeit der Weimarer Republik hinein die öffentliche Debatte bestimmten, vorbei zu sein. Das zeigt sich auch darin, daß in den vergangenen Jahrzehnten den wiederholten Versuchen der politischen Parteien, insbesondere der SPD, durch umfassende Grundsatzprogramme Wählerschaften zu mobilisieren Mißerfolge beschieden waren. Wie im vorigen Abschnitt ausgeführt, läßt sich der durch fundamentale gesellschaftliche Veränderungen bedingte Prozeß des *dealignment* mittels ideologischer Entwürfe nicht rückgängig machen. Andererseits belegen Wahlanalysen deutlich, daß die wichtigen politischen *Sachverhalte und Streitfragen* im Bewußtsein der Wählerschaft mit den politischen Parteien durchaus verknüpft werden. Siehe hierzu insbes. Hans-Dieter Klingemann, Einstellungen zur SPD und CDU/CSU 1969-1980, in: Kaase/Klingemann (Hrsg.), *Wahlen und politisches System* (Anm.20), S.478-537; ders./Martin P. Wattenberg, Zerfall und Entwicklung von Parteiensystemen: Ein Vergleich der Vorstellungsbilder von den politischen Parteien in den Vereinigten Staaten von Amerika und der Bundesrepublik Deutschland, in: Kaase/Klingemann (Hrsg.), *Wahlen und Wähler* (Anm.20), S.325-344.
65 Man denke z.B. an die komplexen, langfristig öffentliche Mittel bindenden Vorhaben der Reorganisation der sozialen Leistungssysteme, des umweltverträglichen Umbaus ganzer Wirtschaftszweige, der technologischen Entwicklung, der Europäischen Einigung oder an die Sicherung der öffentlichen Haushalte.

keine Oppositionsfraktion, die ernsthaft die Regierungsverantwortung anstrebt, darauf verzichten können, möglichen Fehlentwicklungen so weit und so frühzeitig wie möglich zu begegnen. Ihr kann nicht daran gelegen sein, im Falle einer späteren Regierungsübernahme mit Problemen konfrontiert zu werden, die man dann zwar publikumswirksam der bisherigen Regierung "in die Schuhe schieben kann", deren Lösung aber schwierig, häufig in kurzer Frist unmöglich, auf jeden Fall kräftebindend und innovationshemmend ist. Ebenso dürfte sich auch die heutige, sehr viel besser als früher informierte und flexibel reagierende Wählerschaft der Oppositionsparteien kaum mehr mit Zukunftsentwürfen oder "Absichtserklärungen" zufrieden geben, sondern nach dem tatsächlich geleisteten Beitrag ihrer (Oppositions-)Partei zur Lösung wichtiger Probleme fragen.

Umgekehrt wird jede Regierungsmehrheit bestrebt sein, gerade bei komplexen und deshalb in ihren Auswirkungen schwer abzuschätzenden Regelungsmaterien nach Möglichkeit die Kooperation der Opposition, insbesondere der als Gegenspieler wichtigsten Oppositionsfraktion, einzuholen - und das nicht nur, um sich die Expertise der dortigen Fachleute zunutze zu machen, sondern vor allem auch deshalb, um die Akzeptanz ihrer Entscheidungen bei den die Opposition tragenden sozialen Kräften, der Wählerschaft ebenso wie der Organisationen, so weit wie möglich zu gewährleisten[66]. Was in der öffentlichen Meinung häufig als "Umarmungsstrategie" der Regierungsmehrheit apostrophiert wird, ist in der gegenwärtigen sozialstaatlichen Demokratie eine unumgängliche Voraussetzung vorausschauender, in ihren Ergebnissen hinreichend haltbarer und damit eben auch in der Breite der Wählerschaft akzeptabler parlamentarisch-gouvernementaler Entscheidungen.

Mit der Einbindung der parlamentarischen Opposition in das System der "gemeinsamen Staatsleitung" ist ein weiteres Problem verknüpft, das in der neueren deutschen verfassungspolitischen und demokratietheoretischen Literatur ebenfalls ausführlich und kontrovers erörtert wird: das Problem der parlamentarischen Exekutivkontrolle[67]. Die Zuschreibung einer spezifischen Kontrollfunktion an das Parlament stammt aus der Theorietradition des kontinental-europäischen Konstitu-

---

66 Eine solche "Kooperationsstrategie" der Regierungsmehrheit ist also nicht nur bei Verfassungsänderungen notwendig. Sie bietet sich auch deshalb an, um die Akzeptanz jener Länderregierungen zu gewinnen, die von der Partei der Bundestagsopposition geführt werden. Da fast alle "Gestaltungsgesetze" der Zustimmung des Bundesrates bedürfen, wird jede Regierung bestrebt sein, möglichen Einsprüchen der Ländervertretung frühzeitig zu begegnen, ist ihr doch nach der Anrufung des Vermittlungsausschusses ein direkter Einfluß auf die Ausgestaltung des Gesetzgebungsvorhabens praktisch entzogen.
67 Siehe u.a. Eckart Busch, *Parlamentarische Kontrolle*, Heidelberg 1984: v. Decker Helmut Schulze-Fielitz, Das Parlament als Organ der Kontrolle im Gesetzgebungsprozeß, in: Horst Dreier/Jochen Hofmann (Hrsg.), *Parlamentarische Souveränität und technische Entwicklung*, Berlin: Duncker u. Humblot 1986; Peter M. Stadler, *Die parlamentarische Kontrolle der Bundesregierung*, Opladen: Westdeutscher Verlag 1984; Winfried Steffani, Formen, Verfahren und Wirkungen der parlamentarischen Kontrolle, in: Schneider/Zeh (Hrsg.), *Parlamentsrecht*, (Anm. 35), S. 1325-1368.

tionalismus⁶⁸. Als dem Sachwalter gesellschaftlicher Interessen und bürgerlicher Freiheitsrechte *gegenüber* dem (durch die Krone und ihrer Verwaltung repräsentierten) "Staat" sollte dem Parlament - neben dem Recht der Gesetzgebung - auch das Recht der Kontrolle der seinem Einfluß ansonsten entzogenen Regierungsmacht zukommen. Diese Konstellation ist mit der Herausbildung des parlamentarischen Regierungssystems entfallen. Unter der Voraussetzung eines machtpolitischen Spannungsverhältnisses zwischen Regierung *plus* Parlamentsmehrheit *versus* Opposition konnte mit einigem Recht gefolgert werden, daß es die parlamentarische Opposition sei, der nun die eigentliche Kontrollaufgabe zukomme. Denn der parlamentarischen Mehrheit könne kaum daran gelegen sein, "ihre" Regierung wirksam zu kontrollieren, also gegebenenfalls Fehler und Versäumnisse aufzudecken und sie somit in der Öffentlichkeit politisch zu diskreditieren. Folgerichtig wurde daraus die Forderung abgeleitet, die institutionellen Rechte der Opposition zu stärken, was denn auch in jüngster Zeit bereits in einigen Verfassungen der Bundesländer verwirklicht worden ist⁶⁹. Bei allem Zweifel, ob eine solche Institutionalisierung der parlamentarischen Opposition in das tatsächliche Verfassungsgefüge der Bundesrepublik paßt oder nicht⁷⁰, kann doch zumindest davon ausgegangen werden, daß derartige Verfassungs- (bzw. Geschäftsordnungs-) Änderungen geeignet sind, eine sogenannte Chancengleichheit der parlamentarischen Oppositionsfraktionen herzustellen, ihnen also vor allem verbesserte Möglichkeiten zur öffentlichkeitswirksamen Kritik an der Regierungsmehrheit zu geben.

Allerdings scheinen sich auch in diesem Bereich der parlamentarischen Kontrolle inzwischen bereits neue Funktionsbedingungen zu ergeben⁷¹. Sie zeigen sich in der - offenbar fortschreitenden - Ausdifferenzierung parlamentsinterner wie - externer Kontrollinstitutionen. Zu den ersteren gehören verschiedene in den vergangenen Jahrzehnten eingerichtete Parlaments-"Kommissionen", "Beauftragte" und sonstige "Gremien"⁷², die, zusammen mit den traditionellen Institutionen, insbesondere dem Untersuchungs- und dem Petitionsausschuß, ein insgesamt bereits

---

68 Die Vorstellung einer spezifischen Kontrollfunktion des Parlaments existiert weder in der klassischen Gewaltentrennungslehre mit seinem Prinzip der *wechselseitigen* Machtbeschränkung der Staatsgewalten (Montesquieu) noch in der englischen Verfassungstradition, wo, Walther Bagehot zufolge, unter den Aufgaben des Parlaments ein spezielles Kontrollrecht fehlt.
69 In mehreren Länderverfassungen wurden in letzter Zeit bereits die Rechte der parlamentarischen Opposition besonders normiert (z.B. Hamburg, Schleswig-Holstein, Berlin, Brandenburg).
70 Problematisch daran ist vor allem, daß in der politischen Ordnung der Bundesrepublik (mit ihrem Mehrparteiensystem und ihrem im Prinzip als Verhältniswahlrecht wirkenden Wahlsystem) jeweils *mehrere* parlamentarische Oppositionsfraktionen existieren werden, deren Kooperationsfähigkeit im Sinne einer handlungsfähigen "Regierungsalternative" zudem keineswegs notwendigerweise gegeben sein muß.
71 Zusammenfassend dazu Stadler, *Parlamentarische Kontrolle* (Anm. 67).
72 Dazu gehören die Enquête-Kommission, der Wehrbeauftragte, der Ausländer- und der Datenschutzbeauftragte (beide allerdings formell im Auftrage der Regierung), die Parlamentarische Kontrollkommission, das Vertrauensgremium (des Haushaltsausschusses), Gremien zur Überwachung des Brief-, Post- und Fernmeldegeheimnisses u.a.

weit gespanntes Institutionennetz parlamentarischer Exekutivkontrolle darstellen. Hinzu kommt die Proliferation parlamentsexterner staatlicher Einrichtungen, die qua institutionalisierter Autonomie und Fachwissen eigenständige Arenen tatsächlicher Regierungskontrolle bilden. Dazu gehören die besonderen Gerichte (Verfassungsgericht, Verwaltungsgerichte, Sozialgerichte usw.), deren *politische* Bedeutung im Zuge der zunehmenden sozialstaatlichen Regelungsdichte ständig wächst; dazu gehören die wissenschaftlichen Forschungsinstitutionen; und dazu gehören auch zahlreiche Bundes- (und Landes-) Ämter, die zwar formell als nachgeordnete Behörden, tatsächlich aber als eigenständige, politisch mehr oder weniger einflußreiche Institutionen auch der Exekutivkontrolle wirken. Beispiele dafür sind neben den Rechnungshöfen das Bundesumweltamt, das Bundeskartellamt, das Bundesgesundheitsamt und zahlreiche andere. Schließlich ist im Gesamtzusammenhang gegenwärtiger Exekutivkontrolle auch die "öffentliche Meinung" zu berücksichtigen, wobei insbesondere die großen Print- und Funkmedien, dank ihrer inzwischen außerordentlich entwickelten Recherchekapazität, eine wesentliche Rolle in der Artikulation öffentlich wirksamer Kritik spielen.

In diesem außerordentlich komplexen, auch für den einzelnen Abgeordneten schwer überschaubaren Raster von *checks and balances* kommt nun der parlamentarischen Kontrolle, insbesondere der durch die parlamentarische Opposition, eine spezifische Funktion zu. Sie braucht nicht mehr die gesamte Last der Exekutivkontrolle zu tragen - und sie wäre damit auch überfordert. Aber sie ist die einzige verfassungsmäßige Kraft, die keine "Kontrollgrenzen" hat; parlamentarische Kontrolle kann "in jedem Bereich staatlichen Handelns aktiv werden und jeden exekutiven Gegenstand unter die Lupe nehmen". Sie kennt keinen automatischen Ablauf, ist insofern "unberechenbar" - und gerade das ist ihre Stärke[73]. Sie kann und sie braucht sich nicht mehr in allen Details staatlichen Handelns zu engagieren, sondern muß ihre Themen nach den für das politische System insgesamt wichtigen Problemen selektieren. An die Stelle bloßer "Aufsicht über fremde Amtsführung" tritt Exekutivkontrolle als politisch-strategische Prävention. Zwar wird parlamentarische Kontrolle unter den Bedingungen des pluralistischen Parteienwettbewerbs immer zu guten Teilen (mehr oder weniger sachliche) Kritik am politischen Gegner zwecks Mobilisierung der Wählerschaft sein; aber sie wird sich - angesichts des wachsenden "Problemhaushaltes" des modernen Staates und wenn sie sich für die praktische Lösung aktueller Probleme mitverantwortlich weiß - zunehmend auf eine "mitwirkende Kontrolle" staatlicher Entscheidungen konzentrieren müssen.

Eine solche parlamentarische Kontrolle, die über bloß partielle "negatorische" Kritik hinausgeht und somit Teil "aktiver Mitgestaltung" wird[74], stellt freilich - ungeachtet möglicher institutioneller Parlamentsreformen - neue Anforderungen an die parlamentarischen Akteure. Die Abgeordneten, und hier wiederum insbesondere

---

73 Dieses Fazit zieht Stadler, *Parlamentarische Kontrolle* (Anm. 67), S. 305 ff.
74 Vgl. dazu Emil Hübner/Heinrich Oberreuter, *Parlament und Regierung. Ein Vergleich dreier Regierungssysteme*, München: Ehrenwirth 1977, S. 74 ff.

diejenigen der Oppositionsfraktionen, müssen sich die für ihre Kontrolltätigkeit wichtigen Informationen beschaffen, und das geht nicht ohne arbeitsteilige externe Kommunikationen. Diese für die "Interessen-" und "Politikvermittlung" im repräsentativen System ohnehin wichtige Kommunikationsaufgabe wird somit für die Effektivität parlamentarischer Kontrolle noch einmal akzentuiert. Soll sie indessen nicht auf partielle oder nur nachträgliche oder gar nur zur taktisch-individuellen "Profilierung" geäußerte Kritik beschränkt bleiben, ist die innerparlamentarische, vor allem innerfraktionelle, "Verarbeitung" kontroll-relevanter Informationen zwecks Ausarbeitung strategischer Kontrollinitiativen notwendig. Das wiederum setzt eine intensive Kooperationsstruktur und Kompromißfähigkeit zwischen den parlamentarischen Akteuren voraus.

Gleiches gilt auch für die Funktionsfähigkeit des Systems "gemeinsamer Staatsleitung" mit seiner neuen, mitgestaltenden Rolle des Parlaments, den schwierigen Aufgaben der Opposition und den neuen Bedingungen parlamentarischer Exekutivkontrolle. Der bloße "Interessenvertreter" wird ebenso wie der "Honoratiorenpolitiker" oder der publikumswirksame "Agitator" zu einer marginalen, gleichsam "disfunktionalen" Figur. Unabdingbar wird dagegen der durch langjährige, spezifisch politische Erfahrungen qualifizierte und langfristig engagierte "Berufspolitiker"[75].

4. Das Parlament im Prozeß soziopolitischer Steuerung

Überblickt man die Entwicklungen in der neueren Staatstheorie[76], so findet man eine deutliche Konvergenz mit den Themen und Forschungsproblemen der neueren Politischen Soziologie[77]. In beiden Wissenschaftsdisziplinen verknüpfen sich auf-

---

75 Vgl. dazu Dietrich Herzog, Der moderne Berufspolitiker. Karrierebedingungen und Funktion in westlichen Demokratien, in: *Eliten in der Bundesrepublik Deutschland*, Stuttgart/Berlin/Köln: Kohlhammer 1990, S. 28-51.
76 Siehe u.a. Dietrich Fürst, Die Neubelebung der Staatsdiskussion - Veränderte Anforderungen an Regierung und Verwaltung in westlichen Industriegesellschaften, in: *Jahrbuch zur Staats- und Verwaltungswissenschaft*, Bd. 1, Baden-Baden 1987, S. 261-284; Dieter Grimm, *Die Zukunft der Verfassung*, Frankfurt a.M.: Suhrkamp 1991; Hans-Hermann Hartwich, Die Suche nach einer wirklichkeitsnahen Lehre vom Staat, in: *Aus Politik und Zeitgeschichte* B 46-47/87, S. 3-19; Joachim Jens Hesse, Aufgaben einer Staatslehre heute, in: *Jahrbuch* (s.o.), S.55-78; Helmut Willke, *Entzauberung des Staates. Überlegungen zu einer sozietalen Steuerungstheorie*, Königstein: Athenäum 1983.
77 Siehe u.a. Karl W. Deutsch, *The Nerves of Government. Models of Political Communication and Control*, Glencoe: Free Press 1963 (deutsche Fassung: *Politische Kybernetik. Modelle und Perspektiven*, Freiburg: Rombach 2. Aufl. 1970); Amitai Etzioni, *The Active Society. A Theory of Societal and Political Processes*, New York: Free Press 1968; Axel Görlitz (Hrsg.), *Politische Steuerung sozialer Systeme*, Pfaffenweiler: Centaurus 1989; Renate Mayntz, Politische Steuerung und gesellschaftliche Steuerungsprobleme - Anmerkungen zu einem theoretischen Paradigma, in: *Jahrbuch* (Anm.

fällig die zentralen Fragestellungen. Ging es bisher vor allem um die *Strukturen* staatlicher Herrschaftsordnungen, um ihre Stabilität und ihre Legitimität, so konzentriert sich das Interesse seit einigen Jahren zunehmend auf die Frage nach der *Funktion* des Staates im soziopolitischen System, d.h. dessen Anpassungsfähigkeit an neue innere und äußere Bedingungen. Dabei richtet sich das Augenmerk generell auf die *Steuerungskapazität* des Staates, speziell auf seine *Problemlösungsfähigkeit*, also auf die Voraussetzungen zur gemeinwohlorientierten Lösung öffentlicher - nationaler wie transnationaler - Probleme. Diese Schwerpunktverlagerung in der neueren Staatstheorie wie auch in der Politischen Soziologie - ihrerseits bedingt durch die Herausforderungen, mit denen sich die komplexer gewordenen, mit neuen Aufgaben belasteten sozialstaatlichen Demokratien der Gegenwart konfrontiert sehen - kann im folgenden zwar nicht detailliert dargestellt werden; jedoch sind zumindest einige Aspekte der neuen staatstheoretisch-soziologischen Fragestellungen zu behandeln, da sich aus ihnen auch gewichtige Folgerungen für die Parlamentarismusforschung ergeben, wo sie bisher noch kaum adaptiert worden sind.

Für eine Funktionsanalyse des gegenwärtigen Parlaments sind zwei "Entdeckungen" besonders relevant. Das sind zum einen die neuartigen gesellschaftlichen Strukturen. Wie in allen modernen Gesellschaften läßt sich auch in Deutschland eine Ausdifferenzierung relativ autonomer, in sich kontingenter Teilsysteme beobachten[78]. Solche Teilsysteme (z.B. das Gesundheitssystem, das Wissenschaftssystem, das Verkehrssystem u.a.) unterscheiden sich von anderen Formen gesellschaftlicher Differenzierung (z.B. sozialstrukturelle Stratifikation, kulturelle Segregation oder Gruppenpluralismus) dadurch, daß sie "gesellschaftsweit *institutionalisierte*, funktionsspezifische *Handlungszusammenhänge*"[79] darstellen. Bei aller Unterschiedlichkeit ihrer Binnenstrukturen, ihrer externen Grenzen und ihrer Entwicklungsdynamik bilden sie doch je spezifische Institutionen- und Akteurskomplexe mit der Tendenz, ihre jeweiligen gesellschaftlichen Leistungen zu monopolisieren. Je mehr es ihnen zudem gelingt, interne Konkurrenz zu minimieren und - *de jure* oder *de facto* - Kompetenz zur Selbstregulierung zu gewinnen, desto eher werden sie zu *autonomen* Gebilden mit eigener Handlungsfähigkeit. Zwar sind sie von externen Ressourcen (z.B. öffentlichen Subventionen) und gesetzlichen Regelungen nicht vollkommen unabhängig, doch können sie kraft autonomer interner Vereinbarungen oder korporatistischer Interessenkoordination be-

---

76); Fritz W. Scharpf/Bernd Reissert/Fritz Schnabel, *Politikverflechtung. Theorie und Empirie des kooperativen Föderalismus in der Bundesrepublik*, Kronberg/Ts.: Scriptor 1976; Fritz W. Scharpf, Die Handlungsfähigkeit des Staates am Ende des zwanzigsten Jahrhunderts, in: *Politische Vierteljahresschrift*, 32 (1991), S. 621-634.
78 Aus der Vielzahl damit befaßter Veröffentlichungen s. insbes. Niklas Luhmann, *Soziale Systeme. Grundriß einer allgemeinen Theorie*, Frankfurt a.M.: Suhrkamp 1987, ferner die - in wichtigen Punkten von der funktionalistischen Systemtheorie abweichenden - Problemstellungen bei Renate Mayntz/Bernd Rosewitz/Uwe Schimank/Rudolf Stichweh, *Differenzierung und Verselbständigung. Zur Entwicklung gesellschaftlicher Teilsysteme*, Frankfurt a.M./New York: Campus 1988.
79 Ebd., S. 17 (Hervorhebungen vom Verf.).

stimmenden Einfluß auf ökonomische, soziale oder kulturelle Entwicklungen bzw. eben auch auf die *Blockade* politisch intendierter Reformen gewinnen. Das drückt sich unter anderem auch in dem Motiv "Besitzstandswahrung" aus.

Das hat - und hier ist die zweite Entdeckung, jetzt in der neueren Staatstheorie, zu nennen - erhebliche Bedeutung für die Struktur des politischen Systems und die Funktion des modernen Staates. Zwar ist man noch immer daran gewöhnt, die autoritativen Entscheidungsinstitutionen gegenwärtiger Demokratien, Parlament und Regierung (einschließlich der Ministerialbürokratie), als "Spitze" des gesamten soziopolitischen Systems zu sehen. Jedoch wird diese Vorstellung zunehmend unrealistisch, übrigens ebenso die neo-pluralistische Annahme, wonach der Staat lediglich eine Art *clearing house* zum Ausgleich gesellschaftlicher Interessen sei. Vielmehr werden die Beziehungen zwischen dem Staat und den gesellschaftlichen Teilsystemen (wie auch zu den konventionellen, mit hoher Organisations- und Konfliktfähigkeit ausgestatteten partikularen Interessenorganisationen) zu "retikulären" Interaktionsmustern[80]. Der Staat ist dann eine Art *primus inter pares*. Zwar kann er nicht auf sein "Monopol legitimen physischen Zwanges" (Max Weber) verzichten, um politische Entscheidungen gegebenenfalls auch gegen Widerstände durchzusetzen; schließlich ist das staatliche "Gewaltmonopol" auch die unabdingbare Voraussetzung zur Wahrung des inneren Friedens[81]. Jedoch wird dieses Gewaltmonopol in der alltäglichen Staatspraxis eher zu einer Handlungs-*Reserve*; denn ihre Realisierung kann, ohne genügende vorherige Abklärung mit den "Betroffenen" und ohne vorherige Sicherung ihrer Akzeptanz, unkalkulierbare, gegebenenfalls auch destruktive oder geradezu konflikt-generierende Folgen haben. So gestaltet sich das Verhältnis des Staates zu den (relativ) autonomen gesellschaftlichen Teilsystemen überwiegend nicht mehr nach dem Modell von "Machthabern" und "Machtunterworfenen", sondern im Sinne des Aushandelns zwischen "Partnern". Nach Fritz Scharpf, "...wandelt sich die hierarchische Relation zwischen Staat und 'Steuerungsobjekten' zu einem Verhandlungssystem, in dem es statt um Befehl und Gehorsam um beiderseits konsensfähige Lösungen geht"[82]. (Ein solches Verhandlungsmuster wird auch im engeren politischen System, also zwischen gesamtstaatlichen Institutionen und föderativen Einheiten, zu einem generellen Modus staatlicher Entscheidungsprozesse[83].) Das aber heißt, daß zu den konventionellen Funktionen des Staates - Sicherung von Ordnung und Zuweisung sozialer Leistungen - zunehmend diejenige der soziopolitischen Steuerung tritt; wobei Steuerung, in Kurzform, als "intentionale Handlungskoordination zur gemeinwohlorientierten Gestaltung gesellschaftlicher Verhältnisse"[84], oder, in der

---

80 Vgl. Willke, *Entzauberung* (Anm. 76).
81 Darauf hat jüngst wieder Hans-Hermann Hartwich, in seiner kritischen Anmerkung zur "kooperativen Staatstheorie" hingewiesen; vgl. Die Suche, (Anm. 76) S. 75.
82 Fritz W. Scharpf, Verhandlungssystem, Verteilungskonflikte und Pathologien politischer Steuerung, in: *Politische Vierteljahresschrift*, Sonderheft 19 (1988), S. 70.
83 Siehe dazu insbes. Scharpf/Reissert/Schnabel, *Politikverflechtung* (Anm. 77).
84 Scharpf, Verhandlungssystem (Anm. 82), S. 63.

Terminologie der neueren Staatstheorie, als "Organisation gesellschaftlicher Interaktions-, Produktions- und Entscheidungsprozesse"[85] verstanden werden kann.

Ob der Staat in je bestimmten Politikfeldern dieser Steuerungsfunktion erfolgreich nachkommt, kann im vorliegenden Themenzusammenhang nicht näher erörtert werden; konkretes "Steuerungsversagen" wird in zahlreichen Untersuchungen nachgewiesen[86]. Wichtiger ist die generelle Frage nach den Steuerungs-*Bedingungen*.

Folgte man den Aussagen der neueren Systemtheorie, wie sie insbesondere von Niklas Luhmann[87] pointiert formuliert worden sind, so machten die Eigendynamik und "Selbstreferenz" der gesellschaftlichen Teilsysteme einen steuernden Zugriff praktisch unmöglich; denn der Staat (als potentielle Steuerungsinstanz) sei selbst ein ausdifferenziertes Teilsystem, das seinerseits selbstreferentiell handle und deshalb auch nicht in der Logik anderer Teilsysteme "denken", diese also auch nicht von außen beeinflussen könne[88]. Mehr noch: Externe Eingriffe würden die Eigendynamik der Teilsysteme nur stören, im Extremfall zerstören. Das soziopolitische System funktioniere nicht durch Steuerung (im Sinne aktiver Beeinflussung oder "intentionaler Handlungskoordination"), sondern durch "Selbststeuerung" im Rahmen von "Regelkreisen" wechselseitiger Kommunikations- und Lernprozesse zwischen ansonsten selbständigen Systemeinheiten. In diesem Punkt konvergieren die Auffassungen der neueren Systemtheorie mit denen der allgemeinen Kybernetik[89].

Demgegenüber weist die politologische Steuerungstheorie darauf hin, daß in Regelungsbereichen, die einen *geringen* Organisationsgrad aufweisen, die also durch informelle und fragmentierte Strukturen gekennzeichnet sind, zentrale Steuerung eher erschwert wird[90]; positiv formuliert heißt das, daß gerade die Ausdifferenzierung relativ autonomer Systemeinheiten eine unabdingbare Voraussetzung politischer Steuerung ist. Jedenfalls hängt es von ihrer eigenen "Aktivität", von ihrer Fähigkeit zur Aufnahme, internen Verarbeitung und Rückmeldung externer Steuerungsimpulse ab, ob gesamtgesellschaftliche Anpassungen und Problemlösungen möglich sind[91]. Das heißt in der Sprache der klassischen Demokra-

---

85 Hesse, Aufgaben (Anm. 76), S. 69. Es ist bemerkenswert, daß bereits Hermann Heller diese Funktion des Staates ("selbständige Organisation und Aktivierung des gebietsgesellschaftlichen Zusammenwirkens, begründet in der geschichtlichen Notwendigkeit eines gemeinsamen status vivendi für alle Interessengegensätze") ins Zentrum seiner *Staatslehre* (Leiden: Sijthoff 1934) gerückt hat.
86 Beispiele finden sich u.a. in: Mayntz u.a., *Differenzierung* (Anm. 78), Scharpf, Verhandlungssystem (Anm. 82), sowie in einer Vielzahl älterer kapitalismuskritischer und krisentheoretischer Literatur.
87 Diese Auffassung ist von Niklas Luhmann in mehreren Arbeiten wiederholt geäußert worden; s. u.a. *Politische Theorie im Wohlfahrtsstaat*, München/Wien: Olzog 1981; *Soziale Systeme* (Anm. 78); Politische Steuerung: Ein Diskussionsbeitrag, in: *Politische Vierteljahresschrift*, 30/1989, S.4-9.
88 Vgl. Luhmann, *Politische Theorie* (Anm. 87), S. 148.
89 Siehe insbes. Deutsch, *Nerves* (Anm. 77).
90 Mayntz, Politische Steuerung (Anm. 77), S. 104.
91 Dies ist das zentrale Thema von Etzioni, *The Active Society* (Anm. 77).

tietheorie nichts anderes als: eigenverantwortliches Handeln intermediärer Gruppen und Institutionen im Hinblick auf die Gestaltung des Gemeinwohls.

Als Bedingung für die Steuerungsfähigkeit moderner soziopolitischer Systeme kommt freilich ein weiteres Element hinzu: die Existenz eines Steuerungs-*Zentrums*, das in sich stark integriert sein muß, hinreichend aus dem gesellschaftlichen Interessengeflecht "ausdifferenziert" ist, seinerseits also ein genügendes Maß an Autonomie, und das heißt: eigene Handlungsfähigkeit, besitzt. Auch hier kann unmittelbar an Hermann Hellers Staatskonzeption insofern angeknüpft werden, als der Staat von ihm als ein "wirklich einheitliches Aktzentrum innerhalb der Vielheit wirklicher und selbständiger, sei es einzelmenschlicher oder kollektiver Aktzentren"[92] zu begreifen, vorgegeben worden ist. Welches allerdings die Voraussetzungen für eine derartige Handlungsfähigkeit des Staates sind, und wo die Grenzen staatlicher "Autonomie" liegen, ja zur Aufrechterhaltung freiheitlicher Demokratie liegen *müssen* - das ist eines der zentralen, bisher noch ungelösten Probleme einer modernen politologischen Staatstheorie.

Natürlich gehört zu den *Begrenzungen* staatlicher Autonomie eine entsprechende verfassungsrechtlich-institutionelle Struktur, mit prinzipieller Gewaltentrennung, öffentlicher Verantwortlichkeit staatlicher Hoheitsträger, Sicherung von Freiheitsrechten und vieles andere mehr. Demgegenüber sind die Bedingungen für eine *Stärkung* staatlicher Autonomie (als eine Voraussetzung effektiver Steuerung) weniger deutlich; zumal sie auch verfassungsrechtlich kaum normiert werden können, also wesentlich in der politischen Praxis, und das heißt: in der Qualifikation, in der Motivation und im Handeln der (individuellen und kollektiven) staatlichen Akteure zu suchen sind. Gerade hier aber klaffen noch große theoretische und empirische Forschungslücken. Die noch immer vorhandene Unempfindlichkeit, ja Aversion eines Großteils gegenwärtiger Politik- und Staatswissenschaft gegenüber den verhaltensanalytischen Ansätzen und Ergebnissen der modernen Elitenforschung sind vermutlich dafür mit verantwortlich.

Ohne im folgenden auf die Gesamtheit der staatlichen Institutionen (also auch auf Regierung, Ministerialbürokratie, oberste Bundesbehörden und die föderativen Gliederungen) eingehen zu können, sollen zumindest die Bedingungen für die Steuerungskapazität des Parlaments behandelt werden. Dabei wird, wie oben (Kap. 3) näher ausgeführt, von den Anforderungen ausgegangen, die sich dem Deutschen Bundestag stellen, wenn er als "zentrales politisches Leitungsorgan" fungieren soll. Jedoch geht es nun nicht mehr nur um die Bedeutung des Parlaments im Ensemble der Staatsorganisationen, sondern um seine Funktion, genauer: um seine Steuerungskapazität in der soziopolitischen Ordnung insgesamt[93]. Die theoretische

---

92 Heller, *Staatslehre* (Anm. 85), S. 229. Vor einem anderen Erfahrungshintergrund, nämlich dem der neueren US-amerikanischen staatstheoretischen Diskussion, s. vergleichend dazu auch Eric A. Nordlinger, *On the Autonomy of the Democratic State*, Cambridge, Mass./London: Harvard University Press 1981.
93 Mit der Entwicklung der Europäischen Gemeinschaft in Richtung auf eine Politische Union sind für den Deutschen Bundestag (wie auch für die anderen nationalen Parlamente) inzwischen neue, zusätzliche Funktionsprobleme aufgetaucht, die im vorliegen-

Frage lautet, welche Bedingungen generell jene Steuerungsfähigkeit erhöhen, die empirische, ob und inwieweit sich der Bundestag diesen Bedingungen angepaßt hat.

Eine erste, wichtige Bedingung der Autonomiesicherung für jede Institution ist die bereichsspezifische Rekrutierung des Führungsnachwuchses[94]. Sie gewährleistet eine für die je besonderen Funktionsbedürfnisse der Institution notwendige Sozialisation und Qualifikation ihres Personals. Das ist für zahlreiche gesellschaftliche Institutionen traditionell vorgegeben, zum Teil sogar rechtlich normiert. Man denke etwa an die modernen Professionen der Ärzte, Apotheker, Rechtsanwälte, Geistlichen oder auch Universitätsprofessoren. In solchen Berufsbereichen sind die Zugangsvoraussetzungen fixiert, und sie werden von der Profession selbst, zum Teil durch eigene Ausbildungsgänge oder -zertifikate, überwacht. Das läßt sich natürlich nicht ohne weiteres mit der Rekrutierung des politischen, namentlich parlamentarischen Führungsnachwuchses in eins setzen. Jedoch ist andererseits nicht zu verkennen, daß *de facto* die Abgeordnetenrekrutierung über wenige, spezifisch *politische* Karrieren verläuft, insbesondere über die Führungsränge innerhalb der politischen Parteien und der öffentlichen Wahlmandate[95]. Zudem nehmen die Parteifunktionäre selbst auf die Kandidatenaufstellung (für öffentliche oder innerparteiliche Wahlen), aber auch auf die weitere Förderung des Führungsnachwuchses erheblichen Einfluß[96]. Diese Form der parlamentarischen Nachwuchsrekrutierung findet man zwar nicht in allen politischen Parteien, namentlich nicht in neu entstehenden, sei es auf sozialen Bewegungen beruhenden oder nach dem Führerprinzip strukturierten "Gefolgschaften"; jedoch zeigen sich dort eben auch typische Irregularitäten der Führungsrekrutierung, mit internen Zerwürfnissen, häufigem Führungswechsel bzw. Austritten sowie ungenügender politisch-fachlicher Kompetenz des leitenden Personals. Auch darf nicht verkannt werden, daß jede Ausdifferenzierung bereichsspezifischer Personalrekrutierung nachteilige Folgen haben kann: Demotivation möglicher Bewerber aus anderen Berufsbereichen, interne Cliquenbildung und ähnliches[97]. Grundsätzlich jedoch sind derartige Rekrutierungsformen geeignet, den Führungsnachwuchs mit den für den jeweiligen Funktionsbereich notwendigen Kenntnissen und Fertigkeiten auszustatten.

Mit dieser Art spezifischer Qualifikationsvermittlung hängt weiterhin eine bereichs-typische Professionalisierung zusammen. Sie besteht zum einen in einer be-

---

den Zusammenhang jedoch nicht thematisiert werden können. Einen Einblick in diese Problematik vermittelt der Beitrag von Uli Brückner in diesem Band.

94 Siehe dazu Robert S. Robins, *Political Institutionalization and the Integration of Elites*, Beverly Hills/London: Sage 1976, insbes. Kap. 1 und 7.

95 Genaueres dazu in: Dietrich Herzog, *Politische Karrieren. Selektion und Professionalisierung politischer Führungsgruppen*, Opladen: Westdeutscher Verlag 1975.

96 Siehe u.a. Bodo Zeuner, *Kandidatenaufstellung zur Bundestagswahl 1965 - Untersuchungen zur innerparteilichen Willensbildung und zur politischen Führungsauslese*, Den Haag: Nijhoff 1970. Neuere Analysen zur Politikerrekrutierung finden sich in dem Beitrag von Hilke Rebenstorf im vorliegenden Band.

97 Innerparteiliche Cliquenbildungen haben auf lokaler Organisationsebene nachgewiesen Erwin K. Scheuch/Ute Scheuch, *Cliquen, Klüngel und Karrieren*, Reinbek: Rowohlt 1992.

sonderen Sozialisation neuer Führungsanwärter (durch Vermittlung von Loyalität), zum anderen in der materiellen Ausstattung von Führungsämtern (regelmäßiges Einkommen, soziale Absicherung, Bereitstellung von Arbeitsmitteln u.ä.). Eine solche Professionalisierung ist im politischen Funktionsbereich nicht unumstritten; widerspricht sie doch bestimmten traditionellen Demokratieprinzipien wie Ehrenamtlichkeit politischer Mandatsträger, möglichst enge zeitliche Begrenzung der Mandatsdauer, Offenheit des Zuganges zu politischen Mandaten für alle Staatsbürger. Indes hat sich in allen modernen Demokratien die Professionalisierung der Politik mehr oder weniger durchgesetzt. Der "Berufspolitiker" ist zur typischen Figur geworden. Das trifft auch auf die Parlamente zu und hier namentlich auf den Deutschen Bundestag. Zwar ist die personelle Fluktuation von einer Wahlperiode zur anderen nicht unerheblich - sie beträgt durchschnittlich 20-25 Prozent; die Fälle freiwilligen Ausscheidens oder freiwilligen Verzichts auf eine erneute Kandidatur sind aber selten. Zudem scheinen auch die jeweils ausgeschiedenen, d.h. nicht wieder gewählten Personen gewöhnlich in anderen Positionen des politischen Funktionsbereichs zu verbleiben[98]. Auf jeden Fall ist die politische Professionalisierung der Abgeordnetenschaft eine wichtige Voraussetzung zur innerparlamentarischen Kooperation insofern, als sie ein gemeinsames Rollenverständnis, auch das Gefühl gemeinsamer Verantwortung und eine grundsätzliche Akzeptanz der für alle verbindlichen Verhaltensregeln bewirkt. Das dämpft im Parlament (wie in allen auf Wahllegitimation beruhenden politischen Institutionen) die ansonsten unvermeidlichen, in einer demokratischen Ordnung auch unabdingbaren persönlichen oder parteipolitischen Rivalitäten. Je mehr politische Interessenkonflikte nicht ausgespart, jedoch durch das gemeinsame Interesse der politischen Professionals an Leistungen bei der Lösung von Problemen minimiert werden, desto eher kann das Parlament als ganzes Handlungsfähigkeit nach außen gewinnen - und zwar nicht nur im Ensemble der um Einfluß konkurrierenden staatlichen Institutionen, sondern auch als "strategisches Zentrum" im Gesamt der soziopolitischen Führungsgruppen.

Schließlich ist für die Effizienz jeder Organisation Arbeitsteilung notwendig. Das gilt auch für das moderne Parlament - jedenfalls dann, wenn es sich nicht allein auf seine "Artikulationsfunktion" beschränken, sondern an der politischen Gestaltung, insbesondere im Rahmen der komplizierter werdenden Gesetzgebung, maßgeblich beteiligt sein will. In den modernen sozialstaatlichen Demokratien steht es ohnehin in einer Art Konkurrenz zur ebenfalls hochgradig arbeitsteilig organisierten und fachlich versierten Ministerialbürokratie. Dementsprechend hat sich im Deutschen Bundestag seit langem - neben den ebenfalls untergliederten Fraktionen - eine komplexe Organisationsstruktur (mit mehreren Leitungsorganen sowie Ausschüssen, Unterausschüssen, Kommissionen usw.) herausgebildet[99].

---

98 Über derartige Prozesse politikbereichsinterner Personalzirkulation liegen bisher allerdings noch keine systematischen Untersuchungen vor.
99 Vgl. u.a. Hermann Borgs-Maciejewski, *Parlamentsorganisation. Institutionen des Bundestages und ihre Aufgaben*, Heidelberg: Decker & Müller 1986; Wolfgang

Zwar scheint diese Form parlamentarischer Arbeitsorganisation in der öffentlichen und veröffentlichten Meinung noch immer nicht wirklich verstanden zu werden (man denke nur an die zählebige Verwechslung von "Parlament" und "Plenarsitzung"), doch ist ein derart funktional gegliedertes "Arbeitsparlament" nicht anderes als eine Anpassung an die sich erweiternde staatliche Agenda und eine Voraussetzung für die wirksame Beteilung des Parlaments an der "Staatsleitung".

Was allerdings in bürokratischen Organisationen im großen und ganzen unproblematisch ist (obwohl auch dort Arbeitsteilung und Kompetenzhierarchie durch laterale Kommunikation und gesonderte "Stabsfunktionen" immer wieder ausgeglichen werden müssen), stellt an das Parlament, und zwar an die Abgeordneten, besondere Anforderungen. Wenn es nicht zu einer Fragmentierung des Bundestages kommen soll, muß die institutionelle und fachliche Spezialisierung durch vertrauensvolle interfraktionelle Kommunikation kompensiert werden - und zwar ohne die Fraktionssolidarität zu beschädigen[100]. Hinzu kommt ein zweites: Während die Abgeordneten einerseits nur als Spezialisten praktischen Einfluß insbesondere auf die Gesetzgebungsarbeit gewinnen können, müssen sie andererseits "Generalisten", *policy-maker*, sein, sich also an der Ausarbeitung und Verfolgung strategischer Ziele verantwortlich beteiligen. Schließlich sind sie auch im Wahlkreis in öffentlichen Versammlungen mehr oder weniger als Generalisten gefordert. Die Schwierigkeiten, die mit dieser notwendigerweise "hybriden Rolle" des modernen Abgeordneten verbunden sind[101], können durch bestimmte Geschäftsordnungmaßnahmen (z.B. parlamentarische Zeitplanung, Ausbau der Hilfsdienste) oder "Parlamentsreformen" (z.B. Stärkung der individuellen Mitwirkungsrechte) gemildert, jedoch nicht aus der Welt geschafft werden. Es ist die Qualifikation der Personen, die letztlich die Funktionsfähigkeit des Parlaments bewirkt: längere Erfahrung in spezifisch politischen Funktionen sowie "Professionalisierung" als Voraussetzung für ein allen gemeinsames Verantwortungsgefühl und für die Fähigkeit zur parteiüberschreitenden Kooperation und Kompromißfindung[102].

Bisher haben, wie unter anderem auch die Beiträge in diesem Band belegen, die Abgeordneten des Deutschen Bundestages *diese* Voraussetzungen hinlänglich erfüllt. Das hat sicherlich entscheidend dazu beigetragen, daß der Deutsche Bundes-

---

Ismayr, *Der Deutsche Bundestag. Funktionen, Willensbildung, Reformansätze*, Leverkusen: Leske + Budrich 1992.

100 Tatsächlich sind die innerparlamentarischen Kommunikationen außerordentlich stark und zwar auch zwischen den Regierungs- und den Oppositionsfraktionen; s. Herzog/Rebenstorf/Werner/Weßels, *Abgeordnete* (Anm. 44), insbes. Kap. 5.
101 Zur Bedeutung der Rollenanalyse in der Parlamentarismusforschung s. Eulau/Wahlke, *Representation* (Anm. 40); Herzog, *Repräsentation* (Anm. 43), insbes. S. 328 ff.
102 Letzteres ist um so wichtiger, als - wie alle Elitensurveys wiederholt gezeigt haben - die Gegensätze über Sachfragen in der politischen Führungsschicht, auch in der Abgeordnetenschaft, unverkennbar stärker akzentuiert werden als in der Wählerschaft. Dieser Sachverhalt, der zur öffentlichen Klärung von Alternativen notwendig ist, führt jedoch lediglich zur (parlamentarischen) Handlungsblockade, sofern nicht zusätzlich eine generelle Kompromißfähigkeit unter den Abgeordneten gegeben ist.

tag, unabhängig von jeweiligen parteipolitischen Mehrheiten und auch im internationalen Vergleich, seine Bedeutung als Zentrum politischer Entscheidungen bewahren konnte. In jüngster Zeit freilich scheinen sich Entwicklungen anzubahnen, die die Autonomie und damit die Handlungsfähigkeit des Parlaments beeinträchtigen könnten. Obwohl darüber bisher noch kaum fundierte Untersuchungen vorliegen, sollen einige dieser Probleme wenigstens aufgezeigt werden.

Eine Schwierigkeit folgt aus der Herausbildung "parakonstitutioneller Entscheidungsgremien"[103]. Dazu gehören die sogenannten Koalitionsrunden (inzwischen zu einer Daueinrichtung geworden), die Koalitionsarbeitsgruppen, die "Kanzlergespräche" und andere informale Gesprächszirkel. Teilnehmer sind, häufig durchaus wechselnd, Kabinettsmitglieder, leitende Ministerialbeamte, Mitglieder der Fraktionsführungen (in manchen Gremien auch der Oppositionsfraktion), parlamentarische Experten, aber auch Länderminister sowie leitende Parteifunktionäre, die nicht dem Bundestag angehören. Zweifellos dienen derartige Gremien der politischen Koordination[104]. Sie erleichtern die Abstimmung zwischen Regierung, Fraktionen und Parteien. Jedoch sind die Folgen für das parlamentarische Regierungssystem, insbesondere für die Handlungsfähigkeit des Parlaments, keineswegs nur positiv einzuschätzen. Dabei ist die Tatsache, daß jeweils nur "Spitzenpolitiker" beteiligt sind, daß also die Abgeordnetenschaft auf diese Weise in zwei "Klassen" geteilt wird, noch verhältnismäßig unbedeutend; schließlich wurden die jeweils gewählten Spitzenpolitiker eben mit der Aufgabe der Koordination und politischen Führung betraut, wenngleich jede Hierarchie, z.B. in einer Fraktion, zwangsläufig die interne Folgebereitschaft der zunächst nicht beteiligten Abgeordneten strapaziert. Spitzengespräche können insofern interne Konflikte geradezu provozieren. Wichtiger aber ist, daß derartige - eben hochrangig zusammengesetzte - "Beratungs"-Gremien in der Praxis fast zwangsläufig *Entscheidungen* treffen, die dann von den daran nicht beteiligten Abgeordneten kaum mehr verändert werden können, ohne den Zusammenhalt der jeweiligen Fraktion bzw. Koalition zu gefährden[105]. Indem das Gros der Abgeordneten gerade bei wichtigen Entscheidungsfragen auf bloße "Gefolgschaft" festgelegt wird, kann nicht nur eine umfassendere Berücksichtigung politischer und gesellschaftlicher Interessen vermindert werden; vielmehr können derartige (Vor-)Entscheidungen, so sie nicht lediglich "Krisenmanagement" sind, sondern langfristige strategische Ziele fixieren, auch die Anpassungsfähigkeit des Parlaments an neue Erkenntnisse und Bedingungen reduzieren. Fraktionen, Koalitionen und das Parlament als Ganzes büßen dann unter Umständen ihre Flexibilität ein. Das bedeutet letztlich nichts anderes

---

103 Diesen Begriff verwendet Helmut Schulze-Fielitz, *Der informale Verfassungsstaat. Aktuelle Beobachtungen des Verfassungslebens der Bundesrepublik Deutschland im Lichte der Verfassungstheorie*, Berlin: Duncker & Humblot 1984, S. 92 ff.
104 Ausführlich dazu Heinrich Oberreuter, Entmachtung des Parlaments durch Vorentscheider auf höchster politischer Ebene?, in: Hill (Hrsg.), *Zustand* (Anm. 51).
105 Das wird sehr eindringlich von einem (ehemaligen) *Insider* dargestellt: Waldemar Schreckenberger, Sind wir auf dem Weg zu einem Parteienstaat? "Koalitionsrunden" mit ihren Verabredungen als Symptom, in: *Frankfurter Allgemeine Zeitung*, 5. Mai 1992, S. 12 f.

als Verlust an Steuerungskapazität, es sei denn, die jeweils notwendigen Kurskorrekturen würden wiederum durch (immer erneute) Spitzengespräche vorgenommen. Das führt aber, je länger desto mehr, zu einer tatsächlichen Verlagerung parlamentarischer Entscheidungskompetenz auf parakonstitutionelle Zirkel und unterhöhlt in gleichem Maße die Autonomie des Parlaments.

Dieselbe Gefahr birgt auch eine zweite Entwicklung, nämlich diejenige zur "Parteienherrschaft". Dabei geht es in diesem Zusammenhang nicht um den (offenbar zunehmenden) Einfluß der politischen Parteien auf gesellschaftliche und administrative Institutionen; man denke an Parteipatronage in öffentlich-rechtlichen Medien, in Bildungseinrichtungen, in der Kommunal- und Staatsverwaltung usw.[106]. Auch das ist unter steuerungstheoretischen Gesichtspunkten problematisch genug, zerstört es doch tendenziell die zur effektiven Steuerung notwendige Autonomie gesellschaftlicher Einheiten[107]. Für die Handlungsfähigkeit des Parlaments indes ist ein anderer Aspekt der Parteienherrschaft von Bedeutung - die Verlagerung von Entscheidungen, die eigentlich im repräsentativen Zentrum des demokratischen Staates, also im Parlament gefällt werden müssen, auf außerparlamentarische Parteigremien. Diese Machtverlagerung ist nicht nur in der Bundesrepublik zu beobachten[108], doch zeigt sie sich auch hier in offenbar zunehmenden Maße, insbesondere bei der Sozialdemokratischen Partei und bei der (besonders "basisdemokratisch" organisierten) Partei der Grünen. Denn nicht nur allgemeine Richtungs-, sondern auch konkrete Sachentscheidungen werden häufig durch Parteiräte, Parteitage oder andere Parteigremien gefällt, *bevor* die jeweiligen Bundestagsfraktionen darüber befinden. Hinzu kommt, daß auch Entscheidungen über die Bildung von Regierungskoalitionen sowie über die zukünftige Koalitionspolitik vielfach in Parteiversammlungen getroffen werden. Letzteres manifestiert sich in den sogenannten Koalitionsvereinbarungen, die in jüngster Zeit nicht nur umfangreicher, sondern auch immer detaillierter geworden sind. Wenngleich man davon ausgehen kann, daß auch führende Parlamentsabgeordnete - qua parlamentarisch-parteilicher Ämterkumulation - in den Parteiversammlungen Einfluß auf die Entscheidungen nehmen, so sind doch derartige Parteibeschlüsse für die Parlamentsfraktion mehr oder weniger bindend. Repräsentation vollzieht sich dann eher über die Parteien, nicht über die Abgeordneten. Die Fraktionen und das Parlament als Ganzes geraten in die Gefahr, zu "Erfüllungsgehilfen" von nicht über öffentliche Wahl legitimierten Parteigruppen zu werden. Dies mag unter bestimmten "basisdemokratischen" oder "parteienstaatlichen" Prämissen[109] als zweckmäßig er-

---

106   Zum Problem der Parteipatronage in der öffentlichen Verwaltung s. Kenneth Dyson, Die westdeutsche "Parteibuch"-Verwaltung, in: *Die Verwaltung*, 12 (1979), S. 129-160. Eine vehemente Kritik der Parteienherrschaft in der Kommunalpolitik haben in jüngster Zeit Scheuch/Scheuch, *Cliquen* (Anm. 97), vorgetragen.
107   Siehe Etzioni, *The Active Society* (Anm. 77).
108   Man denke insbesondere an Italien, wo die sogenannte *partitocrazia* inzwischen zu einem Strukturdefekt der gesamten soziopolitischen Ordnung geworden ist.
109   Die im "Parteienstaat" zwangsläufige Bindung des Abgeordneten an seine Partei hat besonders Leibholz hervorgehoben: Leibholz, Strukturwandel (Anm. 2), S. 78-131; ders., *Die Repräsentation in der Demokratie*, Berlin/New York: de Gruyter 1973.

scheinen; indes wird auf diese Weise sowohl die Rolle des Parlaments im System der "gemeinsamen Staatsleitung" (s. Kap. 3) beeinträchtigt als auch seine Handlungsfähigkeit als "Steuerungszentrum" innerhalb der gesamten soziopolitischen Ordnung.

Dieser (negative) Effekt wird freilich erst dann deutlich, wenn man sich von einem bestimmten, leider nach wie vor gängigen Modell intermediärer Interessenvermittlung löst. Danach wäre die Willensbildung in den obersten Vertreterversammlungen der Parteien das - wenn auch verdichtete und akzentuierte - Resultat innerparteilicher Willensbildung in der Breite der Mitgliederschaft, die ihrerseits als mehr oder weniger repräsentativ für die jeweilige Wählerschaft der Partei handelnd angesehen wird[110]. Dann wäre, für alle Parteien insgesamt und *grosso modo*, der Parteieneinfluß auf parlamentarische Entscheidungen nichts anderes als die Transmission von Wählerwünschen in ein zentrales Staatsorgan. Das aber ist nach allen Erkenntnissen der Parteienforschung so nicht der Fall. Dabei muß man sich keineswegs nur auf die seit Robert Michels bekannte These innerparteilicher "Oligarchie", mit ihrem angeblichen Gegensatz zwischen einer nahezu allmächtigen Parteiführung und einer nahezu ohnmächtigen Mitgliederschaft, beziehen. Vielmehr sind die innerparteiliche Stratifikation und damit die innerparteilichen Willensbildungsprozesse beträchtlich differenzierter - und das nicht nur in den verhältnismäßig strikt organisierten Mitgliederparteien europäischer Provenienz, sondern auch zum Beispiel in den lockerer strukturierten Parteien der USA. So ist bereits zweifelhaft, ob die sogenannten einfachen Parteimitglieder derart repräsentativ für die jeweiligen Parteianhänger oder -wähler sind, wie es der Begriff "Aktivbürger" (G. Leibholz) suggeriert. Nach sozialer Herkunft und Bildungsniveau sind sie es jedenfalls nicht[111]. Zudem ist zu berücksichtigen, daß die tatsächlich aktiven Parteimitglieder wiederum nur einen kleinen, keineswegs repräsentativen Ausschnitt aus der gesamten Mitgliederschaft bilden. Wichtiger aber ist in unserem Zusammenhang die Rolle derjenigen, die in den (zentralen) Vertreterversammlungen Entscheidungen treffen. Dort setzt sich das Gros aus Mitgliedern einer besonderen Funktionärsschicht zusammen, die als "mittlere Führungsschicht"[112] oder als Partei-"Kader"[113] bezeichnet werden. Obwohl systematische Untersuchungen über den ideologisch-soziologischen Habitus dieser Funktio-

---

110 Hier wird lediglich die Vermittlungsfunktion der politischen Parteien behandelt. Hinzu kommt freilich diejenige zahlreicher anderer intermediärer Organisationen und Institutionen (Interessenverbände, soziale Bewegungen, Bürgerinitiativen, publizistische Medien u.a.).
111 Horst W. Schmollinger, Abhängig Beschäftigte in Parteien der Bundesrepublik; Einflußmöglichkeiten von Arbeitern, Angestellten und Beamten, in: *Zeitschrift für Parlamentsfragen*, 5 (1974), S. 58-90; Oskar Niedermayer, *Innerparteiliche Partizipation*, Opladen: Westdeutscher Verlag 1989.
112 Karlheinz Reif (Hrsg.), *Die mittlere Führungsschicht politischer Parteien in der Bundesrepublik Deutschland*, Mannheim: Institut für Sozialwissenschaften 1978.
113 Dwaine Marvick, Les cadres des partis politiques en Allemagne, in: *Revue française de Sociologie*, 7 (1966), S. 619-635; ders., The Middlemen of Politics, in: W. I. Crotty, Hrsg., *Approaches to the Study of Party Organization*, Boston: Allyn and Bacon 1968, S. 341-347.

närsschicht noch spärlich sind, lassen sich ihre Besonderheiten - sowohl gegenüber den "einfachen" Parteimitgliedern als auch gegenüber den Spitzenfunktionären - einigermaßen deutlich erkennen:
- starke Orientierung auf den Zusammenhalt der (Partei-)Organisation, da sie, und nicht die allgemeine Wählerschaft, den Legitimationskontext für diese Funktionärsschicht bildet;
- geringe Innovationsbereitschaft und Flexibilität bei relativ starker ideologischer Rigidität und Militanz als spezifische Machtressourcen;
- geringes Interesse, parlamentarisch-administrative Spitzenpositionen zu erlangen, statt dessen Interesse an Positionen in der kommunalen Politik und Verwaltung.

Als bestimmende Kräfte in den (zentralen) Vertreterversammlungen bilden diese mittleren Funktionäre, ungeachtet möglicher Kontroversen unter ihnen, ein eigenständiges, also keineswegs nur mit der "Vermittlung" zwischen "unten" und "oben" befaßtes Machtaggregat, das gegebenenfalls auch eigene politische Optionen als "Parteilinie" festzulegen imstande ist. Und dies ist naturgemäß um so eher möglich, je geringer die innerparteiliche Partizipation ist. Auf der anderen Seite bildet diese mittlere Funktionsschicht das Rückgrat der Parteiorganisation; sie sorgt für die Aufrechterhaltung der Organisation, von ihr hängt wesentlich die Mitgliedergewinnung und -mobilisierung sowie die Organisierung von Wahlkämpfen ab, und sie hat bestimmenden Einfluß auf die Kandidatenauswahl[114]. Eben daraus resultiert ihre Bedeutung auf Parteikongressen, also auch ihre Macht gegenüber den parlamentarischen Repräsentanten der Partei. Es ist vermutlich *diese* innerparteiliche Machtstratifikation, die das eigentliche Spannungsverhältnis zwischen "Partei" und "Fraktion" bedingt, nicht selten zu Lasten der Handlungsfähigkeit der letzteren.

Interessanterweise zeigt sich dieses Spannungsverhältnis, gewissermaßen indirekt, auch im Rollenverständnis und im Kommunikationsverhalten der Bundestagsabgeordneten. So verstand sich nur ein geringer Teil der Parlamentarier (in den etablierten Parteien lediglich etwa 15 Prozent) als "Repräsentanten ihrer Partei", während fast die Hälfte ihre Rolle als Wähler-Vertreter definierte[115]. Desgleichen hat auch das Motiv, im Parlament die politischen Ziele der eigenen Partei durchzusetzen, im gesamten Motivationsspektrum der Abgeordneten nur eine untergeordnete Bedeutung; auch hier wird wieder die Vertretung von Bürgerinteressen (sowie die Teilnahme an politischen Entscheidungen) sehr viel wichtiger genommen. Andererseits sind unter allen parlamentsexternen Kommunikationen der Abgeordneten diejenigen zur eigenen Partei bei weitem die häufigsten und intensivsten; die Parlamentarier wenden einen auffallend großen Teil ihres Zeitbudgets für die Teilnahme an Parteiversammlungen und Partei-Gremiensitzungen auf. Zusammengenommen legen derartige Umfrageergebnisse eine doppelte Schlußfolge-

---

114 Siehe u.a. Zeuner, *Kandidatenaufstellung* (Anm. 96).
115 Einige Umfrageergebnisse zu diesem Problemkreis findet man in Herzog/Rebenstorf/Werner/Weßels, *Abgeordnete* (Anm. 44).

rung nahe: Einmal brauchen die Abgeordneten zwar den engen Kontakt zu ihrer Partei, vermutlich schon deshalb, um eine erneute Kandidatur abzusichern; zum anderen aber versuchen sie, sich aus einer zu engen Bindung an ihre Partei - und das heißt wohl in erster Linie: an die Funktionärs-"Kader" ihrer Partei - zu lösen, um, nun unter Bezug auf eine breitere Referenzgruppe, nämlich die Wählerschaft, Handlungsspielraum zu gewinnen.

Abschließend können weitere Bedingungen für die Einschränkung parlamentarischer (Handlungs-)Autonomie hier nur angedeutet werden, weil systematische Untersuchungen darüber noch gänzlich fehlen. So mag die Existenz kleinerer, auf wenige Themen festgelegter Parteien der (zusätzlichen) Aggregation und Artikulation gesellschaftlicher Interessen dienlich sein. Die parlamentarische Vertretung derartiger Parteien indes macht ein Parlament eher inflexibel, intern kooperations- und kompromißunfähig, also auch im Gesamt der Staatsorganisationen tendenziell marginal; und das nicht nur wegen unverkennbar schwieriger Koalitionsbildungen, sondern auch deshalb, weil die Abgeordneten solcher Parteien an relativ kleine, somit auch thematisch kompakte Partei- und Wählergruppen gebunden sind und entsprechend rigide Standpunkte vertreten. Das trifft insbesondere auf bloße "Protestparteien" zu, und zwar unabhängig davon, ob sie auf einer bestimmten sozialen Bewegung, auf einer spezifischen Berufs- oder Sozialgruppe oder auf einer autoritären Führer-Gefolgschaft beruhen. In dem Maße, wie dann das Parlament als "Forum" der Artikulation zusätzlicher Interessen gewinnt, verliert es andererseits an Zusammenhalt als Zentrum soziopolitischer Steuerung.

Gleiches gilt, wenn auch aus anderen Gründen, für die möglichen Folgen parlamentarisch-gesellschaftlicher "Arenen"-Bildung. Solche, mit dem Begriff "parlamentarischer Korporatismus" bezeichneten Kommunikationsstrukturen sind bisher erst ansatzweise erforscht[116]. Zwar ist der Anteil derjenigen Abgeordneten, die in solche korporatistische Arenen eingebunden sind, mit knapp einem Drittel nicht übermäßig groß; auch könnte man vermuten, daß der "parlamentarische Koporatismus" gewissermaßen ein ausgleichendes Gegengewicht zu den intensiven korporatistischen Arrangements der Ministerialbürokratie darstellt, also die Informationsgewinnung des Parlaments und sein Einflußpotential stärkt. Auf der anderen Seite aber handelt es sich bei derartigen Kommunikationsmustern eben nicht um ein System konkurrierender Einzelinteressen, wie es in der Pluralismustheorie zugrundegelegt wird. Die in korporatistische Strukturen eingebundenen Abgeordneten sind nicht nur "Interessenvertreter" (im Sinne der Vertretung je partikularer gesellschaftlicher Interessen). Sie sind vielmehr eingebunden in größere gesellschaftliche, insbesondere ökonomische Interessen-"Kartelle". Je stärker diese Einbindung ist, desto eher bilden sich gesellschaftlich-parlamentarische Arenen, die -

---

116 Der Begriff "parlamentarischer Korporatismus" stammt von Gerhard Lehmbruch (*Neo-Corporatism and the Function of Representative Institutions*, Konferenz "Representation and the State", Stanford, Cal.: Stanford University 11.-15. Oktober 1982, unveröffentlichtes Manuskript). Zur Bedeutung derartiger parlamentarisch-gesellschaftlicher Kommunikationsmuster für den Prozeß der Interessenvermittlung s. die Beiträge von Bernhard Weßels und Manfred Hirner in diesem Band.

nun auch auf der Ebene des Parlaments - unter Umständen zur gegenseitigen Abschottung und zur je eigenen "Besitzstandswahrung" in der Konkurrenz um knappe staatliche Ressourcen tendieren. Eine Blockierung notwendiger Reformen und der Verlust an parlamentarischer Innovationsfähigkeit wären dann die Folge. Indes lassen sich derartige Einschränkungen der Steuerungskapazität moderner Parlamente, und hier insbesondere des Deutschen Bundestages, bisher nur als Hypothesen formulieren, die der empirischen Parlamentarismusforschung noch aufgetragen sind.

5. Zusammenfassung

Wie das parlamentarische Regierungssystem insgesamt, so steht insbesondere auch der Deutsche Bundestag seit einigen Jahrzehnten vor neuen Herausforderungen. Sie ergeben sich aus fundamentalen Veränderungen in den Werthaltungen, Erwartungen und Verhaltensweisen der Wählerschaft, aus den neuen Aufgaben des Parlaments im System der "gemeinsamen Staatsleitung" sowie aus den Bedingungen der Politikgestaltung in einer durch neuartige Interessenstrukturen und Organisationsverflechtungen gekenzeichneten Gesellschaftsordnung. Diese Wandlungen aufzuzeigen und damit den gegenwärtigen Handlungskontext des Parlaments zu beschreiben, ist der Sinn der vorangegangenen Ausführungen. Zugleich sollten theoretische und empirische Fragestellungen aufgedeckt werden, die in der Parlamentarismusforschung nunmehr neu (oder jedenfalls verstärkt) gestellt werden müssen, wenn man zu einem den neuen Bedingungen angemessenen Verständnis der Funktionsweise und der Funktionsprobleme des Parlaments gelangen will. Sie betreffen im wesentlichen die *repräsentative* Funktion des Parlaments im Prozeß der gesellschaftlich-parlamentarischen "Politikvermittlung" sowie seine Handlungs- und Integrationsfähigkeit als *"zentrales Leitungsorgan"* in der sozialstaatlichen Demokratie der Gegenwart.

Diese Handlungs- und Integrationsfähigkeit des Parlaments ist in einer demokratischen Ordnung, in der staatliche Macht über öffentliche Wahlen vergeben wird, stets gefährdet. Denn die "Responsivität" der Repräsentanten gegenüber den Wünschen der Repräsentierten hat ein Janusgesicht: Sie ist unabdingbar für die Legitimation politischer Entscheidungsbefugnisse, und sie kann zugleich im Klientelismus ersticken, wenn lautstarke Partikularinteressen, sei es in der eigenen Partei, sei es in der Wählerschaft, von "ihren" Abgeordneten Kompromißlosigkeit verlangen.

Aus diesem Grunde aber wird die Handlungs- und Integrationsfähigkeit des Parlaments nur um so wichtiger. Gerade in einer partizipationsbereiten (und eben deshalb auch zunehmend konfliktreichen) Gesellschaft, konfrontiert mit neuartigen nationalen und transnationalen Problemen, erwartet die breite Mitte der Wählerschaft, quer durch ihre parteipolitischen Lager, von den parlamentarischen Repräsentanten nicht nur "Responsivität" und (Interessen-)"Artikulation", sondern mehr noch die "Konversion" unterschiedlicher, oft genug gegensätzlicher Interessen in politische Strategien und die Fähigkeit zu hinlänglich gemeinwohlverträglichen Problemlösungen.

Blickt man auf die vergangenen Jahrzehnte parlamentarischer Praxis und berücksichtigt man auch die im vorliegenden Band analysierten Umfrageergebnisse, so deutet vieles darauf hin, daß der Deutsche Bundestag mit einigem Erfolg auf die neuen Herausforderungen reagiert hat. Ob dies auch für die nähere Zukunft gilt, wird nicht in erster Linie von neuen Verfahrensregeln oder institutionellen Reformen abhängen, sondern von der Qualifikation und der Kooperationsfähigkeit seiner Mitglieder, der Abgeordneten. Damit aber eröffnen sich auch für die Parlamentarismusforschung entsprechend neue theoretische und empirische Perspektiven.

Hilke Rebenstorf

Gesellschaftliche Interessenrepräsentation und politische Integration

1. Einleitung

Parlamentarisch-repräsentative Demokratien sind durch ein Spannungsverhältnis gekennzeichnet, das ihre Legitimation begründet, zugleich aber ihre Funktionsfähigkeit immer wieder gefährdet. Das demokratische Prinzip beinhaltet, daß die gesellschaftlichen Interessen die Chance haben, politische Geltung zu erlangen. Als zentrales Repräsentationsorgan ist der Bundestag der Brennpunkt dieser unterschiedlichen Interessen, die im wesentlichen durch die Organisationen des intermediären Systems formuliert, gebündelt und politisch wirksam gemacht werden. Daraus ergibt sich für das Parlament eine seiner wichtigsten Funktionen - Aufnahme und Artikulation gesellschaftlicher Interessen.

Das repräsentative Prinzip hingegen beinhaltet die Herstellung verbindlicher Entscheidungen. Unter diesem Gesichtspunkt geht es um "das Problem, größere menschliche Verbände als Einheiten zu erleben, zu organisieren und zu begreifen. Diese gedachte Einheit bedarf zu ihrer politisch-staatsrechtlichen Realisierung gewisser Einrichtungen und Verfahren der Identitätsbildung und Einheitswahrung, der Autorisierung von Handlungen im Namen der Gemeinschaft wie der Erzeugung von Verbindlichkeiten für das ganze und alle seine Teile"[1].

Es existiert somit ein fragiles Verhältnis zwischen der Vertretung partikularer Interessen und der für Einheitswahrung notwendigen Konsensfindung im Vorfeld staatlicher Entscheidungsprozesse. Beide sind unabdingbar für die Funktionsfähigkeit des parlamentarisch-repräsentativen Systems. Inwieweit eine Integration dieser beiden Momente möglich ist, hängt von den Inter-Eliten-Beziehungen des politischen Systems ab, inwieweit dadurch die Legitimität nicht gefährdet wird, von der Elitenstruktur. Beide Momente sind wiederum geprägt durch das intermediäre

---

1 Hasso Hofmann/Horst Dreier, Repräsentation, Mehrheitsprinzip und Minderheitenschutz, in: Hans-Peter Schneider/Wolfgang Zeh (Hrsg.), *Parlamentsrecht und Parlamentspraxis in der Bundesrepublik Deutschland*, Berlin/New York: de Gruyter 1989, S. 165-197, hier S. 165.

System gesellschaftlicher Interessenvertretung, in dem die Parteien als Träger von Legislative und Exekutive eine vom Grundgesetz sanktionierte Sonderrolle einnehmen.

1.1. Problem und Fragestellung

Der Bundestag ist sowohl eine Institution als auch ein soziales Kollektiv. Seine Akteure sind nicht nur Abgeordnete, sondern auch, häufig sogar in erster Linie, Parteimitglieder. Im Unterschied zu anderen Organisationen des intermediären Systems sind Parteien weniger auf die Durchsetzung partikularer Interessen festgelegt als vielmehr auf deren Integration, wenn ihre Genese auch auf Interessengegensätze rückführbar ist und ihre Persistenz auf historisches Bewußtsein oder zumindest auf milieuspezifische Affinitäten angewiesen ist. Die für die Herausbildung des Parteiensystems relevanten "alten" Spannungslinien, Arbeit versus Kapital und religiös versus laizistisch, wirken auch in einer sozialstrukturell differenzierten und säkularisierten Gesellschaft nach[2], zumindest für die direkt Betroffenen, Arbeiter und Gläubige. Parteien und insbesondere deren Repräsentanten, Politiker in Legislative und Exekutive, unterliegen damit zwangsläufig einem Spannungsverhältnis: Die Existenz ihrer Parteien und somit ihr eigenes Mandat gründen sich auf gesellschaftlich organisierte, vor allem ökonomische, religiöse oder regionale Disparitäten. Diese partikularen Interessen galt und gilt es nach wie vor zu vertreten und politisch fruchtbar zu machen. Die Funktionsfähigkeit des repräsentativen politischen Systems hingegen erfordert es, daß kein nennenswertes Partikularinteresse völlig diskriminiert werden darf. Sie verlangt danach, einen friedlichen Interessenausgleich zu erzielen. Parallel erforderlich sind also einerseits Autonomie in der Verhandlungsführung mit den Vertretern anderer Interessen für die Gestaltung von Politik, andererseits Responsivität als sichtbare Repräsentativität zur Sicherung der eigenen Positionen und zur Integration der Nicht-Eliten. Dieses Spannungsverhältnis begründet die Fragilität demokratisch-repräsentativer Systeme[3], zu denen auch die Bundesrepublik zu rechnen ist.

---

2 Siehe grundlegend Franz Urban Pappi, Konstanz und Wandel der Hauptspannungslinien in der Bundesrepublik, in: Joachim Matthes (Hrsg.), *Sozialer Wandel in Westeuropa*, Frankfurt a.M./New York: Campus 1979, S. 465-479; s. auch Hilke Rebenstorf/Bernhard Weßels, Wie wünschen sich die Wähler ihre Abgeordneten?, in: *Zeitschrift für Parlamentsfragen*, 20 (1989), S. 408-424.
3 So der Titel des Buches von Eva Etzioni-Halevy, *Fragile Democracy: The Use and Abuse of Power in Western Societies*, New Brunswick/London: Transaction Publishers 1989, in dem diese Thematik exploriert wird.

Interessenrepräsentation und Integration

Ihre politischen Institutionen waren bisher recht stabil, ihre Elite konsensuell geeint[4]. Es gibt allgemein gültige "Spielregeln" zur politischen Entscheidungsfindung. Auf Seiten der Bevölkerung ist ein hohes Maß an "diffuser" Systemunterstützung[5] festzustellen. Um das zerbrechliche System parlamentarisch-repräsentativer Demokratie zu pflegen, sind der Elite bestimmte Bedingungen gesetzt[6]: Sie muß ein relativ hohes Maß an struktureller, ideologischer und funktionaler Integration aufweisen; sie darf sich jedoch nicht verselbständigen, sondern muß dem gesellschaftlichen Wandel, den sie selber mitbewirkt, Rechnung tragen.

Mit dem Aufkommen neuer Spannungslinien, der zunehmenden Bedeutung "postmaterialistischer" Wertorientierungen und dem Einzug der Grünen in das Parlament kamen zugleich Befürchtungen auf, daß der frühere Inter-Eliten-Konsens schwinden und damit Probleme für die Funktionsfähigkeit des parlamentarisch-repräsentativen Systems auftauchen könnten.

Im folgenden geht es darum, die Risiken und Chancen für eine Integration der politischen Elite, hier vertreten durch die Abgeordneten des 11. Deutschen Bundestages, zu analysieren. Hierzu wird in einem ersten Abschnitt die Bedeutung von Eliten für die gesellschaftliche Entwicklung anhand der neueren Elitentheorie dargestellt. Daran anschließend wird die Herausbildung von Führungsgruppen in einem System der Interessenrepräsentation als Folge von Interessenformation, die langfristig zu einer festen Verankerung der politischen Eliten führte, untersucht. Leitend ist die Frage nach den Rahmenbedingungen, die Ausmaß und Begrenzung der Elitenintegration determinieren. Diese Integration weist prinzipell zwei Typen auf: (1) die strukturelle Integration, mit den drei Untertypen informelle soziale Integration, professionelle Integration, Integration des "policy formation"-Prozesses;

---

4 Siehe zur Terminologie über den Elitenstatus G. Lowell Field/John Higley, *Eliten und Liberalismus*, Opladen: Westdeutscher Verlag 1983 (im Original: *Elitism*, London: Routledge & Kegan 1980).
5 Vgl. Suzanne S. Schüttemeyer, *Bundestag und Bürger im Spiegel der Demoskopie*, Opladen: Westdeutscher Verlag 1986; Dieter Fuchs, *Die Unterstützung des politischen Systems in der Bundesrepublik Deutschland*, Phil.Diss. Universität Mannheim, Köln 1987. Die Terminologie ist dem systemtheoretischen Konzept David Eastons entnommen. Diffus hat in diesem Zusammenhang nicht die alltagssprachliche, eher negativ konnotierte Bedeutung. Diffuse Unterstützung meint, grob gesagt, daß eine outputunabhängige Unterstützung vorzufinden ist, sie ist somit nicht von konkreten Systemleistungen abhängig.
6 Von der "Zerbrechlichkeit" repräsentativer parlamentarischer Systeme zu sprechen, ruft angesichts der Veränderungen in den Ländern des ehemaligen Warschauer Paktes wohl eher Unverständnis hervor. Jene Systeme sind zerbrochen, während die westlichen Unerschütterlichkeit bewiesen. "Zerbrechlichkeit" ist denn auch so zu verstehen, daß man Parameter der gesellschaftlichen Organisation betrachten muß. Auch wenn in totalitären Staaten Regierungen abgelöst werden, hat dies noch lange keine Demokratisierung zur Folge. Im Gegenteil, sowohl auf Seiten der Bevölkerung als auch auf Seiten der Regierenden oder der um Regierungsgewalt Ringenden, scheint eine autoritäre Orientierung in hohem Maße persistent zu sein. Die Systemparameter ändern sich somit nicht. Anders in demokratischen Systemen. Ein Umschlagen in autoritäre Organisationen ist eher möglich als die Demokratisierung autoritärer Systeme.

(2) die ideologische Integration oder auch Wertekonsens[7]. Gleichzeitig darf diese Integration jedoch nicht die Form einer Homogenisierung annehmen, wie dies von Elitekritikern unterstellt wird, die zu einer vertikalen Abkoppelung, einer Dichotomie von Herrschern und Beherrschten führen würde. Gewährleistet bleiben muß stets die Vertretung einer Interessenvielfalt, die Repräsentation sozialstruktureller Spannungslinien. Das Ausmaß an Elitenintegration und -desintegration, und damit die Basis von Konsensfähigkeit, wird anhand sozialstruktureller (Abschnitt 2), ideologischer (Abschnitt 3) und sozialisatorischer[8] (Abschnitt 4) Unterschiede und Gemeinsamkeiten erörtert.

1.2. Elitentypologie

Die politikwissenschatliche Elitenforschung wurde lange Zeit durch die prinzipielle Frage nach der Vereinbarkeit von Eliteherrschaft und Demokratie bestimmt[9]. Einen neuen, analytisch fruchtbaren Ansatz, der allerdings bar jeder Moral ist, brachten G. Lowell Field und John Higley in die Diskussion. Sie versuchen die Stabilität und damit die Funktionsfähigkeit und Repräsentativität politischer Institutionen in Verbindung zu setzen mit der Struktur nationaler Eliten, die zwar auch, aber nicht nur Reflex des allgemeinen Entwicklungsniveaus einer Gesellschaft ist. Sie unterscheiden vier Typen der Elitestruktur[10]:
(1) Die in sich uneinige Elite. "Ihre Mitglieder bilden Cliquen, Fraktionen und größere Allianzen, um sich gegenseitig - auch blutig! - zu bekämpfen und Positionsvorteile und Anhängerschaft zu gewinnen."[11]
(2) Die ideologisch geeinten Eliten "entwickeln sich aus der Führungsschicht einer engmaschig organisierten und ideologisch klar definierten politischen Bewegung - wenn es gelingt, alle anderen, die bis dahin strategisch wichtige Positionen einnahmen, daraus zu verdrängen."[12]
(3) Die Konsensus-Elite ist zunächst negativ definiert insofern, als keines ihrer Mitglieder feindlich-oppositionelle Strömungen organisiert. Positiv ist sie gekennzeichnet durch öffentliches Opponieren bei gleichzeitiger Unterstützung

---

7 Vgl. Ursula Hoffmann-Lange, Structural Prerequisites of Elite Integration in the Federal Republic of Germany, in: Gwen Moore (Hrsg.), *Studies of the Structure of National Elite Groups (Research in Politics and Society*, Bd. 1), Greenwich/London: Jai Press 1985, S. 45-96.
8 Sozialisatorisch ist hier im Sinne von Karriereeffekten gemeint.
9 Einen Überblick gibt Helmut Köser, Demokratie und Eliteherrschaft, in: Dieter Oberndörfer/Wolfgang Jäger (Hrsg.), *Die neue Elite*, Freiburg: Rombach 1976, S. 149-193. Vgl. auch die Beiträge von Klein, Weege, Miegel, Göhler, Herzog, Demirovic und Glotz in dem Band: *Die politische Klasse in Deutschland. Eliten auf dem Prüfstand*, hrsg. von Thomas Leif/Hans-Josef Legrand/Ansgar Klein, Bonn: Bouvier 1992.
10 Vgl. Field and Higley, *Eliten und Liberalismus* (Anm. 4), S. 49-54.
11 Ebd., S. 49.
12 Ebd., S. 50.

etablierter politischer Institutionen, durch die Fähigkeit, "Probleme kompensatorisch behandeln zu können, deren unverhüllte und dogmatische Ansprache zu krisenhaften Konflikten führen würde"[13].
(4) Die unvollständig geeinigten Eliten zeichnen sich durch eine Aufspaltung in zwei Fraktionen aus, von der die größere nicht-egalitäre, konservative Positionen einnimmt, die kleinere radikal-egalitäre[14].

Der Zusammenhang mit der Stabilität und Funktionsfähigkeit politischer Institutionen ist unmittelbar einleuchtend. Wenn nationale Eliten sich bis aufs Blut bekämpfen, besteht fortwährend die Gefahr von Staatsstreichen, Putschen, Revolten usw. Auch wenn sich Institutionen mit repräsentativem Charakter, d.h. durch Wahlen hervorgegangene Parlamente und Regierungen, lange Zeit halten, so sind sie doch ständig in ihrem Bestand und ihrer Funktionsfähigkeit bedroht und insofern instabil. Stabilität und Funktionsfähigkeit[15] wiederum ist kein Garant für Repräsentativität. Gesellschaften mit ideologisch geeinten Eliten verfügen über stabile politische Institutionen; in der Regel werden auch Wahlen abgehalten, ein Wettbewerb der organisierten Interessen findet jedoch nicht statt, so daß die Institutionen keinen repräsentativen Charakter annehmen können[16]. Unvollständig geeinte Eliten existieren in Gesellschaften mit gewählten Regierungen, einem Interessenwettbewerb, die Repräsentativität der Institutionen ist jedoch prekär. Die meist konservative Mehrheitsfraktion gewinnt die Wahlen und kontrolliert die Exekutive auf allen Ebenen, die radikale kleinere Fraktion, die an der Umsetzung ihrer Programme gehindert wird, behindert ihrerseits durch - teilweise gewalttätige - Proteste das reibungslose Funktionieren der Institutionen[17]. Stabile repräsentative Institutionen gibt es nur in Gesellschaften mit konsensuell geeinten Eliten, ihre Existenz ist Bedingung für Demokratie[18]. "Der lange Streit zwischen 'Pluralisten', die auf die Vielfalt der in 'demokratischen' Elitensystemen repräsentierten Interessen verwiesen und den 'Elitisten', welche die Existenz einer geschlossenen Machtelite auch in pluralistisch verfaßten Politien behaupteten, hat sich so in einer überraschenden Pointe aufgelöst: Gerade jene Eigenschaften von Eliten, die mit der Deformation demokratischer Ordnungen in Verbindung gebracht wurden, gelten nun als deren unabdingbare Voraussetzung."[19]

Die Behauptung, die Struktur nationaler Eliten, ihr Ursprung und ihre Persistenz seien unabhängig von sozioökonomischen, soziopolitischen und internationalen Bedingungen, hingegen bestimmt von spezifischen Sets historisch zufälliger Handlungen, die die Initiative der Eliten reflektieren[20], wird von Field und Higley

13 Ebd., S. 53.
14 Vgl. G. Lowell Field/John Higley, National Elites and Political Stability, in: Moore (Hrsg.), *Studies* (Anm. 7), S. 1-44, hier S. 7.
15 Im folgenden werden die Begriffe Stabilität und Funktionsfähigkeit als Synonyme verwandt, ihr wesentlicher Bedeutungsgehalt ist in beiden Begriffen vorhanden.
16 Vgl. ebd., S. 5.
17 Vgl. ebd.
18 Vgl. Field and Higley, *Eliten und Liberalismus* (Anm. 4), S. 51.
19 Heinrich Best, *Die Männer von Bildung und Besitz*, Düsseldorf: Droste 1990, S. 20.
20 Vgl. Field and Higley, National Elites, (Anm. 14), S. 2.

selber dahingehend eingeschränkt, daß die gesellschaftliche Entwicklung einen Rahmen vorgibt, der die optionelle Vielfalt von Handlungen der Eliten begrenzt. Sie unterscheiden hierbei vier Niveaus der gesellschaftlichen Entwicklung[21] und betonen, daß sich zugleich mit der sozioökonomischen Entwicklung die Hauptorientierungen der Nicht-Eliten verändern. Sind sie auf vorindustriellem Entwicklungsniveau noch vorwiegend egalitär, so sind in der Industriegesellschaft erhebliche Spannungen vorhanden. Die Klasse der Lohnarbeiter weist überwiegend egalitäre Orientierungen auf; die der Landwirte, Händler, Handwerker und Unternehmer sind dem entgegengesetzt, während die Gruppe der Bürokraten in privaten und öffentlichen Organisationen eine managerielle, auf Funktionalität bedachte Haltung einnimmt. In der post-industriellen Gesellschaft, mit der es erst wenig historische Erfahrung gibt, ist die Hauptorientierung überwiegend manageriell, neue Konfliktlinien ergeben sich jedoch über das Problem der "Insider" und "Outsider" des Arbeitsmarktes[22] oder, mit anderen Worten, durch die Entwicklung zur "Zwei-Drittel-Gesellschaft".

Welche Konsequenzen diese Einstellungsdisparitäten in der Bevölkerung für die Elite, insbesondere die politische Elite, nach sich ziehen, deuten Field and Higley eher an, als daß sie diese stringent begründen[23].

Die Zuordnung von Entwicklungsniveaus und Elitenstruktur ist weniger theoretisch als empirisch begründet. So ist es zwar unmittelbar plausibel, daß mit zunehmender ökonomischer Entwicklung auch eine zunehmende Einigung der Eliten zu konstatieren ist, da massive Auseinandersetzungen den ökonomischen Fortschritt behindern. Nicht einleuchtend ist hingegen, wie bei einer überwiegend egalitären Orientierung der Nicht-Eliten - also nicht nur Einigkeit, sondern auch Gleichheitsstreben - eine entzweite Elite existieren kann, wenn doch die Grundorientierungen der Nicht-Eliten den Handlungsspielraum der Eliten in weiten Teilen festlegen. So schränken Field and Higley ihre Behauptung über die Abhängigkeit der Stabilität und Repräsentativität sowie der Entwicklung politischer Institutionen von den Handlungen nationaler Eliten denn auch soweit ein, daß sie sagen, eine Grundbedingung hierfür liege in einem geringen Maß an politischer Mobilisierung[24]. Genau diese Grundbedingung ist auch ihrer Ansicht nach in der post-industriellen Gesellschaft nicht mehr gegeben, so daß sie ihre prospektiven Betrachtungen in Fragezeichen münden lassen[25]. Sie führen nicht aus, wie die Elitestruktur in der Zukunft

---

21 Vgl. Field and Higley, *Eliten und Liberalismus* (Anm. 4), S. 34-39.
22 Vgl. ebd., S. 40-46.
23 Ist z. B. die vorindustrielle Zeit beherrscht durch sich bekämpfende Elitegruppen, so kann in der Industriegesellschaft aus der entzweiten Elite durch "Wahlmehrheit einer anti-egalitären Fraktion" eine unvollständig geeinte Elite entstehen, aus der dann wiederum durch Angleichung der egalitären Fraktion eine Konsensus-Elite resultiert, die nach Field and Higley notwendig ist, um das post-industrielle Entwicklungsniveau zu erreichen. Genauso kann in der Industriegesellschaft aber aus der entzweiten Elite eine ideologisch geeinte Elite hervorgehen, etwa durch faschistische Revolutionen. Vgl. hierzu das Schaubild in Field and Higley, *Eliten und Liberalismus* (Anm. 4), S. 56.
24 Vgl. Field and Higley, National Elites (Anm. 14), S. 38.
25 Siehe Field and Higley, *Eliten und Liberalismus* (Anm. 4), Schaubild S. 56.

sein könnte, da die Betrachtung vergangener und aktueller Gesellschaften zeigte, daß jeweils mehrere Entwicklungsoptionen vorhanden sind.

1.3. Interessenformation

Die Entstehungsbedingungen von Elitenformationen sowie die Rückwirkung gesellschaftlicher Disparitäten auf Elitenstruktur und -handeln sind in der Cleavage-Theorie ausgearbeitet. Cleavages sind innergesellschaftliche Spannungen, die als oppositionelle Haltungen im Zuge tiefgreifender gesellschaftlicher Veränderungen wie Nationalstaatenbildung und industrieller Revolution entstehen. Diese Konfliktlinien erweisen sich als außerordentlich persistent. Sie werden in der Sozialstruktur verankert und finden ihren Ausdruck im Parteiensystem, strukturieren es sogar[26]. Diese Verankerung von Spannungslinien bedeutet, den Konflikt zu kanalisieren und hat insofern einen stabilisierenden Effekt, als die in der Gesellschaft verankerten politischen Eliten einer Erwartungssicherheit vertrauen können[27].

Cleavages sind gesellschaftliche Spannungslinien, die ihre eigene Geschichte, einen eigenen Zyklus haben. Anfänglich sind Disparitäten vorhanden, sie werden subjektiv empfunden, aber noch nicht organisiert. Darauf folgt eine Definitionsphase, in der die Disparitäten wahrgenommen und Bündnisse zwischen "latenten Interessengruppen" und politischen Teileliten geschlossen werden. An die Definitionsphase schließt die Phase der Organisationsbildung an, an deren Ende die höchste Konfliktfähigkeit und -bereitschaft vorhanden ist. "Die Segmentation der Bevölkerung hat ihre Entsprechung in der Fragmentation der Eliten, die mehr an der Aufrechterhaltung der Autonomie der Milieus als an ihrer Integration in die Gesamtgesellschaft interessiert sind."[28] An diesem Punkt sind verschiedene Entwicklungsmöglichkeiten vorhanden. Für die Beurteilung der Chancen spezifischer Entwicklungsoptionen ist hier sicherlich der Theorieansatz von Field and Higley

---

26 Vgl. Seymour Martin Lipset/Stein Rokkan, Cleavage Structures, Party Systems, and Voter Alignments: An Introduction, in: dies. (Hrsg.), *Party Systems and Voter Alignments*, New York: The Free Press 1967, S. 1-64; Best, *Männer von Bildung* (Anm. 19), S. 22.

27 Vgl. zu dem Konzept der stabilisierenden Wirkung von Cleavages Bernhard Weßels, Bürger und Organisationen in Ost-und Westdeutschland: vereint und doch verschieden? in: Volker Eichener/Ralf Kleenfeld/Detlef Pollack/Josef Schmid/Klaus Schubert/Helmut Voelzkow (Hrsg.), *Probleme der Einheit. Organisierte Interessen in Ostdeutschland*, Marburg: Metropolis 1992, S. 509-547, und ders., Organisationsbindung und Allianzen zwischen Verbänden und politischen Parteien als Bestimmungsgründe der Wahlentscheidung in den alten und neuen Bundesländern, in: Hans-Dieter Klingemann/Max Kaase (Hrsg.), *Wahlen und Wähler - Analysen aus Anlaß der Bundestagswahl 1990*, Opladen: Westdeutscher Verlag (im Erscheinen).

28 Heinrich Best, Politische Eliten, Wahlverhalten und Sozialstruktur: theoretische Aspekte historisch und interkulturell vergleichender Analysen, in: ders. (Hrsg.), *Politik und Milieu*, St. Katharinen: Scripta Mercaturae Verlag 1989, S. 3-18, hier S. 14.

fruchtbar, wonach dem Handeln der Eliten, insbesondere ihrer Kompromißfähigkeit, wesentliche Bedeutung für die Stabilität und Repräsentativität politischer Institutionen zukommt. Der Cleavage-Ansatz hingegen zeigt erst die Wege zur Herausbildung politischer Eliten und die Grenzen der Kohäsion auf. Kommt es nach der Organisationsphase zu einem friedlichen Interessenausgleich, so werden die Konfliktstrukturen wieder "desegmentiert"[29]; dennoch wirken sie unter Umständen weiter auf politisches Verhalten oder können wieder aktuell werden[30]. Das höchste Aggregationsniveau diverser Interessen ist im Parteiensystem erreicht. So zeigt die Mannheimer Eliten-Studie aus dem Jahre 1972, daß die Spannweite der Einstellungsdifferenzen in Hinblick auf Außen- und Sozialpolitik von den Parteieliten markiert wird, bezüglich der Wirtschaftspolitik allerdings von Unternehmerverbänden einerseits und Gewerkschaften andererseits[31]. Inwiefern diese Spannungslinien nun im Bundestag personelle Vertretung und somit effektive Artikulationsformen gefunden haben, zeigt zunächst die sozialstrukturelle Analyse, in einem weiteren Schritt die Analyse ideologischer Gruppen im 11. Deutschen Bundestag.

2. Sozialstrukturelle Zusammensetzung des Bundestages

Soziale Homogenität oder Heterogenität markieren die Grenzen für Integrationsmöglichkeiten, so daß sich Chancen für strukturelle und ideologische Integration aus der sozialstrukturellen Zusammensetzung des Bundestages ableiten lassen. "The differentiation of modern industrial societies and the resulting autonomy of different sectors make communication and cooperation between various group representatives more difficult. Formerly, social homogeneity made communication and cooperation easier between segmented groups by means of a 'common language'."[32] Die Elitestruktur hat sich zu Beginn dieses Jahrhunderts langsam, nach dem Zweiten Weltkrieg eklatant verändert. Dies gilt für die politische Elite in besonderem Maße. Entsprechend haben sich auch die Rekrutierungsfelder verändert. Während in Deutschland bis 1918 die Großgrundbesitzer nicht nur über beträchtlichen ökonomischen, sondern auch politischen Einfluß verfügten und entspre-

---

29 Ebd., S. 15.
30 Siehe z.B. für religiöse Konflikstrukturen: Karl Schmitt, Konfessioneller Konflikt und politisches Verhalten in Deutschland: vom Kaiserreich zur Bundesrepublik, in: Best (Hrsg.), *Politik und Milieu* (Anm. 28), S. 155-174; für den Klassenkonflikt: Helmut Fogt, *Politische Generationen. Empirische Befunde und theoretisches Modell*, Opladen: Westdeutscher Verlag 1982, S. 117-120.
31 Vgl. Ursula Hoffmann-Lange/Bärbel Steinkemper/Helga Neumann, Conflict and Consensus Among Elites in the Federal Republic of Germany, in: Moore (Hrsg.), *Studies*, S. 243-283, hier S. 263-265.
32 Ebd., S. 246f. Ähnlich argumentieren Ralf Dahrendorf, *Gesellschaft und Demokratie in Deutschland*, München: Piper 1965 sowie Lewis J. Edinger, and Donald D. Searing, Social Background in Elite Analysis. A Methodological Inquiry, in: *The American Political Science Review*, Bd., LXI, Juni 1967, Nr. 2, S. 428-445.

chend die Rekrutierung politischer Führungsgruppen in erster Linie aus der gesellschaftlichen Oberschicht erfolgte, so gilt dies nach Einführung des allgemeinen Wahlrechts nur noch bedingt, nach dem Zweiten Weltkrieg kaum mehr. Durch diese Veränderungen ging zwar einerseits der gemeinsame Bezugsrahmen für politische Orientierungen verloren, andererseits bekam nun die Vielfalt der organisierten Interessen Zugang zu legitimen politischen Artikulationsformen und Entscheidungen. Daß die Berücksichtigung dieser Vielfalt im Sinne einer parlamentarischen Interessenrepräsentation in Entscheidungsprozessen noch der Fall ist, wird zunehmend bezweifelt. Zwei Phänomene sind hierfür besonders prägnant: die Verbeamtung und die Akademisierung des Bundestages. Es gilt nun zu sehen, inwieweit diese beiden häufig beschworenen Momente auch empirisch feststellbar sind, und es gilt der Frage nachzugehen, welche Auswirkungen dies dann wiederum auf die Vielfalt repräsentierter Interessen hat und auf den für Integration so wichtigen gemeinsamen Bezugsrahmen, die "common language".

2.1. Beruf und Bildung

Vollständige Daten über die Berufsstruktur des Deutschen Bundestages liegen seit der sechsten Wahlperiode (1969 bis 1972) vor. Den Statistiken wurde der Beruf zugrundegelegt, der unmittelbar vor oder während der Ausübung des Mandates praktiziert wurde[33].

Wenn es auch keine Zeitreihen über die Berufsstruktur der ersten fünf Wahlperioden gibt, so schreibt doch Hess von einer Verdoppelung des Beamtenanteils von der 1. bis zur 6. Wahlperiode, merkt jedoch zugleich an, daß während dieser Zeit auch eine enorme Ausweitung der Beamtenschaft stattgefunden hat, so daß sozialstrukturelle Disparitäten nicht verstärkt wurden[34]. Wie Tabelle 1 zeigt, hat der Anteil der Beamten unter den Bundestagsabgeordneten von der 6. bis zur 11. Wahlperiode kaum zugenommen. 1969 lag er bei 28,6%, 1987 bei 32,2%. Das Argument von der Verbeamtung des Bundestages beinhaltet neben der einfachen Behauptung über eine Erhöhung des Beamtenanteils an den Abgeordneten noch weitere Aussagen. Verbeamtung bedeutet auch "Verstaatlichung" des Parlaments; Angehörige des öffentlichen Dienstes seien von einer besonderen Loyalitätspflicht zur Exekutive geprägt, sie würden verwalten, unter bestehende Gesetze subsumieren

---

33 Daten nach Peter Schindler, *Datenhandbuch des Deutschen Bundestages 1949 bis 1982*, Bonn: Nomos 1983, S. 198, und ders., *Datenhandbuch des Deutschen Bundestages 1980 bis 1987*, Bonn: Nomos 1988, S. 194.
34 Siehe Adalbert Hess, Zusammensetzung und Sozialstruktur des Bundestages, in: Hans-Peter Schneider/Wolfgang Zeh (Hrsg.), *Parlamentsrecht und Parlamentspraxis* (Anm. 1), S. 727-756.

und seien insofern innovationshemmend. Das von ihnen vertretene gesellschaftliche Segment seien abstrakte Staatsinteressen[35].

Tabelle 1: Entwicklung der Berufsstruktur im Deutschen Bundestag

	6. WP %	7. WP %	8. WP %	9. WP %	10. WP %	11. WP %
Regierungsmitglieder	6.7	11.3	10.3	8.7	14.3	12.7
Beamte	28.6	30.7	30.5	32.8	31.1	32.2
Angestellte: öff. Dienst	8.1	4.2	5.0	3.1	2.3	1.7
Angestellte: Organisationen	14.7	15.8	13.7	12.9	13.6	14.0
Angestellte: Wirtschaft	12.7	10.0	10.2	10.2	8.3	7.9
Selbständige	14.1	13.4	12.9	12.5	12.8	11.0
Freie Berufe	10.4	9.8	12.5	16.0	12.5	14.1
Sonstige	5.2	4.7	4.9	3.8	5.1	6.1

Das Argument von der Verbeamtung schließt dementsprechend die Angestellten des öffentlichen Dienstes ein; ihr Anteil unter den MdB hat jedoch von 8.1% in der 6. Wahlperiode 1969 bis 1972 auf 1.7% in 1987 abgenommen, so daß der Anteil öffentlich Bediensteter insgesamt eine eher abnehmende Tendenz zeigt, von 36.7% 1969 auf 33.9% 1987. Der Staatssektor gewinnt größere Teilhabe am parlamentarischen Geschehen eher über die zunehmende Anzahl derzeitiger oder ehemaliger Regierungsmitglieder. Stabil ist die Repräsentanz Selbständiger und Freiberufler. Seit der 6. Wahlperiode geht rund ein Viertel der Bundestagsmandate an Angehörige dieses Berufssegments. Tatsächlich abnehmend ist der Anteil der Angestellten aus der Wirtschaft.

Die "Akademisierung" des Bundestages ist sicherlich ein Faktum, das sich nicht leugnen läßt. Seit der ersten Wahlperiode ist eine stete Verringerung des Anteils der Hauptschüler zu konstatieren (von 40% in der 1. Wahlperiode auf 1% in der 11.) bei gleichzeitiger Zunahme des Anteils der Absolventen höherer Schulen. Ebenfalls ständig größer wird die Gruppe der akademisch Gebildeten[36].

---

35 Einen Überblick über die Argumente gibt Hess, ebd., S. 740-743. Hess merkt hierzu an, daß die Demokratisierung der Beamtenschaft in der Bundesrepublik eher einen Effekt hatte, der diesen oft benannten und nach jeder Bundestagswahl wieder neu in die öffentliche Diskussion gebrachten Befürchtungen entgegengesetzt ist. Vgl. ebd., S. 742.

36 Daten bei Schindler *Datenhandbuch 1949 bis 1982*, S. 194f und *Datenhandbuch 1980 bis 1987* (Anm. 33), S. 188.

Die Bewertung dieser Tatsache ist nicht eindeutig. Einerseits wird sie unter dem Gesichtspunkt der normativen Forderung nach sozialstatistischer Repräsentativität des Bundestages beklagt, die aber kein Garant für "adäquatere" oder "responsivere" Volksvertretung ist, sondern eher die Gefahr der Neuentstehung eines Ständeparlaments birgt. Andererseits wird diese Entwicklung als Qualifikationsfortschritt begrüßt. Durch die zunehmend höhere Bildung der Mandatsträger werde die Ausdifferenzierung der Politik als eigenes Berufssegment deutlich. Sie spricht für eine funktionale Ausdifferenzierung des politischen Bereichs[37].

Bezüglich der Frage nach Elitenintegration weist die zunehmende Egalisierung des Ausbildungsniveaus auf das mögliche Vorhandensein eines gemeinsamen Referenzrahmens hin, der durch die für große Teile der Abgeordnetenschaft ähnlichen Sozialisationsbedingungen der Bildungseinrichtungen gegeben ist.

2.2. Cleavage-assoziierte Merkmale

Zur Beurteilung der Integrationsmöglichkeiten der bundesdeutschen politischen Elite auf parlamentarischer Ebene gehört auch die Persistenz gesellschaftlicher Cleavages und deren Repräsentation durch die politische Klasse. Stark pointierte Interessenartikulation und -durchsetzungsbemühungen können der Uneinigkeit der Eliten Vorschub leisten, ein Mangel an Repräsentanz dieser Interessen vermindert jedoch die Responsivitätschancen.

Zwei "klassische" Cleavages führten zur Herausbildung der Parteienlandschaft, und sie wirken - wenn auch gegenwärtig stark abgeschwächt - fort: das Spannungsverhältnis zwischen Arbeit und Kapital sowie der Gegensatz religiös - säkular. Tabelle 1 über die Berufsstruktur zeigte, daß das "Kapital" durch Selbständige und Angestellte aus der Wirtschaft relativ gut vertreten ist, nicht jedoch die "Arbeit". Unterstützt wird dieser Befund durch die Angaben zum Bildungsstand. Der Anteil der Abgeordneten mit hoher, insbesondere akademischer Bildung ist außerordentlich hoch. Nun muß das nicht bedeuten, daß die Interessen des Poles Arbeit nicht vertreten werden. Repräsentation muß nicht unbedingt durch dieselben Berufsgruppen erfolgen, sondern es kommt nur darauf an, daß die Vertreter dieselben "Schranken im Kopf" haben, wie die Vertretenen[38]. Diese Schranken sind Sinnbild für das allgemeine politische Bezugssystem, an dem die Legitimität spezi-

---

37 Vgl. Emil-Peter Müller, Der Bundestag ist gebildeter geworden in: *ZParl*, 2/1988, S. 200-219. Seine Tabellen zur formalen Bildung der Bundestagsabgeordneten weisen völlig andere Zahlen auf, als die bei Schindler. Beide erklären nicht erschöpfend, wie sie zu ihrer Kategorisierung gekommen sind; für die hier verfolgte Fragestellung ist dieses Problem jedoch sekundär, da es nur auf die Tendenz ankommt.
38 Vgl. Best, *Die Männer von Bildung und Besitz* (Anm. 19), S. 360 (mit einem Rückgriff auf Karl Marx, *Der 18. Brumaire des Luis Bonaparte*, in dem u.a. das Repräsentationsthema ausgebreitet wird).

fischer Interessen gemessen wird. Die Spannungslinie Arbeit - Kapital fand schon vor ihrer Organisierung in politischen Parteien einen Ausdruck im Kampf um das Assoziationsrecht, insbesondere um das Recht der Arbeiter, sich zu organisieren, Gewerkschaften zu bilden. Betrachtet man den Anteil der Gewerkschaftsmitglieder im Deutschen Bundestag, so ist es um die Vertretung dieser Interessenorganisation nicht schlecht bestellt.

Mit einem Anteil gewerkschaftlich organisierter Bundestagsabgeordneter zwischen 28% in der 1. Wahlperiode und 54.2% in der 7. Wahlperiode[39] liegt ihr Organisationsgrad noch über dem der Arbeitnehmer in der Bundesrepublik, deren Organisationsquote betrug Ende 1986 rund 40%[40]. Die Majorität der Gewerkschaftsmitglieder im Deutschen Bundestag gehört den DGB-Gewerkschaften und der SPD an. Diese Fraktion weist einen Organisationsgrad ihrer Mitglieder von über 95% auf, während er in der CDU/CSU-Fraktion um 20% oszilliert[41]. Wenn Gewerkschaftsmitgliedschaft auch Ausdruck einer bestimmten Grundhaltung der Spannungslinie zwischen Kapital und Arbeit ist, so läßt sich aus ihr allein noch nicht auf gewerkschaftlich orientiertes Verhalten im Bundestag schließen. Diese Folgerung ist eher für Verbandsfunktionäre zulässig. Tabelle 2 zeigt, daß die beiden Pole Arbeit und Kapital über ihre Interessenverbände etwa gleich stark vertreten sind.

Die Verringerung der Quoten ist nicht eindeutig zu interpretieren, läßt jedoch auf eine zumindest zeitweilig abnehmende Bedeutung dieser Spannungslinie schließen. Da keine größeren Zeitreihen zur Verfügung stehen, läßt sich nicht abschließend beurteilen, inwiefern einer wirtschaftlichen Rezession, wie sie lange Phasen der 7. und 8. Wahlperiode bestimmte[42], wieder eine Verstärkung des Gewerkschaftsflügels folgt.

Ähnlich schwer ist die Konfessionszugehörigkeit der Bundestagsabgeordneten zu beurteilen. Religiöse Konflikte kennt die Bundesrepublik kaum, wenngleich sich die Kirchen zu einzelnen Themen äußern, in jüngster Zeit zum Beispiel zum Schwangerschaftsabbruch oder zur Friedenspolitik. Für diese Themen wird man ihnen zwar eine ethische Urteilsfähigkeit zugestehen können, aber keine exklusive.

---

39 Bis dahin war ein steter Anstieg zu verzeichnen, seitdem ist der Anteil an Gewerkschaftsmitgliedern relativ stabil. Daten bei Schindler, *Datenhandbuch 1949 bis 1982*, S. 206, und *Datenhandbuch 1980 bis 1987* (Anm. 33), S. 205.
40 Vgl. Statistisches Bundesamt (Hrsg.), *Datenreport 1987*, Bonn: Bundeszentrale für politische Bildung 1988, S. 160.
41 Dieses Faktum ist kongruent zu Befunden der Perzeption von Interessenorganisationen des intermediären Systems und deren Verbindung zu politischen Parteien. Vgl. hierzu Bernhard Weßels, *Vielfalt oder strukturierte Komplexität?*, in: Kölner Zeitschrift für Soziologie und Sozialpsychologie, 43 (1991), S. 454-475.
42 Das Problem von Arbeitslosenquoten auf einem relativ hohen Niveau ist ein seit dieser Zeit andauerndes Phänomen, das keinen neuen Mobilisierungseffekt nach sich zieht, wenn es zu kleineren Erhöhungen kommt. Ein Massenproblem wurde es in den fünf neuen Ländern nach der deutschen Vereinigung. Hier muß man abwarten, um zu sehen, ob ein erneuter Mobilisierungseffekt in Gestalt einer Zunahme von Gewerkschaftsfunktionären im Parlament eintritt.

Gesellschaftlich-politische Spannungen sind deshalb zwar unvermeidlich, die Reibungen sind jedoch selten wirklich brisant.

Tabelle 2: Funktionäre von Interessenverbänden im Deutschen Bundestag[43]

Sektor	7. WP (%)	8. WP (%)	9. WP (%)	10. WP (%)	11. WP (%)
Arbeitnehmerorganisationen	16.4	16.0	16.6	11.9	8.5
Industrie- und Arbeitgeberverbände	5.6	4.4	4.8	3.3	2.1
Mittelständische Verbände	7.3	7.3	10.8	9.4	6.4
Verbände freier Berufe	1.2	-	0.2	1.0	0.6

Seit der 2. Wahlperiode hält sich im Bundestag der Anteil der Katholiken und Protestanten in etwa die Waage, mit einem leichten Übergewicht der Angehörigen der Katholischen Kirche. Beachtenswert ist der hohe Anteil derjenigen, die keine Angabe zu ihrer Religionszugehörigkeit machen. Wenn Schindler[44] auch betont, daß man nicht von Konfessionslosigkeit ausgehen könne, so deutet die hohe Quote der "Bekenntnislosen"[45] zumindest auf ein hohes Maß an Säkularisierung hin. Die Bedeutung der Religion für politische Wertorientierungen ist umstritten[46]. In

---

[43] Die Angaben für die 7. bis 9. Wahlperiode entstammen Schindler, *Datenhandbuch 1949 bis 1982*, S. 204, für die 10. Wahlperiode Schindler, *Datenhandbuch 1980 bis 1987*, S. 203. Für die 11. Wahlperiode wurden die Daten nach den Berufsangaben im amtlichen Handbuch Teil 1 und den Angaben zu Verbandsfunktionen im amtlichen Handbuch Teil 2 errechnet.
[44] Schindler, *Datenhandbuch 1949 bis 1982*, S. 193, und *Datenhandbuch 1980 bis 1987* (Anm. 33), S. 187.
[45] Hier wird der Begriff Bekenntnis im wörtlichen Sinne gebraucht, als Mitteilung über die eigene religiöse Position.
[46] So schreibt Hoffmann-Lange für die Elitestudie von 1981, daß konfessionelle Bindung und praktizierte Religiosität durchaus Indikatoren für politische Werteinstellungen sind (Hoffmann-Lange, Structural Prerequisites (Anm. 7), S. 59-61) während Hoffmann-Lange/Neumann/Steinkemper für die Elitestudie 1972 bemerken, daß die Kirchen ihre wertsetzende Funktion verloren haben. Vgl. Hoffmann-Lange/Neumann/Steinkemper, Conflict and Consensus (Anm. 31), S. 251.

Verbindung mit Kirchgangshäufigkeit, also praktizierter Religiosität, gibt es jedoch deutliche Hinweise darauf, daß konfessionelle Traditionen weiterwirken[47]. Das gilt nicht nur für die Bevölkerung, sondern auch für die Abgeordneten des 11. Deutschen Bundestags. Von den Abgeordneten der CDU gaben auf eine entsprechende Frage[48] 65% an, mindestens einmal pro Monat in die Kirche zu gehen, von denen der CSU 85%, der SPD 11%, der FDP 6%, von den Grünen niemand.

Schaubild 1: Konfessionen in der 2. bis 11. Wahlperiode

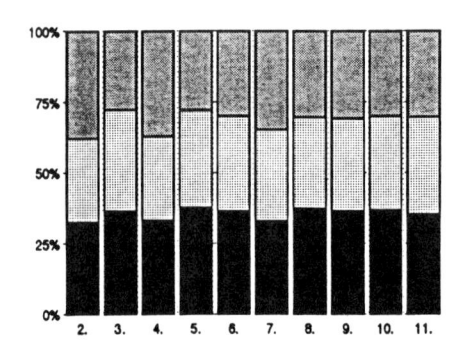

Auch im Hinblick auf gesellschaftspolitische Zielvorstellungen geht häufiger Kirchgang mit eher konservativer Ausrichtung einher, einer starken Orientierung auf Themen der "alten Politik"[49]. Ist ansonsten in den bundesdeutschen Eliten insgesamt ein Überhang an Protestanten und eine stete Zunahme von Konfessionslosen[50] zu verzeichnen, so trifft das auf die Parlamentarier jedenfalls nicht zu.

Mögen auch die sogenannten alten Spannungslinien über Institutionalisierung und Bemühungen des Ausgleichs an Virulenz verlieren, so kann man doch nicht von einer allgemeinen Befriedung sprechen. In den 70er Jahren entwickelten sich, völlig im Einklang mit dem Motto Willy Brandts "Mehr Demokratie wagen", neue Spannungslinien: Im Zuge zunehmender Partizipationsanforderungen wurden sie sichtbar und zwar in allen westlichen Demokratien. Je nach nationalen Eigenarten bildeten sich besondere Schwerpunkte heraus. In den Vordergrund rückten Themen wie Umweltschutz, Atomenergie, Gleichstellung der Frauen, Schwangerschaftsabbruch, Scheidungsrecht, Freiheit der Meinungsäußerung, politische Partizipation[51]. Das sich auftuende Spannungsfeld hat sowohl eine sozialstrukturelle als auch eine ideologische Komponente. Auf letztere wird weiter unten eingegangen werden. Sozialstrukturell erweisen sich insbesondere die Forderungen der Frauenbewegung nach Teilhabe an allen gesellschaftlichen Prozessen und die der jün-

---

47 Siehe z.B. Rebenstorf/Weßels, Wie wünschen sich die Wähler ihre Abgeordneten? (Anm. 2).
48 Die Frage wurde schriftlich erhoben, der Rücklauf betrug 195 Bögen, der Text lautete: "Wie oft gehen Sie im allgemeinen zur Kirche?" mit den Vorgaben: mehr als einmal pro Woche, einmal pro Woche, ein- bis dreimal pro Monat, mehrmals im Jahr, seltener oder nie.
49 Vgl. zum Begriff "alte Politik" und den gesellschaftspolitischen Zielvorstellungen unten Abschnitt 3 zur Ideologischen Integration.
50 Vgl. Hoffmann-Lange, Structural Prerequisites (Anm. 7), S. 59-61.
51 Siehe für einen Überblick Kai Hildebrandt/Russell J. Dalton, Die Neue Politik. Politischer Wandel oder Schönwetterpolitik, in: *PVS*, 18. Jg. (1977), H. 2/3, S. 230-256.

Interessenrepräsentation und Integration

geren Generationen nach stärkerer Berücksichtigung ihrer speziellen Interessenlagen als relevant. In den Parteien, zumindest in den beiden großen Volksparteien, verfügen beide Gruppen schon längst über ihre eigenen Organisationen, ihre quantitative Teilhabe blieb aber lange hinter dem zurück, was ihnen - einfacher Verteilungsgerechtigkeit gemäß - nach ihrem Mitgliederanteil zugestanden hätte. Bezüglich der Artikulations- und Adaptionsfunktion der Parteien müßte ab der 6. bis 7. Wahlperiode eine Zunahme dieser beiden bis dahin quantitativ benachteiligten Gruppen zu konstatieren sein.

Was den Frauenanteil im Deutschen Bundestag angeht, trifft dies nur bedingt zu. Zwar stieg er ab der 7. Wahlperiode kontinuierlich an (von 5.8% auf 9.8% in der 10. Wahlperiode), seit der 3. Wahlperiode (Frauenanteil 9.2%) war er jedoch auch stetig gefallen. Der alte Stand wurde erst wieder im 10. Deutschen Bundestag erreicht, bzw. leicht überschritten. Ein massiver Anstieg ist für die 11. Wahlperiode festzustellen - dennoch ist der Frauenanteil mit knapp 16% unbegreiflich niedrig, zumal die Frauenquote je nach Fraktion stark schwankt. So sind in der CDU/CSU-Fraktion Frauen nur zu 8.1% vertreten, in der Fraktion der Grünen hingegen zu 58.1%[52].

Daß gerade die Grünen die meisten Frauen im Parlament stellen, gefolgt von der Oppositionspartei SPD, deutet auf eine gewisse Trägheit gesicherter Parteien bei der Adaption neuer Konflikte hin, speziell bezüglich ihrer Repräsentation durch politische Eliten. Inwieweit die Befunde über die Einbeziehung von Frauen in die politische Elite für Elitenintegration relevant sind, läßt sich nicht allein auf sozialstruktureller Ebene diskutieren - politische Themenschwerpunkte scheinen hiermit verbunden zu sein, auch ein politischer Stil[53]. Weiter unten wird auf diesen Aspekt zurückzukommen sein.

Ein dem Frauenanteil vergleichbares Bild bietet sich bezüglich der Altersverteilung. Die Verjüngung des Parlaments setzte zwar bereits ab der 5. Wahlperiode (1965 bis 1969) ein, das bisher niedrigste Durchschnittsalter war jedoch in der 7. Wahlperiode (1969 bis 1972) mit 46,5 Jahren erreicht - seitdem steigt es wieder leicht an[54]. Es ist jedoch im Lauf der Geschichte des bundesdeutschen Parlamentarismus eine deutliche Umschichtung in den Altersgruppen festzustellen. Stellten bis einschließlich der 5. Wahlperiode die 50- bis 59jährigen die größte Abgeordnetengruppe, gefolgt von den 40- bis 49jährigen und den 60- bis 69jährigen an dritter Stelle, so haben sich diese Verhältnisse mit der 6. Wahlperiode (wieder das beziehungsreiche Jahr 1969) stark gewandelt. Die 40- bis 49jährigen stellen seitdem die meisten Abgeordneten, gefolgt von der älteren Gruppe der 50- bis

---

52 Daten nach Schindler, *Datenhandbuch 1949 bis 1982*, S. 188, und *Datenhandbuch 1980 bis 1987* (Anm. 33), S. 179.
53 Siehe hierzu Hilke Rebenstorf, Frauen im Bundestag - anders als die Männer?, in: *Eliten in der Bundesrepublik Deutschland*, Stuttgart u.a.: Kohlhammer 1990, S. 52-73.
54 Daten nach Schindler, *Datenhandbuch 1949 bis 1982*, S. 171, und *Datenhandbuch 1980 bis 1987* (Anm. 33), S.167. Der Altersanstieg von der 7. zur 8. und von der 9. zur 10. Wahlperiode läßt sich sicherlich z.T. auf die jeweils vorgezogenen Neuwahlen nach den Mißtrauensanträgen 1972 und 1982 zurückführen.

59jährigen und den 30- bis 39jährigen an dritter Stelle. Offenbar wurden die Personengruppen, die im Arbeits- und gesellschaftlichen Leben am aktivsten sind, auch verstärkt in politische Entscheidungsprozesse einbezogen.

Sozialstrukturelle Umschichtungen im Parlament, insbesondere mit Blick auf Frauen und jüngere Alterskohorten sind nicht nur als Reaktion auf deutlich werdende gesellschaftspolitische Spannungslinien zu deuten, sie sind auch Ausdruck geänderter Muster der Rekrutierung und der Elitenzirkulation.

Schaubild 2: Altersverteilung während 11 Wahlperioden

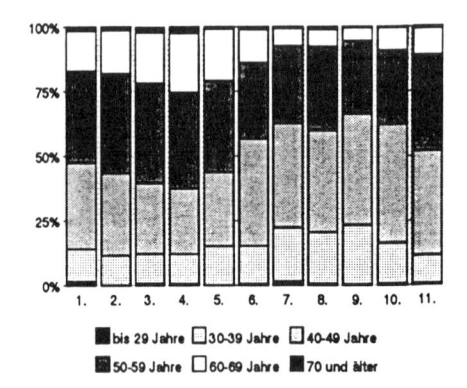

■ bis 29 Jahre □ 30-39 Jahre □ 40-49 Jahre
■ 50-59 Jahre □ 60-69 Jahre ■ 70 und älter

Der sukzessive Austausch von Elitemitgliedern dient dazu, einer Gefährdung funktionsfähiger, repräsentativer politischer Institutionen, die auch von konsensuell geeinten Eliten ausgehen kann, zu begegnen. Die Konsenselite "ist stets in Gefahr, zur Cliquenherrschaft zu denaturieren, in der informelle Praktiken der Entscheidungsbildung und Strategien der Konfliktvermeidung öffentliche Kontrolle und Diskussion kontroverser Standpunkte verhindern[55]." Die Daten zum Anteil der Neuparlamentarier und die zur mittleren Zugehörigkeitsdauer zum Bundestag lassen keinen eindeutigen Trend erkennen - sie sind ja, neben der Praxis der Kandidatenaufstellung durch die Parteien, auch abhängig vom Wahlerfolg.

Es läßt sich wohl kaum eine feste Zahl für eine optimale Zirkulation in der politischen Elite angeben. Denn personelle Kontinuität und Professionalisierung sind vergleichbar wichtig. Auch dafür läßt sich keine optimale Maßzahl nennen. Jedoch deuten Untersuchungen zur parlamentarischen Sozialisation darauf hin, daß die Gewöhnungsphase an die parlamentarische Arbeit und die Zeit, die vergeht, bis neue Abgeordnete in die Lage versetzt sind, die Informationsmöglichkeiten effektiv zu nutzen, einige Jahre in Anspruch nehmen[56].

Die Chancen für Elitenzirkulation sind auch abhängig von der prinzipiellen Offenheit der Eliten. "'Open' means that access to the elites is not restricted to persons with ascribed characteristics such as exclusiv social class background or to mem

---

55 Best, *Die Männer von Bildung und Besitz* (Anm. 19), S. 18, Anm. 28; vgl. auch Etzioni-Halevy, Fragile Democracy (Anm. 3), insbes. die Kapitel 6, 7 und 8.
56 Vgl. Bernhard Badura/Jürgen Reese, *Jungparlamentarier in Bonn - ihre Sozialisation im Deutschen Bundestag*, Stuttgart/Bad Cannstatt: Frommann und Holzboog 1976. Der Terminus "in die Lage versetzt" wurde hier bewußt gewählt, da die Fraktionen als wesentliche Informationsquellen erheblichen Einfluß auf den Informationsstand ihrer Abgeordneten haben. Informationsweitergabe und -vorenthaltung werden durchaus als Sanktionsmittel genutzt.

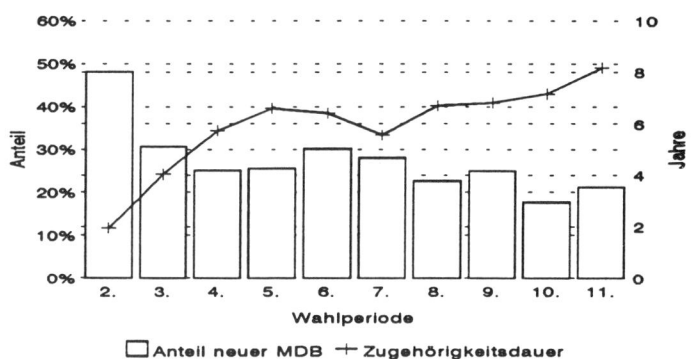

Interessenrepräsentation und Integration 69

Schaubild 3: Anteil Neuparlamentarier und mittlere Zugehörigkeitsdauer

□ Anteil neuer MDB   + Zugehörigkeitsdauer

bers of other delimitable social categories (religion, race), but occurs according to criteria of achievement."[57] Somit sollen nicht mehr Sozialdaten über den Zugang entscheiden, sondern eher Qualifikationen - Merkmale, die auch im Dienst für eine Interessenorganisation erworben werden können. Mangel an formaler Bildung und Herkunft aus einer niedrigen sozialen Schicht können durch politische Aktivität kompensiert werden. Dies zeigen Untersuchungen über die Führungsgruppen der SPD, der Gewerkschaften und der Christlich-demokratischen Arbeitnehmerschaft (CDA)[58]. Nicht gelöst ist die Frage des offenen Zugangs für Frauen zur politischen Elite. Nach wie vor bestehen strukturelle Hindernisse, in erster Linie auf die eingeschränkte Abkömmlichkeit als ein für politisches Engagement mitentscheidendes Moment. Sie erschwert den Zugang zur Politik für Angehörige einiger Berufs- und auch Sozialgruppen, für andere - insbesondere für Mitglieder des öffentlichen Dienstes - erleichtert sie ihn. Abkömmlichkeit wird auch durch familiäre Verpflichtungen eingeengt, die nicht die gesamte Bevölkerung gleichermaßen betreffen, sondern nach wie vor am stärksten die Frauen. Dafür ist der Familienstand der Abgeordneten ein Indiz[59].

Bis zur 7. Wahlperiode (1972 bis 1976) stieg der Anteil der verheirateten MdB mit Kindern an, während der der Alleinstehenden und der Verheirateten ohne Kinder abnahm. Danach ist eine leichte Wende zu verzeichnen: Die Quote Alleinstehender steigt geringfügig. Es ist kein Zufall, daß die Bewegung der sozialstrukturellen Verteilung des Familienstandes parallel zur Veränderung des Frauenanteils im Bundestag erfolgt. Frauen erreichen politische Führungspositionen in der Regel

---

57 Hoffmann-Lange, Structural Prerequisites (Anm. 7), S. 51.
58 Vgl. ebd.
59 Daten bei Schindler, *Datenhandbuch 1949 bis 1982*, S. 191, und *Datenhandbuch 1980 bis 1987* (Anm. 33), S. 185.

als familiär Ungebundene und somit Abkömmliche, während Männer sogar in zunehmendem Maße auf familiäre Unterstützungsleistungen zurückgreifen können[60].

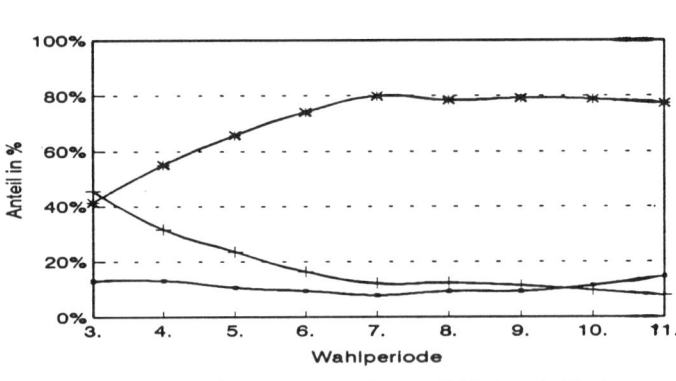

Schaubild 4: Familienstand

[Diagramm: Anteil in % über Wahlperioden 3. bis 11.; Linien für "Alleinstehend", "Verh. ohne Kinder", "Verh. mit Kindern"]

2.3. Zwischenresümee

Welchen Hinweis geben die hier vorgestellten Daten zur Sozialstruktur des Bundestages zu den Chancen struktureller und ideologischer Integration, und was sagen sie über das Verhältnis von Elitenautonomie und Responsivität?

Kann man auch nicht von einer sozialstrukturellen Homogenität der Parlamentsabgeordneten sprechen, so sind bezüglich Ausbildung, Berufsstruktur und Altersverteilung doch große Ähnlichkeiten vorhanden. Das hohe schulische Ausbildungsniveau und die vielen Abgeordneten gemeinsame Erfahrung aus ihrer Studienzeit läßt auf gleiche sozialisatorische Einflüsse schließen, die politisch-ideologische Heterogenität überdecken können. Durch sie entstand ein verbindender Bezugsrahmen, der weniger inhaltlicher Art ist, sondern in Formen der Diskussion, des Aushandelns besteht. Die Spielregeln sind bekannt, sie ersetzen die "common language" aus der Vorkriegszeit. Mit diesen gemeinsamen, in Ausbildungsinstitutionen gewonnenen Erfahrungen sind die in den Berufen erworbenen vergleichbar. Zwar entstammen die Abgeordneten verschiedenen Berufssektoren, die abstrakten Anforderungen, die ihr Beruf an sie stellte, weisen jedoch Ähnlichkeiten auf; gleichgültig, ob sie aus dem öffentlichen Dienst, der Wirtschaft oder aus politi-

---

60 Siehe zu diesem Aspekt auch Rebenstorf, Frauen im Bundestag (Anm. 53), insbes. S. 55f.

schen und gesellschaftlichen Organisationen kamen, waren sie häufig mit höheren Verwaltungstätigkeiten befaßt - aus der Produktion kommt kaum jemand. Daß die in Bildungseinrichtungen und Beruf vermittelten Formen der Problemlösung, der Sachwaltung von Problemkomplexen, internalisiert werden konnten, zeigt das Eintrittsalter in den Bundestag. Von den Abgeordneten des 11. Deutschen Bundestages erlangten nur 2.5% ein Abgeordnetenmandat vor dem 30. Lebensjahr. Die meisten (49.6%) waren zwischen 35 und 45 Jahre alt, als sie zum ersten Mal in den Bundestag gewählt wurden[61], in einem Alter also, in dem bereits eine gewisse berufliche Konsolidierung stattgefunden hat, aber durchaus noch die Möglichkeit für eine zweite Karriere besteht[62].

Strukturelle Voraussetzungen für die Integration der parlamentarischen Eliten sind also durch eine ähnliche Sozialisation in den höheren Ausbildungsinstitutionen gegeben. Sie vermitteln zwar keine politischen Orientierungen, wohl aber die Verhaltensregeln für Problemlösung und Konsensfindung.

Spannungen sind jedoch auch inhaltlicher Natur. Wie oben ausgeführt, sind sowohl alte als auch neue gesellschaftliche Spannungslinien im Bundestag repräsentiert: die Pole Arbeit und Kapital über Berufssektoren, Gewerkschaftsmitglieder und Verbändevertreter und die Gegensätze religiös - laizistisch über die Verteilung der Konfessionen. Diese alten Spannungslinien sind für die politische Auseinandersetzung von abnehmender Bedeutung. Die Tarifautonomie schränkt die rechtlichen Eingriffsmöglichkeiten ein, wirtschafts- und sozialpolitische Steuerungsmaßnahmen berücksichtigen seit geraumer Zeit die Interessen beider Positionen und versuchen, den Konflikt nicht erneut virulent werden zu lassen. Ähnliches gilt für religiöse Auseinandersetzungen - die Trennung von Kirche und Staat gehört zu den breit akzeptierten Grundsätzen. Die politisierte Sozialstruktur hat ihre Befriedung über die Interessenvertretung in der Politik gefunden, was jedoch nicht heißt, daß Spannungen nicht wieder auftreten können, wenn eine Seite ihre Interessen allzusehr vernachlässigt sieht.

Für die neuen sozialstrukturellen Spannungslinien, die Interessen von Frauen und der jüngeren Generation, ist noch kein vertrautes Muster der Problembewältigung gefunden worden. Ihre Vertretung im Parlament und in den anderen Organisationen des intermediären Systems ist weit von sozialstatistischer Repräsentativität entfernt. In diesen Bereichen sind also Spannungen auch im Bundestag angelegt, die andererseits dazu dienen, ein Mindestmaß an responsivem Verhalten zu gewährleisten. Die Einschränkung der Handlungsfreiheit nationaler Eliten besteht eben gerade in der öffentlichen Forderung nach Interessenartikulation und -durchsetzung, sofern ein Mindestmaß an Mobilisierung für diese Interessen vorhanden ist, wie wir es durch die Frauen- und Jugendbewegung haben.

---

61 Eigene Berechnungen nach: *Amtliches Handbuch des Deutschen Bundestages, 11. Wahlperiode,* hrsg. v. Deutschen Bundestag.
62 Dieser Befund steht in Einklang mit Untersuchungen zur politischen Karriere, wonach der größte Teil des politischen Spitzenpersonals der Bundesrepublik die Politik zum zweiten Karriereweg macht. Vgl. hierzu Dietrich Herzog, *Politische Karrieren,* Opladen: Westdeutscher Verlag 1975.

Die These über die Existenz einer konsensuell geeinten parlamentarischen Elite wird durch ihre sozialstrukturelle Komposition und deren relativer Autonomie aufgrund von Anciennität und der eindeutigen Ausdifferenzierung des Berufsfeldes Politik gestützt. Dagegen spricht bisher noch die Beschränkung der Handlungsfreiheit durch die Anforderung von Teilen der Nicht-Elite auf responsives Verhalten. Inwiefern diese Anforderung den Konsens und die Handlungsfähigkeit der politischen Elite einschränkt und somit auch die Funktionsfähigkeit des parlamentarisch-repräsentativen Systems, läßt sich am ehesten nach einer Betrachtung der politisch-ideologischen Grenzen, wenn nicht gar Gegensätze, innerhalb des Parlaments beurteilen.

3. Ideologische Integration, Wertekonsens

Wertekonsens in Grundfragen oder ideologische Integration ist notwendig zum Erhalt funktionsfähiger repräsentativer politischer Institutionen und für die gesellschaftliche und ökonomische Entwicklung in Richtung zur post-industriellen Gesellschaft[63]. Für die im Bundestag vertretenen Parteien und deren Mitglieder ist ein Minimalkonsens bereits verfassungsrechtlich gegeben: Art. 9 Abs. 2, Art. 17a Abs. 1 und insbesondere Art. 21 Abs. 2 schränken die Vereinigungsfreiheit insoweit ein, als keine Vereinigungen bzw. Parteien zulässig sind, die nicht auf dem Boden des Grundgesetzes stehen. Das Verbot der Sozialistischen Reichspartei (SRP) 1952 und das der Kommunistischen Partei Deutschlands (KPD) 1956 durch das Bundesverfassungsgericht zeigen, wie ernst dieser Verfassungsgrundsatz genommen wird.

Hierin scheint es auch keine wesentlichen Einschränkungen durch die Nicht-Eliten zu geben; die Wahlbeteiligung stieg von der ersten Bundestagswahl 1949 mit 78.5% auf 91.1% 1972 an, sie sank bis zur Bundestagswahl 1987 wieder auf 84.3%. Darüber hinaus hat lange Zeit ein zunehmende Konzentration der abgegebenen Stimmen auf die im Bundestag vertretenen Parteien stattgefunden. Auf CDU, CSU, SPD und FDP entfielen 1949 erst 61.1% der gültigen Zweitstimmen, ihr Anteil stieg bis zu den Wahlen 1972 auf 99.1%. Eine leichte Abnahme war erstmals 1980 um 1.1 Prozentpunkte zu verzeichnen, 1983 konnten sie noch 94% auf sich vereinigen, die Grünen zogen erstmals in den Bundestag ein. Die Abnahme der Stimmenkonzentration setzte sich weiter fort, sie lag 1987 bei 90.4%. Auf dem Wahlgebiet West wurde der Stand bei den Wahlen im Dezember 1990 gehalten, auf das gesamte Wahlgebiet umgerechnet betrug ihr Anteil 88.3%[64].

---

63 Vgl. Field and Higley, *Eliten und Liberalismus* (Anm. 4), S. 51.
64 Vgl. für die 1. bis 9. Wahl Schindler, *Datenhandbuch 1980 bis 1982*, S. 34-39, für die 10. und 11. Wahl ders., *Datenhandbuch 1980 bis 1987* (Anm. 33), S. 54-56, für die gesamtdeutsche Wahl vom 2. Dezember 1990 *Das Parlament* vom 7. Dezember 1990.

3.1. Neue Politik und neue Probleme

Die Veränderungen in der parteilichen Zusammensetzung des Parlaments sind zumindest für die Zeit ab 1983 eindeutig im Zusammenhang mit geänderten Politikanforderungen zu sehen. Sozialstrukturelle Wandlungen, das Aufscheinen der neuen Politik, das sich in der Partei der Grünen manifestierte, sowie wachsende Problemkomplexität, die erhöhte Anforderungen an staatliche Steuerungsleistungen stellt, sind hierfür ursächlich.

Für die Politik, und das heißt für die Politiker, bedeutet das einen Verlust an Erwartungssicherheit, einen Mangel an eindeutigen Handlungsmaximen. Die "neuen" Spannungslinien, die in der neuen Politik ihren Ausdruck finden, sind noch nicht in dem Maße institutionalisiert, daß feste Koalitionen zwischen den Betroffenen einzelner Pole dieser Konfliktlinien und spezifischen Parteien entstehen konnten[65]. Oben war bereits dargestellt worden, daß sich Politiker in einem Spannungsfeld von notwendiger Autonomie und Responsivität befinden, zumindest in bezug auf Cleavages, die in sozialstrukturellen Disparitäten begründet sind. Für die "alte" Spannungslinie zwischen Arbeit und Kapital, die programmatisch in entsprechenden Interessenvereinigungen und auch in den Parteien einen Ausdruck gefunden hat, sind von ihrer Entstehung an bis heute Wege des Interessenausgleichs gefunden worden. Die Problemlagen sind vertraut und sie waren lange Zeit in nationalem Rahmen lösbar. Gesellschaftliche und ökonomische Entwicklungen der letzten Jahre haben jedoch zu Umschichtungen in der Sozialstruktur geführt, die neue Problemlagen entstehen ließen[66]. Field and Higley bezeichnen sie als die Probleme der "Insider" und "Outsider" des Arbeitsmarktes, im deutschsprachigen Raum geläufiger unter der Bezeichnung Zweidrittel-Gesellschaft. Demnach verläuft eine Spannungslinie nicht mehr in erster Linie zwischen Arbeit und Kapital, sondern zwischen Arbeitslosen und in einem Beschäftigungsverhältnis Stehenden. Auch die Beschäftigtenstruktur änderte sich und ist noch immer in Wandlung begriffen. Der Pol "Arbeit", der klassisch in der Produktion verhaftet ist, wird kleiner, Umschichtungen in den tertiären Sektor der Ökonomie sind enorm. Darüber hinaus bildet sich eine neue "Klassenfraktion" (Bourdieu) der Manager, der mittleren Führungskräfte[67], die eine Position *zwischen* den Polen der alten Spannungslinie Arbeit - Kapital innehaben. Hierdurch entwickelt sich ein zweiter neuer Konflikt, der zwischen "Insidern" und Führungskräften[68], der in der "partizipatorischen Revolution" zum Ausdruck kommt. Sie wird im wesentlichen von gut ausgebildeten Beschäftigten in Angestelltenpositionen getragen.

---

65 Vgl. zum Konzept der Stabilisierungsfunktionen von Cleavages Weßels, Bürger und Organisationen (Anm. 27), und ders., Organisationsbindung und Allianzen, in: Klingemann/Kasse (Hrsg.), *Wahlen und Wähler* (Anm. 27).
66 Vgl. z.B. Ulrich Beck, *Risikogesellschaft*, Frankfurt a.M.: Suhrkamp 1986.
67 Vgl. Luc Boltanski, *Die Führungskräfte: die Entstehung einer sozialen Gruppe*, Frankfurt a.M.: Campus 1990.
68 Field and Higley, National Elites (Anm. 14).

Parallel zu diesen sozialstrukturellen Wandlungen entwickeln sich neue Anforderungen an die politischen Eliten. Die sogenannte neue Politik[69] wird von den Parteien nicht genügend verfolgt, deren Entstehen beruht auf der "alten" Cleavagestruktur. Die neue Politik setzt nicht nur Themen, die sich aus sozialstrukturellen Spannungen ableiten, wie z.B. die mangelnden Teilhabemöglichkeiten von Frauen am gesellschaftlichen Leben; sehr bedeutsam ist auch eine neue Moral, die sich gegen die Folgen der industriellen Entwicklung wendet[70]. Themen sind insbesondere der Umweltschutz und die "Kolonialisierung der Lebenswelt" (Habermas).

Das Spannungsfeld, innerhalb dessen Politiker handeln, ist somit komplexer geworden. Nach wie vor bestehen die alten Konfliktlinien zwischen Arbeit und Kapital, zwischen religiöser und laizistischer Weltanschauung. Hinzugetreten sind neue Spannungslinien, namentlich die zunehmend thematisierte zwischen Mann und Frau bestehende Ungleichverteilung der Chancen in der Teilhabe am gesellschaftlichen Leben und der Verfügungsgewalt über Ressourcen. Nicht nur Frauen klagen Chancengleichheit ein, sondern auch die jüngere Generation, die damit die privilegierte Verfügungsmacht vornehmlich der mittleren Generation bedroht. Gesamtgesellschaftlich besteht eine neue Spannungslinie in dem konfliktreichen Verhältnis von ökonomischer Entwicklung und Umweltschutz, ("Technikfolgen-abschätzung"); im privaten Bereich, zwischen Leistungsprinzip, Verwertbarkeitsprinzip, Primat des Tausches und Ganzheitlichkeit, Solidarität. Darüber hinaus ist kaum noch ein Politikfeld auf eine nationale Ebene beschränkt, sondern in vielfältiger Weise international verwoben, für die Bundesrepublik insbesondere über die EG-Integration, Bündnispolitik und zunehmende Migration. Zusätzlich potenziert werden die Problemdimensionen noch über die durch den Vereinigungsprozeß entstandenen Problemlagen[71].

3.1.1. Anforderungen an den politischen Arbeitsstil

Welche Konsequenzen ergeben sich hieraus nun für die Politik, für die Parlamentarier, für die Praxis der Parteien hinsichtlich Progammentwicklung und Nachwuchsrekrutierung? Den Parteien kommt im politischen System der Bundesrepublik eine Sonderstellung zu; eine Vielzahl von Gesetzen und höchstrichterlichen Urteilen hat ihre Privilegien in Hinblick auf staatliche Alimentierung und Kandidaturen zu

---

69 Siehe Hildebrandt/Dalton, Die neue Politik (Anm. 51).
70 Vgl. Roland Roth, Fordismus und neue soziale Bewegungen, in: Ulrike C. Wasmuth (Hrsg.), *Alternativen zur alten Politik?,* Darmstadt: Wissenschaftliche Buchgesellschaft 1982, S. 13-37.
71 Vgl. zu der Dimensionierung politischer Themen in Wertsysteme den entsprechenden Passus in Abschnitt 3.2.

Interessenrepräsentation und Integration

Ämtern in Legislative und Exekutive festgeschrieben[72]. Diese Privilegierung fordert den Parteien auf der anderen Seite jedoch auch einiges ab. So müssen sie - nicht jede einzeln, aber gemeinsam - das gesamte Interessenspektrum vertreten, Interessen und Meinungen bündeln, artikulieren, ausgleichen.

Für die Parlamentarier ergibt sich aus der Vielfalt der zu berücksichtigenden Interessen und Klientelen eine Art "cross-pressure-Situation". Als Parteirepräsentanten sind sie darauf angewiesen, der Partei gegenüber loyal zu sein. Sie stehen somit in Konkurrenz zu ihren Parlamentskollegen, die anderen Parteien angehören. Als Abgeordnete müssen sie den Ausgleich der vielfältigen, teils antagonistischen Interessen in enger Zusammenarbeit bewerkstelligen; Profilierung gegenüber dem für die Erfüllung dieser Aufgabe notwendigen Kooperationspartner wäre disfunktional, insbesondere in Hinblick auf Fähigkeit und Chancen politischer Steuerung. Ohne die Diskussion um Steuerung in voller Breite auszuführen[73], soll doch noch einmal darauf hingewiesen werden, was an dieser Stelle aus den Steuerungskonzepten zu berücksichtigen ist.

Nach Renate Mayntz ist der Begriff Handlungskoordination als Synonym für Steuerung zu unscharf. Vielmehr sei Steuerung - abgeleitet vom alltagssprachlichen Verständnis - ein Handeln, um "ein System von einem Ort oder Zustand zu einem bestimmten anderen zu bringen"[74]. Entsprechend müsse nach Steuerungssubjekten und Steuerungsobjekten differenziert werden. Dann erweise es sich, daß einzelne Systeme als Steuerungsobjekte gegenüber Steuerungsbemühungen resistent, wenn nicht gar renitent reagierten[75]. Will man nun die Chancen erfolgreicher politischer Steuerung untersuchen, so hilft die von Mayntz vorgeschlagene analytische Trennung von Steuerungshandeln, Steuerungsziel und Steuerungswirkung nicht weiter. Statt dessen kann der von Fritz Scharpf entwickelte Begriff intentionale Handlungskoordination "zur gemeinwohlorientierten Gestaltung der gesellschaftlichen Verhältnisse"[76] benutzt werden. Koordiniert werden die Handlungen des im engeren Sinne politischen Steuerungssubjekts, des politisch-administrativen Systems, und der Steuerungsobjekte, die ihrerseits organisierte Systeme, also auch korporative Akteure sind. Im Wechselverhältnis der Spielregeln von Konkurrenz-

---

72 Jüngstes Beispiel ist das Urteil zur Klage des im 11. Bundestag fraktionslos gewordenen Abgeordneten Wüppesahl. Ihm wurde zwar vom Verfassungsgericht das Recht zugestanden, in Ausschüssen mitzuarbeiten, sein Stimmrecht wurde jedoch eingeschränkt, da in dem Falle der Parteienproporz, wie er sich in Ausschüssen als verkleinertem Abbild des Gesamtparlaments widerspiegele, durchbrochen würde. Seine Stimme bekäme ein zu hohes Gewicht.
73 Siehe hierzu den Beitrag von Dietrich Herzog in diesem Band.
74 Renate Mayntz, Politische Steuerung und gesellschaftliche Steuerungsprobleme - Anmerkungen zu einem theoretischen Paradigma, in: Thomas Ellwein et al. (Hrsg.), *Jahrbuch zur Staats- und Verwaltungswissenschaft*, Bd. 1, Baden-Baden: Nomos 1987, S. 89-110, hier S. 93.
75 Hieraus folgt dann Steuerungsversagen, das seine Ursache in Wissens-, Implementations- oder Motivationsproblemen haben kann. Im einzelnen sind diese Probleme hier nicht von Bedeutung.
76 Fritz W. Scharpf, Verhandlungssystem, Verteilungskonflikte und Pathologien der politischen Steuerung, in: *PVS*, Sonderheft 19, 1988, S. 61-87, hier S. 63.

demokratie und Konsenszwang muß man zu Verhandlungssystemen kommen, um suboptimale Politikergebnisse auf ein Minimum zu reduzieren. Ein idealtypisches Modell für adäquate Aushandlungsmuster sind die aus der Spieltheorie bekannten Mixed-Motive-Konstellationen. Die am Verhandlungssystem beteiligten Akteure - in diesem Falle sowohl Steuerungssubjekt als auch organisierte Steuerungsobjekte - haben ein gemeinsames wie auch konkurrierende Interessen. Werden Lösungen auf dem Wege des Konflikts gesucht, so kann keine der beiden Seiten gewinnen, da das gemeinsame Interesse keine Realisierungschance hat; wird ausgehandelt, so kann das gemeinsame und, jeweils alternierend, eines der konkurrierenden Interessen durchgesetzt werden.

Scharpf geht von organisierten Interessen aus, von korporativen Akteuren, die sich - bildlich gesprochen - an einen Tisch setzen können, um gemeinsames Vorgehen zu planen. Einen kollektiven Akteur stellt das politisch-administrative System, die anderen sind von sonstigen Interessenorganisationen entsandt.

Das politisch-administrative System ist jedoch kein monolithischer Block. Seine verschiedenen Teilsysteme haben zum Teil schon widerstreitende Interessen. So hat das Teilsystem Bundestag seiner Aufgabe gemäß die gesellschaftliche Interessenvielfalt, seiner Zusammensetzung gemäß die Parteiinteressen zu vertreten. Die Akteure im Steuerungssubjekt Bundestag sind sich überschneidende Kollektive von Fraktionen und von Vertretern spezifischer Interessen - seien es Wahlkreise, oder besondere Gruppen, die teils auch anderweitig organisiert sind (z.B. Gewerkschaften), oder die nicht organisiert bzw. nicht organisierbar sind.

Die Frage nach der Steuerungsfähigkeit des Bundestages impliziert, daß das Parlament Steuerungssubjekt ist. Von einem solchen würde man erwarten, daß über Ziele und Maßnahmen Einigkeit besteht. Aufgrund der Interessenvielfalt kann sie jedoch nicht vorausgesetzt werden, sie ist sogar mehr als zweifelhaft. Dennoch wird sie produziert. Es ist naheliegend, diesem Prozeß der Einigung auf ein Steuerungsziel und den dazu gehörenden Maßnahmen das Modell eines Verhandlungssystems im Sinne von Scharpf zugrundezulegen.

Wendet man also die Ansätze von Scharpf und Mayntz auf den Deutschen Bundestag an, so bleiben die Begriffe Verhandlungssysteme (Scharpf) und Steuerungssubjekt (Mayntz) stehen, wobei diese miteinander identisch werden. Steuerungssubjekt wird also dahingehend präzisiert, daß innerhalb des kollektiven Akteurs Bundestag bzw. Gesetzgeber ein Steuerungsziel ausgehandelt werden muß, bevor Steuerungsmaßnahmen eingeleitet werden können. Das Verhandlungssystem wird hingegen eingeschränkt. Bei Scharpf unterstellt es die Zusammenarbeit von Steuerungssubjekten und -objekten, wodurch die Frage nach erfolgreicher Steuerung bzw. Steuerungswirkung obsolet ist. Für das Verhandlungssystem Bundestag heißt es zunächst jedoch, eine Übereinstimmung hinsichtlich des Steuerungsziels und der hierzu notwendigen Maßnahmen zu finden, um als Steuerungssubjekt handlungsfähig zu werden[77].

77 Es stellt sich natürlich die Frage, inwieweit die Termini Subjekt und Objekt in einem Verhandlungssystem überhaupt Anwendung finden können. Scharpf benutzt sie auch

Interessenrepräsentation und Integration 77

Um in einem Verhandlungsprozeß zu einer Einigung über zu erreichende Steuerungsziele und Steuerungsmaßnahmen zu gelangen, bedarf es der Definition der konkurrierenden und der gemeinsamen Interessen.

Die Konkurrenz innerhalb des Parlaments ist bereits im Parteienwettkampf angelegt. Im Werben um die Mehrheit der Wählerstimmen steht die Abgrenzung der Parteiprofile gegeneinander im Vordergrund. Umworben werden jedoch dieselben Gruppen, dieselben Personen. Der "Drift zur Mitte" ergibt sich zumindest für die beiden großen Volksparteien zwangsläufig - sowohl in der Programmatik als auch in der Mitgliederstruktur und Interessenvielfalt, die durch ihre Abgeordneten in den Fraktionen und im Bundestag insgesamt repräsentiert werden. Genauso wenig wie ein Abgeordneter "nicht bloß Exponent seiner Sozialdaten ist"[78] ist, kann man ihn als bloßen Parteidelegierten betrachten[79], der lediglich zur Durchfechtung der Parteidoktrin im Parlament sitzt. Unter solchen Umständen könnte kein Konsens über grundlegende politische Entscheidungen und Steuerungsmaßnahmen gefunden werden. Analysiert man die gesellschaftspolitischen Zielvorstellungen der Abgeordneten daraufhin, so zeigen sich zwar sehr eindeutige Parteiprofile, sie weisen jedoch zugleich eine erhebliche Einstellungsbreite innerhalb der Fraktionen auf.

3.2. *Ideologischer Dissens*

Recht eindeutig sind die Unterschiede zwischen den Fraktionen, wenn man die Einstellungen der Abgeordneten zu grundlegenden gesellschaftspolitischen Zielvorstellungen analysiert (siehe Tabelle 3). Dabei handelt es sich um Gegensätze ideologischer Art, die aber zugleich Ausdruck der Verankerung der Parteien in je spezifischen sozialen Milieus sind.

So beruht die Forderung "mehr Partizipation" bei den Grünen auf ihrer Verankerung in den neuen sozialen Bewegungen, bei der FDP auf ihrer Wählerklientele des typischerweise besonders partizipationsorientierten neuen Mittelstandes, während bei der SPD die Verankerung im Gewerkschaftsmilieu, also im Bereich der

---

nicht, sondern spricht lediglich von einem strukturellen Vorteil der Staatsseite aufgrund seiner gesetzgeberischen Kompetenz. Ein Festhalten an den Begriffen erscheint dennoch insoweit gerechtfertigt als davon auszugehen ist, daß das Steuerungssubjekt unverändert aus dem Steuerungprozeß hervorgeht, während die Steuerungsobjekte eine Metamorphose vollziehen. Wenn jedoch der Bundestag selber zum Verhandlungssystem wird, ist offensichtlich, daß er aus diesem Prozeß nicht unverändert hervorgeht. Das trifft erst wieder zu, wenn er in seiner geeinten Form zum Verhandlungspartner mit anderen Steuerungsobjekten wird.

78 Uwe Thaysen, *Parlamentarisches Regierungssystem in der Bundesrepublik Deutschland*, Opladen: Leske & Budrich 1976, S. 28.
79 Vgl. hierzu das Kapitel zum Rollenverständnis in Dietrich Herzog/Hilke Rebenstorf/Camilla Werner/Bernhard Weßels, *Abgeordnete und Bürger*, Opladen: Westdeutscher Verlag 1990.

Mitbestimmung in der Arbeitswelt, von Bedeutung sein dürfte. Das läßt sich auch bei der Analyse anderer ideologischer Zielvorstellungen erkennen, beispielsweise den Einstellungen der sozialdemokratischen bzw. grünen Abgeordneten zum Thema "Konkurrenzkampf" und "Leistungsdruck". 62% der SPD-Abgeordneten und fast alle befragten Grünen (96 %) äußern sich dazu ablehnend.

Tabelle 3: Gesellschaftspolitische Zielvorstellungen[a]

	Gesamt % (Varianz)	CDU % (Var.)	CSU % (Var.)	SPD % (Var.)	FDP % (Var.)	Grüne % (Var.)
Technischer Fortschritt und wirtschaftliches Wachstum	3.8 (1.344)	95.8 (.322)	100.0 (.232)	53.9 (1.273)	92.9 (.343)	4.5 (.926)
Befürwortung von mehr Bürgerpartizipation	61.1 (.927)	39.7 (.939)	29.2 (.688)	78.2 (.507)	72.4 (.707)	100.0 (.043)
Stärkerer Ausbau staatlicher Ordungskräfte	27.6 (1.291)	48.3 (.659)	58.3 (.543)	10.3 (1.072)	13.3 (1.082)	0.0 (.332)
Einschränkung des Demonstrationsrechts	5.8 (.985)	12.8 (1.246)	5.3 (1.363)	1.6 (.364)	3.3 (.602)	0.0 (.000)
Grundsätzliche Berücksichtigung von Umwelt und Natur	98.8 (.362)	99.2 (.247)	100.0 (.232)	99.2 (.259)	96.7 (.671)	95.7 (.696)
Erleichterung von Schwangerschaftsabbrüchen	21.4 (1.909)	0.8 (.334)	0.0 (0)	38.5 (1.516)	14.8 (1.413)	75.0 (1.103)
Weniger Konkurrenz und Leistungsdruck	44.7 (1.284)	23.2 (1.349)	35.0 (1.053)	62.2 (.564)	25.9 (1.063)	95.5 (.355)
Weniger Parteieneinfluß, mehr Bürgerinitiativeneinfluß	12.1 (1.433)	3.4 (.798)	0.0 (.510)	9.2 (1.088)	3.4 (.833)	95.7 (.352)
Auch Atomkraft sollte genutzt werden	51.4 (2.315)	93.3 (.249)	100.0 (.254)	8.8 (1.209)	63.0 (1.179)	0.0 (0.0)
Die Gewerkschaften sollten mehr Einfluß haben	25.9 (1.424)	2.5 (.990)	0.0 (.891)	58.1 (.493)	3.3 (1.059)	31.8 (.565)
Arbeitsplatz gemäß Ausbildung für alle, die wollen	75.5 (1.628)	54.9 (1.894)	62.5 (1.583)	93.3 (.553)	60.0 (2.240)	100.0 (.221)
Basis n[b]	286-323	102-120	16-24	120-127	25-30	22-23

a Anteile der "sehr wichtig" und "wichtig"-Antworten. Für Text der Antwortvorgaben sowie der Frageformulierung siehe Anhang A.
b Nicht alle Fragen, wurden von allen Befragten beantwortet, so daß die Basis eine gewisse Spanne aufweist.

Interessenrepräsentation und Integration

Tabelle 4: Gesellschaftspolitische Zielvorstellungen[a]

	Gesamt % (missing)	CDU % (mis.)	CSU % (mis.)	SPD % (mis.)	FDP % (mis.)	Grüne % (mis.)
Technischer Fortschritt und wirtschaftliches Wachstum	10.0 (6.1)	0.0 (3.2)	0.0 (0.0)	13.0 (10.2)	0.0 (6.7)	72.7 (4.3)
Befürwortung von mehr Bürgerpartizipation	5.6 (2.4)	11.6 (2.4)	8.3 (0.0)	0.8 (3.1)	3.4 (3.3)	0.0 (0.0)
Stärkerer Ausbau staatlicher Ordnungskräfte	22.3 (1.8)	4.2 (3.2)	0.0 (0.0)	30.2 (1.6)	26.7 (0.0)	91.3 (0.0)
Einschränkung des Demonstrationsrechts	66.6 (6.4)	38.5 (12.1)	57.9 (20.8)	85.8 (0.8)	66.7 (0.0)	100.0 (0.0)
Grundsätzliche Berücksichtigung von Umwelt und Natur	0.9 (0.9)	0.0 (1.6)	0.0 (0.0)	0.8 (0.8)	3.3 (0.0)	4.3 (0.0)
Erleichterung von Schwangerschaftsabbrüchen	51.4 (4.9)	86.7 (3.2)	100.0 (0.0)	18.9 (4.7)	33.3 (10.0)	5.0 (13.0)
Weniger Konkurrenz und Leistungsdruck	12.6 (8.2)	27.7 (9.7)	15.0 (16.7)	0.0 (5.5)	14.0 (10.0)	0.0 (4.3)
Weniger Parteieneinfluß, mehr Bürgerinitiativeneinfluß	47.8 (4.6)	63.0 (4.0)	78.3 (4.2)	35.0 (6.3)	51.7 (3.3)	0.0 (0.0)
Auch Atomkraft sollte genutzt werden	36.1 (3.0)	0.0 (3.2)	0.0 (0.0)	72.0 (2.3)	7.4 (10.0)	100.0 (0.0)
Die Gewerkschaften sollten mehr Einfluß haben	28.3 (2.4)	48.8 (2.4)	58.3 (0.0)	1.6 (3.1)	53.3 (0.0)	0.0 (4.3)
Arbeitsplatz gemäß Ausbildung für alle, die wollen	12.6 (13.1)	24.5 (17.7)	18.8 (33.3)	1.7 (6.3)	24.0 (16.7)	00.0 (0.0)

a Anteile der "bin dagegen"-Antworten und Antwortverweigerer. Für den Text der Antwortvorgaben sowie der Frageformulierung siehe Anhang A.

Vermutlich schlagen hier der traditionsreiche Solidaritätsgedanke des Gewerkschaftsmilieus und das dieser Tradition nachempfundene Verhalten im alternativen Milieu durch[80]. Sehr deutlich ist die Bindung der Grünen an Bürgerinitiativen bei

80 In einer vom Bundesvorstand der SPD in Auftrag gegebenen Studie hat das Meinungsforschungsinstitut SINUS acht Milieus in der Bevölkerung identifiziert, die sich durch

der Frage nach deren Einflußsteigerung zu Ungunsten der Parteien; 95% der Grünen halten dies für "sehr wichtig" oder "wichtig", während die Abgeordneten der anderen etablierten Parteien eine solche Zielvorstellung überwiegend ablehnen (siehe Tabelle 4).

Bemerkenswert sind die Einstellungen zur Frage "mehr Einfluß für die Gewerkschaften". Über die Hälfte der sozialdemokratischen Abgeordneten, aber eben nur 58 Prozent, optieren dafür, während - umgekehrt - sich von den Abgeordneten der sogenannten bürgerlichen Parteien (CDU, CSU, FDP) nur etwa die Hälfte gegen einen stärkeren Einfluß der Gewerkschaften ausspricht (von der SPD nur 1.6 %). Offenbar findet die gegenwärtige Einflußposition der Gewerkschaften in allen "etablierten" Parteien sowohl Zustimmung als auch Ablehnung.

Sehr deutlich wird auch die (konfessionelle) Milieugebundenheit der Unionsparteien den Einstellungen ihrer Abgeordneten zum Problem "Schwangerschaftsabbruch" sowie der Beurteilung des Zieles "Wirtschaftswachstum". Ihrem Ruf als Ordnungspartei werden sie dagegen nur zum Teil gerecht: Sie befürworten im Unterschied zu den anderen Parteien überwiegend einen Ausbau der staatlichen Ordnungskräfte, lehnen jedoch auch in hohem Maße eine Einschränkung des Demonstrationsrechts ab. Umwelt und Natur zu berücksichtigen, ist mittlerweile für alle Parteien eine Notwendigkeit - was daraus folgt, mag hingegen wieder stark differieren.

Neben diesen punktuellen Eindeutigkeiten in den Parteiprofilen, die sowohl den theoretischen als auch den Alltagserwartungen entsprechen, gibt es jedoch noch andere interpretationswürdige Besonderheiten. Zu Fragen, deren Antwort nicht durch eine traditionelle Parteidoktrin eindeutig vorgegeben ist oder wo Wertesysteme miteinander konkurrieren, fallen die hohen Varianzen in den Antworten auf sowie der relativ hohe Anteil der Befragten, der keine Antwort gab. Bei der SPD ist dies z.B. der Fall bei der Frage nach technischem Fortschritt und wirtschaftlichem Wachstum - ein Thema, das innerparteilich seit einiger Zeit kontrovers diskutiert wird. Bei den Fraktionen der Regierungskoalition zeigt sich ähnliches bei der Frage nach dem Abbau zwischenmenschlicher Konkurrenz und der Frage nach Arbeitsplatz gemäß Ausbildung. In diesen Fällen stehen ethische Werte den Forderungen nach Arbeitsmarktflexibilität und dem Leistungsprinzip entgegen. Das Phänomen großer Varianz oder hoher Antwortverweigerungsquote fällt besonders bei milieuspezifischen Fragen auf: Während das Antwortverhalten in den assoziierten Parteien diese Verbundenheit widerspiegelt, weisen die dem Milieu gegenüber eher indifferenten Parteien in der Regel ein breiteres Antwortspektrum auf. Hierin ist ein erster Hinweis auf Strukturprinzipien im Bundestag zu sehen, die jenseits der Fraktionsgrenzen verlaufen und die erst die Konsensfähigkeit des Ver-

---

einen je spezifischen Lebensstil, ideologische Grundorientierung und Parteinähe auszeichnen. Diese zeigen eine Nähe von klassischem sozialdemokratischem Arbeitermilieu und alternativem Milieu speziell in dem Moment des Solidaritätsgedankens. Vgl. hierz SPD (Hrsg.), *Planungsdaten für die Mehrheitsfähigkeit der SPD*, Bonn 1985, insbesondere S. 32-57.

handlungssystems "Gesetzgeber", die für seine Steuerungsaufgaben unabdingbar ist, konstituieren.

Ein weiteres Indiz für das Vorhandensein eines oszillierenden Personenaggregats wird erkennbar, wenn man sich von den konkreten Fragen zu gesellschaftspolitischen Zielvorstellungen löst und die hinter diesen liegenden Politikdimensionen betrachtet. Grob gesagt, lassen sich zwei Dimensionen erkennen. Die erste ist die der sogenannten alten Politik. Zu ihr gehören die Versorgung mit wirtschaftlichen Gütern, soziale Sicherheit, Aufrechterhaltung der Sozialordnung, innere Ruhe und Sicherheit, äußere Sicherheit u.ä.[81]. Eine zweite Einstellungsdimension umfaßt Themen der sogenannten neuen Politik, die auf den Konfliktlinien im Bereich Umweltschutz, Gleichberechtigung der Frauen, "partizipatorische Revolution" u.ä. beruht. Beide Dimensionen erscheinen zunächst als Ansammlungen verschiedener Themen, was sie anfänglich auch waren. Im Lauf der Zeit wurden sie "dimensioniert", d.h. spezifische Einstellungen zu einem dieser Themen wurden aufs engste mit einer ganz spezifischen Einstellung zu einem anderen Thema verknüpft. Die Themen und je eigenen Einstellungen hierzu wurden aufgenommen in die je individuellen "belief systems". Nunmehr sind diese beiden Wertekonzepte denen des Materialismus und Postmaterialismus vergleichbar[82]. Die Themen der "ganz neuen Politik", die nicht nur in der Bundesrepublik zunehmend Gewicht erlangen, z.B. Migrations- und damit Einwanderungs- und Asylproblematiken, Verlagerung des Ost-West-Konflikts von einem außenpolitischen zu einem innenpolitischen Problem, Wahrnehmung von Ordnungsfunktionen der Weltgemeinschaft in Gestalt der UNO -, liegen zum Teil ideologisch quer zur alten und neuen Politik. Sie scheinen noch keinen festen Platz in den individuellen "belief systems" zu haben, sie sind noch nicht dimensioniert[83].

Eine Faktorenanalyse über die elf gesellschaftspolitischen Zielvorstellungen weist die beiden Dimensionen alte und neue Politik nach, die zusammen 53.4% der Varianz erklären. Zur neuen Politik gehören die Fragen zu Gewerkschaftseinfluß, Partizipation, Minimierung von Konkurrenz und Leistungsdruck, Arbeitsplatz gemäß Ausbildung, Einfluß von Bürgerinitiativen, Schwangerschaftsabbruch und Umwelt. Zur alten Politik gehören der Ausbau staatlicher Ordnungskräfte, Einschränkung des Demonstrationsrechts, Kernenergienutzung und technischer Fortschritt/Wirtschaftswachstum. Auf der Grundlage der Faktorenanalyse wurden für die beiden Wertesysteme Skalen gebildet, die je nach Grad der Zuordnung von 0 bis 100 reichen[84], sowie eine Skala zur allgemeinen Politikdimension, die von -100

---

81 Eine detaillierte Beschreibung der Konzepte zur Alten und Neuen Politik und der jeweils zu subsumierenden Themen geben Hildebrandt/Dalton, Die Neue Politik (Anm. 51), S. 230-256.
82 Vgl. hierzu auch die Ausführungen oben im Abschnitt "Sozialstrukturelle Zusammensetzung des Bundestages".
83 In der Befragung 1987/88 konnten diese Themen noch nicht weiter berücksichtigt werden, da sich ihre zunehmende Relevanz bei weitem noch nicht abzeichnete.
84 Die Skalen wurden aus den 7 items der Dimension neue Politik und den 4 items der Dimension alte Politik gebildet. Die Formel lautet: ((Summe aus den Items - Minimum) / (Maximum - Minimum)) * 100.

(vollständig auf Seiten der alten Politik) bis +100 (vollständig auf Seiten der neuen Politik) reicht. Diese korreliert sehr hoch mit der Links-Rechts-Selbsteinstufung[85].

Erwartungsgemäß ergibt sich aus den Mittelwerten für die Fraktionen eine Rangfolge, in der die CSU ganz rechts steht und am stärksten der Alten Politik zuneigt, danach kommt mit geringem Abstand die CDU, mit etwas größerem Abstand die FDP noch im Bereich der Alten Politik, dann die SPD im Bereich der Neuen Politik und ganz in der Neuen Politik stehen die Grünen. Die gleiche Reihe ergibt sich bei Betrachtung der Links-Rechts-Skala, wo die CSU den rechten, die Grünen den linken Rand markieren (siehe Tabelle 5).

Tabelle 5: Rechts-Links-Einstufung und Politikorientierung

	Gesamt	CDU	CSU	SPD	FDP	Grüne
Links-Rechts						
- Mittelwert	4.6	5.7	5.8	3.5	5.4	2.5
Neue Politik						
- Mittelwert	48.5	32.2	32.1	62.5	41.8	81.5
- Varianz	432	178	88	164	104	78
Alte Politik						
- Mittelwert	47.4	67.0	70.6	30.8	52.6	5.5
- Varianz	624	140	133	314	153	85
Politik allgemein						
- Mittelwert	1.1	-34.8	-38.7	+31.4	-10.7	+76.2
- Varianz	1782	341	249	566	208	217
Basis n	315	119	22	123	28	23

Betrachtet man die Skalen für alte Politik und neue Politik jedoch getrennt voneinander, so wird deutlich, daß auch CSU, CDU und FDP, die in der Gesamtbetrachtung im Mittel der alten Politik zuneigen, beachtlich hohe Werte auch auf der Dimension neue Politik (Maximum CSU 48, CDU 68, FDP 60) und - umgekehrt - SPD und Grüne auch in der Dimension alte Politik aufweisen (Maximum SPD 93, Grüne 27). Die Spannweiten innerhalb der Fraktionen sind sehr groß. In der allgemeinen Politikskala umfassen sie mit 51 Punkten bei den Grünen das kleinste Ausmaß, mit 129 Punkten bei der SPD das größte.

---

85 Pearsons R=-.78981, sig.=.001, also je höher der Wert in der Links-Rechts-Skale (1=ganz links, 10=ganz rechts), desto niedriger der Wert in der Politikskala (100=neue Politik, -100=alte Politik).

Interessenrepräsentation und Integration 83

In diesen Ergebnissen zeigt sich ein weiterer Hinweis auf variable individuelle Koalitionsfähigkeiten und damit auf Strukturmuster, die durch je persönliche Orientierungssysteme der Abgeordneten gebildet werden und die jenseits der Fraktionsgrenzen verlaufen. Das fraktionsinterne Antwortverhalten auf die konkreten Fragen nach gesellschaftspolitischen Zielvorstellungen sowie die in jeder Fraktion sichtbar gewordene Breite der Einstellungen zu den hinter diesen Fragen verborgenen abstrakten Politikdimensionen lassen somit auf das Vorhandensein ideologischer Gruppen bzw. Affinitäten von Abgeordneten ähnlicher Wertorientierung aus den verschiedenen Fraktionen schließen, die nicht notwendig in Assoziationen münden müssen, jedoch für die Integrationsleistungen des Parlaments unabdingbar sind, diese sogar erst ermöglichen[86].

3.3. *Die ideologischen Cluster*

Durch ähnliche Wertorientierungen gekennzeichnete Gruppen lassen sich, wenn sie keine formalen Organisationen bilden, nur schwer erkennen. Latent wirken sie sich natürlich aus, da sie Konsensfähigkeit erst ermöglichen - schon durch fraktionsinterne Integrationsanstrengungen, die zwangsläufig anfallen, wenn Einstellungen zu Einzelfragen so heterogen sind, wie sie sich hier erwiesen haben. Statistisch lassen sie sich durch die Clusteranalyse aufspüren und dann beschreiben. Die zwölf im Bundestag unterscheidbaren Gruppen[87] unterscheiden sich ihrer

---

86 Ähnliche Ergebnisse brachte auch eine frühere Regionalstudie über die Kandidaten für die Wahlen zum Berliner Abgeordnetenhaus 1981 hervor. Vgl. hierzu Dietrich Herzog, *Konsens und Konflikt in der politischen Führungsschicht Berlin,* (*Informationen aus Lehre und Forschung,* 1/1985), Freie Universität Berlin 1985, insbesondere S. 1-44.
87 Das Verfahren sei kurz skizziert. Im vorliegenden Fall hat jede befragte Person auf elf Fragen jeweils eine eindeutige Antwort gegeben, einen einzelnen Wert bekommen. Diese elf Fragen bilden einen elfdimensionalen Raum, in dem jede Person eine Position entsprechend ihrer Antworten einnimmt. In diesem (zugegebenermaßen kaum vorstellbaren) Raum liegen einige Personen weit entfernt, andere dicht zusammen - sie bilden Klumpen (Cluster). In einem weiteren Schritt kann man sich ansehen, welches die spezifischen Eigenschaften dieser Cluster sind, hinsichtlich der Ausgangsfragen und z.B. bezüglich Parteizugehörigkeit, Ancienität usw. In diesem Falle wurde die Prozedur Cluster aus SPSS/PC+ Version 3.0 verwendet. Als Methode wurde *complete linkage* gewählt, da die innere Homogenität wichtiger als die externe Abgegrenztheit ist. Als Distanzmaß diente die einfache euklidische Distanz. Die Entscheidung für eine bestimmte Cluster-Lösung erfolgte zum einen über Begutachtung der Dendrogramme, zum anderen wurden die Mittelwertdifferenzen zwischen den Clustern pro Ausgangsvariable betrachtet. Beim Vergleich der Mittelwertdifferenzen von den Lösungen acht Cluster bis 13 Cluster erwies sich, daß zwischen der 11er- und der 12er-Lösung einige markante Sprünge in diesen Differenzen auftraten, so daß die Entscheidung letztendlich zugunsten der 12-Cluster-Lösung ausfiel. Das Problem der *listwise deletion of missing cases* wurde folgendermaßen behandelt: Für Personen, die nur eine oder zwei der Ausgangsfragen nicht beantworteten, wurde der Mittelwert eingesetzt, diejenigen,

Größe nach stark voneinander: Zwei Gruppen gehen in die weitere Analyse und Beschreibung nicht ein, da die eine aus lediglich drei Personen, die zweite aus nur einem "Individualisten" besteht. Die verbleibenden zehn Gruppen umfassen zwischen 17 und 59 Personen, vier von ihnen sind außerordentlich stabil[88].

Aufgrund der vorhergehend dargestellten Befunde über fraktionsinterne Varianzen bei der Beantwortung einzelner Fragen und der Breite individueller Positionierungen in der Politikdimension sowie deren hoher Korrelation mit der Links-Rechts-Skala ist zu vermuten, daß die identifizierten "ideologischen" Cluster sich entlang der Links-Rechts-Dimension ordnen lassen. Zugleich ist davon auszugehen, daß die Fraktionsmitglieder sich auf mehrere Gruppen verteilen, die ihrerseits wieder nach Parteianteilen derart differieren, daß jeweils eine andere Fraktion eine Gruppe dominiert. Ebenfalls wird je nach Variationsbreite der Antworten die Anzahl der Gruppen, auf die sich Fraktionsmitglieder verteilen, unterschiedlich sein.

Alle drei Annahmen werden durch die Analyse bestätigt: Die Gruppenmittelwerte für die Links-Rechts-Skala reichen von 2.38 am linken Rand bis 5.94 am rechten. Für die ersten sieben Gruppen auf diesem Kontinuum stimmt auch die Abnahme des Mittelwertes auf der allgemeinen Politikskala mit einer Erhöhung des Links-Rechts-Wertes überein, für die letzten drei trifft dies nicht mehr zu - die Links-Rechts-Differenzen sind auch nur gering (siehe Tabelle 6).

Die Abgeordneten der Grünen-Fraktion verteilen sich auf lediglich zwei Gruppen, ihre Antworten weisen auch die geringste Varianz auf, gefolgt von der CSU, deren Abgeordnete über vier Gruppen streuen. CDU und FDP haben etwa die gleiche Varianz in der Antwortbreite, ihre Abgeordneten sind jeweils in sechs verschiedenen Gruppen zu finden. Die Fraktion mit der größten Variabilität in den gesellschaftspolitischen Vorstellungen bzw. in der dahinterliegenden Politikdimension, die SPD, ist in insgesamt acht der zehn Gruppen vertreten[89]. Dominant in den Gruppen sind eigentlich nur die großen Fraktionen SPD und CDU, mit einer Ausnahme - ein Cluster wird von den Grünen dominiert, neben ihnen sind hier nur noch sozialdemokratische Abgeordnete zugeordnet worden: Man kann dieses Cluster als *grün-rotes* bezeichnen. Die SPD stellt in vier Gruppen die Mehrheit, in einem ist sie zusammen mit Abgeordneten der Grünen (ein *rot-grünes* Cluster), in einem mit FDP-Abgeordneten (ein *sozialliberales* Cluster) vertreten. Ein *sozialdemokratisches* Cluster wird von 22 Abgeordneten der SPD-Fraktion gebildet. Der vierten von der SPD dominierten Gruppe sind noch einige Abgeordnete von CDU und FDP mathematisch zugeordnet worden - betiteln läßt es sich als *sozialdemokratisch mit christliberalen Linksabweichlern*. In den verbleibenden fünf

die drei oder mehr nicht beantworteten, wurden aus der Analyse ausgeschlossen, so daß von den 329 befragten Abgeordneten 315 gruppiert werden konnten.
88 Stabil heißt hier, daß sie erst in einer relativ späten Phase des Aggregationsprozesses mit anderen Clustern verschmolzen werden.
89 Die große Variabilität bzw. Einstellungsbreite bei den Abgeordneten der Sozialdemokratischen Partei deckt sich mit der Breite des Milieus, in dem die sozialdemokratische Klientel zu finden ist. Vgl. zu letzterem: SPD (Hrsg.), *Planungsdaten* (Anm. 80).

Tabelle 6: Beschreibung der "ideologischen Cluster" nach Parteianteilen und Wertorientierungen

Cluster	1 (n=28)	2 (n=42=	3 (n=17)	4 (n=22)	5 (n=22)	6 (n=59)	7 (n=24)	8 (n=21)	9 (n=59)	10 (n=17)
Links-Rechts-Skala, Mittelwert	2.38	2.90	3.50	3.79	3.91	5.25	5.59	5.76	5.90	5.94
Alte-Politik Skala, Mittelwert	1	25	26	41	32	57	50	75	75	63
Neue-Politik Skala, Mittelwert	80	73	54	63	50	48	29	21	34	26
Politik-Skala allg., Mittelwert	+79	+48	+28	+22	+18	-9	-21	-64	-41	-37
CDU-Anteil	---	---	---	---	5%	48%	42%	91%	78%	82%
CSU-Anteil	---	---	---	---	---	9%	13%	---	19%	18%
SPD-Anteil	43%	83%	88%	100%	91%	24%	17%	---	2%	---
FDP-Anteil	---	---	12%	---	5%	20%	29%	10%	2%	---
Grünen-Anteil	57%	17%	---	---	---	---	---	---	---	---
Anteil von CDU (n=119)	---	---	---	---	1%	24%	8%	16%	39%	12%
Anteil von CSU (n=22)	---	---	---	---	---	23%	14%	---	50%	14%
Anteil von SPD (n=123)	10%	29%	12%	18%	16%	11%	3%	---	1%	---
Anteil von FDP (n=28)	---	---	7%	---	4%	43%	25%	7%	4%	---
Anteil von Grünen (n=23)	70%	30%	---	---	---	---	---	---	---	---

Gruppen stellt die CDU die Mehrheit. In zweien sind auch die SPD und die FDP jeweils zu ca. einem Fünftel vertreten. Das eine kann man als *bürgerlich-liberal*, das andere als *rechtsbürgerlich* bezeichnen. Eine weitere CDU-dominierte Gruppe wird um einige FDP-Abgeordnete ergänzt - ein *christliberales* Cluster. Die beiden letzten Gruppen unterscheiden sich nur noch dadurch voneinander, daß in der einen noch jeweils zwei Prozent Sozialdemokraten und Liberale sind - eine *gemäßigt konservative* Gruppe, während sich im letzten Cluster nur noch Abgeordnete von CDU und CSU finden - ein *streng konservatives*[90].

Die tabellarische Anordnung der Cluster anhand der Links-Rechts-Dimension verdeutlicht bereits visuell die integrative Kraft sich überlappender Wertorientierungs- und Parteiorientierungsgruppen. Die SPD, die das breiteste Spektrum bedient, muß fraktionsintern eine enorme Integrationsleistung erbringen. Über die ideologische Nähe eines großen Teils ihrer Abgeordneten zu den bürgerlich-konservativen Parteien entsteht eine Sogwirkung über die Fraktion hinaus, die eine breite Verständigunsfähigkeit ermöglicht. Am ehesten können sich die Grünen absondern, da sie nur mit dem linken Rand der Sozialdemokratie wertemäßig assoziiert sind, dieser linke Rand stellt jedoch ein Drittel der sozialdemokratischen Abgeordneten.

Daß die Bedingungen für Konsensfindung im Verhandlungssystem Bundestag bezüglich der groben Orientierung für steuerungspolitische Ziele und Maßnahmen gegeben sind, scheint somit deutlich zu sein. Es stellt sich nunmehr die Frage, wie diese Einstellungsbreite, die für Responsivität erforderlich ist, zustande kommt und wieso sich trotz strenger Abgrenzung der Parteien gegeneinander in der Außendarstellung nahezu paritätisch besetzte ideologisch definierte Gruppen innerhalb des Parlaments finden lassen, in denen ca. ein Viertel der (befragten) Abgeordneten anzusiedeln ist.

Wenn es auch durchaus im Interesse der Parteien liegt, den Bundestag als Verhandlungssystem funktionsfähig zu erhalten, die hier dargestellten Strukturmuster für sie demnach wünschenswert sind, so kann vielleicht von einer gezielten, doch wohl kaum von einer bewußten Rekrutierung unter genau diesem Blickwinkel ausgegangen werden. Sie folgt anderen Gesetzmäßigkeiten. Donald D. Searing[91] fand in seiner Untersuchung von 1972/73, daß in England der häufig unterstellte Konsens zwischen Politikern über Regeln der Politikgestaltung und Demokratie nicht nur nicht vorhanden ist, sondern er stellte eine Fragmentierung der britischen Parlamentsabgeordneten entlang zweier konträrer Demokratiemodelle fest. Searing fragte direkt nach Demokratievorstellungen, nach der Rolle des Parlaments, nach gewünschter Regierungskompetenz, dagegen weniger, wie in der vorliegenden Studie, nach gesellschaftspolitischen Zielvorstellungen. Einige Befunde ähneln sich jedoch: Searing konstatierte, daß die Präferenzen für ein Modell direkter De-

---

90 Die Titel mögen z.T. überzogen klingen; sie dienen in erster Linie dazu, die Cluster auseinanderzuhalten, scheinen jedoch bei gleichzeitiger Betrachtung von Fraktionsverteilung, Links-Rechts-Skala und Politikdimension gerechtfertigt zu sein.
91 Donald D. Searing, Rules of the Game in Britain: Can the Politicians be Trusted?, in: *American Political Science Review*, Bd. 76 (1982), S. 239-258.

mokratie oder für ein eher autoritäres nach Parteien differiert, aber auch innerhalb der Parteien starke Variationen nachweisbar sind, so daß sich in einigen Fragen der rechte Labour-Flügel und der linke Tory-Flügel näher stehen als linke und rechte Labour-Abgeordnete. Für die konservative Partei gilt das gleiche.

Diese Verhältnisse sind auch im deutschen Parlament vorhanden, wie die Clusteranalyse gezeigt hat. Searing fragte nicht weiter, wie denn nun die Konsensbildung vonstatten gehe bzw. wie es denn komme, daß Politik trotz allem möglich sei. Dies war auch nicht sein Thema; ihm ging es zunächst darum, den Mythos vom Vorhandensein eines Konsenses in der politischen Führungsschicht zu zerstören, wodurch erst der Weg frei wurde, nach anderen Voraussetzungen und Mechanismen der Konsensbildung zu fragen.

Russell J. Dalton gibt mit seiner Studie über die zunehmende ideologische Polarisierung[92] erste Hinweise für eine dieses Thema betreffende Hypothesenbildung. Er beschreibt die Entwicklung der politischen Elite in Europa nach dem Zweiten Weltkrieg in drei Phasen: Die erste war geprägt durch eine starke Polarisierung entlang der klassischen Spannungslinien Arbeit vs. Kapital und Religiosität vs. Laizismus, die die Entstehung der europäischen Parteiensysteme von Beginn an bestimmten. Die zweite Phase, die zu Beginn der 60er Jahre einsetzte, war durch gegenseitige Annäherungen in gerade diesen Kernbereichen gekennzeichnet. Ein Ergebnis dieses Prozesses ist z.B. das nicht mehr in Frage gestellte Sozialstaatsprinzip. In den 70er Jahren trat dann durch die Entstehung neuer Konfliktlinien (Frauenfrage, nukleare Abrüstung, erhöhte Partizipationsanforderungen) eine neue Polarisierung zutage[93]. Die Veränderungen wurden jeweils von den jüngeren Politikern getragen. Die Konvergenzpolitiker der frühen 60er Jahre waren zur Zeit der von Dalton durchgeführten Befragung die älteren, für die er relativ geringe Unterschiede zwischen den Parteien feststellte, wohingegen die jüngeren in starkem Maße polarisiert waren. Dalton behauptet, daß Polarisation oder Konvergenz keine Frage der individuellen Entwicklung, also des Lebenszykluseffekts, sei, sondern eine generationsspezifische Eigenschaft. Denkt man die sich abzeichnende Entwicklung, wie Dalton sie skizziert, konsequent weiter, so ist über kurz oder lang die Konsensfähigkeit innerhalb des Verhandlungssystems Bundestag insgesamt in Frage gestellt; es sei denn, nach der von ihm beobachteten jungen Generation setzt erneut eine Konvergenzbewegung ein, die die Polarisation in einer wieder neuen Politikergeneration aufheben könnte. Dalton versucht den Beweis für seine Polarisationsthese auf mathematischem Wege zu erbringen. Gleichgültig, ob man der Argumentation inhaltlich folgen mag oder nicht - hinter dieser Einschätzung steht unausgesprochen ein Konzept politischer Generationen, Erfahrungen und Sozialisation.

---

92 Russell J., Dalton, Generational Change in Elite Political Beliefs: The Growth of Ideological Polarization, in: *Journal of Politics*, Bd. 49 (1987), Nr. 4, S. 976-997. Die Studie basiert auf einer 1979 EG-weit durchgeführten Befragung von 749 Kandidaten für die Wahlen zum Europäischen Parlament.
93 Vgl. ebd. S. 977-980.

Das Konzept der politischen Generation, wie es Karl Mannheim ausgearbeitet hat[94], hat in der Sozialforschung bisher wenig Anwendung gefunden; in der Regel beschränkte man sich auf Kohortenanalysen. Mannheims Generationenkonzept, die Erkenntnisse der politischen Sozialisationsforschung und Ansätze des symbolischen Interaktionismus legen es nahe, daß politische Einstellungen generationenspezifisch geprägt sind. Dies ist nicht in einem deterministischen Sinne mißzuverstehen insofern, als alle Angehörigen einer Generation über die gleichen Attitüden verfügen müßten. Spezifische Ereignisse strukturieren vielmehr die Stärke von Spannungslinien und können damit zu politischer Indifferenz oder der Einnahme eindeutiger Positionen beitragen[95]. Darüber hinaus können historische Epochen auch durchaus gegensätzliche Tendenzen aufweisen - wie z.B. die Auseinandersetzungen um die Wiederaufrüstung der Bundesrepublik und die Spiegel-Affäre während der sonst eher konfliktarmen Zeit der formativen Phase der Bundesrepublik. Diese Ereignisse werden je nach Vorprägung und aktuellem Lebenskontext (sozial wie räumlich) unterschiedlich, weil selektiv, wahrgenommen.

Für die Bundestagsabgeordneten stellt sich kaum die Frage, ob sie in ihren politischen Einstellungen Indifferenz aufweisen oder Position beziehen. Als aktiv im politischen Geschehen Involvierte kann Gleichgültigkeit sicherlich zurückgewiesen werden. Generationenspezifische Differenzen in Einstellungen und Verhalten sind jedoch anzunehmen. Für die Bundesrepublik werden sechs historisch prägende Zeiträume und somit sechs Generationen unterschieden: "die Weimarer Republik mit ihrer 'inneren Dauerkrise', der Nationalsozialismus, die unmittelbare Nachkriegszeit als 'Neubeginn' mit den Anfängen der Konstitution eines gesellschaftlichen Grundkonsenses, die Zeit des 'Wirtschaftswunders' und des Basis- und Verfassungskonsenses, die Periode der 'kulturellen Revolte' mit der APO und dem Programm politisch-gesellschaftlicher Reformen und schließlich die aktuelle Periode der Bundesrepublik, gekennzeichnet durch ein Verblassen von Reformzielen, einer - in Kontinuität zur APO stehenden - Protestkultur und ökonomischer Krise, Massenarbeitslosigkeit und 'politischer Wende'."[96]

Die in den Generationenkonzepten enthaltenen Ausführungen zu den historischen Epochen vom Deutschen Reich seit Beginn dieses Jahrhunderts bis zur Bundesrepublik legen nahe, daß die natürliche Grundlage von Konsensfähigkeit, die ideologische Nähe bzw. Kompromißbereitschaft, nach Generationen differiert[97]. Die Nachkriegsperiode und die "etablierte Adenauerzeit" dürften wegen ihrer für

---

94 Siehe für einen Überblick z.B. Bernhard Weßels, *Erosion des Wachstumsparadigmas: Neue Konfliktstrukturen im politischen System der Bundesrepublik?*, Opladen: Westdeutscher Verlag 1991, S. 63ff.
95 Vgl. Helmut Fogt, *Politische Generationen* (Anm. 30). Fogt referiert z.B. Befunde, nach denen die New-Deal-Generation in den USA klassenspezifisches Wahlverhalten aufweist, selbst bei Vorliegen sozialer Mobilität (ebd., S. 117-120). Für die Bundesrepublik stellt er fest, daß diejenigen, die ihre politische Hauptprägephase während der Weimarer Republik durchlebten, politisch sehr interessiert sind, die nachfolgenden Generationen dagegen kaum (ebd., S. 132f.).
96 Weßels, *Erosion* (Anm. 94), S. 81.
97 Vgl. ebd., S. 76-82; Fogt, *Politische Generationen* (Anm. 30), S. 127-160.

Interessenrepräsentation und Integration

den überwiegenden Bevölkerungsteil relativ unpolitischen Prägung, des Primats wirtschaftlichen Aufbaus und der Entstehung und späterenEtablierung eines Verfassungskonsenses am ehesten den Konsenstypen der Mitte (mit konservativen Zügen) hervorgebracht haben.

Tabelle 7: Historische Epochen und Generationen[98]

Epoche	Zeitraum	Jahrgänge
(1) Weimarer Republik	1914-1932	1894-1913
(2) Nationalsozialismus	1933-1944	1914-1924
(3) Nachkriegsperiode	1945-1953	1925-1933
(4) Etablierte Adenauerzeit	1954-1965	1934-1945
(5) Protest, APO	1966-1974	1946-1954
(6) Krise und Wende	1975-	1955-

Die in der Weimarer Republik Geprägten nehmen dagegen eher klassenspezifische Weltanschauungen ein, vertreten antagonistische Positionen. Die zwischen 1966 und 1974 für politische Prägung Sensibelsten dürften antagonistische Positionen entlang den Spannungslinien der neuen Politik aufweisen. Die mit Konjunkturkrise und Kanzlerwechsel (Brandt - Schmidt) einsetzende Periode des Krisenmanagements in den siebziger Jahren setzte der Phase der Reformen in Richtung auf einen weiteren Demokratisierungsprozeß ein Ende. Die alten Konfliktlinien gewannen wieder an Bedeutung, ohne daß jedoch die neue Politik oder der bis dahin erreichte Konsens verschwanden. Man kann davon ausgehen, daß die politische Elite aus jener Epoche zu einem großen Teil der neuen Politik zuneigt, da auch für sie gilt, was Helmut Fogt für die Generation des Studentenprotests formulierte: "Der wahrgenommene Widerspruch zwischen 'anerkannten Werten' und aktueller Politik mußte bei eben jenen zum Protest führen, bei denen die Vermittlung dieser Werte am *erfolgreichsten* vonstatten ging, ... Die kognitiven Spannungen wirkten sich angesichts der 'hohen Konsistenz der Glaubenssysteme von Elitepopulationen', wie sie Studenten potentiell darstellen, gerade bei ihnen am verhängnisvollsten aus."[99] Was in der APO-Generation der Widerspruch zwischen nationalsozialistischer Vergangenheit und Notstandsgesetzen war, war bei der darauffolgenden der zwischen "mehr Demokratie wagen" und der neuen autoritativen Politik im Rahmen von Krisenmanagement, zwischen konsensualem Sozialstaatsgedanken und drohendem Abbau von Sozialleistungen.

---

98 Nach Weßels, *Erosion* (Anm. 94), S. 82.
99 Ebd., S. 151f.

Tabelle 8: Generationenverteilung in den ideologischen Gruppen (Anteile in Prozent)

	National-sozialismus	Nachkriegs-periode	etablierte Adenauerzeit	Protest/APO	Krise und Wende	Basis (n)
Gesamt	4.5	27.7	51.8	14.8	1.3	311
grün-rot	-	3.6	46.4	39.3	10.7	28
rot-grün	-	9.5	61.9	26.2	2.4	42
sozial-liberal	-	11.8	82.4	5.9	-	17
sozialdemokratisch	-	31.8	59.1	9.1	-	22
SPD und Linksabweichler	-	40.9	45.5	13.6	-	22
bürgerlich-liberal	3.4	35.6	52.5	8.5	-	59
rechtsbürgerlich	8.3	20.8	58.3	12.5	-	24
christliberal	9.5	38.1	33.3	19.0	-	21
gemäßigt konservativ	10.2	37.7	44.1	8.5	-	59
streng konservativ	11.8	41.2	41.2	5.9	-	17

Da die ideologischen Cluster sich entlang einer Links-Rechts-Dimension ordnen lassen, die hoch mit den Einstellungen zu alter und neuer Politik korreliert und da die jüngeren Generationen strukturell eher der neuen Politik zuneigen, ist anzunehmen, daß diese Gruppen in dem grün-roten und rot-grünen Cluster überrepräsentiert sind, während die konsensgeprägten Generationen in den beiden "bürgerlichen" Clustern überproportional vertreten sein dürften. In den stärker konservativen Gruppen müßte ein Übergewicht der Nachkriegsgenerationen zu verzeichnen sein.

Tabelle 8 zeigt genau dieses Bild. Sie weist aber zugleich eine relativ breite Streuung der Generationen auf, mit Ausnahme der "Krise und Wende"-Generation. Eine integrative Klammer bilden die Altersgruppen der "etablierten Adenauerzeit"[100]. Sie stellen sowieso den größten Teil der Abgeordneten, nehmen jedoch gleichzeitig insofern eine Mittlerfunktion ein, als sie selbst in der eher autoritären Zeit der Kanzlerdemokratie ihre politisch bedeutsamste Prägephase erlebten, sie aber gleichzeitig diejenigen waren, die Forderungen der Protest- und APO-Zeit formulierten bzw. aufgriffen; das war sicherlich nur deshalb möglich, weil in gesellschaftlichen Kernbereichen ein politischer Konsens erreicht war.

Darüber hinaus deutet sich in den bisherigen Ergebnissen ein Element an, das dazu beitragen könnte, das Spannungsverhältnis zwischen Responsivität und Autonomie zu bewältigen. Die weite ideologische Streuung gewährleistet die Aufnahme und Artikulation diverser in der Bevölkerung vorhandener Einstellungen, die integrativen Klammern Partei bzw. Fraktionen und Generationen wiederum gewährleisten die Entstehung einer "corporate identity", die für die Autonomie politischer Institutionen, hier: des Parlaments, notwendig ist.

4. Die integrative Kraft der Organisation

Variabilität in politischen Einstellungen und Verhalten wurde oben (Abschnitt 3.3) der sozialisatorischen Kraft historischer Ereignisse und dem "Zeitgeist", dem bestimmte Epochen unterliegen, zugeschrieben. Wenn die Eindrücke aus dem für politische Prägung sensibelsten Lebensabschnitt auch relativ konstante Grundeinstellungen bewirken, so ist die politische Sozialisation doch ein lebenslanger Prozeß, in dem Modifikationen in oberflächlichen Einstellungen und Verhalten mög-

---

100 Diese Phase war geprägt durch die Auseinandersetzungen um Aufrüstung, Westintegration und KPD-Verbot. Dennoch wird sie häufig als "quietistisch" bezeichnet. Dies liegt wohl daran, daß trotz der starken politischen Polarisierung, die politisch Interessierte in extremer Weise prägt, große Teile der Bevölkerung wegen der jüngsten Geschichte eine "ohne-mich"-Haltung einnahmen und sich nicht am politischen Geschehen beteiligten.

lich sind[101]. Dies gilt besonders dann, wenn Reflexionen über den eigenen Standpunkt und konkretes politisches Verhalten gefordert werden. Letzteres trifft auf Mitglieder politischer Führungsschichten zweifellos zu, so daß zu ihren wesentlichen Sozialisationsagenten die diversen Organisationen zählen, in denen sie tätig sind oder waren und somit ihre politische Karriere, der Grad erreichter Professionalisierung insgesamt.

Im politischen System der Bundesrepublik kann man für Spitzenpolitiker drei Karrieremuster unterscheiden[102]. (1) Die Standardkarriere, die ca. 60 Prozent des politischen Spitzenpersonals durchlaufen. Der Parteibeitritt erfolgt relativ früh, eine Karriere in der Politik wird aber erst dann in Angriff genommen, wenn im privaten Beruf eine gefestigte Position erreicht wurde. Die Politik wird zur zweiten Karriere. (2) Die Cross-over-Karriere, auf sie entfallen etwa 10 Prozent. Für diesen Karrieretyp gilt, daß von einer Spitzenposition im privaten Beruf direkt in eine Spitzenposition in der Politik gewechselt wird; ein sukzessiver Aufstieg, den man landläufig mit Karriere verbindet, findet nicht statt. (3) Die rein politische Karriere. Ein privater Beruf fehlt völlig, Personen dieses Karrieretyps nehmen ihre erste besoldete Position in der Politik - meist in Parteien - ein[103].

Für einfache Bundestagsabgeordnete ist der Cross-over-Karrieretyp eine zu vernachlässigende Größe. MdB ist keine Spitzenposition, ein Cross-over-Typ wird höchstens dann zum einfachen Abgeordneten, wenn er direkt in eine Regierung geholt wurde und noch nach deren Abwahl in der Bundespolitik bleibt. Standard- und rein politische Karriere herrschen vor, wobei das Ende der Laufbahn mit dem Bundestagsmandat nicht unbedingt erreicht ist. Karrieredaten, die von 195 MdB der 11. Wahlperiode erhoben wurden, bestätigen diese Annahme[104].

Die Karrieren, für die der sukzessive Aufstieg von einer Stufe zur nächsten typisch ist, beinhalten individuelle Professionalisierung, welche im wesentlichen darin besteht, das Handwerk und die Regeln der Profession zu erlernen. Nun ist der Berufspolitiker zunehmend ins Gerede gekommen, mal wird er als notwendig betrachtet, mal als Übel abgetan. Politik als Profession zu definieren, ist jedoch nicht ganz einfach. Eine Profession zeichnet sich allgemein dadurch aus, daß (1) ein Be-

---

101 Vgl. hierzu neben Fogt, *Politische Generationen* (Anm. 30), die gesamte Literatur zur politischen Sozialisationsforschung, insbesondere: Richard E. Dawson/Kenneth Prewitt, *Political Socialization*, Boston: Little, Brown and Company 1969. Wenn dieses Buch auch schon älter ist, so gehört es doch zur Standardbasisliteratur, auf dem zahlreiche neuere Publikationen aufbauen.
102 Vgl. Herzog, *Politische Karrieren* (Anm. 62), S. 85-93; vgl. auch ders., Politik als Beruf: Max Webers Einsichten und die Bedingungen der Gegenwart, in: Hans-Dieter Klingemann/Wolfgang Luthardt (Hrsg.), *Wohlfahrtsstaat, Sozialstruktur und Verfassungsanalyse*, Opladen: Westdeutscher Verlag, im Erscheinen
103 Diese Typologie wurde aus empirischen Studien der 70er Jahre entwickelt, also noch vor dem Aufkommen der Partei Die Grünen. Über deren interne Karrieremuster liegen noch keine detaillierten Analysen vor; sie scheinen sich wegen abgewandelter interner Inkompatibilitätsregelungen auch stark geändert zu haben.
104 Sie wurden in tabellarischer Form schriftlich erfragt. Während sich an der mündlichen Befragung 329 Abgeordnete beteiligten, sandten leider nur 195 den schriftlichen Bogen ausgefüllt zurück. Vgl. auch Herzog et al., *Abgeordnete und Bürger* (Anm. 79), S. 12-18.

rufsverband existiert, der Unbefugte fernhält; (2) eine spezifische Berufsbezeichnung den Anspruch auf ein bestimmtes Tätigkeitsgebiet zum Ausdruck bringt; (3) ein ethischer Verhaltenskodex vorliegt; (4) die interne Konkurrenz eingeschränkt wird; (5) spezielle Ausbildungen institutionalisiert werden, die gleichzeitig sicherstellen, daß das Tragen der je spezifischen Berufsbezeichnung nur den Examinierten erlaubt ist[105]. Nimmt man diese Definition wörtlich, dann ist die Politik keine Profession. Dennoch gibt es eine Vielzahl von Analogien: An Stelle des Berufsverbandes stehen die Parteien, außerhalb derer Politik oberhalb der kommunalen Ebene zu betreiben nicht möglich ist[106]. Wenn "Politiker" auch keine geschützte Berufsbezeichnung ist, so sind die Konnotate eindeutig. Es gibt zwar keinen Verhaltenskodex für die Politik allgemein, Parteien kennen jedoch ihre eigenen, nach denen sie auch Parteiausschlüsse aussprechen können, und auch in den politischen Institutionen wie dem Bundestag sind sie mehr oder weniger implizit präsent[107]. Staatlich sanktionierte Ausbildungsgänge und Examina fehlen, mehrfach festgestellt wurde jedoch, daß es durchaus "Lehrzeiten" in den Institutionen gibt, während derer Neulinge auf spezifische Verhaltensregeln vorbereitet werden[108]. Darüber hinaus ist aus Studien zur Rekrutierung und aus der Abgeordnetensoziologie bekannt, daß die Rekrutierungschancen für Angehörige politiknaher Berufe, Berufe mit einem spezifisch manageriellen Anforderungsprofil, am größten sind[109]. Läßt sich die Politik auch nicht zweifelsfrei zur Profession erklären, so deuten doch Eigenschaften dieses Tätigkeitsfeldes auf spezifische individuelle Professionalisierungsmuster und generelle Sozialisationsleistungen der dieser Profession zugehörigen Institutionen hin. Neben Parteien und Parlamenten gehören auch bestimmte Ämter mit Exekutivcharakter, die rein administrative Aufgaben umfassen können, zu den Institutionen mit sozialisatorischer Wirkung.

Die typische politische Laufbahn, ob Standardkarriere oder rein politische Karriere, zeichnet sich dadurch aus, daß sie überwiegend der föderalen Hierarchie der Bundesrepublik folgt. Zunächst werden Ämter auf der kommunalen Ebene wahrgenommen, Landespolitik kann, muß aber nicht sein, am Ende steht die Bundesebene, die in sich wieder hierarchisch strukturiert ist. Dieses Prinzip gilt für Wahlämter, also den öffentlichen Bereich, und für Parteiämter. Erstere dienen der Einübung von Tätigkeiten in der öffentlichen Verwaltung, der Kommunikation mit

---

105 Vgl. Dietrich Herzog, Der moderne Berufspolitiker, in: *Eliten in der Bundesrepublik Deutschland*, Stuttgart: Kohlhammer 1990, S. 28-51, hier S. 33.
106 Das Wahlgesetz tut das Seine insofern dazu, als nur Parteien zu Bundestagswahlen antreten können. Bis zur ersten Gesamtdeutschen Wahl am 2. Dezember 1990 wurde dieses Faktum auch nicht in Frage gestellt.
107 Vgl. hierzu Renate Mayntz/Friedhelm Neidhardt, Parlamentskultur: Handlungsorientierungen von Bundestagsabgeordneten - eine empirisch explorative Studie, in: *Zeitschrift für Parlamentsfragen*, 3/1989, S. 370-387.
108 Siehe z.B. Badura/Reese, *Jungparlamentarier in Bonn* (Anm. 56).
109 Siehe z.B. Heino Kaack, Die personelle Struktur des 9. Deutschen Bundestages, in: *Zeitschrift für Parlamentsfragen*, 2/1981, S. 165-203; ders., Zur Abgeordnetensoziologie des Deutschen Bundestages, in: ebd., 2/1988, S. 169-187; Herzog, *Politische Karrieren* (Anm. 62); ders., *Politische Führungsgruppen*, Darmstadt: Wissenschaftliche Buchgesellschaft 1982.

verschiedenen gesellschaftlichen Bereichen, der öffentlichen Darstellung und der Kompromißfindung. Die Funktionen in der Partei leiten dazu an, sowohl integrative als auch Führungsfähigkeiten zu entwickeln, die Struktur des Sektors Politik zu erkennen, mitsamt dem zugehörigen "Personal". Man kann davon ausgehen, daß die Zeit des "Bewährungsaufstieges" in der Partei dazu dient, "die Hörner abzustoßen", idealistische Positionen mit Pragmatismus verbinden zu lernen[110].

Wenn auch die parteiinternen Anforderungen unterschiedlich sein mögen, so läßt eine zu beobachtende Parallelität in den Laufbahnen auf ähnliche Erfahrungen und somit auf einen Fundus an Gemeinsamkeiten schließen, für den weitausholende Erklärungen obsolet sind, auf ein Erkennen der Strategien anderer aufgrund ähnlicher Vergangenheit in eben dem politischen Bereich. Hieraus kann ein integratives Potential entstehen, das das Verhandlungssystem Bundestag hinreichend konsensfähig macht, um es als Steuerungssubjekt agieren zu lassen.

Tabelle 9: Zeiträume zwischen dem Parteibeitritt und dem Erwerb von Ämtern sowie Beitrittsalter nach Partei[111]

	Parteibeitritt bis Parteiamt		Parteibeitritt bis öffentl. Wahlamt		Alter bei Parteibeitritt	
	Jahre	N	Jahre	N	Jahre	N
Gesamt	7.5	151	8.9	188	25.6	186
CDU	9.2	53	8.9	72	25.6	72
CSU	8.6	11	11.3	12	20.8	12
SPD	7.2	64	9.5	76	24.7	74
FDP	5.1	17	6.9	18	28.6	18
Grüne	0.7	6	4.5	10	32.5	10

Zwischen den Parteien bestehen zum Teil erhebliche Unterschiede in den innerparteilichen Aufstiegsgeschwindigkeiten und dem Alter des Parteibeitritts (vgl. Tabelle 9). So sind die Abgeordneten der Grünen bei Parteibeitritt durchschnittlich

---

110 Manche sagen auch "zu opfern". Die Kritik am Berufspolitiker, der sich zunehmend von der Bevölkerung entfernt, ist hinlänglich bekannt und soll hier nicht weiter dargestellt werden. An dieser Stelle geht es nicht um das Für und Wider der politischen Professionalisierung, sondern lediglich darum, generelle Sozialisationsmuster von Bundestagsabgeordneten aufzudecken.
111 Die Zahlen dieser und der nachfolgenden Tabellen müssen vorsichtig interpretiert werden, da die Fallzahlen zum Teil recht klein sind. Sie können eher Hinweise geben und plausible Erklärungen stützen, als daß sie zu indikativen Aussagen führen. Die Basiszahlen differieren je nach Spalte, da einige Personen keine Ämter einnahmen bzw. keine Angaben dazu machten.

Interessenrepräsentation und Integration 95

zwölf Jahre älter als die der CSU, sie benötigen aber nicht einmal ein Jahr, um ein Parteiamt zu erwerben und nur viereinhalb Jahre für ein öffentliches Wahlamt, wohingegen die CSU-Abgeordneten für das Parteiamt im Durchschnitt gut achteinhalb Jahre und für das öffentliche Wahlamt elfeinhalb Jahre brauchen. Die unterschiedlichen Aufstiegstempi sind zum Teil auf die Parteigeschichte zurückzuführen (die Grünen als sehr junge Partei mußten den Mitgliedern der ersten Stunde sogleich die notwendigen Aufgaben und Ämter übertragen), zum Teil auf die Spezifika ihrer Hochburgen: SPD und FDP haben diese in Großstädten, in denen viele Ämter zu besetzen sind und die Komplexität der Aufgaben eine (vertikale) Ämterkumulation erschwert.

Tabelle 10: Zeiträume zwischen dem Parteibeitritt und dem Erwerb von Ämtern nach "ideologischen Gruppen"

	Parteibeitritt bis Parteiamt		Parteibeitritt bis öffentl. Wahlamt		Alter bei Parteibeitritt	
	Jahre	N	Jahre	N	Jahre	N
gesamt	7.2	142	8.9	179	25.5	177
grün-rot	5.9	9	6.9	13	28.8	13
rot-grün	4.5	17	7.5	20	24.2	20
sozialliberal	5.1	11	7.9	11	28.5	10
sozialdemokratisch	7.9	13	9.2	19	26.9	16
SPD und Linksabweichler	7.8	11	10.7	16	23.8	16
bürgerlich-liberal	6.7	26	9.9	31	24.2	31
rechts-bürgerlich	8.8	12	9.5	14	26.4	14
christliberal	7.8	8	8.7	11	25.8	11
gemäßigt konservativ	8.4	30	8.5	37	24.7	37
streng konservativ	11.2	5	11.7	9	27.1	9

Die sich in Tabelle 9 abzeichnenden, nach Parteien unterschiedlichen Erfahrungen in der politischen Sozialisation lassen auf verschiedene Verhaltensweisen schließen. Besonders aus dem Rahmen fallen die Abgeordneten der Grünen, die auch am wenigsten in kommunikative Zusammenhänge interfraktioneller Art eingebunden[112] und in ihren Wertorientierungen sehr viel einheitlicher sind; sie sind als einzige Fraktion in lediglich zwei der zehn analysierbaren "ideologischen Gruppen"

---

112 Siehe Herzog et al., *Abgeordnete und Bürger* (Anm. 79), S. 69-72.

vertreten. Dennoch sind diese Gruppen hinsichtlich Parteibeitrittsalter und Zeiträumen zwischen Parteibeitritt und der Erlangung von Parteiämtern und öffentlichen Wahlämtern nur wenig verschieden. Eine Ausnahme bildet die als "streng konservativ" bezeichnete Gruppe, bei der die Zeiträume sehr viel größer sind (siehe Tabelle 10).

Außer bei den CDU-Abgeordneten war das erste Amt ein Parteiamt, und das meist auf kommunaler Ebene, letzteres gilt auch für das erste Wahlamt. Von Bedeutung für das Erlernen von Verhaltensregeln ist der Zeitraum, in dem man sich diese aneignet. Für den Umgang der Abgeordneten miteinander, für ihre Kompromißfähigkeit als Ergebnis längerer oder kürzerer Erfahrungen in der öffentlichen Politik ist hingegen der Zeitraum interessant, während dessen diese antrainiert wurden. Für die MdB ist das die Zeit zwischen der Übernahme des ersten Amtes und ihrem Einzug in den Bundestag.

Wie aus Tabelle 11 ersichtlich ist, unterscheiden sich die Erfahrungszeiträume zwischen den Abgeordneten der einzelnen Parteien nur geringfügig, was auf Ähnlichkeiten schließen läßt. Größer sind die Differenzen nach ideologischen Gruppen betrachtet (Tabelle 12).

Besonders auffallend ist der verhältnismäßig kurze Zeitraum zwischen der Übernahme eines kommunalen Wahlamts und der Erlangung eines Bundestagsmandats im "grün-roten Cluster". Dies ist auf die Dominanz der Grünen in dieser Gruppe zurückzuführen. Insgesamt ist wegen der geringen Fallzahlen Vorsicht bei der Interpretation geboten.

Tabelle 11: Zeiträume zwischen der Übernahme kommunaler Ämter und dem Erwerb des ersten Bundestagsmandats nach Partei

	kommunales Parteiamt bis MdB		kommunales Wahlamt bis MdB	
	Jahre	N	Jahre	N
Gesamt	9.2	139	9.5	131
CDU	9.2	51	10.5	57
CSU	8.1	11	7.6	9
SPD	9.8	58	9.1	50
FDP	8.5	13	9.3	11
Grüne	8.2	6	5.5	4

Tabelle 12: Zeiträume zwischen der Übernahme kommunaler Ämter und dem Erwerb des ersten Bundestagsmandats nach ideologischen Gruppen

	kommunales Parteiamt bis MdB		Kommunales Wahlamt bis MdB	
	Jahre	N	Jahre	N
gesamt	9.3	134	9.4	125
grün-rot	8.9	7	4.7	6
rot-grün	10.1	15	10.2	13
sozialliberal	9.2	11	8.9	8
sozialdemokratisch	9.8	12	10.9	11
SPD und Linksabweichler	11.5	10	9.8	10
bürgerlich-liberal	8.8	28	8.6	26
rechtsbürgerlich	9.2	10	7.4	9
christliberal	8.6	8	8.4	7
gemäßigt konservativ	9.2	28	10.9	29
streng konservativ	6.8	5	10.3	6

Aus den bisherigen Ergebnissen wird deutlich, daß auch im Hinblick auf politische Erfahrung und Sozialisation in den Institutionen des politischen Systems Voraussetzungen gegeben sind, die eine prinzipielle Konsensfähigkeit begünstigen. Inwieweit diese Möglichkeiten durch parteitaktisches Verhalten und Abgrenzungsbestrebungen aufgrund des herrschenden und strukturell notwendigen Parteienwettkampfes ungenutzt bleiben, läßt sich aus dem verfügbaren Material allerdings nicht klären.

5. Schlußfolgerungen

Die Frage nach der Funktionsfähigkeit des parlamentarisch-repräsentativen Systems wurde unter zwei Aspekten betrachtet, die wiederum in einem Spannungsverhältnis zueinander stehen: der Repräsentativität im Sinne von Interessenartikulation und -vertretung sowie der Autonomie und der inneren Integrationsfähigkeit des Verhandlungssystems Bundestag.

Es wurde deutlich, daß die in der Gesellschaft der Bundesrepublik vorhandenen Hauptspannungslinien, die auf das politische System einen strukturierenden Effekt ausüben, im Bundestag sowohl personell als auch ideell vertreten sind. Die Gefährdung der Funktionsfähigkeit des parlamentarisch-repräsentativen Systems, die aus der Konfrontation antagonistischer Positionen entstehen kann, die die Pole der Spannungslinien bilden, ist jedoch als gering anzusehen.

Auch wenn die Parteien aus dieser Konfrontation heraus entstanden sind, und obwohl sie sich im Wettkampf um die Wählerstimmen, zwecks Übernahme der Regierungsgewalt ständig gegeneinander abgrenzen müssen, führt dies doch nicht zwangsläufig zu einer Paralysierung, die den Bundestag seiner Funktion als Steuerungssubjekt berauben würde.

Konsensfähigkeit, d.h. die Chance, sich auf gemeinsame Steuerungsziele und Steuerungsmaßnahmen zu einigen, ist durchaus gegeben. Sie gründet sich auf ähnliche Sozialisationserfahrungen der Abgeordneten in Ausbildung, Beruf und politischer Karriere, über die gemeinsame Regeln erlernt werden. Die ideologischen Abgrenzungen verlaufen nicht allein entlang der Parteigrenzen, vielmehr weisen die Fraktionen in sich sehr breite Spektren im Hinblick auf gesellschaftspolitische Zielvorstellungen auf, die eine Integration über die Parteigrenzen hinweg ermöglichen. Der Bundestag und seine einzelnen Mitglieder könnten also durchaus verhältnismäßig autonom operieren, ohne den Repräsentationsgedanken zu vernachlässigen - die Zirkulation der Parlamentarier beugt hier der "Denaturierung zur Cliquenherrschaft" vor. Die Frage ist nur, inwiefern die Abhängigkeit der MdB von ihrer Partei und die Machtkalküle dieser Apparate ein solches Verhalten zulassen.

Bernhard Weßels

Politische Repräsentation als Prozeß gesellschaftlich-parlamentarischer Kommunikation

Einleitung

Die Frage, wie gesellschaftliche Interessen in das Parlament vermittelt werden, gehört zu den zentralen Problemen der Analyse demokratisch-repräsentativer Systeme. Tatsächlich liegen darüber erst wenige empirisch-systematische Untersuchungen vor. Das trifft insbesondere auf die Bundesrepublik Deutschland zu. Während in Schweden und in den Niederlanden bereits mehrere, auch zeitvergleichende Analysen durchgeführt worden sind[1], gab es über die Struktur parlamentarischer Repräsentation in der Bundesrepublik bisher lediglich die Arbeit von Barbara Farah[2], die Daten von 1969 benutzte. Erst mit der hier vorliegenden Studie wurde das Problem *parlamentarischer Repräsentation* der Bürger im Sinne der Deckung von Bürger- und Abgeordneteninteressen in der Bundesrepublik wieder aufgegriffen[3]. Das Problem an sich ist immer von Bedeutung in demokratischen politischen Systemen, hat aber vor dem Hintergrund der Wandlungstendenzen in der Gesellschaft (sozialer Wandel, Wertewandel, Komplexitätszuwachs von Problemen) und den sich verändernden Anforderungen an das politische System besondere Dringlichkeit. Zwei Problemkreise greifen hier ineinander, denen sich dieser Beitrag besonders zuwendet. Zum einen betrifft dies die Frage, inwieweit die sich verändernden politischen Wert- und Leitvorstellungen und die sich verän-

---

1 Alle europäischen und amerikanischen Studien in diesem Bereich gehen auf die frühen von Warren Miller und Donald Stokes initiierten Repräsentationsstudien zurück. In Schweden existieren inzwischen vier Studien: 1968/69, 1985, 1988, 1991. Vgl. Sören Holmberg, Political Representation in Sweden, in: *Scandinavian Political Studies*, Bd. 12, 1989, S. 1-36. In den Niederlanden existieren ebenfalls vier Studien: 1968, 1972, 1979 und 1990. Vgl. Rudy B. Andeweg/Ron Hillebrand/Rinus van Schendelen/Jacques Thomassen/Mei Lan Zielonka-Goei, "Dutch Parliamentary Study 1990," Manuskript für das Symposium on Parliamentary Research, Leiden, 13.-16. Dezember 1989.
2 Barbara G. Farah, *Political Representation in West Germany: The Institution of Maintenance of Mass-Elite Linkages*, Ph. D. Dissertation, University of Michigan 1980.
3 In gewisserweise ein Vorgänger der Studie auf Bundesebene, für den Stadtstaat Berlin (West), ist im Rahmen einer Wahlstudie unter Leitung von Hans-Dieter Klingemann und Dietrich Herzog Anfang der achtziger Jahre entstanden. Vgl. Bernhard Weßels, Wählerschaft und Führungsschicht: Probleme politischer Repräsentation, *Informationen aus Lehre und Forschung*, hrsg. vom Präsidenten der Freien Universität Berlin, 1985.

dernden politischen Prioritäten in der Gesellschaft von der sogenannten "alten" zu der sogenannten "neuen Politik" ihren Ausdruck auch in der parlamentarischen Repräsentation finden. Zum zweiten, und hiermit unmittelbar verbunden, geht es um die Frage, inwieweit die These von einer Krise der Interessenvermittlung, die auf verschiedenen Ebenen konstatiert wird, in bezug auf das Vermittlungsverhältnis zwischen Bürgern und Parlament zutrifft oder nicht.

1. Zur Theorie gesellschaftlich-parlamentarischer Interessenvermittlung

1.1. Krise der Interessenvermittlung?

Seit Ende der sechziger Jahre haben sich nicht nur in der Bundesrepublik, sondern in allen westlichen Demokratien weitreichende Veränderungen vollzogen, die von zentraler Bedeutung für die politischen Prozesse der Interessenvermittlung sind. Zahlreiche Autoren haben - mit unterschiedlichen Begriffen und auf der Grundlage verschiedener theoretischer Ansätze - diese Wandlungen beschrieben. Im großen und ganzen handelt sich um zwei Argumentationsstränge.

Da ist zum einen die Diagnose, daß bislang akzeptierte, traditionell institutionalisierte Formen der Interessenvermittlung nicht mehr unumstritten sind, sondern die Bürger mehr und mehr unmittelbare Beteiligung verlangen. Dieser Befund hat verschiedenen Ausdruck gefunden: "partizipatorische Revolution" (Kaase)[4], Ausdünnung formal bestehender Rechte und Entscheidungskompetenzen durch "Subpolitik" (Beck)[5], "extrakonstitutionelle Konfrontation" des politischen Systems (Bermbach)[6] usw.

Zum zweiten wird eine mit diesen Entwicklungen verbundene Verschiebung und Differenzierung von Interessen- und Konfliktlagen konstatiert. "Stille Revolution" und Wertewandel (Inglehart)[7], "neue" vs. "alte Politik" (Hildebrandt/Dal-

---

4 Max Kaase, Partizipative Revolution - Ende der Parteien?, in: Joachim Raschke (Hrsg.), *Bürger und Parteien*, Bonn: Bundeszentrale f. polit. Bildung 1982, S. 173-187. Vgl. auch die international vergleichende Studie von Samuel Barnes/Max Kaase et al., *(Political Action*, Beverly Hills/London: Sage 1979) zum wachsenden Partizipationspotential in westlichen Gesellschaften. Jüngst auch: M. Kent Jennings/Jan W. van Deth et al., *Continuities in Political Action*, Berlin/New York: de Gruyter 1990.
5 Ulrich Beck, *Risikogesellschaft*, Frankfurt a.M.: Suhrkamp 1986, S. 316.
6 Udo Bermbach, *Demokratietheorie und politische Institutionen*, Opladen: Westdeutscher Verlag 1991, S. 125.
7 Ronald Inglehart, The Silent Revolution in Europe, in: *American Political Science Review*, 65/1971, S. 991-1017; Ronald Inglehart, *The Silent Revolution*, Princeton, N.J.: Princeton Univ. Press 1977; Ronald Inglehart, *Kultureller Umbruch - Wertwandel in der westlichen Welt*, Frankfurt a.M./New York: Campus 1989.

Politische Repräsentation

ton)[8], "gestiegene Vielfalt" (Streeck)[9], "Erosion des Wachstumsparadigmas" (Weßels)[10], Verschiebung der Konflikte von Verteilungsproblemen zu Problemen der Grammatik von Lebensformen (Habermas)[11], usw.

Für beide Argumentationslinien ließe sich die Liste der charakterisierenden Begriffe leicht verlängern, dies brächte aber kaum zusätzliche Erkenntnisse. Wichtiger ist die Analyse der tatsächlichen Vermittlungsprozesse und ihrer "Agenturen". Denn das intermediäre System scheint nur noch unzulänglich zu funktionieren. Folgt man den diesbezüglichen Aussagen in der Literatur, so liegt das vor allem an der Unbeweglichkeit der Organisationen des intermediären Systems, sich auf neue Anforderungen einzustellen. Hinzu kommt, daß sich die Organisationen den sie verunsichernden Entwicklungen auf der Mitgliederebene (Differenzierung der Interessen, Kritik institutioneller Politik) zu entziehen versuchen, indem sie (existentielle) Sicherheit auf dem Wege der Koalition mit anderen Organisationen suchen[12]. Hinzuweisen ist hier zum einen auf die "Koalition" zwischen Parteien und Staat (z.B. in der Parteienfinanzierung), die die Parteien als Quasi-Staatsorganisationen erscheinen läßt[13], zum anderen auf die Organisationssicherung durch inter-organisatorische Arrangements (z.B. in Form des "Korporatismus"). Daraus folgen zwei Prozesse, die sich gegenseitig verstärken: die "Explosion" von Interessen einerseits, die "Exklusion" neuer Interessen durch Kartellierung von Interessen der "alten Politik" andererseits[14].

Damit ergeben sich mit Blick auf die Vermittlung von Interessen und Wertorientierungen zwischen Gesellschaft und Parlament in einem ersten Schritt zunächst zwei empirische Fragen:
1. Finden Interessen der neuen Politik Eingang in das Parlament und wenn, auf welchem Wege, oder sind sie aufgrund dem Parlament vorgelagerter Interessenkartelle von der Repräsentation ausgeschlossen?
2. Tragen korporatistische Arrangements tatsächlich zu einer Exklusion von neuen Interessen im Parlament bei?

---

8 Kai Hildebrandt/Russell J. Dalton, Die neue Politik - Politischer Wandel oder Schönwetterpolitik?, in: Max Kaase (Hrsg.), *Wahlsoziologie heute - Analysen aus Anlaß der Bundestagswahl 1976. PVS (Sonderheft)*, 18/1977, S. 230-256.
9 Wolfgang Streeck, Vielfalt und Interdependenz, in: *Kölner Zeitschrift für Soziologie und Sozialpsychologie*, 39. Jg. (1987), H.3, S. 452-470.
10 Bernhard Weßels, *Erosion des Wachstumsparadigmas: Neue Konfliktstrukturen im politischen System der Bundesrepublik?*, Opladen: Westdeutscher Verlag 1991.
11 Jürgen Habermas, *Theorie des kommunikativen Handelns*, Bd. 2, Frankfurt a.M.: Suhrkamp 1981, S. 576.
12 Vgl. Streeck, Vielfalt (Anm. 9) S. 480f.
13 Vgl. Hasso Hofmann/Horst Dreier, Repräsentation, Mehrheitsprinzip und Minderheitenschutz, in: Hans-Peter Schneider/Wolfgang Zeh (Hrsg.), *Parlamentsrecht und Parlamentspraxis in der Bundesrepublik Deutschland*, Berlin/New York: de Gruyter 1989, S. 165-198, hier S. 171.
14 Siehe zur "Explosions-" und "Exklusionsthese" Bernhard Weßels, Vielfalt oder strukturierte Komplexität? Zur Institutionalisierung politischer Spannungslinien im Verbände- und Parteiensystem in der Bundesrepublik, in: *Kölner Zeitschrift für Soziologie und Sozialpsychologie*, 43. Jg. (1991), S. 454-475, insbes. S. 455f.

Diese allgemeinen Fragen bedürfen jedoch noch der Spezifizierung und Einbettung in eine Vorstellung, wie der Prozeß parlamentarischer Repräsentation verläuft und was Repräsentation generell bedeutet. Es kann aber an dieser Stelle nicht darum gehen, eine maßgeblich ideengeschichtlich und verfassungsrechtlich nahezu unüberblickbare Debatte um eine weitere Facette zu bereichern. Vielmehr geht es um Probleme operationaler Art, wie man sich Repräsentation als Prozeß und als Inhalt in einem einfachen systemtheoretischen Modell des politischen Prozesses vorstellen und empirisch messen kann.

1.2. Politische Repräsentation: ein Mehrebenenprozeß

Alle in Europa in den sechziger Jahren begonnenen empirischen Repräsentationsstudien haben das von Warren Miller und Donald Stokes entwickelte Repräsentationsmodell repliziert[15]. Dieses Modell ist sehr stark an Vorstellungen individueller und territorialer Repräsentation orientiert. Berücksichtigt man allerdings die europäischen politischen Systeme (mit ihren starken politischen Parteien), so wird die Übertragung des Miller-Stokes-Modells auf die europäischen Verhältnisse nicht zu Unrecht kritisiert[16]. Jedoch interessieren an dieser Stelle nicht die Dimensionen dieses Modells ("style", "focus")[17], sondern das in ihm enthaltene Verständnis politischer Repräsentation als eines Mehrebenenprozesses. Denn das Miller-Stokes-Modell eröffnet mehrere Wege für politische Repräsentation. Es geht davon aus, daß die Wähler bestimmte Interessen- oder Wertorientierungen haben und die Abgeordneten sich dieser Orientierungen vergewissern können oder daß sie die Interessen und Werte ihrer Wähler ohnehin teilen und dann in diesem Sinne die Interessen ihrer Wähler zur Grundlage ihres Abstimmungsverhaltens machen. Von Bedeutung für den Inhalt von Repräsentation ist damit nicht, ob der Abgeordnete tatsächlich als Delegierter agiert oder als freier Abgeordneter oder wie immer; zentral ist vielmehr, daß nach dem Miller-Stokes-Modell Repräsentation empirisch auf verschiedenen Ebenen gemessen werden kann: auf der Input-Seite hinsichtlich der Kongruenz von Interessen- oder Wertorientierungen bei Wählern und Gewählten, auf der Output-Seite bezüglich des Handelns, also des Abstimmungsverhaltens der Abgeordneten. Im Prinzip müßte im Sinne politischer Repräsentation

---

15 Siehe Warren E. Miller/Donald. E. Stokes, Constituency Influence in Congress, in: *American Political Science Review*, 57/1963, S. 45-56.
16 Siehe vor allem: Jacques Thomassen, Empirical Research into Political Representation - A Critical Reapraisal, in: Hans-Dieter Klingemann/Richard Stöss/Bernhard Weßels (Hrsg.), *Politische Klasse und politische Institutionen*, Opladen: Westdeutscher Verlag 1991, S. 259-274; vgl. auch Russell J. Dalton, Political Parties and Political Representation, in: *Comparative Political Studies*, Bd. 18 (1985), Nr. 3, S. 267-299, hier S. 268-271.
17 Auf dieses Problem kommt vor dem Hintergrund der deutschen Verfassungsdebatte der nächste Abschnitt zu sprechen.

weiter gefragt werden: War der Abgeordnete auch erfolgreich, eine Mehrheit für seine Position im Parlament zu gewinnen und damit eine Entscheidung herbeizuführen, die "repräsentativ" für "seine" Wähler ist? Und weiter: Kann man davon ausgehen, daß Repräsentation nicht stattfindet, wenn es nicht zu einer erfolgreichen Durchsetzung einer entsprechenden Entscheidung kommt? Diese Fragen verdeutlichen, daß Repräsentation auf ganz unterschiedlichen Ebenen mit ganz unterschiedlichen Konsequenzen stattfinden kann. So ist es möglich, politische Repräsentation als Problemlösung zu verstehen, die in mehreren Schritten erfolgt: "Problemfindung und -selektion, Prioritätensetzung, Interessenselektion, Kompromißfindung, Überzeugung, Mehrheitsbildung"[18].

Bringt man diese Elemente eines mehrstufigen Entscheidungsprozesses in eine Ordnung, so lassen sie sich drei Dimensionen zuordnen: der Selektion von Input (Prioritätensetzung, Problemdefinition), dem Verhandeln und Bargaining im Parlament (Kompromißbildung, Mehrheitsbildung) und schließlich dem Output (Entscheidung, Maßnahme) (s. Schaubild 1).

Schaubild 1: Ein Modell mehrstufiger Entscheidungsprozesse

1. Selektion von Input:	Prioritätensetzung
	Problemdefinition
2. Verhandlung/Bargaining	Kompromißbildung
	Mehrheitsbildung
3. Output	Entscheidung
	Maßnahme

Schon ein derart vereinfachtes Modell macht deutlich, daß es alles andere als trivial ist zu bestimmen, was Repräsentation ist. Politische Entscheidungen sind zwar Maßnahmen zur Problemlösung, jedoch sind sie lediglich das Ergebnis eines

---

18 Dietrich Herzog, Was heißt und zu welchem Ende studiert man Repräsentation?, in: ders./Bernhard Weßels (Hrsg.), *Konfliktpotentiale und Konsensstrategien*, Opladen: Westdeutscher Verlag 1989, S. 307-335, hier S. 314ff.

mehrstufigen Prozesses; sie sind Aggregate von Problemlösungen auf vorgelagerten Stufen, und sie haben normalerweise mehrere andere Elemente der Entscheidungsvorbereitung zur Voraussetzung[19]. Die Repräsentation der Interessen der Wähler durch den einzelnen Abgeordneten kann auf jeder Ebene stattgefunden haben, ohne daß sich das in irgendeinem spürbaren Effekt in bezug auf den politischen Output ausdrückt. Dieses Problem wird immer dann auftauchen, wenn Minderheiten sich nicht gegen Mehrheiten durchsetzen können und ihre Belange nicht in einer Weise tangiert sind, daß sie besonderer Berücksichtigung bedürfen. Mit anderen Worten: Der einzelne Abgeordnete mag mit Blick auf eine Teilgruppe der Bevölkerung seine vornehmliche Aufgabe erfüllt haben und auch die Institution Parlament mag ihrer Aufgabe in Bezug auf die Gesamtbevölkerung nachgekommen sein, und dennoch kann der Abgeordnete nicht zu "seinen" Wählern gehen und Erfolg vermelden. Die Repräsentation der jeweiligen Interessen hat aber dennoch funktioniert: Sie haben Eingang ins Parlament gefunden und hatten auf diesem Wege zumindest die *Chance*, berücksichtigt zu werden.

Genau an dieser Stelle, der Selektion von Input in das Parlament durch Prioritätensetzung und Problemdefinition, wird die Frage nach den Kongruenzen in den Interessen- und Wertorientierungen zwischen Wählern und Gewählten relevant. Zumindest kann das Ausmaß derartiger Kongruenzen darüber Auskunft geben, ob die Grundlagen der Prioritätensetzung und der Problemdefinition bei den Wählern und den Gewählten ähnlich sind. Dieser Vergleich ist möglicherweise aussagekräftiger als der Vergleich von *Issues*, also konkreten politischen Streitfragen[20], da generelle politische Einstellungen und Werte den Bezugsrahmen für individuelles Handeln und für Entscheidungen über Handlungsalternativen abgeben. Sie stellen im Gegensatz zu Issues sozusagen ein Koordinatensystem bereit, in dem konkretere Probleme verortet, beurteilt und entsprechende (Handlungs-) Konsequenzen gezogen werden. Damit haben sie unmittelbaren Einfluß auf Prioritätensetzungen und Problemdefinitionen. Sie liefern die Relevanzkriterien für Selektionen. Kongruenzen und Diskongruenzen in generellen politischen Orientierungen sagen also vermutlich nur wenig über letztlich gelungene responsive Problemlösung bzw. Entscheidungen aus. Aber sie sagen etwas aus über die Chancen, daß Problembündel, die in einem direktem Zusammenhang mit diesen generellen politischen Ori-

---

19 Siehe hierzu auch Bernhard Weßels, Abgeordnete und Bürger: Parteien und Wahlkreiskommunikation als Faktoren politischer Repräsentation, in: Klingemann/Stöss/ Weßels (Hrsg.), *Politische Klasse* (Anm. 16), S. 325-356, hier S. 330ff.
20 In konkreten politischen Streitfragen ist es zumeist schwierig, die Gründe für die Korrespondenz oder Nicht-Korrespondenz zwischen Wähler- und Abgeordneteneinstellungen zu benennen. So beeinflußt beispielsweise das "Alter" der Issues ihre Zentralität. Querschnittsdaten bieten nur die Möglichkeit einer Momentaufnahme, und das Ausmaß von Kongruenz und Diskongruenz wandelt sich ohne Zweifel mit dem Wandel der politischen Agenda. Bisher ist zuwenig über die jeweils zugrundeliegenden Meinungsbildungsprozesse bekannt, um zu diesem Problem Lösungen anbieten zu können. Siehe hierzu ausführlicher Ursula Hoffmann-Lange, *Eliten in der Bundesrepublik Deutschland*, Habilitationsschrift, Universität Mannheim 1990, Kap. 6, insbes. S. 225ff.

entierungen stehen, überhaupt in die parlamentarische Sphäre eindringen und nicht von vornherein der negativen Selektion anheimfallen.

1.3. Personale Vertretung oder kollektive Vertretung von Partialidentitäten?

Parlamentarische Repräsentation hat in der klassischen Theorie eine starke personale Komponente. In diesem Sinne heißt es auch in Artikel 38 des Grundgesetzes, die Abgeordneten "sind Vertreter des ganzen Volkes, an Aufträge und Weisungen nicht gebunden und nur ihrem Gewissen unterworfen". Inzwischen ist verfassungsrechtlich umstritten, ob diese Dominanz des personalen Vertretungsgedankens nicht als "tradiertes, im Grunde systemwidriges Relikt" des liberalen Parlamentarismusverständnisses interpretiert werden muß[21], oder ob dieser Vertretungsgedanke auch heute noch eine wesentliche Bedeutung für den modernen Parlamentarismus hat[22]. Jedoch beziehen sich die gegensätzlichen Argumentationen möglicherweise auf zwei unterschiedliche Problembereiche: Während man auf der einen Seite die Möglichkeit bezweifelt, der einzelne Abgeordnete könne das ganze Volk repräsentieren, bezieht sich das Argument derjenigen, die der grundgesetzlichen Formulierung einen wesentlichen Stellenwert für die Funktionsweise und -fähigkeit des Parlamentarismus beimessen, auf das freie Mandat des Abgeordneten. Daß die Freiheit des Abgeordneten als wesentliche Voraussetzung der Funktionsbedingung politischer Repräsentation gelten kann, steht, vergegenwärtigt man sich die Implikationen, wohl außer Frage. Hofmann und Dreier sehen in der Freiheit des Abgeordneten die Voraussetzung für
1. die Anerkennung des Mehrheitsprinzips;
2. das Offenhalten von Alternativen und somit des Aktionsspielraums;
3. den Rechtfertigungszwang des einzelnen Abgeordneten gegenüber dem Wahlvolk;
4. die innerparteiliche Demokratie[23].

Systemtheoretisch formuliert, verleiht diese Bestimmung des Grundgesetzes dem Abgeordneten Autonomie und eröffnet damit die Möglichkeit von "Neinsage-Potenz". Gerade sie ist für die Stabilität politischer Systeme wesentlich, u.a. für die "Selbstbeobachtung" und "Selbstkorrektur"[24].

An der Aussage, der einzelne Abgeordnete repräsentiere das ganze Volk, sind sowohl normative als auch empirische Zweifel angebracht. Die gewachsene sozial-

---
21 Vgl. Bermbach, *Demokratietheorie* (Anm. 6), S. 82 mit weiteren Literaturhinweisen.
22 Vgl. Hofmann/Dreier (Anm. 13), Repräsentation, S. 184f.
23 Vgl. ebd.
24 Der Niedergang der realsozialistischen Regimes ist - wenn auch nicht nur - sicherlich auch auf die Unfähigkeit zurückzuführen, Fehler auf der Basis von "Neinsage-Potenz" zu entdecken.

strukturelle Komplexität, die enorme Differenzierung der Interessen, die Einbeziehung der Gesamtbevölkerung in den politischen Prozeß durch die Ausweitung des Wahlrechts, die komplexer werdenden gesellschaftlichen Problemhaushalte und der Kompetenzzuwachs der Parlamente unterscheiden frühere und gegenwärtige Formen des Parlamentarismus. Der Vorformung des politischen Willens kommt in komplexen Gesellschaften entscheidende Bedeutung zu. "Demokratische Repräsentation ist damit ein facettenreicher Gestaltungsprozeß, der das Parlament übergreift. Die demokratische Vertreterversammlung hat in der 'Repräsentationspyramide' des modernen Staates zwar einen Repräsentationsvorrang, aber kein Repräsentationsmonopol."[25] Je stärker das Wahlrecht ausgedehnt wurde, desto wichtiger sind politische Parteien geworden, weil sie diejenigen sind, die den Wettbewerb um die Wählerstimmen mit konkreten politischen Angeboten führen[26]. Ihnen billigt Artikel 21 ein Privileg zu, das sie zu herausragenden Akteuren politischer Repräsentation macht. Im Gegensatz zu anderen kollektiven Akteuren (z.B. den Verbänden) haben sie die Aufgabe, nicht partikulare, sondern allgemeine Belange zu vermitteln. Hinzu kommt, daß es in der Praxis ausschließlich die Parteien sind, die über die Kandidatenaufstellung, und somit letztlich über die politischen Entscheidungsträger bestimmen. Wenn also die politischen Parteien auch die herausragenden Akteure in der "Repräsentationspyramide" sind, so sind sie doch nicht die einzigen. Neben ihnen treten als Vermittlungsinstanzen zwischen Abgeordneten und Wählern jene kollektiven Akteure mit Repräsentationsanspruch[27] auf, die selbst schon weitgehend kohärente Interessen formulieren können und die durch ihre differentielle Attraktivität für die Bürger sowie durch ihre eigene Selektivität für eine weitgehende Präferenzhomogenität der Bürger wirksam sind. James Franke und Douglas Dobson haben theoretisch und empirisch die Vertretung durch *interest groups* beleuchtet und in den Kontext politischer Repräsentation gestellt[28]. Danach hängt das Ausmaß der Repräsentation der Wähler davon ab, in welchem Umfang die politikrelevanten Aktivisten dieselben Präferenzen vertreten wie ein größerer Teil der Wählerschaft. Versteht man unter politikrelevanten Aktivisten auch organisierte kollektive Akteure, so gelangt man zu einem Modell parlamentarischer Repräsentation, das nicht primär auf die individuellen Wähler, sondern auf bestimmte kollektive Einheiten und ihre institutionellen Vertreter gerichtet ist.

Ein solches Modell müßte demnach auf die *selektive* Repräsentation von Kollektiven durch den einzelnen Abgeordneten abstellen und nicht auf die Vertretung des Wahlvolkes insgesamt. Das wichtigste Strukturmoment von Selektion dürften Parteigrenzen sein. Unterhalb und in seltenen Fällen auch quer zu den Parteigren-

---

25 Hofmann/Dreier, Repräsentation (Anm. 13), S. 173.
26 Vgl. zu folgendem Thomassen, Empirical Research (Anm. 16); auch Weßels, Abgeordnete und Bürger (Anm. 19), S. 326-329.
27 Vgl. hierzu auch Hoffmann-Lange (Anm. 20), *Eliten*, S. 227f.; Weßels, Abgeordnete und Bürger (Anm. 19), S. 333.
28 James L. Franke/Douglas Dobson, Interest Groups: The Problem of Representation, in: *The Western Political Quarterly*, Bd. 38, Nr. 2, Juni 1985, S. 224-237.

Politische Repräsentation

zen dürften darüber hinaus funktionale, auf Problemarenen bezogene, und gruppenbezogene Selektionskriterien der Abgeordneten von Bedeutung für politische Repräsentation sein. Daraus folgt, daß realistischerweise erst im Parlament insgesamt die Repräsentation der gesamten Gesellschaft stattfinden kann.

1.4. Artikulation, Aggregation, Repräsentation: ein Kommunikationsmodell

Folgt man den Argumenten im vorangegangenen Abschnitt, so sind im Rahmen mehrstufiger Entscheidungsprozesse zwei wichtige Elemente zu unterscheiden: Der Gedanke der "Repräsentationspyramide" betont die Relevanz kollektiver Akteure für die Vermittlung je spezifisch vergemeinschafteter oder vergesellschafteter[29] Interessen- und Wertorientierungen, seien es universell orientierte Repräsentanten wie politische Parteien oder partikular orientierte Repräsentanten wie Verbände. Hier wird also der *institutionelle* Aspekt des Repräsentationsprozesses betont. Das zweite Element, die Freiheit des Abgeordneten, verweist auf die Bedeutung des *individuellen* Aspekts und die spezifische Funktion des einzelnen Abgeordneten im Repräsentationsprozeß. Erst das Ineinandergreifen des individuellen Handelns (der Abgeordneten) und der Handlungen von Organisationen bzw. Institutionen macht das repräsentative System flexibel. Gäbe es eine eindeutige Verpflichtung des einzelnen Abgeordneten auf ein jeweils kollektives Interesse, dann wären nur diejenigen repräsentiert, die zufällig zu den definierten Kollektiven gehören. Es ist also auf der einen Seite die Freiheit des Abgeordneten, sich Probleme, Ansprechpartner, kollektive oder individuelle Interessen, denen er sich widmen möchte, selbst auszuwählen; das eröffnet die Chance, daß die Vielfalt gesellschaftlicher Interessen ihr Abbild im Gesamtparlament findet. Auf der anderen Seite ist es die Vorformung des politischen Willens der Bevölkerung durch kollektive Akteure, die individuelle Forderungen und Ansprüche politikfähig und damit durch das politische System aufnehmbar macht.

Unterscheidet man in einfacher Form eine "Repräsentationspyramide", so ergeben sich *institutionell* verschiedene Ebenen: diejenigen der einzelnen Bürger, die der kollektiven Interessen auf lokaler Ebene, die der kollektiven Interessen auf nationaler Ebene und schließlich das Parlament (s. Schaubild 2).

Bezogen auf die *Funktion* im Repräsentationsprozeß, kommt den Bürgern die Aufgabe der Partizipation, den Organisationen auf lokaler Ebene die Aufgabe der

---

29 Beide Begriffe im Sinne der Definition von Max Weber in *Wirtschaft und Gesellschaft*, Tübingen: Mohr (Paul Siebeck) 1976, S. 21f.

Artikulation, den Organisationen auf nationaler Ebene die Aufgabe der Aggregation[30] und dem Parlament die Aufgabe der Repräsentation zu.

Die Vermittlung zwischen diesen unterschiedlichen institutionellen und funktional zu differenzierenden Ebenen findet aus der Perspektive der Abgeordneten *individuell* statt (s. Schaubild 2). Die Transmission von Problemen, Erwartungen, Ansprüchen und Zielen geschieht qua Kommunikation: Der einzelne Abgeordnete tritt in je spezifische Kommunikationskontexte ein und erhält hierüber je spezifische Informationen über politische Möglichkeiten und Notwendigkeiten. Letzteres ist jedenfalls die Grundidee neuerer Vorstellungen, die den Prozeß politischer Repräsentation im wesentlichen kommunikativ vermittelt und von dem individuellen Abgeordneten jeweils auf Subeinheiten der Wählerschaft ausgerichtet sehen[31].

In dieser auf parlamentarische Repräsentation bezogenen Modellvorstellung des politischen Prozesses vermittelt der Abgeordnete durch Kommunikation auf verschiedenen Ebenen und mit verschiedenen Akteuren Interessen in das Parlament: durch die unmittelbare Kommunikation mit den Wählern seines Wahlkreises, durch die Kommunikation mit den (Interessen-) Organisationen auf der lokalen Ebene und durch Kommunikation mit den (Interessen-) Organisationen auf nationaler Ebene. Der einzelne Abgeordnete hat damit die Möglichkeit, und hierin liegt seine besondere Rolle begründet, die "Repräsentationspyramide" und den für den politischen Prozeß als dominant angenommenen Vermittlungspfad vom Speziellen oder Partikularen zum Allgemeinen zu durchbrechen.

Politische Repräsentation durch den Abgeordneten verläuft *nicht nur* nach dem Muster, das Stanislaw Ehrlich idealtypisch dahingehend formuliert hat, daß erst die hoch integrierten Gruppeninteressen mit der politischen Struktur in Beziehung treten und ihrerseits Gegenstand der Integration in die entsprechenden politischen Organe werden[32]. Vielmehr kann der Abgeordnete sich auf den unterschiedlichsten Ebenen der Aggregation der jeweiligen Interessen vergewissern.

Diese Überlegungen legen es nahe, empirisch danach zu fragen, ob und inwieweit die Kommunikation des Abgeordneten auf den unterschiedlichen Ebenen, mit den Wählern und Bürgern seines Wahlkreises, mit den lokalen Interessenorganisa-

---

30 Zwei der Kategorien, Artikulation und Aggregation, gehen auf eine Unterscheidung von Almond und Powell zurück, werden hier aber etwas anders eingesetzt. Während bei ihnen die Unterscheidungsdimension verschiedene Organisationstypen (soziale Institutionen, Interessengruppen, Parteien usw.) gleicher Ebene sind, wird hier die Unterscheidung auf Organisationen gleichen Typs unterschiedlicher Ebene angewendet. Vgl. Gabriel A. Almond/G. Bingham Powell Jr., *Comparative Politics Today - A World View*, Boston/Toronto: Little, Brown and Company 1984, Kapitel 1.
31 Vgl. Herzog, Repräsentation (Anm. 18).
32 "In ihren unteren Organen schließen die Verbände die individuellen Interessen zusammen, in den höheren filtrieren sie die Gruppeninteressen. Und erst auf der höchsten Stufe, auf der die Spitze der Gruppeninteressen mit der politischen Struktur, mit deren entscheidenden Organisationen in Verbindung kommt, ändern sich die Rollen. Die Spitzenorganisation erschöpft ihre integrierenden Möglichkeiten, und die von ihr vertretenen Interessen werden ihrerseits Gegenstand der Integration seitens der entsprechenden Organe der politischen Struktur." Stanislaw Ehrlich, *Die Macht der Minderheit*, Wien/Frankfurt a.M./Zürich: Europa Verlag (o.J., Original Warschau 1962), S. 278.

tionen und mit den Akteuren des intermediären Systems auf der nationalen Ebene, die Qualität politischer Repräsentation beeinflußt.

Schaubild 2: Artikulation, Aggregation, Repräsentation: ein Kommunikationsmodell

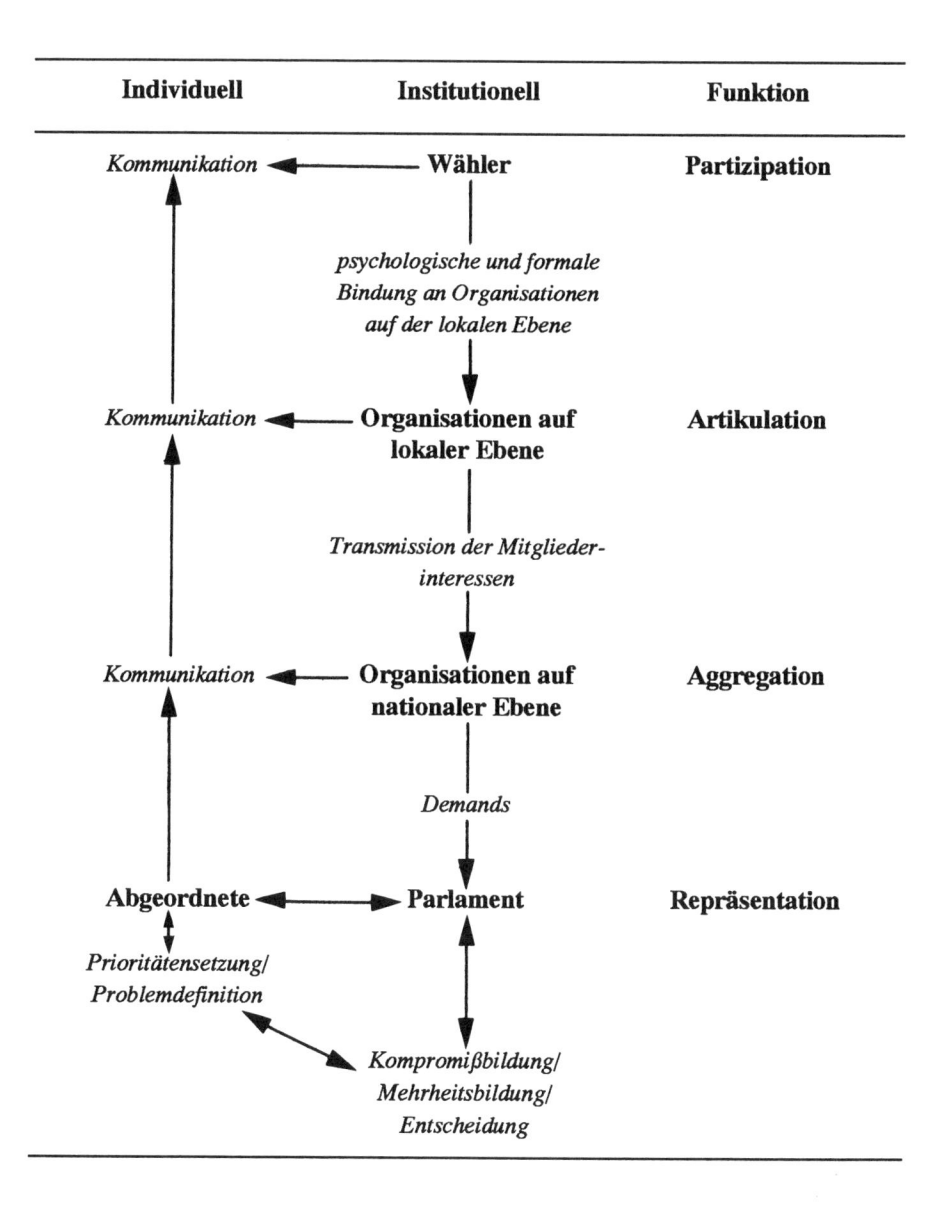

Individuell	Institutionell	Funktion
Kommunikation ←	**Wähler**	**Partizipation**
	psychologische und formale Bindung an Organisationen auf der lokalen Ebene ↓	
Kommunikation ←	**Organisationen auf lokaler Ebene**	**Artikulation**
	Transmission der Mitgliederinteressen ↓	
Kommunikation ←	**Organisationen auf nationaler Ebene**	**Aggregation**
	Demands ↓	
Abgeordnete ↔	**Parlament**	**Repräsentation**
Prioritätensetzung/ Problemdefinition	*Kompromißbildung/ Mehrheitsbildung/ Entscheidung*	

2. Alte und neue Politik: Blockade von Interessen durch korporatistische Arrangements?

Daß sich seit Ende der sechziger Jahre in allen westlichen Demokratien ein gravierender Wandel der politischen Orientierungen vollzogen hat, kann inzwischen wohl als unstrittig angesehen werden. Diese Veränderung, die Ronald Inglehart als erster analysiert hat, wurde von Kai Hildebrandt und Russell Dalton als Umorientierung von den Zielen der "alten Politik" zu den Zielen der "neuen Politik" interpretiert. Zu den Zielen der alten Politik gehören die Konflikte zwischen "Habenden und Nicht-Habenden", die "Versorgung der Gesellschaft mit ökonomischen Gütern und mit sozialer Sicherheit auch in Zeiten von Inflation, Wirtschaftskrise, Arbeitslosigkeit und Nachkriegswiederaufbau"[33] sowie die Garantie innerer Sicherheit und Ordnung[34]. Diese Anliegen haben im Zuge des Wertewandels an Dringlichkeit eingebüßt, und teilweise sind andere Anliegen an ihre Stelle getreten. Zu diesen neuen Politikzielen gehören nicht-materielle Werte wie Selbstverwirklichung, individuelle Autonomie, gesellschaftliche Teilnahme sowie der freie Zugang zu politischen Mitteln und Ressourcen[35]. Im Prinzip stellen die alte und die neue Politik zwei unterschiedliche gesellschaftliche Werteparadigmen dar. Im Rahmen der alten Politik werden autoritative Strukturen, Sicherheit und Ordnung betont; die Adaptionsmechanismen sind auf Wachstum ausgerichtet, Umwelt gilt als Ressource; das Verhältnis von Staat und Wirtschaft ist gekennzeichnet durch Marktkräfte; in der Wissensdimension wird auf Wissenschaft und Technologie vertraut. Die neue Politik lehnt dagegen autoritative Politik, Wachstums- und Fortschrittskonsens ab und betont die steuernde und korrigierende Rolle des Staates[36].

Diese neuen Politikziele wurden von den traditionellen Akteuren des intermediären Systems lange Zeit nicht ausreichend beachtet. So gehen Joachim Hirsch und Roland Roth davon aus, daß die korporative Struktur des Interessenvermittlungssystems im "keynesianisch-fordistischen Staat" die "systematische Nichtberücksichtigung und Dethematisierung nicht-produktivistischer Interessen" zur Folge habe. Die "hochvermachtete und geschlossene politische Apparatur (habe) sich als extrem reaktionsunfähig" gegenüber solchen Interessen erwiesen, die nicht im produktivistischen Zielhorizont liegen, also auch gegenüber solchen der neuen Politik[37]. In gleichem Sinne behauptet Karl-Werner Brand, daß die neuen sozialen Bewegungen als Reaktion auf die Exklusion von Interessen durch die traditionellen Akteure des intermediären Systems entstanden sind. Da die vorhandenen Interessen keinen Zugang zum politischen System fanden, verdichteten sie sich zu sozialen Bewegungen, die den entsprechenden Forderungen auf nicht-institutionelle

---

33 Hildebrandt/Dalton, Neue Politik (Anm. 8), S. 232.
34 Vgl. ebd., S. 236.
35 Vgl. ebd, S. 236f.
36 Weßels, *Erosion* (Anm. 10), Kap. 3 und S. 55ff.
37 Joachim Hirsch/Roland Roth, *Das neue Gesicht des Kapitalismus: Vom Fordismus zum Post-Fordismus*, Hamburg: VSA 1986, S. 99f.

Weise Ausdruck verliehen[38]. Eine derartige Situation wäre, würde sie einen mittel- oder gar langfristigen Ausschluß von Interessen aus dem politischen System und aus dem Parlament bedeuten, ohne Zweifel folgenreich. Ein dauerhaftes Spannungsverhältnis zwischen neuen sozialen Bewegungen und traditioneller Politik kann, auch wenn es sich um ein komplementäres Verhältnis handelt, keine Lösung für ein politisches System mit demokratischem Anspruch sein. Zwar haben sich die Interessen der neuen Politik Ende der siebziger Jahre auch parteiförmig organisiert und die Grünen sind 1983 erstmals in den Deutschen Bundestag eingezogen. Die zentrale Frage ist jedoch, ob die Repräsentanz der Interessen der neuen Politik auf die Grünen beschränkt geblieben ist. Wäre dies der Fall, dann wäre die generelle These zutreffend, wonach die mit dem Wertewandel entstanden Interessen durch das *etablierte* System der Interessenvermittlung blockiert werden würden; die Akteure der neuen Politik wären in die Rolle von "Gegeneliten" gedrängt.

Tatsächlich kann diese These empirisch eindeutig widerlegt werden. Anhand der Orientierungen der Abgeordneten zur alten bzw. zur neuen Politik zeigt sich, daß die neue Politik auch Einzug in die alten Parteien gehalten hat. Das geht aus der Beurteilung verschiedener Ziele durch die Bevölkerung und die Abgeordneten hervor[39]. Anhand einer dimensionalen Analyse (Faktorenanalyse) dieser Ziele ergaben sich zwei Dimensionen, diejenige der neuen und die der alten Politik[40]:

Ziele der neuen Politik:
- Die Bürger sollten mehr Mitsprache bei politischen Entscheidungen haben.
- Unter den Menschen sollte es weniger Leistungsdruck geben.
- Parteien sollten weniger Einfluß haben, Bürgerinitiativen dagegen mehr.
- Der Schwangerschaftsabbruch sollte erleichtert werden.
- Bei allen wirtschaftlichen und politischen Entscheidungen sollte die Umwelt berücksichtigt werden.
- Für jeden der arbeiten will, sollte auch ein Arbeitsplatz zur Verfügung gestellt werden, der seiner Ausbildung entspricht.
- Gewerkschaften sollen in unserer Gesellschaft mehr Einfluß erhalten.

Ziele der alten Politik:
- Ausbau der staatlichen Ordnungskräfte, um Sicherheit und Ordnung zu gewährleisten.
- Das Demonstrationsrecht sollte eingeschränkt werden.
- Die Energieversorgung sollte auch durch die Nutzung von Atomkraft gesichert werden.
- Technischer Fortschritt und wirtschaftliches Wachstum sollten unbedingt weitergehen.

---

38 Vgl. Karl-Werner Brand, *Neue soziale Bewegungen: Entstehung, Funktion und Perspektive neuer Protestpotentiale*, Opladen: Westdeutscher Verlag 1982, S. 58ff.
39 Die Frageformulierung lautet: "Es gibt in der öffentlichen Meinung viele Auffassungen über die Entwicklung unserer Gesellschaft. Wir haben hier einige zusammengestellt. Würden Sie bitte angeben, wie wichtig Ihnen jede dieser Auffassungen ist?" Vorgegeben waren: "Sehr wichtig, wichtig, nicht so wichtig, ganz unwichtig, bin dagegen".
40 Die Ergebnisse der Faktorenanalyse und Überlegungen zur Beziehbarkeit und Vergleichbarkeit der Zielorientierungen von Abgeordneten und Bürger, finden sich in Weßels, Abgeordnete und Bürger (Anm. 19), S. 334-341. Auf eine ausführliche Darstellung wird daher an dieser Stelle verzichtet.

Interessanterweise zeigt die dimensionale Analyse, daß sowohl im Bewußtsein der Abgeordneten als auch der Bevölkerung neben den eindeutig zur neuen Politik zu zählenden Zielen auch zwei Ziele der traditionellen linken Politik im Sinne neuer Politik interpretiert werden. Die Ziele Gewerkschaftseinfluß und Recht auf einen angemessenen Arbeitsplatz werden augenscheinlich unter der Perspektive neue Politik aktualisiert.

Aus diesen sieben Items der neuen und den vier Items der alten Politik wurden jeweils additive Skalen gebildet und die resultierenden Werte auf eine Skala mit 100 Punkten bezogen, wobei der Wert -50 eine starke Ablehnung, der Wert +50 eine hohe Zustimmung mit der jeweiligen Politikdimension indiziert.

Tabelle 1: Einstellungen von Abgeordneten und Wählern zu "alter" und "neuer" Politik

Fraktion/ Zweitstimme 1987	Neue Politik		Alte Politik	
	MdB	Wähler	MdB	Wähler
Alle	-0.8	+13.2	-3.1	+5.4
CDU/CSU	-17.9	+8.1	+18.2	+12.1
FDP	-8.7	+11.0	+3.3	+9.6
SPD	+12.6	+17.3	-19.1	+3.0
Grüne	+33.2	+23.4	-45.2	-12.3
andere, keine, keine Angabe (n = 14)	-	+10.6	-	+12.9
nicht wahlberechtigt (n = 310)	-	+12.9	-	+4.0
verweigert (n = 306)	-	+13.0	-	+5.0
weiß nicht mehr (n = 75)	-	+11.1	-	+7.4
Angabe verweigert (n=302)		+13.0		+5.0

Es wurden 329 Abgeordnete befragt. Fehlende Werte für die Skala neue Politik 73, für alte Politik 44. In der Bevölkerung wurden 2009 Personen befragt. Fehlende Werte für die Skala neue Politik 18, für alte Politik 13. Der Wertebereich der Skalen ist -50 bis +50, wobei -50 Ablehnung und +50 starke Zustimmung kennzeichnet. Die Skalen sind additiv gebildet worden und danach standardisiert. Die Dimension "neue Politik" umfaßt 7 Items, die Dimension "alte Politik" 4 Items. Die Formel für die Skalenbildung ist folgende:
((Summe aus den Items - minimale Itemsumme)/(maximale Itemsumme - minimale Itemsumme))*100)-50.

Die Ergebnisse zeigen, daß die Interessen der neuen Politik nicht auf die Abgeordneten der Grünen beschränkt sind. Es gibt vielmehr ein Kontinuum, auf dessen einem Ende sich die CSU- und CDU-Abgeordneten als eindeutige Vertreter der alten Politik befinden, während die Abgeordneten der Grünen den anderen Pol besetzen; alte Politik wird von ihnen sehr stark abgelehnt, neue Politik sehr stark befürwortet. Eine mittlere Position zu alter und neuer Politik nehmen die Abgeordneten der F.D.P. ein. Die Abgeordneten der SPD zeichnen sich im Durchschnitt durch eine deutliche, wenngleich nicht starke Ablehnung alter Politik aus, andererseits unterstützen sie in moderater Form die neue Politik (s. Tabelle 1).

Während sich bei den Abgeordneten deutliche Unterschiede in den Orientierungen nach der Parteizugehörigkeit ergeben, fällt die Differenzierung der Wähler in ihren Orientierungen zu alter und neuer Politik entlang der Parteigrenzen nicht so stark aus. Es ergibt sich zwar ein von der Struktur der Parteienordnung auf den beiden Politikdimensionen ähnliches, aber bei weitem nicht so ausgeprägtes Bild. So vertreten SPD-Wähler zwar deutlich neue Politikziele, lehnen aber alte Politik nicht ab, sondern beurteilen sie moderat. Auch bei den Wählern der CDU/CSU und F.D.P. lassen sich keine eindeutigen Positionen ausmachen. Die Wähler der CDU/CSU neigen tendenziell stärker der alten als der neuen, Wähler der F.D.P. eher der neuen als der alten Politik zu. Lediglich die Wähler der Grünen haben eine eindeutige Position: sie unterstützen deutlich die neue Politik und lehnen alte Politik in moderater Form ab.

Fragt man nach den Mehrheitschancen der Interessen alter und neuer Politik im Deutschen Bundestag, so lassen die Ergebnisse des Vergleichs der Mittelwerte darüber keinen Schluß zu. Daher wurden die Abgeordneten danach klassifiziert, ob sie jeweils alte oder neue Politik ablehnen, eine moderate Haltung einnehmen oder sie befürworten. Nach den Ergebnissen der Umfrage kann davon ausgegangen werden, daß in der CDU/CSU-Fraktion die Gegner der neuen Politik eindeutig die Mehrheit stellen (58.2 Prozent) und ein sehr großer Teil alte Politik befürwortet. In der SPD-Fraktion lehnt demgegenüber fast die Hälfte der Abgeordneten die alte Politik ab, und 40 Prozent befürworten die neue Politik.

Die F.D.P.-Abgeordneten lehnen alte Politik weder besonders ab noch befürworten sie sie besonders, und auch in der Dimension "neue Politik" finden sich keine Befürworter, wohl aber knapp ein Drittel, das diese Politikziele ablehnt. Die Fraktion der Grünen ist in ihrer Orientierung eindeutig: Alle Abgeordneten lehnen die Ziele der alten Politik ab, sie befürworten die neue Politik (s. Tabelle 2).

Angesichts derartiger Verteilungen kann weder von einer Dominanz der alten Politik, noch von einer Blockade der neuen Politik gesprochen werden. Vielmehr unterstützt ein Fünftel der Abgeordneten die Ziele der alten Politik und fast ein Viertel die Ziele der neuen Politik.

Tabelle 2: Anteil der Abgeordneten, die "alte Politik" und "neue Politik" befürworten, ablehnen oder eine mittlere Position einnehmen nach Fraktion

Politik-	Abgeordnete der				
orientierung*	CDU/CSU	SPD	FDP	Grünen	insges.
Alte Politik:					
- lehnen ab	0.0	48.7	3.8	100.0	27.7
- mittlere Position	58.2	47.8	88.5	0.0	52.3
- befürworten	41.8	3.5	7.7	0.0	20.0
Neue Politik					
- lehnen ab	58.2	1.9	31.8	0.0	28.5
- mittlere Position	40.9	58.1	68.2	0.0	47.3
- befürworten	0.9	40.0	0.0	100.0	24.2
Alte Politik N = 100 %	122	115	26	22	285
Neue Politik N = 100 %	110	105	22	19	256

* Die Wertebereiche der Skalen alte und neue Politik wurden gedrittelt: Ablehnung -50.0 bis -16.7; mittlere Position -16.8 bis +16.7; Befürwortung +16.8 bis +50.0.

Gleichwohl ist damit noch nichts darüber ausgesagt, inwieweit die Einbindung in bestimmte institutionelle Arrangements die Nähe bzw. Entfernung zu bestimmten politischen Optionen beeinflußt. Insbesondere die Kartellierung von Interessen in sogenannten korporatistischen Vermittlungsstrukturen - ein tripartites Verhandlungssystem zwischen Gewerkschaften, Arbeitgeber- und Unternehmerverbänden und Staat - ist für die Unaufgeschlossenheit des traditionellen Institutionensystems gegenüber neuen Interessen verantwortlich gemacht worden. Zwar kann die These, derartige Arrangements führen zu einem generellen Ausschluß der Repräsentanz der Interessen der neuen Politik, für den Deutschen Bundestag insgesamt schon aufgrund der bisher diskutierten Ergebnisse nicht aufrechterhalten werden. Dennoch sollte diese These nicht so leicht verworfen werden. Immerhin haben zumindest zwei empirische Studien einen deutlichen Zusammenhang zwischen der Stärke des Neo-Korporatismus in einem politischen System und dem Erfolg grüner Parteien nachgewiesen. Herbert Kitschelt geht davon aus, daß korporatistische Interessenvermittlung eine Beschränkung der Interessen der neuen Politik *(left-libertarian demands)* in zweifacher Hinsicht bedeutet: Zum einen sei diese Form der Interessenvermittlung sehr stark zentralisiert und durch formale Organisationen bestimmt, und es sei für neue, weniger gut organisierte Interessen schwierig, in

Politische Repräsentation 115

derartige Gefüge einzudringen; zum anderen hätten die zentralen Akteure korporatistischer Arrangements, die Wirtschaftsverbände und die Gewerkschaften als ökonomisch orientierte Organisationen, ein gemeinsames Interesse am wirtschaftlichen Wachstum und an bürokratischer Organisation. Wenn sie mit ihren Interessen die politische Agenda dominieren würden, hätten neue Interessen nur die Möglichkeit, dieses *policy-making system* durch die Etablierung neuer Formen der Interessenrepräsentation aufzubrechen[41]. In der Arbeit von Ferdinand Müller-Rommel erweist sich die Stärke des Neo-Korporatismus in einem politischen System sogar als die wichtigste Determinante des Erfolges grüner Parteien[42]. Dieser in beiden Analysen auf der Macro-Ebene deutlich gemachte Zusammenhang zwischen einer starken Kartellierung ökonomischer Interessen und dem Entstehen neuer Repräsentationskanäle jenseits des etablierten institutionellen und Parteiensystems als Ausdruck der geringen Responsivität gegenüber neuen Interessen wirft die Frage auf, inwieweit sich ein derartiger Zusammenhang auch auf der Ebene von Individuen als den letztendlich Handelnden nachweisen läßt. Mit anderen Worten: Sind Abgeordnete, die sehr stark in ökonomisch orientierte institutionelle Arrangements eingebunden sind, in ihren Interessen- und Wertorientierungen eher an alter Politik ausgerichtet und blockieren Interessen der neuen Politik?

Um diese Frage zu beantworten, wurden die Abgeordneten nach ihrer Einbindung in bestimmte ökonomisch orientierte *nationale* Kommunikationsnetzwerke klassifiziert. Zu unterscheiden sind 1. Abgeordnete, die über nur schwache Kontakte im Wirtschafts- und Arbeitsbereich verfügen, 2. Abgeordnete, die vorwiegend mit den Gewerkschaften in Kontakt stehen, 3. Abgeordnete, die hauptsächlich mit Unternehmer- und Arbeitgeberverbänden in Kontakt stehen und 4. diejenigen, die in eine korporatistische Kommunikationsstruktur eingebunden sind, also intensive Kontakte gleichermaßen zu den Gewerkschaften und den Arbeitgeber- und Unternehmerverbänden aufweisen. Die Klassifikation erfolgte nach den Antworten der Abgeordneten auf die offene Frage, ob und wie häufig sie zu Wirtschafts- und Arbeitgeberverbänden und zu Gewerkschaften auf der Bundes-, Landes- oder Bezirksebene Kontakt haben[43].

Es zeigt sich sehr deutlich, daß die Einbindung in bestimmte Kommunikationsnetzwerke und institutionelle Arrangements in starkem Zusammenhang mit bestimmten politischen Orientierungen steht[44].

---

41 Herbert Kitschelt, Left-Libertarian Parties, in: *World Politics*, Bd. XL, 1988, S. 194-234, hier S. 212.
42 Ferdinand Müller-Rommel, Erfolgsbedingungen grüner Parteien in Westeuropa, in: *Politische Vierteljahresschrift*, 33. Jg. (1992), S. 189-218, hier S. 207, auch Schaubild 3.2.
43 Siehe hierzu Manfred Hirner in diesem Band sowie ders., *Der Deutsche Bundestag im Netzwerk wirtschafts- und sozialpolitischer Interessenorganisationen*, Diplomhausarbeit, Freie Universität Berlin 1991, insbes. Kap. 6.
44 Dies verdeutlichen die Werte für Eta, die darüber Auskunft geben, wie gut sich die Gruppen von Abgeordneten unterschiedlicher kommunikativer Einbindung hinsichtlich ihrer Einstellungen statistisch unterscheiden lassen. In der Dimension "alte Politik" ist der Wert für eta .42, in der Dimension "neue Politik" .34. Siehe Tabelle 3.

Abgeordnete, die nur über schwache Kontakte im Wirtschafts- und Arbeitssystem verfügen, nehmen zur alten wie zur neuen Politik eine jeweils mittlere Position ein. Abgeordnete, die insbesondere mit den Gewerkschaften kommunizieren, lehnen alte Politik eher ab und befürworten neue Politik leicht (s. Tabelle 3).

Tabelle 3: Korporatistische Einbindung und politische Orientierungen von Bundestagsabgeordneten

Kontaktmuster der MdB[a]	Orientierung an alter Politik[b]	Orientierung an neuer Politik[b]
MdB mit schwachen Kontakten im Wirtschafts- und Arbeitsbereich	-5.8	+0.8
Dominant Gewerkschaftskontakt	-19.2	+9.5
Dominant Wirtschaftskontakt	+16.0	-14.5
Dominant korporatistische Kontaktstruktur	-1.0	-1.7
alle Abgeordneten	-3.1	-0.8
eta	.42	.34

a Die Klassifikation der Abgeordneten wurde von Hirner übernommen. Vgl. hier im Band Kap. 4, Tabelle 7.
b Wertebereich der Skala: -50 (starke Ablehnung) bis +50 (starke Befürwortung).

Der noch von Heinrich Siegmann Mitte der achtziger Jahre konstatierte Befund, Gewerkschaften und neue Politikinteressen, insbesondere im Umweltschutz, stünden in einem Gegensatz, läßt sich somit auf der Ebene der Abgeordneten nicht mehr aufrechterhalten[45]. Auch in der Bevölkerung wird zwischen Gewerkschaften und Umweltinteressen kein Konflikt mehr wahrgenommen[46]. Vielmehr muß von

---

45 Heinrich Siegmann, *The conflict between labor and environmentalism in the Federal Republic of Germany and the United States*, Aldershot: Gower 1985.
46 Im Vergleich wahrgenommener Interessengegnerschaften zwischen verschiedenen Interessenorganisationen, z.B. Arbeitgeberverbände, Kirchen, Umweltgruppen, Gewerkschaften, rangiert die Interessengegnerschaft zwischen Gewerkschaften und Umweltorganisationen an letzter Stelle. Lediglich 8.5 Prozent der Befragten sehen hier Interes-

einer relativen, zumindest partiellen Affinität zwischen den Zielen der Gewerkschaften und denen der neuen Politik ausgegangen werden.

Erwartungsgemäß lehnen Abgeordnete, die stark in Kommunikationsnetzwerke der Unternehmer- und Arbeitgeberverbände eingebunden sind, die Ziele der neuen Politik eher ab und befürworten die alte Politik. Jedoch trifft nicht zu, daß Abgeordnete, die in neo-korporatistische Netzwerke kommunikativ eingebunden sind, die Interessen der neuen Politik blockieren. Vielmehr nehmen sie sowohl in der neuen als auch in der alten Politik eine nahezu exakt mittlere Position ein (s. Tabelle 3).

Tabelle 4: Anteil der Abgeordneten, die "alte Politik" bzw. "neue Politik" befürworten, ablehnen oder eine mittlere Position einnehmen nach Einbindung in das korporatistische System

Politik-Orientierung*	dominante Kontakte im Arbeits- und Wirtschaftssystem				
	schwache Kontakte	Gewerkschaften	Wirtschaftsverbände	korporatistische	insges.
Alte Politik:					
- lehnen ab	32.3	50.9	4.1	21.4	27.7
- mittlere Position	46.5	39.6	55.1	65.5	52.3
- befürworten	21.2	9.4	40.8	13.1	20.0
Neue Politik					
- lehnen ab	28.2	12.2	54.8	25.0	28.5
- mittlere Position	42.4	51.0	38.1	55.0	47.3
- befürworten	29.4	36.7	7.1	20.0	24.2
Alte Politik N = 100 %	99	53	49	84	285
Neue Politik N = 100 %	85	49	42	80	256

* Die Wertebereiche der Skalen alte und neue Politik wurden gedrittelt: Ablehnung -50.0 bis -16.7; mittlere Position -16.8 bis +16.7; Befürwortung +16.8 bis +50.0.

senkonflikte. Vgl. Bernhard Weßels, *Bürger und Organisationen - Ost- und Westdeutschland: vereint und doch verschieden?*, Discussion Paper FS III 92-204, Wissenschaftszentrum Berlin 1992, insbes. S. 21-25.

Quantitativ gesprochen, lehnen mehr als die Hälfte der Abgeordneten, die über starke Kontakte zu den Gewerkschaften verfügen, die alte Politik ab, knapp 37 Prozent befürworten die neue Politik. Abgeordnete, die vorwiegend Kontakte zu den Wirtschaftsverbänden pflegen, lehnen demgegenüber zu etwa 55 Prozent die neue Politik ab, etwa 41 Prozent befürworten die alte Politik. Diejenigen Abgeordneten, die in korporatistische Kommunikationsstrukturen eingebunden sind, nehmen zu etwa zwei Dritteln eine mittlere Position zur alten und zu 55 Prozent eine mittlere Position zur neuen Politik ein (s. Tabelle 4).
Wenn auch auf der Ebene der Macroanalyse die empirischen Resultate für die These sprechen, korporatistische Arrangements seien unflexibel gegenüber neuen, insbesondere nicht unmittelbar kompatiblen Interessen und Anforderungen, so lassen sie sich auf der Ebene individueller Akteure mit ihren je spezifischen Einbindungen in bestimmte Vermittlungsstrukturen nicht bestätigen. Zum einen ist schon rein quantitativ der Anteil der Abgeordneten, der als in einen "parlamentarischen Korporatismus" (Lehmbruch[47]) eingebunden gelten könnte, nicht so hoch, er betrifft nur einen Teil der gesamtparlamentarischen Repräsentation: lediglich 30.3 der Abgeordneten sind kommunikativ in korporatistische Arrangements involviert. Zum anderen, und dies trifft die These zentraler, ist eine derartige Einbindung auf der individuellen Ebene nicht mit pointierten Politikprioritäten, die bestimmte Optionen ausschließen würden, verbunden. Gleichwohl bleibt als generelles Ergebnis festzuhalten, daß die Einbindung in unterschiedliche Kommunikationsnetzwerke dazu beiträgt, spezifische politische Optionen zu betonen.

3. Organisationsorientierungen der Bevölkerung und Organisationskontakte von Abgeordneten - ein Vergleich

Daß im Zuge der zunehmenden Ausdifferenzierung der Politik auch in diesem Subsystem Arbeitsteilung ein dominantes Strukturmoment ist, steht außer Frage. Nicht zuletzt deshalb erscheint ein Ansatz politischer Repräsentation, der davon ausgeht, daß zwischen den Abgeordneten einerseits eine funktionale Differenzierung in bezug auf die Repräsentation bestimmter Problemarenen und andererseits eine gruppenbezogene Differenzierung in bezug auf zu repräsentierende Bevölkerungsteile existiert, der realen Situation weitaus angemessener als das Postulat, der Abgeordnete repräsentiere das ganze Volk.

---

47 Vgl. Gerhard Lehmbruch, *Neo-Corporatism and the Function of Representative Institutions*, Papier für die Konferenz "Representation and the State", Stanford University, Stanford, Cal., 11.-15. Oktober 1982.

Tabelle 5: Repräsentation der Bürger durch Organisationen und Verteilung der Kontakte der Abgeordneten zu diesen Organisationen[a]

Organisation	CDU/CSU MdB	CDU/CSU Wähler	SPD MdB	SPD Wähler	F.D.P. MdB	F.D.P. Wähler	Grüne MdB	Grüne Wähler	Bev. insg.
Gewerk-									
schaften:	*11.8*	*36.1*	*47.3*	*57.1*	*17.2*	*35.0*	*26.3*	*36.6*	*46.1*
DGB[b]	9.3	28.8	45.1	51.3	13.8	31.7	26.0	32.3	40.2
DAG	1.7	5.7	2.1	5.6	3.4	3.3	.3	4.3	5.2
CGB	.8	1.6	.1	.2	.0	.0	.0	.0	.7
Berufs-									
verbände:	*9.7*	*4.1*	*5.7*	*3.2*	*3.6*	*4.8*	*4.7*	*2.1*	*3.3*
DBB	1.9	2.9	1.2	3.0	.3	4.8	.0	2.1	2.9
ULA	.3	.6	.0	.2	.0	.0	.0	.0	.2
VfB	7.5	.6	4.5	.0	3.3	.0	4.7	.0	.2
Wirtschafts-									
verbände:	*48.3*	*14.6*	*26.7*	*3.0*	*65.3*	*12.9*	*12.6*	*5.3*	*7.4*
BDI	15.3	1.3	13.4	.2	21.2	.0	5.1	.0	.5
BDA	7.2	2.4	4.0	.3	13.0	.0	1.7	.0	.8
DBV	10.5	5.5	3.7	.8	13.9	3.3	5.2	2.1	2.4
ZDH	9.2	1.6	3.2	.7	8.9	3.3	.6	.0	1.2
Mittelstands-									
organisationen	6.1	3.8	2.4	1.0	8.3	6.3	.0	3.2	2.5
Soziale Orga-									
nisationen:	*2.7*	*7.1*	*3.9*	*4.8*	*2.5*	*14.2*	*1.1*	*4.3*	*6.5*
VdKO	1.9	3.3	3.7	1.6	2.5	4.8	.3	.0	2.4
Frauen	.1	2.2	.0	.2	.0	1.5	.0	.0	1.2
VdV	.7	1.6	.2	3.0	.0	7.9	.8	4.3	2.9
Kirchen:	*24.6*	*26.6*	*11.1*	*8.9*	*9.0*	*15.8*	*23.0*	*8.6*	*16.3*
Katholische	17.6	19.5	4.3	3.3	3.2	7.9	16.2	3.2	9.1
Evangelische	7.0	7.1	7.1	5.6	5.8	7.9	6.8	5.4	7.2
Umweltorgani-									
sationen/-Gruppen	2.2	11.7	5.0	23.2	2.4	17.5	32.4	43.0	20.6

a Bezogen auf die Abgeordneten ist die Verteilung der Kontakte auf die Organisationen in Prozent wiedergegeben. Bei den Wählern handelt es sich um die Information, welche Organisation für ihre persönliche Interessenvertretung die wichtigste ist. Prozentuierungsbasis sind nur diejenigen, die eine Organisation nannten. Die Quelle für die Verteilung der Kontakte der Bundestagsabgeordneten ist der Bundestagssurvey. Quelle für die Informationen nach der für die Interessenvertretung persönlich wichtigsten Organisation stammen aus der ersten Welle des Wahlpanels der Forschungsgruppe Wahlen zur Bundestagswahl 1990 im November 1989. Vgl. hierzu Bernhard Weßels, : Vielfalt oder strukturierte Komplexität? Zur Institutionalisierung politischer Spannungslinien im Verbände- und Parteiensystem in der Bundesrepublik, in: *Kölner Zeitschrift für Soziologie und Sozialpsychologie*, 43 Jg. (1991), S. 454-475.
b *Abkürzungen:* DGB, Deutscher Gewerkschaftsbund; DAG, Deutsche Angestelltengewerkschaft; CGB, Christlicher Gewerkschaftsbund; DBB, Deutscher Beamtenbund; ULA, Union der leitenden Angestellten; VfB, Verband der freien Berufe; BDI, Bundesverband der deutschen Industrie; BDA, Bundesvereinigung Deutscher Arbeitgeberverbände; DBV, Deutscher Bauernverband; ZDH, Zentralverband des Deutschen Handwerks; VdKO, Verband der Kriegsopfer; VdV, Verband der Vertriebenen.

Ergebnisse zur funktionalen Differenzierung von Kontaktmustern und Kommunikationsstrukturen von Abgeordneten und Mitgliedern anderer Führungsgruppen bestätigen, daß die Beziehungen zur Gesellschaft individuell jeweils selektiv sind[48]. Von noch größerem Gewicht dürfte aber die parteien- bzw. fraktionsbezogene Differenzierung von Kommunikationsstrukturen sein. Parteien sind historische Gebilde, die über spezifische Identitäten, Traditionsbestände und Rückbindungen in die Gesellschaft verfügen. Sie stehen aufgrund ihrer Geschichte für bestimmte politische Profile und für Kompetenz in jeweils spezifischen Politikbereichen. Hans-Dieter Klingemanns Analysen zeigen, daß die Bürger mit der CDU/CSU eine hohe Kompetenz in der Wirtschaftspolitik verbinden und sie eher als Vertreterin der Oberschicht ansehen. Die SPD steht für Sozialpolitik und für eine Politik für die kleinen Leute. Die F.D.P. hat ein ähnliches Image wie die CDU/CSU mit dem Unterschied, daß sie in weitaus höherem Maße mit einer liberalen Ideologie verbunden wird. Und die Grünen schließlich stehen aus der Sicht der Bürger nicht für bestimmte gruppenbezogene Interessen, sondern herausragend für die Umweltpolitik[49]. In der Wahrnehmung der Bevölkerung sind also Parteien selbst schon Ausdruck einer funktionalen Differenzierung und je spezifischen Selektivität gegenüber gesellschaftlichen Interessen.

Dieses Bild bestätigt sich in verblüffender Weise, wenn die Verteilung der Kontaktnennungen auf verschiedene Organisationsbereiche nach Fraktionen des Deutschen Bundestages betrachtet wird. In den Fraktionen der CDU/CSU und der F.D.P. spielen die Kontakte zu den Wirtschaftsverbänden eine herausragende Rolle, und keine andere Fraktion weist soviele Kontakte zum Mittelstand auf, wie diese beiden.

Bei den Abgeordneten der SPD stehen die Kontakte zu den Gewerkschaften weit im Vordergrund, und die Fraktion der Grünen schließlich weist bei weitem mehr Kontakte zu Umweltorganisationen auf als jede andere Fraktion (s. Tabelle 5). Was von den Parteien auf der Policy- und ideologischen Ebene wahrnehmbar ist, setzt sich also auch auf der Arbeitsebene im Deutschen Bundestag fort.

Die Betrachtung der interfraktionellen Dissimilarität[50] der Kontaktverteilung verdeutlicht, daß jede Fraktion über je spezifische Kommunikationsmuster verfügt

---

48 Vgl. hierzu den Beitrag von Manfred Hirner in diesem Band sowie für die lokale Ebene Edward O. Laumann/Franz Urban Pappi, *Networks of Collective Action*, New York: Academic Press 1976, S. 138ff.; Bernhard Weßels, *Das Abgeordnetenhaus im Netzwerk gesellschaftlicher Interessen*, Berlin: Universitätsdruck 1985; für die nationale Ebene Gunter Wolf, *Issuespezifische Netzwerkanalyse als Instrument zur Bestimmung von Interaktions- und Kommunikationsbeziehungen auf nationaler Ebene*, Dissertation, Universität Mannheim 1987.
49 Vgl. Hans-Dieter Klingemann, Der vorsichtig abwägende Wähler, in: ders./Max Kaase (Hrsg.), *Wahlen und politischer Prozeß. Analysen aus Anlaß der Bundestagswahl 1983*, Opladen: Westdeutscher Verlag 1986, S. 385-426.
50 Berechnungsformel ist der "Duncan-Index of Dissimilarity". Er mißt die Summe der Differenzbeträge zwischen zwei Prozentverteilungen, geteilt durch zwei Existierten zwei Verteilungen mit jeweils zwei Kategorien und vereinte die Ausprägung x in der ersten Verteilung 100 Prozent der Nennungen, in der zweiten Verteilung 0 Prozent der Nennungen und die Ausprägung y in der ersten Verteilung 0 Prozent und in der zwei-

Politische Repräsentation

und in je spezifische Bereiche gesellschaftlicher Interessen in besonderer Weise rückgebunden ist. Lediglich zwischen CDU/CSU- und F.D.P.-Fraktion sind die Unterschiede, auch wenn die gesamte Kontaktstruktur betrachtet wird, nicht so groß wie zwischen den anderen Fraktionen (s. Tabelle 6).

Tabelle 6: Dissimilarität* der Organisationskontakte der MdB zwischen Fraktionen

Abgeordnete der	CDU/CSU	SPD	F.D.P.	Grünen
CDU/CSU	-	40.6	24.0	46.6
SPD		-	39.9	41.6
F.D.P.			-	58.4
Grünen				-

* Die Werte drücken den Grad der Verschiedenheit der Verteilungen in Prozent aus. Berechnet wurde der Duncan-Index of Dissimilarity.

Legt man den empirischen Befund aus dem letzten Abschnitt zugrunde, wonach die Einbindung in spezifische Kommunikationsstrukturen in direktem Zusammenhang mit der Offenheit oder Geschlossenheit gegenüber den Optionen der alten und neuen Politik steht, ist mit Blick auf die politische Repräsentation zu fragen, inwieweit diese sich in den Kommunikationsstrukturen ausdrückenden Chancen der Interessenberücksichtigung sich mit den Interessen der jeweiligen Wählerschaften decken. Im Sinne der Vorformung des politischen Willens durch die intermediären Akteure ist daher zu untersuchen, inwieweit die Abgeordneten der verschiedenen Parteien zu denjenigen Organisationen Kontakt haben, die die Interessen der Wähler dieser Parteien in besonderer Weise repräsentieren. Es geht also um die Übereinstimmung zwischen den Beziehungsmustern der Abgeordneten der verschiedenen Fraktionen und den Beziehungsmustern der jeweiligen Wählerschaften zu gesellschaftlichen Organisationen. Die Überlegung zielt damit auf ein

ten Verteilung 100 Prozent auf sich, so wäre die Summe der Differenzbeträge 200, geteilt durch 2 = 100. Würde in beiden Verteilungen jede Ausprägung jeweils 50 Prozent der Nennungen auf sich vereinen, so wäre die Summe der Differenzbeträge 0, geteilt durch 0 = 0.

einfaches, aber implikationenreiches "Linkage"-Modell politischer Repräsentation ab, wie Schaubild 3 verdeutlicht.

Betrachtet man die Verteilung der Nennungen der Bevölkerung, welche Organisation diejenige ist, die ihre persönlichen Interessen vertritt[51], so ergeben sich auch in der Wählerschaft ähnliche Differenzierungen in den Organisationsorientierungen entlang der Parteilinien wie bei den Kontakten der Abgeordneten, auch wenn die Unterschiede nicht so ausgeprägt sind: Lediglich unter CDU/CSU- und F.D.P.-Wählern fühlt sich ein beachtlicher Teil der Wirtschaftsverbände repräsentiert; deutlich mehr als die Hälfte der Wähler der SPD sehen ihre Interessen vornehmlich durch die Gewerkschaften vertreten, und bei den Wählern der Grünen stehen die Umweltorganisationen mit 43 Prozent der Nennungen an erster Stelle (s. Tabelle 5).

Schaubild 3: Ein einfaches "Linkage"-Modell politischer Repräsentation

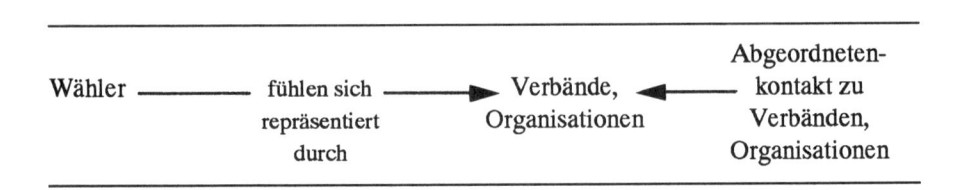

Wähler ——— fühlen sich ———▶ Verbände, ◀——— Abgeordnetenkontakt zu
repräsentiert durch · Organisationen · Verbänden, Organisationen

Hinsichtlich der generellen Struktur der Kontakte von Abgeordneten der verschiedenen Fraktionen zu Organisationen und der Organisationsorientierung ihrer Wählerschaften besteht also eine Deckung. Dies gilt auch dann, wenn nicht nur global auf die für die Parteien jeweils typischen Organisationssektoren gesehen wird, sondern wenn man die Dissimilarität der Gesamtverteilung von Abgeordnetenkontakten und Organisationsorientierungen der Wähler betrachtet. Das Kontaktprofil der CDU/CSU-Fraktion stimmt am stärksten mit dem Profil der Organisationsorientierung der CDU/CSU-Wähler überein, das der SPD-Fraktion mit dem der SPD-Wähler. Das Kontaktprofil der F.D.P.-Abgeordneten deckt sich noch am stärksten mit den Organisationsorientierungen der Wähler der CDU/CSU und der eigenen Wählerschaft, das der Grünen-Abgeordneten deckt sich hoch mit der Organisationsorientierung von sowohl CDU/CSU- als auch Grünen-Wählern (s. Tabelle 7).

---

51 Der komplette Wortlaut der Frage ist: "Es gibt ja viele gesellschaftliche Organisationen, die sich um die Belange der Bürger kümmern. Auf dieser Liste ist eine Reihe solcher Organisationen aufgeführt. Welche von diesen vertritt Ihre persönlichen Interessen?" Bei Mehrfachnennungen wurde nachgefragt: "Welche von diesen ist die wichtigste?"

Weist auch der Struktur nach die wechselseitige Verknüpfung von Abgeordneten und Wählern aus der Perspektive der Abgeordneten jeweils zu der eigenen Wählerschaft die höchste Übereinstimmung auf, so bleibt doch zu konstatieren, daß die Unterschiede zwischen der jeweiligen Fraktion in ihren Kontakten zu und den jeweiligen Wählern in ihrer Orientierung auf Organisationen beträchtlich sind. Dies beruht auf dem Umstand, der unmittelbar im Zusammenhang mit den Erfordernissen politischer Steuerung steht. Abgeordnete aller Fraktionen weisen weitaus höhere Anteile an Kontakten zu Wirtschaftsverbänden auf als es den Anteilen ihrer Wählerschaft, die sich von Wirtschaftsverbänden vertreten fühlen, entspricht. Hierin drückt sich kein Repräsentationsgefälle, sondern die hohe Wichtigkeit des Subsystems Wirtschaft für die Gesellschaft insgesamt aus.

Tabelle 7: Dissimilarität* der Verteilung der Angaben der Bevölkerung zu den für sie persönlich wichtigsten Organisationen der Interessenvertretung und der Verteilung der Kontakte der Bundestagsabgeordneten auf die Organisationen

MdB	Wähler				Bevölkerung insg.
	CDU/CSU	SPD	F.D.P.	Grüne	
CDU/CSU	41.0	69.9	54.4	69.9	57.3
SPD	36.0	32.8	35.9	46.1	30.0
F.D.P.	53.5	66.7	55.9	66.2	61.1
Grüne	28.7	38.7	36.7	29.8	31.7

* Die Werte drücken den Grad der Verschiedenheit der Verteilungen in Prozent aus. Berechnet wurde der Duncan-Index of Dissimilarity.

Berücksichtigt man diesen Umstand und reduziert die Werte für die Dissimilaritäten zwischen der Kontaktverteilung der Abgeordneten und der Organisationsorientierung der Bürger um den Anteil, der der Disproportionalität in den Kontakten zu Wirtschaftsverbänden geschuldet ist, so ergibt sich generell eine weitaus höhere Übereinstimmung in der Verknüpfung von Bürgern und Abgeordneten via Organisationen und speziell zwischen Abgeordneten und Wählern derselben Partei (s. Tabelle 8).

Damit kann festgehalten werden, daß die Linkages zwischen Abgeordneten und Bürgern jeweils parteispezifische Muster aufweisen. Die in den Organisationsorientierungen der Bevölkerung sich widerspiegelnden Interessenorientierungen finden eine Entsprechung in den Organisationskontakten der Abgeordneten. Damit ist strukturell die Chance für die Vermittlung je spezifischer partei- und organisationsbezogener Interessen gegeben.

Tabelle 8: Dissimilarität* der Verteilung der Angaben der Bevölkerung zu den für sie persönlich wichtigsten Organisationen der Interessenvertretung und der Verteilung der Kontakte der Bundestagsabgeordneten auf die Organisationen *ohne Berücksichtigung der Wirtschaftsverbände*

MdB	CDU/CSU	SPD	Wähler F.D.P.	Grüne	Bevölkerung insg.
CDU/CSU	24.1	47.2	36.7	48.4	36.8
SPD	29.9	20.9	29.0	35.4	20.3
F.D.P.	28.1	35.5	29.7	36.2	32.1
Grüne	27.7	33.9	36.5	26.1	29.1

* Die Werte drücken den Grad der Verschiedenheit der Verteilungen in Prozent aus. Berechnet wurde der Duncan-Index of Dissimilarity.

4. Repräsentation und Kommunikation

Die bisherigen Ergebnisse der Analyse verweisen erstens darauf, daß die Einbindung der Abgeordneten in spezifische Kommunikationsbezüge in einem unmittelbaren Zusammenhang mit den von ihnen favorisierten politischen Optionen in den Dimensionen alter und neuer Politik steht (Abschn. 2). Zweitens verweisen sie darauf, daß Abgeordnete und Wähler einer Partei in ähnlicher Weise je spezifische Organisationen als Bezugsgruppen haben: kommunikative auf Seiten der Abgeordneten, auf Interessenrepräsentation gerichtete auf Seiten der Wähler.

Entsprechend dem vorgeschlagenen Modell der Artikulation, Aggregation und Repräsentation (Abschn. 1.2.) soll im folgenden auf zwei unterschiedlichen Ebenen untersucht werden, inwieweit die Kommunikation der Abgeordneten mit individuellen und kollektiven Akteuren zu einer höheren Kongruenz in den Einstellungen zu alter und neuer Politik zwischen Abgeordneten und Wählern beiträgt und damit die Chance jener Interessen erhöht, im Parlament Gehör zu finden. Zum einen geht es um den Beitrag, den Kommunikation auf der lokalen (Wahlkreis-) Ebene für gelungene politische Repräsentation leistet, zum anderen um die Wirksamkeit von Kommunikation mit kollektiven Akteuren des Systems der Interessenvermittlung auf der Bundes- und Landesebene.

4.1. Transmission von Interessen durch Kontakte auf der lokalen Ebene[52]

Wenn auch Parteien effektive Agenturen der Vermittlung sind, so heißt dies noch nicht, daß sie die einzigen sind und daß sie ihr genügen. Zwar sollen sie "für eine ständige lebendige Verbindung zwischen dem Volk und den Staatsorganen sorgen"[53]. Angesichts der Ausrichtung ihres politischen Angebots auf die Bundesebene, das damit eher auf die gesamte Wählerschaft bezogen ist und weniger spezifisch ist als die Nachfrage nach Politik[54] von Seiten vieler Bürger und Gruppen in der Gesellschaft, können sie auch gar nicht die einzige und hinreichende Vermittlungsinstanz sein. Für solche speziellen Zwecke existieren andere Vermittlungsagenturen, auf die sich wiederum die Akteure des politischen Systems beziehen, die Interessenorganisationen. Aber nicht nur die Kommunikation zwischen kollektiven Akteuren, seien es Institutionen oder Organisationen, kann zu Vermittlungsprozessen beitragen, wenngleich sie vermutlich die wichtigsten Kanäle darstellen. Auch der unmittelbare Kontakt zwischen Repräsentanten und Repräsentierten mag mit zu einer lebendigen Verbindung von Bürger und Politik beitragen. Gleichwohl kann dies kein ausschlaggebender Faktor sein[55]. Auch wenn der direkte Austausch zwischen Wählern und Gewählten nicht mehr die Bedeutung wie zur Zeit des Honoratioren-Parlaments hat[56] und auch gar nicht mehr haben kann, so bleibt er doch ein Faktor, den es zu beachten gilt, insbesondere dann, wenn er sich auf Kollektive von Wählergruppen oder ihre institutionellen Vertreter[57] richtet. Nicht ohne Grund suchen die Abgeordneten des Deutschen Bundestages den regen Kontakt zum Wahlkreis. Die Mitglieder fast aller Fraktionen haben nahezu wöchentlichen Kontakt zu den Bürgern im Wahlkreis, den ansässigen Unternehmen, lokalen Interessenorganisationen und Bürgerinitiativen, den lokalen Journalisten und nicht zuletzt zur eigenen Parteiorganisation. Die lokalen Kontakte weisen, wie die Kontakte zu Interessenorganisationen auf der Bundes- und Landesebene auch, eine mehr oder minder parteienspezifische Struktur auf: Kontakte zu Gewerkschaften und Betriebsräten werden von SPD-Abgeordneten häufiger gesucht als von den Abgeordneten anderer Parteien, Kontakte zu Unternehmen und wirtschaftlichen Interessenorganisationen im Wahlkreis häufiger von CDU/CSU-Abgeordneten als von den

---

52 Die Ausführungen greifen wesentlich auf eine frühere Darstellung der Ergebnisse über Kontakte im Wahlkreis und Repräsentation zurück. Vgl. Weßels, Abgeordnete und Bürger (Anm. 19), S. 348-355.
53 *Gesetz über die politischen Parteien* (Parteiengesetz), §1 Abs. 2.
54 Siehe zum Gedanken der Differenz von Angebot und Nachfrage in der Politik und zu den Konsequenzen Philipp Herder-Dorneich, Verbände im Wahlensystem - Verbandswahlen, in: ders. (Hrsg.), *Zur Verbandsökonomik*, Berlin: Duncker & Humblot 1973, S. 163-188.
55 Siehe auch das Argument von Thomassen, Empirical Research (Anm. 16).
56 Vgl. Herzog, Was heißt und zu welchem Ende studiert man Repräsentation? (Anm. 18), S. 320.
57 Vgl. Franke/Dobson, Interest Groups (Anm. 28).

Abgeordneten anderer Parteien. Kontakte zu den Landwirten sind typisch für CSU-Abgeordnete, Kontakte zu Bürgerinitiativen im Umweltschutz am ausgeprägtesten bei den Grünen[58].

Mag auch die Wahlkreiskommunikation für Repräsentation im Sinne von Problemlösung nicht mehr von überragender Bedeutung sein - hier sind sicherlich Kontakte zu kollektiven Akteuren auf Bundesebene weit ausschlaggebender -, so stellt sie doch einen Teil des Repräsentationsprozesses dar. Sie ist essentieller Teil der Abgeordnetenrolle, und so suchen denn auch die Mitglieder des Deutschen Bundestages trotz ihres knappen Zeitbudgets diesen Kontakt regelmäßig und verwenden darauf einen beachtlichen Teil ihrer Zeit[59].

Es stellt sich daher die Frage, ob und inwieweit die Kommunikation zwischen den Abgeordneten und ihrem Wahlkreis einen Beitrag dazu leistet, die Distanz zwischen den Bürgern und den Repräsentanten zu reduzieren. Damit ist nicht nur die unmittelbare Fühlungnahme mit der Bevölkerung gemeint; mindestens ebenso wichtig dürfte es sein, die Kontakte zu den Interessenorganisationen und wichtigen Akteuren wie beispielsweise den Unternehmen im Wahlkreis zu pflegen.

Wir kommen also wieder auf die Ausgangsüberlegungen zum Repräsentationsprozeß zurück und nehmen unmittelbare und "mediatisierte" Kontakte verschiedener Art in den Blick - dies vor dem Hintergrund der Überlegung, daß Abgeordnete sich zweifellos auf schon aggregierte Interessen und Ansprüche, wie sie eben auch durch kollektive Akteure auf Wahlkreisebene formuliert werden, stützen müssen.

Die Kontaktformen sollen unterschieden und zum einen in ihrem Beitrag für die Repräsentation aller Wähler, zum anderen für die Repräsentation bestimmter Gruppen untersucht werden. In ihrer Wirkung für die Repräsentation *aller* Wähler werden zwei Kontaktformen untersucht:
- der unmittelbare Bürgerkontakt im Wahlkreis (Sprechstunde, persönliche Kontakte, Vereine und Ereignisse);
- der Kontakt zu lokalen Interessenorganisationen im Wahlkreis insgesamt.

Zudem wird zwei speziellen "Klientelbeziehungen" nachgegangen. Das betrifft zum einen die Repräsentation der Interessen der Arbeiter, zum anderen die Repräsentation der Interessen des alten Mittelstandes. Die Kontakte, deren Beitrag zur Repräsentation in dieser Beziehung untersucht werden, sind:
- der Kontakt zu Gewerkschaften und Betriebsräten;
- der Kontakt zu Unternehmens- und Mittelstandsorganisationen;
- der Kontakt zu Unternehmen und Betrieben.

Stimmt die Grundannahme der repräsentationstheoretischen Überlegungen, ist also die *Funktionsweise* moderner Demokratien die Verknüpfung von Parlament und

---

58 Vgl. ebd., Tab. 8, S. 350.
59 Betrachtet man den Zeitaufwand für die sitzungsfreie Periode, so beläuft sich allein die Zeit für die Wählersprechstunde und für sonstige repräsentative Verpflichtungen auf über 11 Stunden pro Woche, die Wahlkreistätigkeit insgesamt, also einschließlich der Parteiarbeit u.a., auf über 30 Stunden. Siehe Dietrich Herzog/Hilke Rebenstorf/Camilla Werner/Bernhard Weßels, *Abgeordnete und Bürger*, Opladen: Westdeutscher Verlag 1990, S. 89ff.

Gesellschaft qua Kommunikation, so müßte sich dies auch in den Ergebnissen ausdrücken. Bei häufiger Wahlkreiskommunikation welchen Typs auch immer müßten die Unterschiede in der Beurteilung der alten und neuen Politik zwischen Wählergruppen und Abgeordneten kleiner sein als bei nur gelegentlicher Kommunikation. Dabei muß betont werden, daß es bei dieser Frage *nicht* um die Repräsentation lokaler Interessen geht. Vielmehr wird Wahlkreiskommunikation verstanden als ein Element eines vielstufigen und auf verschiedenen Aggregationsebenen anzusiedelnden Gesamtkommunikationsprozesses zwischen Bundestag und Gesellschaft. Kommunikation mit den Bürgern und Kommunikation mit den lokalen Interessengruppen und Organisationen siedelt sicherlich auf den beiden niedrigsten Aggregationsstufen.

Die zugrundeliegende Annahme ist also die, daß Wahlkreiskommunikation nicht in besonderer Weise der Vermittlung lokaler Interessen dient - eine Annahme, die wegen der Interessenvielfalt und -heterogenität schon auf dieser Ebene ohnehin nicht sonderlich plausibel ist -, sondern allgemein zur Vermittlung von Interessen beiträgt.

Das zu untersuchende Modell ist also im Grunde einfach: Kontakte mit den Bürgern bzw. Wählern und Kontakt zu den kollektiven Akteuren, die in je spezifischer Weise zumindest partiell als ihre Interessenrepräsentanten angesehen werden können, haben bereits auf den niedrigsten Aggregationsstufen einen positiven Effekt für die Verständigung zwischen Repräsentierten und ihren parlamentarischen Repräsentanten. Mit anderen Worten: Kommunikation trägt zur Distanzreduktion im Raum alter und neuer Politik bei.

Diese These muß zumindest auf zwei Ebenen untersucht werden. Erstens ist zu klären, ob Kommunikation zur besseren Repräsentation der Bevölkerung insgesamt beiträgt. Da, wie gezeigt, parteispezifische Kontaktprofile existieren, muß nach Parteilager kontrolliert werden; das heißt, es muß in einem zweiten Schritt gefragt werden, ob Kommunikation auch dann einen positiven Effekt für Repräsentation hat, wenn die Distanzen zwischen Abgeordneten nach Parteien und ihren jeweiligen Wählern betrachtet werden.

Werden die Distanzen zwischen Abgeordneten und Bürgern im Raume alter und neuer Politik insgsamt betrachtet, je nachdem, ob seltener oder häufiger Kontakt vorliegt, so läßt sich folgendes Ergebnis feststellen: Kommunikation jeglichen Typs trägt zur besseren Repräsentation der Bürger bei. Gemessen an der Distanz bei seltener Kommunikation, reduzieren sich die Differenzen bei häufiger Kommunikation um knapp ein Viertel (-23 Prozent, s. Tabelle 9).

Den stärksten Effekt, allerdings auch bezogen auf die kleinste betrachtete Bevölkerungsgruppe, zeigt sich beim Klientellinkage mit dem alten Mittelstand via Betriebs- und Unternehmenskontakte. An zweiter Stelle liegt die über Gewerkschaftskontakte vermittelte Kommunikation mit der Arbeiterschaft. Mediatisierte Kontakte, also zu den Interessengruppen insgesamt, und direkte Bürgerkontakte tragen etwa gleich stark zur besseren Repräsentation bei (-21 bzw. -19 Prozent).

Am geringsten ist die Wirkung der Kontakte zu den Organisationen des alten Mittelstandes.

Nun könnten diese positiven Effekte maßgeblich für parteispezifische Kontaktprofile gerade bei den in ihrer Wirksamkeit besonders hervorzuhebenden "Klientel"-Beziehungen sein. Jedoch zeigt sich auch innerhalb der Parteilager (Abgeordnetengruppen und *Wähler*) ein deutlich positiver Effekt von Kommunikation. Im Durchschnitt und auch für die einzelnen Kontaktarten ist er etwas schwächer (Distanzreduktion -18 Prozent, s. Tabelle 9), die unterschiedlichen Kontaktarten weisen aber die gleiche Reihenfolge in ihrer Wirksamkeit auf wie beim Vergleich mit den Bürgern insgesamt.

Tabelle 9: Distanzreduktion im Einstellungsraum alter und neuer Politik durch Kommunikation

			Kontaktarten:			
	alle Arten	direkte Bürger- bzw. Wähler- kontakte	Mediati- sierte Kontakte	Klientel-Linkage:		
				Arbeiter (Gewerk- schaften)	Alter Mittelstand	
					(Organi- sa- tionen)	(Betriebe Unter- nehmen)
1. In Bezug auf alle Wähler						
Mittlere Distanz	31.0	30.5	30.5	32.7	29.3	31.8
Distanzreduktion durch häufige Kommunikation	-8.1	-6.5	-7.3	-9.9	-4.2	-12.2
Distanzreduktion in Prozent der Distanz bei seltener Kommunikation	-23 %	-19 %	-21 %	-27 %	-13 %	-31 %
2. In Bezug auf die jeweiligen Wählergruppen						
Mittlere Distanz	24.6	25.1	25.1	27.8	21.7	23.4
Distanzreduktion durch häufige Kommunikation	-4.9	-3.9	-4.5	-5.5	-2.0	-8.0
Distanzreduktion in Prozent der Distanz bei seltener Kommunikation	-18 %	-14 %	-16 %	-19 %	-9 %	-28 %

Sowohl in bezug auf die Bürger als auch auf die jeweiligen Parteianhänger zeigt sich also die Wirksamkeit von Kommunikation auf der lokalen Ebene. Daß sie innerhalb der Parteilager etwas schächer ausfällt, verweist auf die strukturierende und integrierende Kraft der Parteien im Repräsentationsprozeß. Wo ohnehin geringere Distanzen vorliegen, fallen Reduktionen verständlicherweise etwas schwächer aus.

Insgesamt steht also der häufige Kontakt zu den Wählern und ihren Interessengruppen im Wahlkreis für eine geringere Differenz in den Orientierungen zu alter und neuer Politik zwischen Repräsentanten und Repräsentierten. Das ist aus mehreren Gründen ein wichtiges Ergebnis. Erstens bestätigt es neuere Überlegungen zur Funktionsweise politischer Repräsentation, wie sie insbesondere Herzog angestellt hat. Zweitens ist dieses Ergebnis demokratietheoretisch relevant.

Es verdeutlicht, daß - zumindest parlamentarische - Repräsentation nicht erst, wie in den meisten generellen Modellen des politischen Prozesses angenommen und prägnant von Ehrlich formuliert[60], auf der höchsten Ebene der Repräsentationspyramide ansetzt. Der Prozeß parlamentarischer Repräsentation setzt vielmehr, und dies ist der Spezifik parlamentarischer Repräsentation geschuldet, die es dem Abgeordneten erlaubt, sich auf jeglicher Aggregationsstufe gesellschaftlicher Interessen zu vergewissern, schon auf weitaus geringer aggregierten Ebenen als den der Spitzenorganisationen gesellschaftlicher Interessen an.

4.2. Transmission von Interessen durch Organisationskontakte auf der Landes- und der Bundesebene

Während die Erwartung, daß, sofern die kommunikativen Bezüge der Abgeordneten überhaupt einen Beitrag zur politischen Repräsentation leisten, die Effekte für die Repräsentation der *Bürgerinteressen* dann besonders groß sind, wenn es sich um "bürgernahe", also lokale Kommunikation handelt, ohne weiteres plausibel ist und empirisch bestätigt wurde, kann in Bezug auf die Wirkung von Kommunikation mit weitaus höher verdichteten und aggregierten Interessen von mindestens drei unterschiedlichen Prämissen ausgegangen werden:
1. *Entfremdungsthese*: Im Kontext der Thesen von der Krise intermediärer Organisationen und ihrer Verselbständigung von ihrer gesellschaftlichen Basis müßte man davon ausgehen, daß Kommunikation zwischen Abgeordneten und Organisationen möglicherweise Effekte für die Interessenrepräsentation, aber nicht notwendigerweise etwas mit der Repräsentation der Bürgerinteressen zu tun hat.
2. *Aggregationsthese*: Wird die Entfremdungsthese verneint, bleibt immer noch das Problem, daß die Spitzenorganisationen auf Landes- und auf Bundesebene

---

60 Ehrlich, *Macht* (Anm. 32), S. 278.

Interessen so hoch verdichten und aggregieren müssen, daß zwar ein Zusammenhang zu den Bürgerinteressen besteht, er aber aufgrund der Verallgemeinerung der Interessen und ihrer politikfähigen Formulierung unspezifisch und nur schwer aufspürbar ist.
3. *Gelungene Interessenrepräsentation*: Schließlich könnte angenommen werden, daß Organisationen eine stark differentielle Attraktivität für die Bürger haben. Die spezifischen Selbstzuordnungen, die die Bürger durch formale oder psychologische Mitgliedschaft zu Organisationen treffen, sichern eine relativ homogene Präferenzstruktur auf Seiten der Mitglieder, die auch noch dann sichtbar und damit für politische Repräsentation wirksam wird, wenn ihre Interessen hoch verdichtet und aggregiert von den Spitzenorganisationen weitergeleitet werden.

Diese unterschiedlichen Prämissen, jede für sich begründbar und plausibel, zeigen, daß die Kommunikation der Abgeordneten mit den Spitzen der Interessenorganisationen nicht notwendigerweise zu einer besseren Repräsentation der *Bürgerinteressen* im Sinne der Übereinstimmung in den Orientierungen zu alter und neuer Politik zwischen Abgeordneten und Wählern führen muß, dies möglicherweise sogar die Ausnahme sein mag.

Auf der anderen Seite verdeutlichen die Überlegungen, daß ein derartiges Modell, will man es empirisch überprüfen, nicht lediglich, wie das auf der lokalen Ebene noch gerechtfertigt scheint, von einer zumindest partiellen Identität zwischen Organisationsinteressen und Interessen bestimmter sozialer Segmente der Gesellschaft (z.B. Arbeiter/Gewerkschaften; Selbständige, Unternehmer/Mittelstands- und Unternehmerorganisationen) ausgehen kann, sondern sich sehr genau der Beziehung der Bürger zu den Organisationen vergewissern muß. Franke und Dobson weisen zu Recht darauf hin, daß die Güte eines derart strukturiert gedachten Repräsentationsprozesses letztendlich davon abhängt, wie repräsentativ die kollektiven Akteure für ihre Mitglieder und Klientele sind[61].

Aus diesem Grunde soll hier methodisch so vorgegangen werden, daß das einfache "Linkage"-Modell, das in Abschnitt 3 vorgestellt wurde, einer empirischen Überprüfung unterzogen wird. Es wird also darum gehen, die politischen Orientierungen von Bürgern, die sich von *einer bestimmten Organisation gut repräsentiert fühlen* mit Orientierungen von den Abgeordneten zu vergleichen, die *genau zu diesen Organisationen häufigen Kontakt haben*. Mit anderen Worten: Das Kollektiv derjenigen, deren Interessen man aufgrund der Kontakte der Abgeordneten als besser repräsentiert annehmen kann als andere, muß genau definiert werden, um überhaupt eine empirische und logische Möglichkeit zu haben, dem Problem zu begegnen, das in der "Aggregationsthese" formuliert wurde.

In der im Rahmen dieses Projekts durchgeführten Bevölkerungsumfrage wurde nur für eine kleine Auswahl gesellschaftlicher Organisationen und Institutionen danach gefragt, wie stark die Bürger ihre Interessen von ihnen vertreten fühlen: für die Gewerkschaften, die Berufsverbände, die Bürgerinitiativen und für die Kir-

---

61 Franke/Dobson, Interest Groups (Anm. 28), S. 228.

Politische Repräsentation

chen[62]. Die Befragten wurden dann danach klassifiziert, welche der vier Organisationen diejenige ist, die ihre "persönlichen Ansichten und Anliegen" am besten "vertritt". Für 14.4 Prozent der Befragten sind dies die Gewerkschaften, für 10.5 Prozent die Berufsverbände, für 9.4 Prozent die Bürgerinitiativen und für 31.3 Prozent die Kirchen. 34.4 Prozent der Befragten konnten nicht klassifiziert werden.

Tabelle 10: Klassifikation der Bürger nach ihrer dominierenden Orientierung für ausgewählte Organisationen

	Vertretensein durch Organisationen/Institutionen*			
	Gewerkschaften	Bürgerinitiativen	Kirchen	Berufsverbände
alle Befragten	2.2	1.8	2.6	2.0
Diejenigen, die sich besonders stark vertreten fühlen (Klassifizierte)	5.0	4.8	4.3	4.8
Klassifiziert in Prozent	14.4	9.4	31.3	10.5
N:	289	189	629	210

Nicht klassifiziert: 34.4 Prozent (692 Befragte)

* Mittelwerte für Vertretenheit. 1 = "überhaupt nicht vertreten", 7 = "sehr stark vertreten".

Tabelle 10 verdeutlicht die Unterschiede zwischen denjenigen, die sich nach der Klassifikation besonders gut von der entsprechenden Organisation vertreten füh-

---

62 Der vollständige Fragetext lautet: "Es gibt viele öffentliche Institutionen, die sich um die Belange der Bürger kümmern. Bitte sagen Sie mir, ob und wie stark Sie sich mit Ihren persönlichen Ansichten und Anliegen von den verschiedenen Institutionen vertreten fühlen. Nach dieser Skala hier bedeutet der Wert 1, daß Sie sich mit Ihren Ansichten und Anliegen überhaupt nicht vertreten fühlen, während der Wert 7 bedeutet, daß Sie sich sehr stark vertreten fühlen. Mit den Werten dazwischen können Sie Ihre Meinung abstufen." Die vorgegebene Liste enthielt: die Bundesregierung, den Bundestag mit seinen Abgeordneten, eine Zeitung oder Fernsehen, eine politische Partei, eine Kirche, die Verwaltungsbehörden, die Gerichte, eine Gewerkschaft, einen Berufsverband, eine Bürgerinitiative. Die Ergebnisse sind detailliert wiedergegeben in Hilke Rebenstorf/Bernhard Weßels, Wie wünschen sich die Wähler ihre Abgeordneten? Ergebnisse einer repräsentativen Bevölkerungsumfrage zum Problem der sozialen Repräsentativität des Deutschen Bundestages, in: *Zeitschrift für Parlamentsfragen*, 20. Jg. (1989), H. 3, S. 408-424, hier S. 413-415.

len, und dem Durchschnitt der Befragten in der Stärke des Vertretenheitsgefühls. Die Mittelwerte auf der 7-Punkte-Skala, mit der die Befragten die Stärke ihres Vertretenheitsgefühls, anzeigen konnten, sind für diejenigen, die der Organisation durch Klassifikation zugeordnet wurden, in der Regel mehr als doppelt so hoch wie für den Durchschnitt der Befragten. Die Wahrnehmungen dieser Bürger drükken die im Sinne der Repräsentation von Interessen relativ enge Beziehung zu der jeweiligen Organisation aus. Damit dürften auf Seiten der Bevölkerung diejenigen Kollektive, für die die Qualität politischer Repräsentation im Sinne der Übereinstimmung genereller politischer Orientierungen zwischen Wählern und Abgeordneten überprüft werden soll, hinreichend eng definiert sein, um die Frage mit Blick auf nationale Interessenorganisationen überhaupt sinnvoll stellen zu können.

Bei den Abgeordneten erfolgte die Klassifikation nach ihrer Kontakthäufigkeit mit diesen vier Organisationen bzw. Organisationsbereichen und Institutionen. Hierzu wurden die Verteilungen der jeweiligen Kontakte gedrittelt. Die Abgeordneten, deren Kontakthäufigkeit in das obere Drittel der Verteilung fällt, wurden als diejenigen klassifiziert, die häufigen Kontakt zu der entsprechenden Organisation haben, die anderen Abgeordneten wurden in einer Kategorie "wenig Kontakt" zusammengefaßt. Diese Klassifikation geht also nicht davon aus, daß ab einer bestimmten, für alle Kommunikationsbereiche gleichen Anzahl, diese als häufig anzusehen sind. Vielmehr klassifiziert sie danach, ob der jeweilige Kommunikationskanal von dem einzelnen Abgeordneten relativ zu den anderen Mitgliedern des Deutschen Bundestages häufig genutzt wird oder nicht.

Die Bundestagsabgeordneten haben im Durchschnitt 32.6 mal im Jahr Kontakt mit Gewerkschaften, 14.6 mal mit Bürgerinitiativen, 20 mal mit den Kirchen und 14.8 mal mit Berufsverbänden. Diejenigen Abgeordneten, die häufig Kontakt zu diesen Organisationen und Institutionen haben, überschreiten die Durchschnittszahlen eindeutig um mehr als das Doppelte, diejenigen mit "wenig Kontakt" unterschreiten dementsprechend den Durchschnitt der Abgeordneten deutlich (s. Tabelle 11). Nach dieser Klassifikation haben 27 Prozent der Abgeordneten häufigen Kontakt mit den Gewerkschaften, im Durchschnitt 77.7 mal pro Jahr, 35 Prozent der Abgeordneten haben häufigen Kontakt zu den Bürgerinitiativen. Der Jahresdurchschnitt liegt jedoch klar unter dem vergleichbaren bei den Gewerkschaften. 34 Prozent der MdB haben häufigen Kontakt zu den Kirchen, im Durchschnitt mindestens einmal wöchentlich, und 38 Prozent zu den Berufsverbänden, etwa dreimal im Monat.

Ebenso wie der Wirksamkeit von Kommunikation für die Repräsentation zwischen Bürgern, Interessenorganisationen und Abgeordneten auf der lokalen Ebene nachgegangen wurde, kann auf der Grundlage dieser Klassifikationen nun auch gefragt werden, ob die Kontakte der Abgeordneten zu Spitzenorganisationen auf Landes- und auf Bundesebene einen Beitrag zur besseren Repräsentation im Sinne höherer Übereinstimmung in den Einstellungsdimensionen alter und neuer Politik zu denjenigen Bürgern leisten, die sich durch diese Organisationen besonders gut vertreten fühlen.

Tabelle 11: Klassifikation von Kontakten von Abgeordneten zu ausgewählten Organisationen

	Kontakthäufigkeit, Mittelwerte bezogen auf ein Jahr			
	Gewerkschaften	Bürgerinitiativen	Kirchen	Berufsverbände
MdB insgesamt	32.6	14.6	20.0	14.8
MdB mit wenig Kontakt	6.1 (63%)	1.1 (65%)	3.3 (66%)	1.9 (62%)
MdB mit häufigem Kontakt	77.7 (27%)	40.0 (35%)	52.5 (34%)	36.0 (38%)

in Klammern: Prozent der Abgeordneten

Insgesamt, nach Kommunikationskanälen unterschieden, betrachtet, trägt der Kontakt zu den Gewerkschaftsspitzen im Vergleich zu den Abgeordneten, die in diesem Bereich nur seltenen Kontakt haben, zu einer Reduktion der Distanz im Einstellungsraum alter und neuer Politik von 30.1 auf 27.5 Punkten zu denjenigen Wählern bei, die sich von den Gewerkschaften besonders vertreten fühlen. Die Distanz zwischen Bürgern, die sich von den Kirchen vertreten fühlen, und Abgeordneten, die häufig Kontakt zu den Kirchen haben, reduziert sich um 5.4 Punkte (von 30.4 auf 25) im Vergleich zu den Abgeordneten, die diesen Kontakt nur selten suchen. Der Kommunikations- und Vermittlungskanal Berufsverbände erweist sich als ähnlich wirksam wie die Gewerkschaften. Häufiger Kontakt der Abgeordneten zu den Bürgerinitiativen geht indes insgesamt betrachtet, mit einer Erhöhung der Distanz zu den Bürgern, die sich von den Bürgerinitiativen besonders vertreten fühlen, einher (s. Tabelle 12).

Während - insgesamt gesehen - die Ergebnisse für die Linkages im Gewerkschaftsbereich, bei den Berufsverbänden und bei den Kirchen in die erwartete Richtung weisen, trifft dies hinsichtlich der Bürgerinitiativen also nicht zu. Werden nicht die Gesamtergebnisse, sondern die Ergebnisse nach jeweiliger Fraktionszugehörigkeit bzw. Parteiaffinität auf Seiten der Bürger betrachtet, so erweist sich, daß der insgesamt gesehen negative Effekt der Kontakte zu Bürgerinitiativen für politische Repräsentation der Anhänger von Bürgerinitiativen ausschließlich den SPD-Abgeordneten zuzurechnen ist (s. Tabelle 12, untere Hälfte). Bei CDU/CSU-, F.D.P.- und Grünen-Abgeordneten tragen Kontakte zu Bürgerinitiativen zu einer größeren politischen Nähe zu den Bürgern bei, die sich von Bürgerinitiativen vertreten fühlen. Ein weiterer, in der Betrachtung der Gesamteffekte nicht sichtbarer negativer Effekt, der die Distanzen bei höherem Kontakt verstärkt, ergibt sich bei den F.D.P.-Abgeordneten in der Kommunikation mit den Gewerkschaften.

Tabelle 12: Distanzreduktion zwischen Wählern und Gewählten im Einstellungsraum alter und neuer Politik durch Kommunikation mit nationalen Interessenorganisationen

	Distanz zu Bürgern, die sich primär vertreten fühlen von den:			
	Gewerkschaften	Bürgerinitiativen	Kirchen	Berufsverbänden
Distanz, bezogen auf die jeweilige Wählergruppe:				
- MdB, die seltenen Kontakt zu entsprechender Organisation haben	30.1	27.8	30.4	29.1
- Reduktion durch häufige Kommunikation mit entsprechender Organisation	-2.6	+0.2	-5.4	-2.8
Reduktion in Prozent	-8.6	+0.7	-17.8	-9.6
Reduktion in Prozent nach Parteilagern				
CDU/CSU	-13.8	-16.1	-23.4	-12.1
SPD	-1.4	+25.8	-0.7	-5.8
F.D.P.	+23.1	-7.1	-7.0	-0.0
Grüne	-18.6	-14.1	-18.0	-11.2

Wie lassen sich diese beiden, der Plausibilität und Erwartung widersprechenden Ergebnisse für die SPD-Abgeordneten mit starkem Kontakt zu Bürgerinitiativen und für die F.D.P.-Abgeordneten zu den Gewerkschaften erklären? Während bei den F.D.P.-Abgeordneten der häufige Kontakt zu den Spitzen der Gewerkschaften mit einer unterdurchschnittlichen Befürwortung alter und fast einer Ablehnung neuer Politik verbunden ist, sind die Wähler der F.D.P., die sich von den Gewerkschaften besonders vertreten fühlen, deutlich stärker auf neue Politik hin orientiert als der Durchschnitt der F.D.P.-Wähler. Hier ergibt sich also eine deutlich gegenläufige Tendenz in der Wirksamkeit von Organisationsorientierungen in bezug auf die Einstellungen zu alter und neuer Politik bei Abgeordneten und Wählern. Die Transmission von Interessen über Organisationen ist hier wohl eindeutig mißlungen.

Anders verhält es sich bei den SPD-Abgeordneten mit häufigen Kontakten zu den Bürgerinitiativen. Im Durchschnitt gehören sie zu denjenigen, die, anders als ihre sonstigen Fraktionskollegen, alte Politik wirklich ablehnen und neue Politik etwas positiver befürworten. Bei den Wählern der SPD, die sich durch Bürgerinitiativen besonders vertreten fühlen, zeigt sich genau der gleiche Zusammenhang, nur in deutlich geringerer Stärke: Zwar neigen auch sie weniger der alten Politik zu als der Durchschnitt der SPD-Wähler, sie lehnen sie aber nicht ab. Auch ihre Orientierung auf neue Politik ist etwas, aber nicht sehr viel stärker als der Durchschnitt. Anders als bei den F.D.P.-Kontakten zu den Gewerkschaften ist hier also die Richtung des Zusammenhangs zwischen Organisationsorientierung bzw. -kontakt und Orientierungen zur neuen und alten Politik bei Wählern und Abgeordneten die gleiche. Der Effekt ist nur auf Seiten der Abgeordneten sehr viel stärker, so daß er zu einer Entfernung der Abgeordneten von den Wählern, wenngleich in die von den Wählern ebenfalls eingeschlagene Richtung führt. Insofern handelt es sich - im Gegensatz zu dem Resultat hinsichtlich der F.D.P.-Kontakte zu den Gewerkschaften - um ein letztlich konsistentes Ergebnis, auch wenn die SPD-Abgeordneten in der neuen Politik "über das Ziel hinausschießen".

Im großen und ganzen verweisen die Ergebnisse also darauf, daß die jeweiligen Kommunikationsbezüge der MdB auf nationaler Ebene einen positiven Beitrag zur besseren Repräsentation der Bürger des entsprechenden Interessen- bzw. Organisationssegments der Gesellschaft leisten. Ein der Plausibilität und der Erwartung widersprechendes Ergebnis ergibt sich insgesamt nur in zwei von sechzehn Fällen, und eines davon ist nicht als inkonsistent mit den hier modellhaft angenommenen Zusammenhängen im Prozeß politischer Repräsentation anzusehen.

Allerdings verdeutlicht der nur beispielhaft mögliche Vergleich der Zusammenhänge zwischen Kommunikation und Repräsentation auf lokaler und Bundesebene, daß der Beitrag der Kommunikation mit Spitzenorganisationen zur Repräsentation der *Bevölkerungsinteressen* vermutlich geringer ist als der lokaler Kontakte. So tragen beispielsweise auf der lokalen Ebene Gewerkschaftskontakte zu einer Reduktion der Distanz im Einstellungsraum alter und neuer Politik zwischen Bürgern und Abgeordneten um 19 Prozent bei, auf der nationalen Ebene sind es lediglich knapp 9 Prozent.

Hier könnten jene Probleme eine Rolle spielen, die in der zweiten eingangs formulierten Aggregationsthese angesprochen wurden. Die Notwendigkeit der Aggregation und Verdichtung von Interessen von einer Organisationsebene zur nächsten bringt Selektionen und eine sich verstärkende Ausrichtung auf *policies* mit sich, die u.U. dazu führen, daß die Beziehungen zwischen den Individualinteressen von Mitgliedern und Klientelen und Organisationszielen nicht mehr in der Stärke wie noch auf der lokalen Ebene sichtbar werden und gegebenenfalls auch nicht mehr in der Stärke vorhanden sind.

Um so relevanter ist der Befund, daß nicht nur die lokale Kommunikation, sondern auch die Kommunikation der Abgeordneten mit den Organisationsspitzen der vier Bereiche, die hier untersucht werden konnten, noch ein im wesentlichen positives Resultat für die Repräsentanz der Orientierungen derjenigen Bürger hat, die in besonderer Weise an diese Organisationen gebunden sind. Zum einen signalisiert das Ergebnis, daß der Prozeß der politischen Repräsentation ein Prozeß der Kommunikation auf sehr unterschiedlichen Aggregationsebenen ist, und daß kollektive Akteure, die den politischen Willen von Individuen bündeln, ausschlaggebende Bedeutung als Ansprechpartner und "Resonanzboden" der Abgeordneten haben. Zum anderen bestätigt sich die These, daß Abgeordnete jeweils mit spezifischen Selektionen arbeiten. Sowohl ihr Kommunikationsverhalten als auch die mit den jeweils gewählten Kommunikationskanälen einhergehenden politischen Orientierungen zu alter und neuer Politik unterstreichen, daß Repräsentation als ein arbeitsteiliger Prozeß anzusehen ist. Legt man die hier vorgestellten Ergebnisse zugrunde, dann kann man davon ausgehen, daß dieser komplizierte Mechanismus der Repräsentation der Interessen begrenzter Kollektivitäten, bezogen auf den einzelnen Abgeordneten und je spezifische Interessen, recht gut funktioniert. Die Ergebnisse unterstreichen damit auch, daß sich die Repräsentation der Interessen des Volkes insgesamt erst auf der gesamtparlamentarischen Ebene herstellen kann.

5. Repräsentation und Kommunikation

Die eingangs gestellten zwei allgemeinen Fragen, inwieweit Ziele der neuen Politik parlamentarisch präsent sind und inwieweit die These von der "Krise der Interessenvermittlung" auf das Vermittlungsverhältnis zwischen Bürgern und Parlament zutrifft, können vor dem Hintergrund der hier vorliegenden Ergebnisse relativ eindeutig beantwortet werden. Weder läßt sich bestreiten, daß die Werte der neuen Politik auch unter den Abgeordneten des Deutschen Bundestages starke Verbreitung gefunden haben, noch lassen sich Hinweise dafür finden, daß das Vermittlungsverhältnis zwischen Bürgern und Parlament besondere Defizite aufweist. Neue Politik ist nicht die ausschließliche Domäne grüner Abgeordneter und damit auch nicht im "Getto" der "Gegeneliten" verblieben; die Vermittlungsprozesse zwischen Bevölkerung und Abgeordneten funktionieren.

Ausgehend von neueren Überlegungen in der Repräsentationsforschung, wurde anhand eines einfachen, auf Kommunikation basierenden Modells des Prozesses politischer Repräsentation empirisch überprüft, inwieweit die Kommunikation der

Abgeordneten mit den kollektiven Vertretern von Interessen, den Verbänden und Institutionen, auf lokaler und auf nationaler Ebene einen positiven Beitrag zur Repräsentanz der Interessen derjenigen leistet, die durch diese Organisationen vertreten werden. Maßstab hierfür waren die Kongruenzen und Diskongruenzen zwischen Abgeordneten und Bürgern in den Einstellungen zur alten und neuen Politik.

Es läßt sich festhalten, daß für die parlamentarische Vertretung in der Bundesrepublik die These, bestimmte, insbesondere korporatistische, Interessenarrangements würden zu einer Blockade und Exklusion der Interessen der neuen Politik führen, nicht aufrechterhalten werden kann. Während auf der Macro-Ebene institutioneller Strukturen einige Arbeiten für diese These empirische Evidenz vorweisen können, läßt sich dies mit Blick auf den Prozeß parlamentarischer Repräsentation nicht bestätigen.

Gleichwohl ist damit nicht gesagt, daß die kommunikative Einbindung der Abgeordneten in bestimmte Netzwerke nicht mit bestimmten Orientierungen zur alten und neuen Politik einhergeht. Vielmehr zeigen die empirischen Ergebnisse, daß bestimmte Kontakte mit bestimmten Einstellungen verbunden sind, die jeweils den Einstellungen der Kontaktpartner näher sind als das für diejenigen der Fall ist, die nicht über die entsprechenden Kontakte verfügen. Mit anderen Worten: Kommunikation, insbesondere mit kollektiven Akteuren, trägt zu einer höheren Übereinstimmung in den generellen Politikorientierungen bei. Dies gilt für die lokale Ebene gleichermaßen wie für die nationale. Ein auf Kommunikation basierendes Prozeßmodell politischer Repräsentation kann daher nicht nur theoretische Plausibilität, sondern auch empirische Evidenz für sich beanspruchen. Das ist theoretisch wie demokratie-praktisch ein wichtiges Ergebnis.

In theoretischer Perspektive bestätigt es die dem Kommunikationsmodell zugrundeliegende Annahme, der Abgeordnete könne verständlicherweise nicht die Funktion eines Vertreters des ganzen Volkes übernehmen, sondern müsse in einer komplexen Welt Selektionen vornehmen, die sich auf bestimmte kollektive Identitäten oder Funktionsprobleme richten. Darauf verweist sowohl die unterschiedliche Schwerpunktsetzung der Abgeordneten in ihren Kontakten als auch die jeweilig damit verbundenen Einstellungen.

Praktisch heißt dies, daß Kommunikation mit gesellschaftlichen Akteuren zum Grundbestandteil und zu einem wichtigen Mittel des Repräsentationsprozesses gehört. Dabei ist von besonderer Bedeutung, daß es die dem Abgeordneten verfassungsmäßig zugebilligte Freiheit erlaubt, in der Wahl seiner Kommunikationsbezüge nicht auf je besondere verpflichtet zu sein und daß er mit den differenzierten Interessen auf den unterschiedlichsten Ebenen der Aggregation, sei dies der Kontakt zum individuellen Wähler, zu den lokalen Interessenorganisationen oder zu den nationalen Spitzen kollektiver Akteure, in Kontakt treten kann.

Manfred Hirner

Der Deutsche Bundestag im Netzwerk organisierter Interessen

1. Einleitung

Verbände und Interessengruppen spielen eine wichtige Rolle in der Artikulation und Vermittlung der Interessen der Bürger. Jedoch war das Verhältnis zwischen Verbänden und Staat in der Bundesrepublik lange Zeit in Verruf. In der frühen Phase der Bundesrepublik kulminierte die Abneigung der klassischen Staatstheorie gegen die Verbände im Begriff "Verbändestaat". Auf der Suche nach der "Herrschaft der Verbände?" entwarf Theodor Eschenburg[1] ein Schreckgespenst, ohne indes den wechselseitigen Austauschprozeß, der sich zwischen Verbänden und staatlichen Institutionen vollzieht, zu thematisieren - die Verbände galten lediglich als Störfaktoren. Mit der "pluralistischen Wende" trat die Trennung von Staat und Gesellschaft jedoch in den Hintergrund und die positive Funktion der Verbände und Interessengruppen für den *gesamten* politischen Prozeß und für das politische Gemeinwesen auf *allen* Institutionenebenen wurde - unter anderem vom Bundesverfassungsgericht - hervorgehoben[2].

---

1 Theodor Eschenburg, *Herrschaft der Verbände?*, Stuttgart: DVA 1956; vgl. dazu u.a.: Jürgen Becker, *Gewaltenteilung im Gruppenstaat. Ein Beitrag zum Verfassungsrecht des Parteien- und Verbändestaates*, Baden-Baden: Nomos 1986, S.186: Eschenburg habe "auf einer empirischen Basis, die z.T. eine chronique scandaleuse ist, die Verbandsmacht zu einem politologischen Topos gemacht".
2 Vgl. Becker, *Gewaltenteilung* (Anm. 1), S.209. Auch das Bundesverfassungsgericht spricht den Verbänden eine wichtige Rolle bei der Fällung von Gemeinschaftsentscheidungen zu. Die Rechtsprechung beschränkt hier aber die Beteiligung auf die "Vorformung der politischen Willensbildung des Volkes im gesellschaftlich politischen Raum" (vgl. ebd., S.210). Sie betont damit die Trennung von Gesellschaft und Staat: "Es ist zwischen zwei - allerdings miteinander verschränkten - Willensbildungssystemen zu differenzieren: der *Staatswillensbildung* und den daran Beteiligten einerseits und der *Volkswillensbildung* mit den sie tragenden Kräften andererseits." (Karl-Heinz Gießen, *Die Gewerkschaften im Prozeß der Volks- und Staatswillensbildung*, Berlin: Duncker & Humblot 1976, S.98f). Das bedeutet, daß grundsätzlich die Einbeziehung von Verbänden in den Prozeß der staatlichen Willensbildung verweigert, die Beeinflussung staatlichen Handelns durch Interessengruppen von außen aber gebilligt wird.

Gleichwohl blieb die Verbändeforschung lange Zeit auf das Verhältnis von Verbänden und Exekutive beschränkt[3]: zum einen in speziellen Einflußstudien[4], zum anderen in Untersuchungen politischer Entscheidungsprozesse[5]. Dementsprechend ist das Verhältnis von Verbänden und Parlament noch unzureichend thematisiert. Auch das neo-korporatistische Austauschparadigma hat die Beschränkung der Perspektive auf Regierung und Exekutive nicht aufgehoben.

Ziel dieses Beitrages ist es, die zumindest partielle Forschungslücke in dieser Richtung zu schließen. Es wird davon ausgegangen, daß das Verhältnis von Verbänden und Parlament unter zwei Aspekten für die Funktionsfähigkeit des politischen Systems zentral ist: unter dem Aspekt der Legitimation und unter dem Aspekt politischer Steuerung. Für beide Aspekte ist die Frage nach den Strukturen der Austauschprozesse von großer Bedeutung. Entspricht die Struktur pluralistischen Vorstellungen, d.h. berücksichtigen die Austauschstrukturen die Vielfalt gesellschaftlicher Interessen, oder sind die Strukturen in spezifischer Weise selektiv? Wenn sie selektiv sind, handelt es sich dann um Selektionen, die auf korporatistische Austauschstrukturen, auf einen "parlamentarischen Korporatismus", hindeu-

---

3 Vgl. Joseph H. Kaiser, *Die Repräsentation organisierter Interessen*, Berlin: Duncker & Humblot 1956, S.268; Brigitte Conradi, Die Mitwirkung außerstaatlicher Stellen beim Erlaß von Rechtsverordnungen, in: Heinz Josef Varain (Hrsg.), *Interessenverbände in Deutschland*, Köln: Kiepenheuer & Witsch 1973, S.298; Wilhelm Hennis, Verfassungsordnung und Verbändeeinfluß, in: Rudolf Steinberg (Hrsg.), *Staat und Verbände. Zur Theorie der Interessenverbände in der Industriegesellschaft*, Darmstadt: Wissenschaftliche Buchgesellschaft 1985, S.77; Klaus von Beyme, Interessengruppen in der Demokratie, München:Piper [5]1980, S.182.
4 Vgl. die Literaturliste in Peter Schindler, *Datenhandbuch zur Geschichte des Deutschen Bundestages 1949 bis 1982*, Bonn [3]1984, S.721ff. ders., *Datenhandbuch zur Geschichte des Deutschen Bundestages 1980 bis 1984*, Bonn 1986, S. 685ff.
5 Vgl. Gießen, Gewerkschaften (Anm. 2), S.62ff.; Conradi, Mitwirkung (Anm. 3), S. 295ff.; Heinrich Schröder, *Gesetzgebung und Verbände - Ein Beitrag zur Institutionalisierung der Verbandsbeteiligung an der Gesetzgebung*, Berlin: Duncker & Humblot 1976; Herbert Leßmann, *Die öffentlichen Aufgaben und Funktionen privatrechtlicher Wirtschaftsverbände. Sozialer Befund, rechtliche Einordnung und Kontrolle*, Köln/Berlin/Bonn/München: Heymann 1976, S.52ff.; Kurt Schelter, *Demokratisierung der Verbände? Demokratie als Ordnungsprinzip in privilegierten Interessenverbänden*, Berlin: Duncker & Humblot 1976 S.87ff.; Heinz Josef Varain, Verbändeeinfluß auf Gesetzgebung und Parlament, in: ders. (Hrsg.), *Interessenverbände* (Anm. 3), S. 305ff.; Peter Bernholz, Einige Bemerkungen zur Theorie des Einflusses der Verbände auf die politische Willensbildung in der Demokratie, in: Varain, *Interessenverbände* (Anm. 3), S. 339ff.; Günther Schmölders, *Das Selbstbildnis der Verbände. Empirische Erhebung über die Verhaltensweisen der Verbände in ihrer Bedeutung für die wirtschaftspolitische Willensbildung in der Bundesrepublik Deutschland*, Berlin: Duncker & Humblot 1965, S. 128ff.; Hans-Joachim Menzel, *Legitimation staatlicher Herrschaft durch Partizipation Privater? Dargestellt am Beispiel der Beteiligung von Gewerkschaften in Gremien der Wirtschaftsverwaltung*, Berlin: Duncker & Humblot 1980, S. 113ff.; Anton Pelinka, *Gewerkschaften im Parteienstaat. Ein Vergleich zwischen dem Deutschen und dem Österreichischen Gewerkschaftsbund*, Berlin: Duncker & Humblot 1980, S. 108ff.; Hans Herbert Arnim, *Gemeinwohl und Gruppeninteressen. Die Durchsetzungsschwäche allgemeiner Interessen in der Demokratie. Ein Beitrag zu verfassungsrechtlichen Grundfragen der Wirtschaftsordnung*, Frankfurt a.M.: Metzner 1977, S. 130ff.; Becker, Gewaltenteilung (Anm. 1), S.209ff; Kaiser, *Repräsentation* (Anm. 3), S. 181ff.; Beyme, *Interessengruppen* (Anm. 3), S. 160ff.

ten, und treffen sie die von Offe vorgetragene Kritik, nicht organisations- und konfliktfähige Interessen würden ausgeschlossen?

Anhand der *Analyse der individuellen Kontakte* der Bundestagsabgeordneten versucht dieser Beitrag empirisch zum einen zu klären, wie die Zugangschancen organisierter Interessen zum Deutschen Bundestag verteilt sind. Es ist zu untersuchen, inwieweit sich die Kontakte erstens entsprechend der funktionalen Arbeitsteilung im Parlament, die ihren Ausdruck in den Arbeitseinheiten, den Ausschüssen findet, unterscheiden lassen, zweitens, ob die Zugangschancen entlang den parteipolitischen Trennungslinien im Parlament differenziert sind.

Zum anderen soll anhand der individuellen Kontakt*muster* der Abgeordneten untersucht werden, ob das Verhältnis von Verbänden und Parlament eher pluralistischer oder korporatistischer Logik entspricht. Empirisch heißt das, nach dem pluralistischen Interessenvermittler und dem korporatistischen "Politikmanager" zu suchen.

2. Verbände und Parlament

Die Verbändeforschung hat immer wieder festgestellt, daß die Interessengruppen in allen Phasen der Gesetzgebung versuchen, ihren Einfluß geltend zu machen[6]. Gleichwohl blieb die Forschung weitgehend auf ihre Beziehungen zur Exekutive beschränkt. Doch kommt gerade dem Deutschen Bundestag im Wechselspiel zwischen gesellschaftlichen Interessen und Staat eine besondere Bedeutung zu. Zum einen gilt dies mit Blick auf die einzigartigen Funktionen von Parlamenten, die sie von allen anderen Institutionen unterscheiden, zum anderen mit Blick auf die Relevanz, die ihnen die Verbände zumessen.

Funktional wird der Deutsche Bundestag als *clearing-house* widerstreitender gesellschaftlicher Interessen gleichsam zum Zentrum pluralistischer Vermittlung. Weder die Regierung noch die Administration können die Bedingung erfüllen, ein durch Wahlen unmittelbar legitimiertes gesamtgesellschaftliches Vertretungsorgan zu sein.

Aus der Perspektive des Deutschen Bundestages lassen sich folgende Argumente für eine Beteiligung der Verbände anführen[7]: Zum einen dienen die Verbände als wichtige Informationsquellen. Aufgrund zunehmend komplexer werdender Gesellschaftsstrukturen und des sich daraus ergebenden Zwangs erhöhter Staatstätigkeit[8] ist der Deutsche Bundestag als "Resonanzboden des Zumutbaren" stärker noch als andere staatliche Stellen auf Informationen bzw. den Sachverstand

---

6 Vgl. insbesondere die vorzügliche Studie von Otto Stammer u.a., *Verbände und Gesetzgebung*, Köln/Opladen: Westdeutscher Verlag 1965, S.21.
7 Vgl. dazu exemplarisch: Schröder, *Gesetzgebung* (Anm. 5).
8 Vgl. Arnim, *Gemeinwohl* (Anm. 5), S. 137.

der Interessengruppen angewiesen[9]. Neben dem Expertenwissen sind insbesondere die Informationen, die die Verbände über die Wünsche der Wähler bereitstellen, für das Parlament wesentlich[10]. Die möglichst umfassende Informations- und Interessenverarbeitung ist für den Aspekt der Legitimität politischer Entscheidungen, wie für den der politischen Steuerung gleichermaßen zentral.

Die Verbandsbeteiligung ist einerseits notwendiges Element für die Erreichung akzeptierbarer Kompromisse[11] im Parlament und andererseits notwendiges Element der Vermittlung von Entscheidungen in die Gesellschaft. Insoweit ist das Verhältnis zwischen Staat und Verbänden keineswegs eine Einbahnstraße. Der Deutsche Bundestag nimmt nicht nur Informationen und Interessen aus der Gesellschaft auf, sondern gibt sie auch in Form von Entscheidungen u.a. über die Verbände in die Gesellschaft zurück. Dieser intermediären Funktion wegen bezeichnet Herbert Leßmann Verbände auch als "Sprachrohr des Staates"[12]. Verbände sind also Mittler zwischen Staat und Öffentlichkeit[13]. Steinberg spricht von der Funktion der "Sicherung von Akzeptanz als Gegenleistung für die Verbandsbeteiligung[14]." So wird besonders dann die Akzeptanz von Gesetzen durch die Bürger erleichtert, wenn die Möglichkeit der Einflußnahme auf ihre Inhalte gegeben war. Dadurch wird der beteiligte Verband gleichsam in die Pflicht genommen, staatliches Handeln gegenüber der Mitgliederebene zu vertreten.

Auf Seiten der Verbände besteht Interesse an der parlamentarischen Berücksichtigung, weil das Parlament im Gegensatz zum landläufigen Urteil eben nicht lediglich Ratifikationsorgan von bereits im vorparlamentarischen Raum erstellten Gesetzesvorlagen ist, sondern zumindest die wichtigsten Verbände bei der Willensbildung beteiligt werden[15]. Interessengruppen messen dem Bundestag dementsprechend eine hohe Relevanz zu. Dies drückt sich darin aus, daß sie auch hier versuchen, auf die Gesetzgebung einzuwirken - insbesondere dann, wenn im vorparlamentarischen Raum noch keine genügende Einigkeit über das Gesetzesvorhaben

---

9   Vgl. ebd., S. 138; Rudolf Steinberg, Parlament und organisierte Interessen, in: Hans-Peter Schneider/Wolfgang Zeh, *Parlamentsrecht und Parlamentspraxis in der Bundesrepublik Deutschland*, Berlin/New York: de Gruyter 1989, S.243f. Dort heißt es: "nicht nur die Ministerialbeamten, auch die Abgeordneten können die Sachkunde der Verbände nutzen und damit - wenigstens ansatzweise - den Informationsvorsprung der Verwaltung ausgleichen."
10 Hans Herbert von Arnim (*Gemeinwohl* [Anm. 5], S.140) verweist darauf, daß diese Informationen durchaus verbandspolitisch gefärbt sein können. Um sich aber als Interessengruppe dauerhaften Zugang zu verschaffen, sind die Verbände auch gehalten, keine bewußt unrichtigen Fakten vorzubringen. Dieser Mechanismus sichert somit zumindest eine gewisse Zuverlässigkeit verbandlicher Informationsquellen.
11 Zur konsenssichernden Wirkung von Partizipation vgl. Menzel, *Legitimation* (Anm. 5), S. 95ff.; zum Ausgleich der Interessen vgl. Conradi, Mitwirkung (Anm. 3), S. 300f.
12 Leßmann, *Die öffentlichen Aufgaben* (Anm. 5), S. 72.
13 Die Wirkung auf die öffentliche Meinung darf nicht unterschätzt werden; vgl. ebd., S. 70 ff.; Schelter, *Demokratisierung* (Anm. 5), S. 83.
14 Steinberg, Parlament, (Anm. 9), S. 244.
15 Vgl. Hennis, Verfassungsordnung (Anm. 3), S. 87.

erzielt wurde[16]. Dabei sind drei verschiedene Arten verbandlicher zu Einwirkung unterscheiden: die "innere Lobby", Arten institutionalisierter und Arten informeller Kommunikation. Als institutionalisiertes Verfahren der Kommunikation zwischen Verbänden und Parlament sind die Öffentlichen Anhörungen der Ausschüsse des Deutschen Bundestages zu nennen, die die GeschBT vorsieht. Eine Untersuchung der Strukturen von zu Anhörungen geladenen Verbandsexperten ergab, daß eine breite Palette gesellschaftlicher Interessen hierbei Gehör findet, wenngleich spezifische, im wesentlichen funktional bestimmte Selektion üblich ist[17]. Neben dieser institutionalisierten Form der Kommunikation sichern sich Verbände den Zugang zum Parlament auch über Positionsverknüpfungen. Die Tatsache, daß sich im Bundestag auch Verbandsvertreter wiederfinden, ist spätestens seit Jürgen Webers Untersuchung kein Geheimnis mehr[18]. Insbesondere wirkt hier das Faktum, daß der Bundestag ein Arbeitsparlament ist, verstärkend auf verbandliche Einwirkungsbemühungen. "Da die Fraktionen aus gutem Grund ihre Fachleute in die jeweiligen Ausschüsse entsenden, die häufig eben gleichzeitig die einschlägigen Verbandsvertreter sind, finden sich die Vertreter der Unternehmerverbände, der Gewerkschaften, der Landwirte oder der Beamten in den für ihre Gruppeninteressen wichtigen Ausschüssen wieder, die damit gelegentlich zu 'Verbandsinseln' zu werden drohen."[19] Die Bundestagsausschüsse als vorbereitende Beschlußorgane sind letztlich als wichtigstes Betätigungsfeld des Verbandsvertreters zu sehen. Speziell wird auch auf die Kandidatenaufstellung Einfluß genommen, etwa durch die Unterstützung eines Direktkandidaten oder durch Einflußnahme auf die Landeslisten[20]. In der Beziehung Verbände - Bundestag spielt also die Vermittlungsrolle der politischen Parteien eine große Rolle. Allgemein ist von einem ständigen Austausch zwischen Verbänden und Parteien auszugehen[21].

Verbände und Bundestag haben insoweit aus je eigenen Motiven gute Gründe für gegenseitige Beziehungen. Der Charakter der Austauschstrukturen entscheidet letztendlich über die Legitimität der Entscheidungen ebenso wie über ihre Funktionalität im Sinne gelungener Problemlösung.

---

16 Vgl. Steinberg, *Parlament*, (Anm. 9), S. 223f.
17 Vgl. Bernhard Weßels, Kommunikationspotentiale zwischen Bundestag und Gesellschaft: Öffentliche Anhörungen, informelle Kontakte und innere Lobby in wirtschafts- und sozialpolitischen Parlamentsausschüssen, in: *ZParl*, 2/1987, S. 296. Bernhard Weßels verdeutlicht dies anhand einer Studie zu den Hearings des Bundestages sowohl des Finanz- und Haushalts- als auch des Ausschusses für Arbeit und Sozialordnung in der neunten Legislaturperiode.
18 Vgl. Jürgen Weber, *Die Interessengruppen im politischen System der Bundesrepublik Deutschland*, Stuttgart/Berlin/Köln/Mainz: Kohlhammer 1977, S. 279ff.; vgl. auch Gerhard Loewenberg, *Parliament in the German Political System*, Ithaca/New York: Cornell University Press 1967, S. 197ff., und Emil-Peter Müller, Interessen der Sozialpartner im XI. Deutschen Bundestag, in: *ZParl*, 2/1988.
19 Steinberg, Parlament (Anm. 9), S. 227.
20 Vgl. Bodo Zeuner, *Kandidatenaufstellung zur Bundestagswahl 1965*, Den Haag: Nijhoff 1970.
21 Vgl. Weber, *Interessengruppen* (Anm. 18), S. 302ff.

3. Zwei Formen politischer Vermittlung: Pluralismus und Neokorporatismus

Die theoretische und die empirische Diskussion über politische Vermittlungsprozesse in modernen Demokratien geht in der Regel entweder von der Existenz pluralistischer oder korporatistischer Strukturen aus. Nach Philippe C. Schmitter, der neben diesen beiden Formen noch den Syndikalismus als ein Strukturierungsprinzip definiert[22], lassen sich Pluralismus und Korporatismus wie folgt definieren:
"(1) Pluralism can be defined as a system of interest intermediation in which the constituent units are organized into an unspecified number of multiple, voluntary, competitive, nonhierarchically ordered, and self-determined (as to type or scope of interest) categories that are not specifically licensed, recognized, subsidized, created, or otherwise controlled in leadership selection or interest articulation by the state and that do not exercise a monopoly of representational activity within their respective categories.
(2) Corporatism can be defined as a system of interest intermediation in which the constituent units are organized into a limited number of singular, compulsory, noncompetitive, hierarchically ordered, and functionally differentiated categories, recognized or licensed (if not created) by the state and granted a deliberate representional monopoly within their respective categories in exchange for observing certain controls on their selection of leaders and articulation of demands and supports."[23]

Generelles Kennzeichen des Pluralismus ist also die Konkurrenz, der freie Wettbewerb von Gruppen, während der Korporatismus die funktionale Differenzierung, Repräsentationsmonopole und Interessen"kartellierung" betont.

Im Pluralismus werden die mannigfaltigen Interessen der Bevölkerung dadurch reduziert, daß zwischen die Individuen und dem staatlichen Entscheidungszentrum Verbände als intermediäre Instanzen treten. Diesen Prozeß beschreibt Stanislav Ehrlich in seiner idealtypischen Form folgendermaßen: "In ihren unteren Organen schließen die Verbände ihre individuellen Interessen zusammen, in den höheren filtrieren sie die Gruppeninteressen. Und erst auf der höchsten Stufe, auf der die Spitze der Gruppenorganisation mit der politischen Struktur, mit deren entscheidenden Organisationen in Verbindung kommt, ändern sich die Rollen. Die Spitzenorganisation erschöpft ihre integrierenden Möglichkeiten, und die von ihr vertretenen Interessen werden ihrerseits Gegenstand der Integration seitens der entsprechenden Organe der politischen Struktur."[24] Die Vielfalt des Verbandsspek-

---

22 Syndikalismus ist an dieser Stelle weniger als aktuell empirisch erfahrbare Austauschstrategie zu sehen, sondern als Desiderat Schmitters. In den folgenden Betrachtungen soll deshalb dieses Modell nicht weiter berücksichtigt werden.
23 Philippe C. Schmitter, Modes of Interest Intermediation and Models of Societal Change in Western Europe, in: *Comparative Political Studies*, 1/1977, S. 9.
24 Stanislav Ehrlich, *Die Macht der Minderheit. Die Einflußgruppen in der politischen Struktur des Kapitalismus*, Wien/Frankfurt/Zürich: Europa-Verlag 1966, S. 278.

trums bleibt erhalten, um sicherzustellen, daß alle relevanten Positionen der Bevölkerung im Entscheidungsfindungsprozeß berücksichtigt werden. Zugangsbeschränkungen auf der Verbandsebene im Vorfeld der politischen Entscheidungsfindung gilt es zu vermeiden. Statt dessen wird das Prinzip des "Spiels der freien Kräfte" zur *conditio sine qua non* gemacht, damit gemeinwohlorientierte Beschlüsse zustandekommen können. Der freie Wettbewerb - unter der Voraussetzung einer existenten Verbandsvielfalt - erscheint für Ernst Fraenkel auch empirisch belegbar zu sein, wenn er behauptet: "In der Gegenwart stellen politische Entscheidungen zumeist die Resultante im Parallelogramm von Kräften dar, an deren Zustandekommen die Interessenorganisationen maßgeblich teilhaben."[25]

Diesem Postulat der Pluralisten von der Vielzahl freiwilliger Interessengruppen bei gleichzeitiger Egalität im Wettbewerb ist von verschiedenen Seiten die Beobachtung entgegengehalten worden, daß in bestimmten Bereichen nur eine sehr kleine Anzahl sehr großer Interessenverbände existiert, deren Mitgliedschaft nur bedingt freiwillig ist[26]. Die Verbände verfügten mehr oder weniger über ein Repräsentationsmonopol, Nichtorganisation bedeute, nicht vertreten zu sein. Empirisch zeige sich, daß Effektivitätsgesichtspunkte dazu führten, nicht alle relevanten Verbände in Verhandlungssysteme zu integrieren[27]. Entscheidend dafür, ob ein Verband zum offiziellen Gesprächspartner staatlicher Institutionen werde oder nicht, sei das jeweilige Angebot an knappen Gütern, also den Ressourcen, die er zu mobilisieren und zu kontrollieren verstehe und zur Verfügung stellen könne[28].

---

25 Fraenkel, zitiert nach Rolf G. Heinze, *Verbändepolitik und "Neokorporatismus". Zur Soziologie organisierter Interessen*, Opladen: Westdeutscher Verlag 1981, S. 69.
26 Vgl. Noel O'Sullivan, The political theory of neo - corporatism, in: Andrew Cox/Noel O'Sullivan (Hrsg.), *The Corporate State. Corporatism and the State Tradition in Western Europe*, Aldershot: Elgar 1988, S. 5ff.
27 Vgl. dazu auch Heinze, *Verbändepolitik* (Anm. 25), S. 72: "[Es] wird deutlich, daß nicht eine Vielzahl von gleichrangigen Interessenverbänden auf die Politik Einfluß nehmen können, sondern daß ein 'Kartell' von etablierten Verbänden in wechselseitiger Verknüpfung mit Parteien und staatlichen Institutionen den Politikverlauf maßgeblich beeinflußt."
28 Ressource soll hier als Sammelbegriff für Güter, Dienstleistungen, Informationsverfügung, aber auch als die Fähigkeit, systemrelevante Risiken erzeugen zu können, gelten. Unter Ressource ist auch Protestpotential und Kompetenz öffentlicher Artikulation, konkret auch Wählerpotentiale und Druckmittel, zu verstehen.
James S. Coleman (*Macht und Gesellschaftsstruktur*, Tübingen: Mohr 1979) umschreibt die Macht kollektiver Akteure als Kontrolle über den Einsatz von Ressourcen, die er mittels Delegationsprinzip von einzelnen Individuen (Mitgliedern) erhält. Aus Kosten-Nutzen-Erwägungen heraus erscheint es nämlich für natürliche Personen zwingend, sich zu organisieren, um im Aggregat das Machtpotential zur Durchsetzung gemeinsamer Interessen zu steigern. Bernhard Weßels (*Das Berliner Abgeordnetenhaus im Netzwerk gesellschaftlicher Interessen. Ein Forschungsbericht*, Berlin 1985) verweist in Anlehnung an Ronald S. Burt (Power in a Social Topology, in: R.J. Liebert/A.W. Imersheim (Hrsg.), *Power, Paradigms and Community Research*, Beverly Hills: Sage 1977) auf die Problematik der "Gleichsetzung von Ressourcen und Einfluß". Als Macht soll daher vielmehr die "Fähigkeit [gelten], Ressourcen in Einfluß in einem Akteursystem zu verwandeln" (Weßels, *Das Berliner Abgeordnetenhaus*, S. 55). Unter dem Gesichtspunkt der prinzipiellen Trennung von Macht und Ressourcen soll schließlich die Behauptung Ursula Hoffmann-Langes gelten: "der

Hier setzt der Befund an, in westlichen Demokratien hätten sich in unterschiedlicher Weise und Stärke korporatistische Vermittlungsstrukturen etabliert. Im Neokorporatismus besteht die staatliche Intention darin, "zusätzliche Steuerungspotentiale durch die Hineinnahme gesellschaftlicher Organisationen in den politischen Entscheidungsprozeß zu mobilisieren[29]." Insbesondere werden solche Politikarenen korporatistisch strukturiert, die in verteilungspolitischer Perspektive sehr konfliktreich sind. Insofern handelt es sich um tripartite Verhandlungsarrangements, die sich aus den Vertretern jeweils originär konfligierender Interessen und staatlichen Akteuren zusammensetzen. Sie basieren auf einer Austauschlogik, "bei dem der Leistung eine explizit vereinbarte Gegenleistung gegenübersteht und ein Austausch Zug umd (sic) Zug erwartet wird[30]." Die beiderseitigen Vorteile der Privilegierung von Großverbänden ermöglichen staatlicherseits durch Zusammenarbeit und durch Positionsverstrickungen gesteigerten Rückgriff auf Ressourcen, deren Einsatz durch die Bereitstellung ständig aktualisierter Informationskanäle und Stärkung der Fachkompetenz effektiver organisiert werden kann[31].

Vom Neopluralismus als "gesellschaftliches Strukturprinzip"[32] unterscheidet sich Neokorporatismus durch die direkte Beteiligung von Verbänden am gesamtgesellschaftlichen Entscheidungsfindungsprozeß. Schmitter unterscheidet Plura-

Einfluß dieser Organisationen [Verbände] beruht auf ihren gesellschaftlichen Machtressourcen und ist im Regelfall nicht durch demokratische Wahlen legitimiert." (Ursula Hoffmann-Lange, Eliten in der modernen Demokratie. Fragestellungen, theoretische Ansätze und Ergebnisse der Elitenforschung, in: *Der Bürger im Staat*, 1/1990, S. 6.) Auf dieser Grundlage ist der mögliche Einfluß, der auf Ressourcenkontrolle basiert, für korporative Subsysteme unter zwei Blickwinkeln zu sehen: zum einen als Einfluß auf die Willensbildung innerhalb des Verhandlungssystems, zum anderen auch als die Fähigkeit, grundsätzlich in das Arrangement integriert zu werden, was durch den Begriff Zugangsmacht umschrieben werden kann.

29 Manfred Glagow/Uwe Schimank, Gesellschaftssteuerung durch korporatistische Verhandlungssysteme. Zur begrifflichen Klärung, in: Jürgen W. Falter/Christian Fenner/Michael Th. Greven (Hrsg.), *Politische Willensbildung und Interessenvermittlung*, Opladen: Westdeutscher Verlag 1984, S. 539.

30 Gerhard Lehmbruch, Neokorporatismus in Westeuropa: Hauptprobleme im internationalen Vergleich, in: *Journal für Sozialforschung*, 4/1983, S. 413.

31 In diesem Zusammenhang drängt sich ein Vergleich mit Max Webers Darstellung der bürokratischen Herrschaft auf. Seiner Auffassung nach ist sie die "formal rationalste Form der Herrschaftsausübung" (Max Weber, *Wirtschaft und Gesellschaft*, Tübingen: Mohr [5]1972, S. 128), da sie "das spezifische Mittel" ist, "(einverständliches) 'Gemeinschaftshandeln' in rational geordnetes 'Gesellschaftshandeln' zu überführen" (ebd., S. 569). Er begründet das damit, daß die Bürokratie allgemein über das höchste Fachwissen verfügt, einzig überflügelt vom kapitalistischen Unternehmer, jedoch nur in dessen speziellem Interessenbereich. Die Spitzenverbände können in diesem Kontext mit letzterem gleichgesetzt werden (in vielen Fällen läßt sich zudem nachweisen, daß Interessenverbände zugleich als Unternehmer agieren) bzw. als gewichtiger betrachtet werden, weil ihr Kompetenzbereich oft erheblich größer als derjenige des einzelnen Unternehmers ist. Weber zufolge legitimiert sich legitime Herrschaft vornehmlich über Informationsvorsprung. Wird Spezialistentum als Basis der Macht und "Herrschaft kraft Wissen" (ebd., S. 129) als Form legaler Herrschaftsausübung betrachtet, so liegt der Schluß nahe, auch Interessenverbände im Herrschaftsgeflecht zu institutionalisieren.

32 Hans Kremendahl, *Pluralismustheorie in Deutschland. Entstehung, Kritik, Perspektiven*, Leverkusen: Hegger 1977, S. 16.

lismus und Korporatismus danach, wie weit Verbände in den gesellschaftlichen Willens- und Entscheidungsfindungsprozeß einbezogen sind. Dabei postuliert er "eine strukturelle Vereinbarkeit oder Wahlverwandtschaft zwischen Korporatismus und Konzertierung einerseits und Pluralismus und pressure andererseits"[33]. Die Verbände agieren im Korporatismus nicht länger als "pressure groups", die jeweils informell partikulare Interessen verfolgen. Sie müssen sich statt dessen aufgrund des Verhandlungsdrucks, der durch konzertierte Aktion entsteht, selbst beschränken und gesamtgesellschaftliche Anliegen mitberücksichtigen. Die Leistung des Staates in einem pluralistischen System, die Interessenvielfalt zu strukturieren und zu bündeln, muß im Korporatismus von den gesellschaftlichen Organisationen mitgetragen werden.

In der Korporatismusforschung wird hauptsächlich von einem Regierungs-Verbandssystem ausgegangen. Die Frage, ob die Arena korporatistischer Konfliktschlichtung nicht auch die Parlamente miteinbezieht bzw. ob es sogar eigenständige parlamentarisch-korporatistische Subsysteme gibt, wird von den meisten Autoren nicht thematisiert. Grund dafür ist unter anderem, Korporatismus als kontradiktorischen Ansatz zum Pluralismus zu begreifen. Gouvernementale korporatistische Verhandlungsarrangements - deren Ausweitung bzw. Politikimplementation sich bestenfalls auf die Administration bezieht - werden dem (pluralistischem) Parlamentarismus entgegengestellt[34].

Diese recht klaren Definitionen legen es nahe, Pluralismus und Korporatismus als zwei voneinander getrennte Modi der Interessenvermittlung anzusehen. In der Realität zeigt sich aber, daß die Grenzen oft fließend sind, was auch zur Uneinheitlichkeit der Verwendung des Begriffs Korporatismus beiträgt[35]. Pluralismus und Korporatismus sollten nicht als exklusive Alternativen, sondern vielmehr als jeweilige Endpunkte in einem Kontinuum gesehen werden, wie Noel O'Sullivan zu Recht vermerkt[36]. Wie für den Pluralismus, so gilt auch für den Korporatismus

33 Philippe C. Schmitter, Neokorporatismus: Überlegungen zur bisherigen Theorie und zur weiteren Praxis, in: Ulrich von Alemann (Hrsg.), *Neokorporatismus*, Frankfurt a.M./New York: Campus 1981, S. 67.

34 So z.B. bei Jessop, der hier insofern positiv auffällt, als er zu den wenigen gehört, die zwar diesen Standpunkt vertreten, sich aber immerhin des Themenkreises Parlamentarismus annehmen. Vgl. Bob Jessop, Corporatism, Parliamentarism and Social Democracy, in: Philippe C. Schmitter/Gerhard Lehmbruch, *Trends toward Corporatist Intermediation*, Beverly Hills/London: SAGE 1979.

35 Der Umstand, daß reale Systeme nie gänzlich als Idealtypen gesehen werden können, verursacht neben analytischen Schwierigkeiten auch Uneinigkeit in der Begriffswahl. Man beachte nur, daß Jürgen Weber im Zusammenhang der Beschreibung quasi-korporativer Zustände von "eingeschränktem Verbandspluralismus" spricht, während Winfried Steffani hier dem Terminus "korporativer Pluralismus" den Vorzug gibt. Vgl. die Aufsätze der beiden Autoren in Heinrich Oberreuter (Hrsg.), *Pluralismus. Grundlegung und Diskussion*, Opladen: Leske + Budrich 1980. Zur nahezu babylonischen Begriffsvielfalt im Spannungsverhältnis Pluralismus - Korporatismus auch außerhalb der bundesrepublikanischen Diskussion vgl. Franz Nuscheler, Regierung auf Vereinbarung der "neuen Stände"? Diskussion und Befund des Korporatismus in Großbritannien, in: *ZParl*, 4/1979, S. 504.

36 Alan Cawson zitiert nach O'Sullivan, The political theory of neo-corporatism (Anm. 26), S.12: "corporatism and pluralism should not be seen as exclusive alternatives, but

Ernst Fraenkels Aussage: "Pluralistisch ist nicht ein Staat, der nur pluralistisch, pluralistisch ist ein Staat, der auch pluralistisch ist[37]". Mit anderen Worten: Ganze Systeme weisen intern einen so hohen Grad an Differenzierung und Vielfalt auf, daß es schwierig und manchmal unmöglich ist, sie mit dem einen oder anderen Begriff zutreffend zu charakterisieren. Innerhalb eines politischen Systems können mehrere Austauschsysteme - je nach Politikfeld - nebeneinander existieren[38].

Ausgehend von dieser Überlegung, läßt sich die allgemeine, hier zu beantwortende Frage nach dem Charakter der Austauschstrukturen zwischen Deutschem Bundestag und Verbänden spezifizieren. Es gilt nämlich zu klären, in welchen Politikfeldern und Politikarenen welches Strukturmoment dominant ist.

4. Zugangschancen organisierter Interessen zum Bundestag

Die Frage, welche Verbände generell über die Abgeordneten Zugang zum Parlament haben und ob sie ihre Interessen in die politische Willensbildung und Entscheidungsfindung einfließen lassen können, ist von zentralem Belang für die Funktionsfähigkeit einer Demokratie. Nicht nur demokratietheoretisch bedeutsam, sondern auch von praktischer Steuerungsrelevanz ist es, ob der Deutsche Bundestag, gemessen an den kommunikativen Bezügen der Abgeordneten, überhaupt die Chance hat, die Vielfalt und Heterogenität der gesellschaftlichen Interessen zur Kenntnis zu nehmen oder ob spezifische Selektivitäten die Wahrnehmung bestimmter Interessen systematisch ausschließen. Das Augenmerk richtet sich also weniger auf den tatsächlichen Einfluß von (organisierten) Interessen auf den Deutschen Bundestag, sondern auf die Gelegenheitsstruktur für Kommunikation und Austausch zwischen Bundestag und Gesellschaft. Diese Austauschstrukturen sind letztlich die Basis, auf der sich entscheidet, in welchem Ausmaß der Bundestag Resonanzboden des Zumutbaren und Machbaren sein kann oder nicht.

Die wesentlichen Kommunikationskanäle für derartige Austauschprozesse sind nicht die institutionalisierten Kontakte zwischen Verbänden und Parlament, wenngleich auch sie maßgeblich für den politischen Prozeß sind. "Ein für die Vorbereitung politischer Willensbildung und Entscheidungsfindung von Abgeordneten kaum zu unterschätzender Faktor neben den Formen institutionalisierter Kommunikation (z.B. Anhörungen) sind nicht-institutionalisierte Kommunikationspfade, wie sie in den personellen Kontakten zwischen Abgeordneten und Vertretern von Großorganisationen vorliegen. [...] Diese informellen Netzwerke stellen vermutlich

---

as end-points in a continuum according to the extent to which monopolistic and interdependent relationships between interest organisations and the state have become established."
37 Ernst Fraenkel, *Deutschland und die westlichen Demokratien*, Stuttgart/Berlin/Köln/Mainz: Kohlhammer [4]1968, S.68.
38 Vgl. Glagow/Schimank, Gesellschaftssteuerung (Anm. 29).

die quantitativ am stärksten genutzten Kommunikationspfade dar und dürften daher die Beziehung zwischen politischem System und Gesellschaft stark mitbestimmen."[39]

Hinsichtlich dieser informellen Kommunikationsstrukturen sind zwei Dimensionen wesentlich.

A. Zu wem haben die Mitglieder des Bundestages Kontakt, und wie groß ist die Vielfalt der Verbände, die Zugang zum Parlament haben?

Anhand der Frage nach den Kontaktpartnern ist zu prüfen, inwieweit die Palette des westdeutschen Verbandswesens Zugang zu den Parlamentariern findet, oder ob die Zugangschancen aufgrund spezifischer Selektivitäten schon im Vorfeld starken Einschränkungen unterliegen.

B. Wie intensiv wird das potentielle Netzwerk genutzt, wie gestaltet sich demnach das Alltags-, also das realisierte Arbeitsnetzwerk?

Die Anzahl der Verbände allein, die grundsätzlich Zugang zum Bundestag haben, sagt wenig über ihre Bedeutung im einzelnen aus. Man kann wohl davon ausgehen, daß häufige Kontakte in den meisten Fällen auf regen Informationsfluß zwischen Bundestag und Verbänden schließen lassen, seltene Kontaktpflege aber zumeist nur dem Öffnen bzw. Offenhalten von Türen gilt und somit weniger auf direkte Verbandsbeteiligung schließen läßt. Daher soll zusätzlich die Intensität der Kontaktpflege in die Betrachtung miteinbezogen werden.

Gegenstand dieser Analyseebene ist die Erforschung der Verteilung der Kontaktpartner nach Organisationssektoren. Sie greift die Frage nach der Selektivität wieder auf, bezieht sie aber auf die Gewichte der Sektoren hinsichtlich der Kontaktintensitäten.

Unser Augenmerk gilt nicht nur dem Gesamtparlament. Die Frage, die sich darüber hinaus stellt, ist die, ob je spezifische, funktional differenzierte Kommunikationsstrukturen hinsichtlich der arbeitsteiligen Einheiten des Parlaments, den Ausschüssen und Fraktionen, existieren[40]. Mit anderen Worten: Es geht um die funktionale und politische Differenzierung der Kommunikationsstrukturen zwischen Bundestag und Gesellschaft.

---

39 Weßels, Kommunikationspotentiale (Anm. 17), S. 297.
40 Vgl. Heino Kaack, *Geschichte und Struktur des deutschen Parteiensystems*, Opladen: Westdeutscher Verlag 1971, S. 665. Da im folgendem auf eine ausführliche Darstellung der Strukturen und Funktionen von Bundestagsfraktionen und -ausschüssen verzichtet wird, verweise ich hier auf die Literaturangaben, die Kaack an oben genannter Stelle gibt. Zur neueren Literatur vgl. insbes. die Aufsätze in Schneider/Zeh, *Parlamentsrecht* (Anm. 9).

4.1. Gesellschaftliche Organisationen als Kontaktpartner des Bundestages

Allgemein läßt sich festhalten, daß das Spektrum der Verbände, die Zugang zum Parlament haben, relativ breit ist. So erhielten wir auf die offen an die Abgeordneten[41] gestellte Frage nach ihren Kontaktpartnern im Bereich des Verbandswesens mit überregionaler Bedeutung insgesamt 5205 Nennungen, die sich auf 1024 Organisationen bzw. Organisationsbereiche bezogen, 619 davon auf konkrete Organisationen[42]. Das heißt, daß über sechzig Prozent der registrierten Partnerangaben genaue Organisationen bezeichnen. Die restlichen Nennungen lassen dagegen nur mehr oder weniger genaue Aussagen über verbandliche Aggregate unterhalb konkreter Organisationen zu. Es besteht damit aber berechtigter Anlaß zu vermuten, daß sich ein großer Teil nicht spezifizierter Angaben im eigentlichen Sinne auf Verbände bezieht, die sich bereits in der Liste der 619 konkreten Einzelorganisationen befinden. Daher kann mit einiger Plausibilität davon ausgegangen werden, daß diese 619 Organisationen mit einer zu vernachlässigenden Unschärfe das Universum derjenigen Verbände gesamtnationaler Bedeutung bilden, die Zugang zum Parlament haben.

Bezogen auf die Grundgesamtheit aller in der Bundesrepublik eingetragenen Verbände[43], kann gesagt werden, daß über ein Viertel von ihnen grundsätzlich den Zugang zum Parlament sucht. Ein maßgeblicher Teil davon ist nämlich in die Lobbyliste des Deutschen Bundestages eingetragen, insgesamt 1444 Verbände[44]. Von diesen Verbänden, die ein augenscheinliches Interesse an einer Verbindung zum Parlament bekunden, nennen die Mitglieder des Bundestages 43 Prozent als Kontaktpartner. Bedenkt man, daß von der Gesamtzahl der Lobbyliste noch rein regionale Zusammenschlüsse subtrahiert werden müssen und daß unserer Liste eine konservative Schätzung zugrunde liegt, so besteht berechtigter Anlaß, von einer hohen Bereitschaft des Deutschen Bundestages zu sprechen, die Verbindung zur Gesellschaft zu suchen.

Bei einer groben Aufteilung der Verbände[45], die die MdB als Kontaktpartner nennen, fällt ein Übergewicht "ideeller Förderverbände" gegenüber "wirtschaftlich

---

41 Insgesamt waren 327 Abgeordnete bereit, Angaben zu ihren Kontakten zu gesellschaftlichen Organisationen zu machen.
42 Als konkret gilt eine Angabe nur dann, wenn sie Rückschlüsse auf eine bestimmte Organisation zuläßt bzw. bei größeren Verbänden zusätzlich die jeweilige Organisationsebene erkennbar wird. (Zur Exemplifikation: Die Aussage "zu DGB-Gewerkschaften" gilt an dieser Stelle als zu unspezifisch, da sie keine Rückschlüsse auf die entsprechenden Industriegewerkschaften zuläßt.)
43 Vgl. Jürgen Weber, Gefährdung der Parlamentarischen Demokratie durch Verbände, in: Oberreuter, *Pluralismus*. (Anm. 35), S.169.
44 Vgl. Weber, Gefährdung (Anm. 43).
45 Konkret wird das Verbandswesen in folgende sechs Gruppen aufgeteilt (die ausführliche Begründung dieser Klassifikation findet sich in Manfred Hirner, *Der Deutsche Bundestag im Netzwerk wirtschafts- und sozialpolitischer Interessenorganisationen*, Diplomhausarbeit, Freie Universität Berlin 1991):

orientierten Organisationen" auf. Die meisten Einzelorganisationen umfaßt der Bereich Religionsgemeinschaften (155).

Tabelle 1: Interessenorganisationen als Kontaktpartner des Bundestages

	konkrete Nennungen	unterschiedl. Nennungen	Anteil konkreter Nennungen (in %)
Kapitalverbände	*112*	*226*	*49.6*
davon:			
- Verbände industrieller Investoren	74	158	46.8
- Verb. des Handwerks/Mittelstands	38	68	55.9
Gewerkschaften	54	67	80.5
berufsständische Organisationen	*92*	*142*	*64.8*
davon:			
- Landwirtschaftsverbände	29	43	67.4
- sonst. berufsst. Organisationen	63	99	63.6
soziale, kulturelle, karitative u. Freizeitverbände	140	248	56.5
Religionsgemeinschaften	155	220	70.5
Bürgerinitiativen	66	121	54.5
insgesamt	619	1024	60.4
Aggregiert:			
Wirtschaftsverbände	258	435	59.3
ideelle Förderverbände	361	589	61.3

(Fortsetzung Fußnote 45:)
Wirtschaftlich orientierte Verbände:
1. Verbände der Investoren
2. Gewerkschaften
3. berufsständische Gruppen
Ideelle Förderverbände:
4. soziale, karitative, kulturelle und Interessengruppen des Freizeitbereichs
5. Kirchen
6. Bürgerinitiativen

Das Parlament im Netzwerk gesellschaftlicher Interessen

Dagegen bilden mit nur 54 einzelnen Interessengruppen die Gewerkschaften das Schlußlicht. Nimmt man den Anteil konkreter Nennungen als Maßstab für die Güte einer Schätzung, wieviele unterschiedliche Organisationen es in dem jeweiligen Bereich gibt, können wir sagen, daß die Zahl der verschiedenen Organisationen bei den Kirchen (70,5 Prozent konkrete Nennungen) und bei den Gewerkschaften (80,5 Prozent) am besten, bei den Kapitalverbänden (49,6 Prozent) am schlechtesten geschätzt wurde (s. Tabelle 1).

Im Ganzen läßt der hohe Anteil der Verbände, die Zugang zum Bundestag finden, gemessen an denen, die offenkundig diesen Zugang suchen (Lobbyliste), auf eine hohe Permeabilität des Bundestages bezüglich gesellschaftlicher Organisationen schließen. Das pluralistische Bild vom westdeutschen Parlamentarismus[46], nämlich daß eine Vielzahl von Verbänden agiert und den unmittelbar politischen Raum erreicht, bestätigt sich auf dieser Ebene der Untersuchung. Jedoch gilt es, weiter zu differenzieren. Denn allein die Tatsache, Kontaktpartner des Deutschen Bundestages zu sein, sagt wenig darüber aus, welchen Stellenwert ein Verband im parlamentarischen Alltag einnimmt. Deshalb soll an dieser Stelle zwischen intensiven und seltenen Kontakten getrennt werden. Es kann angenommen werden, daß häufige Kontakte als Informations- und Arbeitsgrundlage der Parlamentarier dienen, während gelegentliche oder seltene Kontakte eher die Funktion erfüllen, Türen offenzuhalten, sich also Zugangspotentiale zu verschaffen, auf die gegebenenfalls zurückgegriffen werden kann. Somit ist auch ihnen eine bedeutende Rolle zuzuschreiben, sie helfen nämlich, die Responsivität des Parlaments bzw. kleinerer innerparlamentarischer Gruppen gegenüber neuen oder sich ändernden Problemlagen zu sichern. Als aktuelle Arbeitskontakte hingegen dürften sie auszuschließen sein.

Während wir davon ausgehen können, daß eine Vielzahl von gesellschaftlichen Organisationen generellen Zugang zum Parlament findet[47], interessiert in diesem Zusammenhang die Frage, wie stark die unterschiedlichen gesellschaftlichen Organisationsbereiche im Kommunikationsnetz repräsentiert sind.

Aus Tabelle 2 ist zu entnehmen, daß ein Parlamentarier im Durchschnitt mindestens 177 mal jährlich[48], also mindestens jeden zweiten Tag, in irgendeiner Form

---

46 Vgl. dazu exemplarisch die Beiträge in Oberreuter, *Pluralismus* (Anm. 35)
47 Diese Behauptung läßt sich nicht nur mit der enormen Anzahl der Kontaktpartner des 11. Deutschen Bundestages belegen, sondern auch durch die Anzahl der Verbindungsstränge, die zwischen Bundestag und gesellschaftlichen Organisationen verlaufen. Letztlich hält ein Abgeordneter im Durchschnitt Kontakt zu 12,6 verschiedenen Organisationen bzw. Organisationstypen - wenngleich sich bei der Verteilung Gewichtungen nicht verbergen lassen, die auf geringe funktionale Differenzierung schließen lassen. (Vgl. dazu Hirner, *Der Deutsche Bundestag* (Anm. 45) S.83ff)
48 Zur Messung der Kontaktintensität wurden folgende Antwortvorgaben angeboten: "kein Kontakt", "mindestens einmal wöchentlich", "mindestens einmal im Monat", "mindestens einmal im Vierteljahr", "mindestens einmal im Jahr" und "nur gelegentlich/selten". Um intervallskaliertes Meßniveau zu erlangen, wurden die Antworten auf den Bezugszeitraum eines Jahres (= 52 Wochen) umgerechnet. Es handelt sich dabei um eine konservative Schätzung, da die kleinste - und nicht die höchstmögliche - An-

Kontakt zu einer gesellschaftlichen Organisation unterhält. Das läßt auf intensive Beziehungen zwischen dem Bundestag und der Gesellschaft schließen. Hier ist insbesondere zu untersuchen, wie stark die unterschiedlichen gesellschaftlichen Organisationsbereiche im Kommunikationsnetz repräsentiert sind.

Tabelle 2: Durchschnittliche Nutzungshäufigkeit von Kontakten im Parlaments-/Verbands-Netzwerk

Organisation/ Organisationsbereich	durchschnittl. jährliche Kontakthäufigkeit	in % aller Kontakte	in % des Sektoren
insgesamt	**176.8**		
Kapitalverbände darunter:	*41.2*	*23.3*	*42.4*
- Verb. industrieller Investoren	25.0	14.1	25.7
- Verb. Handwerk/Mittelstand	16.1	9.1	16.6
Gewerkschaften	32.6	18.4	33.6
berufsständische Organisationen darunter:	*23.3*	*13.2*	*24.0*
- Landwirtschaftsverbände	8.5	4.8	8.8
- sonst. berufsständische Organ.	14.8	8.4	15.2
Summe Wirtschaftsverbände	**97.1 (54.9 %)**		**(100 % = 97.1)**
soziale, kulturelle, karitative u. Freizeitverbände	43.2	24.4	52.2
Religionsgemeinschaften	21.9	12.4	27.5
Bürgerinitiativen	14.6	8.3	18.3
Summe ideelle Förderverbände	**79.7 (45.1 %)**		**(100 % = 79.7)**
N = 327	(100.0 % = 176.8)		

Die Untersuchung der Kontaktpartner ergibt, daß die Kontakte zu den "ideellen Förderverbänden" die zu den "wirtschaftlich orientierten Verbänden" überwiegen.

zahl realisierter Kontakte zwischen Abgeordneten und dem Verbandswesen zur Grundlage gemacht worden ist.

Betrachten wir jedoch die Intensität, mit der die Kontakte zu den einzelnen Organisationsstrukturen gepflegt werden, so kehrt sich das ursprüngliche Verhältnis fast um: 55 Prozent der gesamten Kontakttätigkeit der Abgeordneten bezieht sich nämlich auf die Wirtschaftsverbände. Auch innerhalb der beiden Gruppen "Wirtschaftsverbände" und "ideelle Förderverbände" verteilen sich die Alltagskontakte der Abgeordneten nicht gleichmäßig über alle Verbandssektoren. Betrachten wir das Segment der Wirtschaftsverbände, dann zeigt sich, daß berufständische Organisationen weniger häufig Kontakt zum Bundestag haben (23 Prozent der Kontakte), Kapitalverbände - also solche der industriellen Investoren und des Handwerks und Mittelstandes - dagegen über 40 Prozent der Kontakte auf sich vereinen und das Beziehungsgeflecht Gewerkschaften - Bundestag ein Drittel aller Einzelkontakte des Wirtschaftsbereichs ausmacht.

Diese Unterschiede werden zusätzlich verstärkt durch die unterschiedliche Anzahl der Kontaktpartner, auf die sich in den einzelnen Organisationsbereichen die Kontakte verteilen. Während der Organisationsbereich berufständischer Gruppen organisatorisch relativ stark differenziert ist und damit ein einzelner Kontaktkanal in seiner Bedeutung sinkt, scheinen die parlamentarischen Kontaktstrukturen des Gewerkschaftsbereichs durch wenige - dadurch in ihrem Gehalt aber zentralere - Einzelgewerkschaften determiniert zu sein. Eine detailliertere Betrachtung[49] ergibt, daß tatsächlich der allergrößte Teil realisierter Gewerkschaftskontakte den Organisationsbereich des DGB betrifft; etwa ein Drittel davon entfällt auf die drei größten Einzelgewerkschaften (IGM, ÖTV, IGChemie). Im Rahmen berufständischer Organisationen kann nur der Deutsche Bauernverband innerhalb des landwirtschaftlichen Organisationssektors nahezu ähnlich hohe Anteile für sich verbuchen.

Im Bereich industrieller Investoren handelt es sich bei drei Vierteln der realisierten Einzelkontakte um Kontakte zu Unternehmerverbänden. Arbeitgeberverbände (insbesondere BDA) spielen eine weitaus geringere Rolle im gesellschaftlich - kommunikativen Alltag des Bundestages.

Bei den "ideellen Förderverbänden" überwiegen die Kontakte zu den sozialen, karitativen, kulturellen und Freizeitverbänden (54 Prozent) die zu den Religionsgemeinschaften (28 Prozent). Aber auch Bürgerinitiativen sind in das Kommunikationsnetzwerk zwischen Bundestag und Gesellschaft eingebunden. Im Bereich ideeller Förderverbände vereinen sie 18.3 Prozent der Kontakte auf sich, gemessen an allen Kontakten 8.3 Prozent.

Zusammenfassend läßt sich somit feststellen, daß das Kontaktverhalten der Abgeordneten im großen und ganzen die Vielfalt (organisierter) gesellschaftlicher Interessen widerspiegelt. Die deutliche Dominanz wirtschaftsbezogener Kontakte gegenüber denen zu "ideellen Förderverbänden" entspricht der funktionalen Bedeutung des Wirtschaftssystems für eine moderne Industriegesellschaft.

---

49 Vgl. dazu Tabelle 6 Anhang, in: Manfred Hirner, *Der Deutsche Bundestag* (Anm. 45).

4.2. Kontaktintensitäten nach Ausschüssen

Die Ausschüsse sind die Körperschaften des Parlaments, mit denen einer funktionalen Differenzierung des Bundestages Rechnung getragen wird. In ihnen wird - neben den Fraktionen - die Hauptarbeit geleistet[50]. Die Stellung der Ausschüsse wurde nach der Parlamentsreform von 1969 noch durch das sogenannte Selbstbefassungsrecht der Ausschüsse erhöht. Dies legt nahe, daß gerade auch die Ausschüsse als die Orte anzusehen sind, wo verbandliche Aktivitäten gezielt ansetzen. Seit Jürgen Webers Studie ist bekannt, daß sich manche Ausschüsse als markante Verbandsinseln[51] erweisen.

Legt man strenge Kriterien an, ist dadurch der normative Anspruch an pluralistische Strukturen verletzt. Danach sollte das gesellschaftliche Kräfteparallelogramm im Parlament überall dort hergestellt sein, wo Entscheidungen gesamtgesellschaftlicher Art getroffen werden. Andererseits setzt die effektive und umfassende Arbeit des Parlaments arbeitsteilige Strukturen voraus, die ein hohes Maß an Fachwissen und Expertentum bedingen[52].

Insgesamt ist es daher keineswegs verwunderlich, daß die Fraktionen ihre Ausschußmitglieder vor allem auch in ihrer Eigenschaft als Experten eines Spezialgebiets auswählen, was oft mit ihren vorparlamentarischen Tätigkeiten[53] und/oder ihren speziellen Verbandsaffinitäten in Verbindung steht, und das ist häufig nicht zu trennen[54]. Die empirische Frage ist, ob auch die informellen Kontakte der Bundestagsabgeordneten entsprechend ihres Arbeitsgebiets unterschiedliche Gewichtungen, also funktionale Spezifizierungen, vornehmen.

Werden die Ausschüsse nach innenpolitischem Bereich, Infrastrukturpolitik, Bildungspolitik, Außenpolitik, Wirtschaftspolitik und Sozialpolitik differenziert[55],

---

50 Vgl. Schindler, *Datenhandbuch 1949 bis 1982* (Anm. 4), S. 563.
51 Vgl. für die siebte Wahlperiode Weber, *Interessengruppen* (Anm. 18).
52 Zur Machtposition und zur Notwendigkeit von Experten in den Fachausschüssen vgl. Heribert Schatz, *Der Parlamentarische Entscheidungsprozeß. Bedingungen der verteidigungspolitischen Willensbildung im Deutschen Bundestag*, Meisenheim am Glan: Hain 1970, S.55ff.
53 Vgl. Peter Dach, Das Ausschußverfahren nach der Geschäftsordnung und in der Praxis, in: Schneider/Zeh, *Parlamentsrecht* (Anm. 9).
54 Vgl. Friedrich Schäfer, *Der Bundestag. Eine Darstellung seiner Aufgaben und seiner Arbeitsweise*, 2. Aufl., Opladen: Westdeutscher Verlag 1975; Bruno Dechamps, *Macht und Arbeit der Ausschüsse*, Meisenheim a. Glan: Westkulturverlag 1954, S.146; Stammer u.a., *Verbände* (Anm.6), S.222f.
55 Dem innenpolitischen Bereich wurden der Ausschuß für Wahlprüfung, Immunität und Geschäftsordnung, der Petitions-, der Innen- und der Rechts- sowie der Sportausschuß zugeordnet (letzterer deshalb, weil er erst seit der Vorbereitungszeit der olympischen Spiele in München eigenständig wurde. Zuvor war der Bereich Sport Aufgabengebiet des Innenausschusses; auf Ministerialebene ist er nach wie vor dem Ressort des Innenministeriums unterstellt, vgl. dazu Dach, Das Ausschußverfahren (Anm. 53), S.1103f. Der Ausschuß für Verkehr, der für das Post- und Fernmeldewesen, der für Raumordnung, Bauwesen und Städtebau sowie der Ausschuß für Umwelt, Naturschutz und Reaktorsicherheit sind in der Kategorie "Infrastrukturpolitik" vereint. Unter "Bildungspolitik" wurden der Ausschuß für Forschung und Technologie und der

ergeben sich interessante Unterschiede. Überproportional intensive Kommunikationstätigkeiten entwickeln insbesondere die Mitglieder[56] der wirtschafts- (208 mal jährlich) und der bildungspolitischen (206,5) Ausschüsse. Am wenigsten kontkatfreudig sind dagegen die innen- (145,7) und außenpolitischen (128,6) Bundestagsfachausschüsse (vgl. Tabelle 3).

Nicht nur zwischen, sondern auch innerhalb einzelner Politiksegmente bestehen z.T. enorme Spannweiten in der Kontakthäufigkeit. So sind, verglichen mit dem Raumordnungsausschuß im Bereich Infrastrukturpolitik (276 mal im Jahr Kontakt zu Verbänden), die Kontakthäufigkeiten im Ausschuß für das Post- und Fernmeldewesen (147,3) und besonders im Umweltausschuß (116,0) weniger als halb so hoch. In der Wirtschaftspolitik ist zwar mit Ausnahme des Ausschusses für Ernährung, Landwirtschaft und Forsten die Tendenz erkennbar, daß die hier zusammengefaßten Ausschußmitglieder überproportional häufig mit gesellschaftlichen Organisationen in Interaktion stehen. Als besonders aktiv erweisen sich aber in diesem Bereich die Mitglieder des Ausschusses für wirtschaftliche Zusammenarbeit.

Die Kontakthäufigkeiten der Ausschüsse in den Bereichen Innen-, Bildungs- und Außenpolitik sind relativ ähnlich. Demgegenüber zeigt sich im sozialpolitischen Feld ähnlich wie bei der Infrastrukturpolitik eine deutliche Differenzierung. Den durchschnittlich 117 Kontakten der Mitglieder des Ausschusses für Jugend, Familie, Frauen und Gesundheit stehen 225 Interaktionen derjenigen des Ausschusses für Arbeit und Sozialordnung gegenüber.

Aus diesen Ergebnissen geht hervor, daß gerade diejenigen Ausschüsse, deren Agenden vorwiegend wirtschafts- bzw. arbeitsmarktpolitische Themen aufweisen, sich durch überproportional starke Kontakttätigkeiten mit Verbänden auszeichnen. Das heißt, daß gerade bei der Entscheidungsfindung im Rahmen traditionell besonders spannungsgeladener gesellschaftlicher Konfliktfelder die Rückkopplung des Bundestages zur Gesellschaft - vermittelt durch Verbände - besonders stark ist. Die Ergebnisse verdeutlichen auch, daß das Kontaktverhalten entsprechend der arbeitsteiligen Differenzierung des Parlaments variiert. Zu fragen ist, ob die ausschußspezifischen Besonderheiten auch mit speziellen Kontaktmustern einer

für Bildung und Wissenschaft klassifiziert. Dem Bereich "Außenpolitik" wurden der Auswärtige Ausschuß, der Verteidigungsausschuß und der Ausschuß für innerdeutsche Beziehungen zugeordnet - der innerdeutsche Ausschuß deshalb, weil das Kriterium für Außenpolitik "überstaatliche" Politik ist. Der Finanz- und der Haushaltsausschuß, der Ausschuß für Wirtschaft, der für Ernährung, Landwirtschaft und Forsten, sowie der Ausschuß für wirtschaftliche Zusammenarbeit wurden im Bereich "Wirtschaftspolitik" zusammengefaßt. Der "Sozialpolitik" schließlich wurden der Ausschuß für Arbeit und Sozialordnung und der Ausschuß für Jugend, Familie, Frauen und Gesundheit zugerechnet.

56 Von den insgesamt 327 befragten Abgeordneten sind mindestens 297 ordentliches Mitglied in wenigstens einem Ausschuß. Von ihnen wiederum haben 79 zwei, sechs Parlamentarier sogar drei Mitgliedschaften inne. Das heißt aber nicht, daß die restlichen dreißig MdB überhaupt keine Ausschußarbeit leisten. Neben denjenigen, die sich dieser sehr zeitaufwendigen parlamentarischen Tätigkeit deshalb entziehen, weil sie zugleich Mitglied der Regierung oder des europäischen Parlaments sind bzw. wichtige Aufgaben in der Parteiführung innehaben, waren für einige Abgeordnete entsprechende Angaben nicht verfügbar.

Tabelle 3: Intensitäten der Kontakte hinsichtlich der Ausschüsse, geordnet nach Politikfeldern

	Innenpolitik	Infrastruktur-politik	Bildungs-politik	Außenpolitik	Wirtschafts-politik	Sozialpolitik
insgesamt	*145.7*	*185.6*	*206.5*	*128.6*	*208.0*	*169.0*
Kapitalverbände darunter:	28.9	61.8	37.5	18.0	60.4	27.2
- Verbände industrieller Investoren	15.8	34.6	21.6	12.3	37.7	16.7
- Verb. d. Handwerks/Mittelstands	13.1	27.2	15.9	5.7	22.7	10.6
Gewerkschaften	22.1	37.5	40.0	23.9	34.2	35.9
berufsständische Gruppen darunter:	20.7	17.4	27.7	12.5	29.5	24.0
- Landwirtschaftsverbände	4.1	7.2	8.6	4.2	16.5	3.7
- sonst. Berufsorganisationen	16.6	10.2	19.1	8.2	13.1	20.3
soziale, kulturelle, karitative u. Freizeitverbände	40.1	33.5	55.3	35.9	43.3	54.4
Religionsgemeinschaften	20.0	18.3	30.3	16.6	27.9	20.1
Bürgerinitiativen	13.8	17.2	15.8	21.8	12.6	7.4
Zahl der Abgeordneten in den Ausschüssen entsprechender Politikfelder	66	62	36	50	101	54

Das Parlament im Netzwerk gesellschaftlicher Interessen 157

gehen. Da die Summe der Kontakte mit dem Grad steigt, mit dem der jeweilige Ausschuß Themen behandelt, die das Cleavage Arbeit - Kapital betreffen, ist zu vermuten, daß Kontakte im Wirtschaftsbereich stärker spezialisiert und funktional differenziert sind.

Betrachtet man die Anteile einzelner Organisationsbereiche, so lassen insbesondere die Ausschüsse des Politikfeldes Infrastrukturpolitik[57], aber auch diejenigen der Wirtschaftspolitik[58] eine überproportional starke Kontakttätigkeit mit wirtschaftlich orientierten Verbänden erkennen. Umgekehrt zeigt die Verteilung der Interaktionen der Mitglieder der innen-[59] sowie der außenpolitischen[60] Ausschüsse eine relational stärkere Einbeziehung "ideeller" Förderverbände (vgl. Tabelle 4).

Die Kommunikationsstrukturen der verschiedenen Ausschüsse lassen damit auf dieser groben Analyseebene Spezialisierungen im Hinblick auf dort zu behandelnde Inhalte erkennen. Gerade unter dem Gesichtspunkt der Informationsbeschaffung der Abgeordneten mittels gesellschaftlicher Organisationen liegt der Schluß nahe, daß sie jeweils Folge interner Arbeitsteilung sind. Doch gilt es, weiter zu unterscheiden. Zu fragen ist, ob mit dieser funktionalen Differenzierung der Kontakte eine Verschiebung des auf gesamtparlamentarischer Ebene festgestellten Gleichgewichts von Wirtschafts- und Arbeitnehmerinteressen erfolgt.

In den *innenpolitischen* Ausschüssen entspricht das Verhältnis zwischen Unternehmerverbands- und Gewerkschaftskontakten im großen und ganzen dem gesamtparlamentarischen Verhältnis[61]. Leicht überproportional häufige Kontakte bestehen dagegen zu den berufsständischen Gruppen, obwohl ihre Bedeutung im Vergleich mit der Verteilung reiner Zugangskanäle sinkt[62].

57 Von allen Ausschüssen ist eine Spezialisierung am stärksten bei den Mitgliedern des Verkehrs- und des Ausschusses für das Post- und Fernmeldewesen ersichtlich. Nur jeweils knapp über 23 Prozent aller Kommunikation bezieht sich auf die Gruppe der "ideellen Förderverbände". Da aber von letzteren in summa nur relativ wenige Kontakte gepflegt werden, widerspricht dies der Verallgemeinerung der vorher formulierten Thesen.
58 Eine leicht gegenläufige Tendenz offenbart nur der Ausschuß für wirtschaftliche Zusammenarbeit. Das weist auch darauf hin, daß Entwicklungspolitik nicht nur Wirtschaftspolitik ist. Insbesondere die Gruppe sozialer, karitativer und kultureller Vereinigungen unterhält hier starke Beziehungen.
59 Lediglich das Kontaktverhalten im Rahmen des Rechtsausschusses ist hier gegenläufig.
60 In dieser Hinsicht als besonders ausgeprägt erweist sich der Verteidigungsausschuß. 62 Prozent aller realisierten Verbindungen beziehen sich hier nicht auf Wirtschaftsverbände. Zudem wird ersichtlich, daß etwa ein Drittel aller Kontakte mit Vertretern von Bürgerinitiativen geführt wird. Die Friedensbewegung - bzw. auch die Umweltverbände (Thema der Aussprachen könnten hier z.B. Manöverfolgeschäden sein) - finden breiten Zugang zu diesem Bundestagsausschuß.
61 Allerdings gibt es hier innerhalb der Gesamtgliederung erhebliche Abweichungen. So dominieren die Gewerkschaftskontakte im Vergleich zu denen der Unternehmer im Ausschuß für Wahlprüfung, im Innen- und im Sportausschuß. Das umgekehrte Verhältnis zeigen die Mitglieder des Rechts- und die des Petitionsausschusses. In der Summe gleichen sich die Abweichungen dagegen wieder aus.
62 Während innerhalb dieser Gruppe in erster Linie die Vertreter öffentlicher Berufe - und hier besonders jene der Beamten (DBB) - Kontakte zum Innenausschuß pflegen, sind das im Rahmen des Rechtsausschusses in starkem Maße Organisationen freibe-

Im Gegensatz dazu sind berufsständische Vereinigungen im Rahmen *infrastrukturpolitischer* Ausschüsse am wenigsten vermittelt. In diesen Ausschüssen verschiebt sich die Kontaktstruktur eindeutig zugunsten der Gruppen wirtschaftlicher Investoren[63].

Das Kontaktprofil der *forschungs- und bildungspolitischen* Ausschüsse signalisiert dagegen eine relative Ausgeglichenheit - trotz leichter Vorteile für die Arbeitnehmerseite[64] - zwischen den Investoren und den Gewerkschaften.

Als vom gesamtparlamentarischen Durchschnitt am weitesten entfernt erweist sich das Kontaktprofil des *außenpolitischen* Politikfeldes. Die Intensität, in der kommunikative Beziehungen mit den Investoren[65] geführt werden, geht deutlich zugunsten der Gewerkschaften zurück. Allerdings ist gerade dieser Bereich insgesamt weitaus weniger in Kontakt zu gesellschaftlichen Organisationen, so daß dieses Ergebnis wohl Ausdruck der Rekrutierung aufgrund anderer Eigenschaften als das der kommunikativen Vermittlung der MdB ist.

Aber auch in *wirtschaftspolitischen* Ausschüssen ergeben sich Abweichungen vom gesamtparlamentarischen Durchschnitt. So erweist sich der Ausschuß für wirtschaftliche Zusammenarbeit ebenso als "Ausreißer" wie der Ausschuß für Ernährung, Landwirtschaft und Forsten. Im Ausschuß für wirtschaftliche Zusammenarbeit sind neben den Kontakten zu den Gewerkschaften insbesondere die zu den sozialen, karitativen und kulturellen Vereinigungen sowie die zu den Kirchen besonders häufig. Im Ausschuß für Ernährung, Landwirtschaft und Forsten ist eine enorme Ausweitung der Kontakttätigkeit zwischen dem Bundestag und berufsständischen Gruppen festzustellen. Werden die Kontakte etwas feiner aufgeschlüsselt, so wird deutlich, daß sich diese Verschiebung in hohem Umfang aus arbeitsökonomischer Differenzierung ergiebt. Die Abweichung läßt sich auf den beträchtlichen Anstieg der Kommunikation zu den Landwirtschaftsverbänden (überwiegend DBV) zurückführen.

Ansonsten erweisen sich die Ausschüsse des wirtschaftspolitischen Segments im Kontaktverhalten als stark auf die Unternehmerseite fixiert. Fast die Hälfte

ruflich Tätiger. Wie schon an früherer Stelle vermutet, beziehen sich diese wohl in der Mehrzahl auf entsprechende juristische Statusorganisationen.

63 Einzig und allein der Post- und Fernmeldeausschuß zeigt in diesem Segment ein drastisch anderes Kontaktprofil. Dominierendes Thema dieses Ausschusses dürfte die geplante Teilprivatisierung des monopolistischen Staatsunternehmens sein. Demgemäß können die übermäßig starken Gewerkschaftskontakte eventuell auch als Indikator dafür gelten, welch hohen Stellenwert arbeitsrechtliche Probleme, die als Folge der Umstrukturierung auftreten, im Bewußtsein der Abgeordneten und der Gewerkschaften besitzen.

64 Innerhalb der berufsständisch organisierten Gruppen machen diejenigen öffentlich Beschäftigter einen großen Anteil aus. Ihre Verbandspolitik dürfte sich auch als Gegenhaltung zum Staat - der hier Arbeitgeber ist - artikulieren. Zusammengerechnet mit der ohnehin leichten Überbetonung der Gewerkschaften wird das Gleichgewicht zwischen Unternehmer- und Arbeitnehmerseite zugunsten letzterer etwas instabil.

65 Allerdings kann nicht von der Hand gewiesen werden, daß Unternehmerinteressen hinsichtlich außenpolitischer Orientierung sehr spezialisiert sein können. Ich vermute, daß hier der Prozeß der Intermediation durch Verbände durch Kontakte von Einzelunternehmen ersetzt ist.

Tabelle 4: Kontaktintensitäten verschiedener Ausschüsse, geordnet nach Politikfeldern - Grundlage: Abgeordnete; prozentuale Verteilung der Kontakte des Aggregats

	Innenpolitik	Infrastrukturpolitik	Bildungspolitik	Außenpolitik	Wirtschaftspolitik	Sozialpolitik
Kapitalverbände	19.8 (40.2)	33.3 (53.0)	18.2 (35.8)	14.0 (33.2)	29.0 (48.6)	16.1 (31.2)
Gewerkschaften	15.2 (30.9)	20.2 (32.2)	19.4 (38.1)	18.5 (43.8)	16.5 (27.6)	21.2 (41.1)
berufsständische Gruppen	14.2 (28.9)	9.3 (14.8)	13.4 (26.3)	9.7 (23.0)	14.2 (23.8)	14.2 (27.5)
ideelle Förderverbände	50.8	37.2	49.1	57.8	40.3	48.4

(48,6 Prozent) aller Verbindungen zu Wirtschaftsverbänden werden von ihnen vereinnahmt.

Das Profil der *sozialpolitischen* Ausschüsse zeigt sich demgegenüber in umgekehrter Richtung als nicht proportional. Hier besetzen die Gewerkschaften mit 41 Prozent den größten Anteil der Alltagskontakte im Bereich wirtschaftlich orientierter gesellschaftlicher Gruppen[66].

Insgesamt kommt die ausschußbezogene Untersuchung der Kontaktstrukturen des Deutschen Bundestages zu folgendem Ergebnis: Es ist eine eindeutige Tendenz zu arbeitsteiliger Differenzierung erkennbar. Das Kontaktverhalten untersteht sehr stark den Anforderungen zweckrationaler Steuerung - sowohl die Verbände als auch die Parlamentarier dürften hier eindeutige Selektionen vornehmen. Diese Selektionen führen in einigen Fällen zur Abweichung hinsichtlich einer "Parität" von Unternehmer- und Arbeitnehmerinteressen. Sowohl im Bereich der Infrastrukturpolitik als auch der Wirtschaftspolitik sind die Investoren in die Netzwerke der entsprechenden Fachausschüsse gegenüber den Gewerkschaften überproportional stark eingebunden. Gewerkschaften wiederum haben leichte Vorteile in den Gremien, in denen vor allem Arbeitsmarktpolitik das Thema ist.

4.3. Fraktions- bzw. parteispezifische Gliederung der Alltagskontakte

Neben der Frage, ob Kontakte entsprechend der funktional arbeitsteiligen Struktur des Bundestages differenziert sind, spielt eine weitere Dimension eine zentrale Rolle: Inwieweit erweisen sich die Fraktionen entsprechend der Geschichte, dem Profil und der Identität ihrer Parteien als in je spezifischer Weise in die Gesellschaft rückvermittelt? Diese Frage ist nicht zuletzt deshalb so wichtig, weil die Fraktionen im Parlamentarismus die wichtige Aufgabe übernehmen, Entscheidungen vorzustrukturieren. Sie bündeln die Vielzahl möglicher Entscheidungsalternativen zu wenigen politischen "Blöcken" und sind somit wesentliche Aggregations-

---

66 Auch in diesem Segment weichen die entsprechenden Ausschüsse in ihrem Kontaktverhalten in spezifischer Weise voneinander ab. Der Ausschuß für Jugend, Familie, Frauen und Gesundheit erweist sich dementsprechend als weit weniger paritätisch als derjenige für Arbeit und Sozialordnung, dessen Mitglieder in erkennbar stärkerem Maße auch bei den Investoren Rückhalt suchen. Erstgenannter Ausschuß bevorzugt in viel höherem Umfang die Arbeitnehmerseite, aber auch die Gruppen freiberuflich Tätiger. Ein Grund dafür, daß die Investorenseite hier erheblich an Gewicht verliert, ist wahrscheinlich auch der, daß der Konflikt zwischen Arbeitgebern und -nehmern weit weniger Gegenstandsbereich dieses Ausschusses ist bzw. er sich verstärkt von der privatwirtschaftlichen auf die staatliche Ebene verlagert, da ein Großteil des Gesundheitswesens staatlich organisiert ist. Selbst die Investorenkontakte (z.B. die Pharmaindustrie) dürften oft andere als arbeitsmarktpolitische Themen zum Inhalt haben.

Das Parlament im Netzwerk gesellschaftlicher Interessen 161

einheiten des Parlaments. Gerade im Prozeß der Vorbereitung parlamentarischer Entscheidungen verfügen sie über die politische Leitlinienkompetenz.

Hinsichtlich der fraktionsspezifischen Kommunikationspotentiale lassen sich vier Hypothesen formulieren:

1. In Teilen der Literatur wird ein Informationsgefälle zwischen Mehrheits- und Oppositionsfraktionen konstatiert[67]. Gehen wir prinzipiell von dieser Annahme aus, liegt die Vermutung nahe, daß die Oppositionsfraktionen ihre schlechtere Ausgangssituation durch intensivere Nutzung nichtstaatlicher Quellen als Informationsquellen zu kompensieren versuchen.
2. Allgemein ist zu erwarten, daß die Mitglieder kleinerer Bundestagsparteien prinzipiell über höhere Kontaktdichten verfügen als Abgeordnete, die Mitglied in einer großen Partei sind. Die Gründe dafür liegen nicht nur in der geringeren arbeitsteiligen Struktur kleinerer Fraktionen, die dem einzelnen Mitglied zwangsweise komplexere Arbeitsgebiete zuweist. Aufgrund der kleineren Parteiorganisation ist die Bedeutung der Partei als Informationsquelle geringer als bei großen Parteien. Dadurch erfährt das Verbandswesen als Informationsbeschaffer zusätzliche Bedeutung[68].
3. "Die beiden großen Parteien sind 'Volksparteien'[69] in dem Sinne, daß sie sich nicht als Vertretung ganz bestimmter Bevölkerungskreise verstehen, sondern alle Bürger anzusprechen suchen. Wenn auch tradierte unterschiedliche Schwerpunkte fortbestehen, haben CDU/CSU wie SPD politisch und sozialstrukturell heterogene Wählerbasen und dementsprechende interne Integrationsleistungen zu erbringen."[70]

Das responsive Kontaktverhalten einer "catch-all"-Partei setzt, nach unseren Modellen politischer Vermittlung, kommunikative Verbindungen zu großen Teilen der Bevölkerung voraus. Da die politischen Wert- und Zielvorstellungen der CDU und der CSU sich sehr ähneln, sind auf der Grundlage der Trennung zwischen Volks- und Klientelparteien im Rahmen der CDU/CSU-Fraktion jeweils relational parallel verlaufende, nahezu identische Kontaktmuster zu erwarten. In ähnlicher Weise breit gefächert müßte das Netzwerk sein, in das die Abgeordneten der SPD integriert sind. Dagegen lassen die "Klientelparteien" FDP und die Grünen spezialisierte Muster vermuten.

---

67 So bei Friedrich Bischoff/Michael Bischoff, Parlament und Ministerialverwaltung, in: Schneider/Zeh, *Parlamentsrecht* (Anm. 9).
68 Vgl. M.P.C.M. van Schendelen, Informations- und Entscheidungsprozesse im niederländischen Parlament im Rahmen einer Repräsentationstheorie, in: *ZParl*, 2/1977.
69 Der Begriff "Volkspartei", der "als analytische Kategorie für die Sozialwissenschaften wenig nützlich ist" (Horst W. Schmollinger/Richard Stöss, Sozialstruktur und Parteisystem, in: Dietrich Staritz (Hrsg.), *Das Parteiensystem der Bundesrepublik. Geschichte - Entstehung - Entwicklung. Eine Einführung,* Opladen: Leske (UTB) ²1980), soll hier ohne normativ ideologischen Gehalt zur Kategorisierung des Phänomens der "catch-all-parties" eingegrenzt werden.
70 Wolfgang Rudzio, *Das politische System der Bundesrepublik Deutschland. Eine Einführung,* Opladen: Leske & Budrich (UTB) ²1987, S.122.

4. Generell werden Cleavages zur Differenzierung von Parteiensystemen herangezogen. Es wird aber auch darauf verwiesen, daß Hauptspannungslinien ebenfalls Erklärungskraft für den "quasi institutionellen Unterbau" besitzen und demnach auch auf das Verbändesystem übertragbar sind[71]. Darauf aufbauend, lassen sich folgende Annahmen zum Parteicharakter machen[72]: Die ökonomische Konfliktlinie zwischen Arbeit und Kapital stellt die SPD und die Gewerkschaften einer an der Kapitalseite orientierten wirtschaftspolitischen Zielsetzung der CDU/CSU und der FDP gegenüber.
Daneben läßt die religiös-kulturelle Spannungslinie vermehrt Interaktionen zwischen CDU/CSU und den Kirchen sowie kulturellen und sozialpolitischen Verbänden erwarten - im Gegensatz zur antiklerikalen FDP, die ein Fehlen dieser Kontaktkanäle vermuten läßt.
Die neu hinzugekommene ökologisch-kulturelle Hauptspannungslinie läßt schließlich vermehrte Interaktionen zwischen den Grünen und den Bürgerinitiativen für wahrscheinlich halten.
Insgesamt müßten fraktions- bzw. parteipolitische Unterschiede des Kontaktverhaltens entlang von Dimensionen strukturiert sein, die sich teilweise überlagern bzw. wiederum gegenseitig aufheben. Inwieweit sich dennoch Effekte ergeben, soll der nun folgende Blick auf die Daten zeigen.
Eine erste Sichtung von Durchschnittswerten der Kontakte nach Fraktionen deutet auf Unterschiede hin. So weisen die Abgeordneten der CDU/CSU-Fraktion die häufigsten Verbandskontakte auf (205 mal jährlich).
Die eingangs aufgestellte Hypothese, daß die Mitglieder kleiner Parteien am stärksten auf Informationsquellen im Bereich gesellschaftlicher Organisationen angewiesen sind, muß damit revidiert werden. So hat gerade die Fraktion der Grünen, erheblich deutlicher aber noch die der FDP, die geringsten Summen realisierter Verbandskontakte vorzuweisen. Das Argument, daß kleine Fraktionen in viel geringerem Umfang arbeitsteilige Strukturen verwirklichen können und damit in summa ihren Abgeordneten größere Verbandssegmente anvertraut werden müssen, bestätigt sich nicht. Dieses Ergebnis weicht von dem ab, das van Schendelen für die Niederlande festgestellt hat. Er kam zu dem Schluß, daß Abgeordnete kleiner Parteien stärker als die großer Parteien Informationsquellen im Verbandswesen nutzen[73].
Als bestimmendes Element für die Intensität, in der gesellschaftliche Kontakte gepflegt werden, scheint sich auf den ersten Blick der Unterschied zwischen Volks- und Klientelparteien zu bestätigen. Sollte das die zentrale Dimension für die Erklärung unterschiedlicher Kommunikationsnetze sein, müßte es sich in spe-

---

71 Vgl. Bernhard Weßels, Vielfalt oder strukturierte Komplexität? Zur Institutionalisierung politischer Spannungslinien im Verbände- und Parteiensystem in der Bundesrepublik, *WZB-Paper FS III 90-204*, Berlin 1990, S.14.
72 Vgl. Franz Urban Pappi, Konstanz und Wandel der Hauptspannungslinien in der Bundesrepublik, in: Joachim Matthes (Hrsg.), *Sozialer Wandel in Westeuropa*, Frankfurt a.M./New York: Campus Verlag 1979.
73 Vgl. Schendelen, Informations- und Entscheidungsprozesse (Anm. 68).

Das Parlament im Netzwerk gesellschaftlicher Interessen 163

zialisierten Kontaktprofilen der Parteien bestätigen. D.h., die beiden "Interessenparteien" FDP und Grüne müßten sich durch spezialisierte Kontaktprofile deutlich von jenen der CDU, CSU und SPD unterscheiden.

Schaubild 3: Thesen hinsichtlich der politischen Differenzierung des Bundestages

	zunehmende Kontaktdichte	
	<--	
(CSU) FDP Grüne	"kleine vs. große" Bundestagsparteien	CDU SPD
CDU CSU SPD	"Volks- vs. Klientelparteien"	FDP Grüne
Grüne SPD	"Oppositions- vs. Regierungsfraktionen"	CDU/CSU FDP

"Parteicharakter" und vorherrschende Kontakte:
SPD: Gewerkschaften
FDP: Kapitalverbände, anti-klerikal
CDU und CSU: Kapitalverbände, Kirchen, kulturelle und sozialpolitische Organisationen
Grüne: Bürgerinitiativen

Werden die Verbände nach Wirtschafts- und ideellen Organisationen unterschieden, läßt sich tatsächlich erkennen, daß das Verhältnis der Kontakte zu diesen beiden Organisationsbereichen im Rahmen der "Volksparteien" jeweils nur sehr geringfügig vom gesamtparlamentarischen Durchschnitt abweicht. Sowohl bei der FDP als auch bei den Grünen sind demgegenüber starke Abweichungen festzustellen. So verteilen sich nur rund 27 Prozent aller Verbandskontakte der FDP-Fraktion auf den "ideellen" Organisationssektor, während er umgekehrt bei der grünen Fraktion drei Viertel aller Verbindungen ausmacht. Das wiederum heißt, daß Wirtschaftskontakte bei der FDP dominieren - insbesondere die zu den Investoren -, bei den Grünen Wirtschaftskontakte aber von untergeordneter Bedeutung sind (s. Tabellen 5 und 6).

Tabelle 5: Kontaktintensitäten; Mittelwerte nach Fraktionen bzw. Parteien

	CDU/CSU	CSU	CDU	FDP	SPD	Grüne
insgesamt	*205.1*	*204.6*	*205.2*	*119.8*	*162.9*	*149.1*
Kapitalverbände darunter:	*60.4*	*58.1*	*60.9*	*45.8*	*24.5*	*5.3*
- industrielle Investoren	33.8	33.5	33.8	27.0	18.4	4.4
- Handwerk/Mittelstand	26.7	24.6	27.1	18.8	6.1	.9
Gewerkschaften	21.0	10.9	23.0	20.5	51.3	17.8
berufsständische Verbände darunter:	*33.9*	*35.0*	*33.7*	*20.8*	*13.4*	*14.2*
- Landwirtschaftsverbände	13.9	16.5	13.4	9.4	3.0	3.4
- sonst. Berufsorganisationen	20.0	18.5	20.3	11.4	10.4	10.8
soziale, kulturelle, karitative u. Freizeitverbände	48.4	60.6	46.0	20.1	44.8	30.8
Religionsgemeinschaften	33.1	32.5	33.2	7.4	13.3	18.1
Bürgerinitiativen	8.3	7.5	8.4	5.3	15.5	62.8
N	146	24	122	30	128	23

Differenzieren wir stärker innerhalb der Organisationssektoren, zeigt sich jedoch, daß die allgemeine Unterscheidung Volks- und Klientelpartei nicht hinreichend ist, um Unterschiede in den Kontaktprofilen zwischen den Parteien zu erklären. So ergeben sich auch deutliche Differenzen zwischen den Volksparteien. Damit spielt auch der politische Parteicharakter für die Rückbindung an die Gesellschaft eine Rolle.

So betonen die Abgeordneten der CDU/CSU-Fraktion an erster Stelle Wirtschaftskontakte, in starken Maße aber auch solche zu sozialen, karitativen, kulturellen und Verbänden des Freizeitbereichs. Kirchliche und berufsständische Gruppen nehmen etwa den gleichen Raum ein. Zu den Gewerkschaften, insbesondere aber zu den Bürgerinitiativen, besteht nur mäßiger Kontakt. Die Unterschiede zwischen den beiden Parteien dieser Bundestagsfraktion sind nicht besonders ausgeprägt. Die einzigen auffälligeren Differenzen sind die überproportional seltenen

Kontakte der CSU-Parlamentarier zu den Gewerkschaften und ihre stärkeren zum sozialen und Freizeitbereich.

Tabelle 6: Relative Verteilung der Kontaktintensitäten (Prozentangaben)

	CDU/CSU	CSU	CDU	FDP	SPD	Grüne
Kapitalverbände	29.5 (52.4)	28.4 (55.9)	29.7 (51.8)	38.2 (52.6)	15.0 (27.4)	3.6 (14.2)
Gewerkschaften	10.2 (18.2)	5.3 (10.5)	11.2 (19.6)	17.1 (23.6)	31.5 (57.4)	11.9 (47.6)
berufsständische Gruppen	16.5 (29.4)	17.1 (33.6)	16.4 (28.7)	17.4 (23.9)	8.2 (15.0)	9.5 (38.0)
ideelle Förderverbände	43.8	49.2	42.7	27.4	45.2	74.9

Bei den SPD-Parlamentariern dagegen nehmen die Gewerkschaftskontakte den ersten Platz ein[74]. Ihre sonstige Wirtschaftskommunikation rangiert in der Intensität noch hinter dem sozialen Verbandsfeld. Allerdings werden Kontakte zur Investorenseite noch häufiger gepflegt als zu berufsständischen Gruppen, die nur eine sehr untergeordnete Rolle im Alltag sozialdemokratischer Parlamentarier spielen. Zumindest ihr Kontaktprofil läßt vermuten, daß die SPD noch immer sehr stark auf ihre traditionellen Wählerklientel - gewerkschaftlich organisierte Lohnabhängige - ausgerichtet ist.

Das von allen Fraktionen bzw. Bundestagsparteien ausgeprägteste und zugleich eigenwilligste Kontaktprofil zeigt die Abgeordnetenschaft der Grünen. Mit rund 63 Kontakten jährlich, die mit Bürgerinitiativen realisiert werden - das entspricht einem Anteil von 42 Prozent aller grünen Bundestagskontakte -, stehen diese Verbindungen unangefochten im Mittelpunkt. Die wirtschaftlichen Organisationsfelder rangieren ausnahmslos erst nach denen "ideeller" Zielsetzung. Ferner pflegen die Bundestagsabgeordneten der Grünen mit Abstand die wenigsten Kontakte mit den Investoren.

---

74 Während die Regierungsseite in deutlich erkennbarem Umfang auch Kontakte zur DAG pflegt, sind unter Gewerkschaftskontakten im Rahmen der Opposition fast ausschließlich Verbindungen zu verstehen, die dem Organisationsbereich des DGB zugerechnet werden müssen, vgl. Tabelle 9 Anhang, in: Hirner, *Der Deutsche Bundestag* (Anm. 45).

Schaubild 4: Fraktions- bzw. parteispezifische Kontaktintensitäten

Dimension	Unterschiede	empirischer Gehalt der Hypothese
Regierung/ Opposition	im Wirtschaftsbereich groß	teilweise bestätigt
Volks- vs. Klientelparteien	uneinheitlich, große Unterschiede auch zwischen den Volksparteien	partiell bestätigt, aber nicht differenziert genug
kleine vs. große Fraktionen	Ergebnis umgekehrt zur Hypothese	falsifiziert

"Politischer Parteicharakter" und vorherrschende Kontakte:

SPD: Gewerkschaften
FDP: Kapitalverbände; anti-klerikal
CDU: Kapitalverbände; kulturelle und soziale Verbände; Kirchen
CSU: Landwirtschaftsverbände; Kapitalverbände; Kirchen; kulturelle und soziale Verbände
Grüne: Bürgerinitiativen; wenig Kontakt zu Wirtschaftsverbänden, sondern hauptsächlich zu berufsständischen Organisationen.

Das zeigt, daß eine Unterscheidung zwischen Volks- und Klientelparteien nicht hinreichend ist. Bezogen auf die Hypothesen, läßt sich am ehesten bei den Wirtschaftskontakten mit Blick auf die Dimension Regierung/Opposition eine Trennungslinie feststellen. Während die Mehrheitsfraktionen durchgehend die Kapitalseite[75] am stärksten betonen, dominieren bei der Opposition die Gewerkschaften. Doch gilt es einen Unterschied im Auge zu behalten: Das parlamentarische 'Regierungslager' stellt sich in diesem Falle relativ geschlossen dar.

Ähnliches kann von der Opposition nicht behauptet werden. Während die Grünen verhältnismäßig intensive Kontakte zu berufsständischen Gruppen - insbeson-

---

75 Erstaunlicherweise haben die Arbeitgeberkontakte für alle Bundestagsparteien nur ein sehr geringes Gewicht. Die Kommunikation mit der Investorenseite wird ausnahmslos durch die Unternehmerverbände determiniert. Dieses Ergebnis muß vor allem als Resultat dessen gewertet werden, daß in der Bundesrepublik die Tarifvertragsparteien eine sehr starke Autonomie besitzen. Die Kontaktstruktur läßt vermuten, daß der Bundestag das Thema Tarifpolitik von seiner Tagesordnung gestrichen zu haben scheint.

dere sind die Organisationen öffentlich Beschäftigter zu nennen - pflegen, dagegen aber nur äußerst selten mit Kapitalverbänden kommunizieren, werden letztere von den Sozialdemokraten erheblich stärker beachtet[76]. Trotz der intensiven Rückbindung an die Gewerkschaften könnte das auch ein Indiz dafür sein, daß die Sozialdemokraten prinzipiell eine stärkere Neigung zeigen, auch zwischen den Fronten zu vermitteln und den allgemeinen Konsens zu fördern. Das Netzwerk der Grünen schließt eine solche Interpretation aus. Sie realisieren nur wenige Kontakte zu Wirtschaftsverbänden. Ob dies dem programmatischen Selbstverständnis der Grünen geschuldet ist oder ob Wirtschaftsverbände generell nur wenig Interesse an den Grünen haben, bleibt offen.

Insgesamt scheinen also, trotz aller Entwicklungen hin zu Volksparteien, die Identitäten und jeweils historischen "Ankerpunkte" der Parteien auch das Verhältnis zwischen Fraktionen und Gesellschaft maßgeblich mitzubestimmen.

5. Die individuellen Kontaktmuster von Bundestagsabgeordneten

Im Rahmen der bisherigen Untersuchung zeigten sich sowohl im Sinne funktionaler (Ausschüsse) als auch politischer Differenzierung (Fraktionen) mehr oder weniger ausgeprägte spezifische Selektivitäten zugunsten bestimmter Segmente bzw. Einzelorganisationen. Im großen und ganzen kann festgehalten werden, daß die Struktur des westdeutschen Verbandswesens[77] - insbesondere auch dessen partikulare Konzentration und Zentralisierung - letztendlich ihren Niederschlag auch im kommunikativen Netzwerk zwischen Parlament und Gesellschaft findet.

---

76 Überdeutlich wird dieses Faktum, wenn auch die Kontakte zu Einzelunternehmen in die Betrachtung miteinbezogen werden; vgl. dazu Schaubild 2.4. in: Dietrich Herzog u.a., *Abgeordnete und Bürger. Ergebnisse einer Befragung der Mitglieder des 11. Deutschen Bundestages und der Bevölkerung*, Opladen: Westdeutscher Verlag 1990, S.30. Die Bundestagsfraktion der Grünen weicht hier in erheblichem Maße von dem Profil der "etablierten" Parlamentsparteien ab.

77 Die Definition Philippe C. Schmitters geht davon aus, daß die Frage, ob es sich um pluralistische bzw. neokorporatistische Systeme handelt, aus den Strukturen des Verbandswesens zu beantworten ist. Strukturbedingung des Neokorporatismus sind einzelne, miteinander nicht in Wettbewerb stehende, hierarchisch strukturierte und zudem zum Teil durch Zwangsmitgliedschaften geprägte, auch staatlicherseits initiierte Verbände, die gleichsam in ihrem engen Organisationsbereich über ein Repräsentationsmonopol verfügen. Diese Strukturen finden sich in erster Linie im wirtschaftlichen Verbandssektor, und zwar im Gewerkschaftsbereich, der weitestgehend mit dem DGB identisch ist, und im Unternehmerbereich, der besonders starke Einzelorganisationen aufweist. So dominiert im Handwerk ein zentralisiertes Kammerwesen, in der Industrie sind es starke Einzelverbände mit Vorreiterfunktion (z.B. VCI, VMI). Demgegenüber ist der nichtwirtschaftliche Verbandssektor weit weniger zentralisiert und weit weniger von wichtigen Organisationen dominiert.

Allerdings wurden bislang nur Aussagen über das Verhalten von Aggregaten von Abgeordneten gemacht, auf das Gesamtparlament, die Ausschüsse und die Fraktionen bezogen. Das Hauptaugenmerk dieses Kapitels richtet sich auf die *individuellen Kontaktmuster* von Bundestagsabgeordneten und fragt danach, wie die Austauschstrukturen zwischen Bundestag und gesellschaftlichen Interessen gestaltet sind, ob und in welchem Umfang sie pluralistischen oder korporatistischen Mustern folgen.

Pluralistische Strukturen sind durch unilineare Verbindungen der Abgeordneten zu einem Verband geprägt. Die Pluralität stellt sich durch die Vielfalt her, die sich aus der Summe verschiedener unilinearer Beziehungen einzelner Abgeordneten ergibt. Dagegen setzt parlamentarischer Korporatismus den Abgeordnetentypus des "Brokers" voraus, der - im Rahmen interessenmäßig stark polarisierter Politikfelder - zwischen den beiden Verbandslagern vermittelnd eingreift oder eingreifen kann. Der Abgeordnete spielt im neokorporativen Verhandlungsmodell eine Doppelrolle: Zum einen ist er Teil des staatlichen Verhandlungsparts, zum anderen übt er eine horizontale Brückenbildungsfunktion zwischen den konfligierenden Verbänden aus. Dabei wirkt er nicht nur auf der gesellschaftlichen Ebene der Organisationen als Verbindungsglied, sondern auch zwischen den "Verbandsrepräsentanten" im Bundestag. Der neokorporative Politikmanager ist integratives Element konzertierter Entscheidungsfindung.

Korporatismus soll hier einerseits weiter als in Teilen der Literatur verstanden werden. Ein Teil der wissenschaftlichen Forschung, der sich mit neokorporativer Politiksteuerung befaßt, ist in starkem Maße auf den Bereich Einkommenspolitik fixiert, was aber eine zu starke Eingrenzung bedeutet. Vielmehr lassen sich Entscheidungen ausmachen, die eine Ausbreitung konzertierter Verhandlungsstrukturen auf eine Vielzahl von Politikfeldern zeigen (Gesundheitswesen, Arbeitsmarkt, Bildung)[78]. Doch würde es andererseits den Rahmen dieser Arbeit sprengen, alle Politikbereiche, für die sich korporatistische Strukturen vermuten lassen, einer Analyse individueller Kontaktmuster zu unterziehen. Da dem wirtschaftlichen Organisationssektor im kommunikativen Alltag der Bundestagsabgeordneten eine herausragende Stellung zukommt, und Korporatismus an erster Stelle im Konfliktfeld Arbeit - Kapital zu verorten ist, beschränkt sich die Untersuchung auf die gesellschaftlichen Organisationen des Bereichs Kapital und Arbeit als den zentralen gesellschaftlichen Akteuren des Korporatismus und ihre kommunikative Einbindung in verschiedene Bereiche parlamentarischer Politik. Zu betrachten sind also die Kontakte zu den Unternehmer- und Arbeitgeberverbänden und den Gewerkschaften.

Zwei Typen von Abgeordneten gilt es dabei zu unterscheiden: diejenigen, die aufgrund ihrer Kontakte als *"Fürsprecher"* der einen oder der anderen Seite

---

78 Vgl. Rolf G. Heinze, Entlastung des Staates durch verhandliche Selbstregulierung? Zum Steuerungspotential Freier Träger in der Sozialpolitik, in: Falter/Fenner/Greven, *Politische Willensbildung* (Anm. 29); Helmut Wiesenthal, *Die konzertierte Aktion im Gesundheitswesen. Ein Beispiel für Theorie und Politik des modernen Korporatismus*, Frankfurt a.M./New York: Campus 1989.

auszumachen sind, und diejenigen, die ihrer Kontakte zu beiden Organisationssegmenten wegen als *neokorporative "Manager"*, d.h. Vermittler, anzusehen sind.

Als ein Ergebnis bisheriger Betrachtungen ist festzuhalten, daß nicht jeder Verbindung im parlamentarischem Alltag das gleiche Gewicht zukommt. Dem grundsätzlich zu beobachtenden Bestreben, Kontakte zu möglichst vielen Segmenten zu knüpfen, steht die Erkenntnis der selektiven und partiellen Nutzung aus den möglichen Kanälen durch die MdB gegenüber. Sowohl die Arbeit eines "Fürsprechers" als auch die eines "Managers" oder "Brokers" verlangt kontinuierliche Kommunikation. D.h., es muß nicht nur eine hinreichend große Anzahl von Kontakten zu einem Organisationssegment geben - was viele Organisationen betreffen könnte -, sondern eine hinreichend hohe Anzahl von Kontakten zu ein und derselben Organisation. Deshalb soll das Kontaktverhalten der Parlamentarier danach klassifiziert werden, wie häufig die Beziehungen zu mindestens einer Organisation - zu ihr aber kontinuierlich - innerhalb eines Verbandssegments - Gewerkschaften und/oder Investoren - im Höchstfall realisiert werden.

5.1. *Individuelle Kontaktmuster der MdB in der Dimension "Arbeit-Kapital"*

Ausgehend von den beiden Typen von Abgeordneten - Fürsprecher, Manager - wurden die Parlamentarier in vier Gruppen eingeteilt[79]: a) MdB, die keine häufigen Kontakte zu Unternehmerverbänden oder Gewerkschaften aufweisen; b) Parlamentarier mit ausgeprägten vertikalen Verbindungen exklusiv zu den Gewerkschaften; c) Abgeordnete, die häufige Interaktionen nur mit den Verbänden der Investoren erkennen lassen; und d) Bundestagsmitglieder, die zu beiden Verbandssegmenten intensive Kontakte pflegen.

Nahezu ein Drittel der Abgeordneten pflegt zu beiden Organisationssegmenten keine oder nur verhältnismäßig schwache Kontakte. Mehr als ein Drittel der Parlamentarier hat Verbindungen zu jeweils nur einem Segment der beiden konfligierenden Verbandsbereiche, wobei sich die eine Hälfte den Gewerkschaften, die andere der Investorenseite zuwendet. Die verbleibenden 99 Abgeordneten kommunizieren dagegen mit beiden Organisationsbereichen. Sie sind die neokorporativen Manager und "Broker" konzertierter Politik (s. Tabelle 7).

Dieses Ergebnis verblüfft durch seine Deutlichkeit in zweierlei Hinsicht: Unter dem Gesichtspunkt paritätischer Repräsentation ergibt sich ein ausgewogenes Bild bezüglich der Anzahl der Abgeordneten, die als Kontaktpartner der Gewerkschaften bzw. der Arbeitgeber- und Unternehmerseite anzusehen sind. Zum anderen

---

79 Die Vorgehensweise bei der Klassifizierung ist in Hirner, *Der Deutsche Bundestag* (Anm. 45), insb. Kap. 6, beschrieben.

überrascht die Größe der Gruppe, deren Mitglieder als Knotenpunkte zwischen den "Gegenverbänden" im Parlament in Frage kommen.

Tabelle 7: Zusammengefaßte Variable individueller Kontaktmuster

Individuelles Kontaktmuster	Anzahl der Fälle	Prozent
seltene oder keine Kontakte	107	32.7
Gewerkschaftsvertreter	61	18.7
'Broker'	99	30.3
Kapitalvertreter	60	18.3
MdB insgesamt	327	100.0

Ohne automatisch paritätische Verteilung mit neokorporativen Strukturen gleichsetzen zu wollen, scheint im Falle der Bundesrepublik das Prinzip der Kooperation zwischen Gewerkschafts- und Unternehmerseite verwirklicht zu sein[80]. Die Gründe für die beiden organisatorischen Vertreter konfligierender Interessen - Gewerkschaften und Investoren -, Strategien des Interessenausgleichs zu verfolgen, lassen sich insbesondere auf zwei Punkte zuspitzen: Zum einen sind sich in der Bundesrepublik die "Gegenverbände" durchaus ihrer gegenseitigen Abhängigkeit bewußt. Somit tritt zur ursprünglich antagonistischen Stellung der Kontrahenten auch eine Komponente gemeinschaftlicher Zielverfolgung im Rahmen der Wirtschaftspolitik. Gemeinwohl wird nicht nur durch Auseinandersetzung, sondern auch durch Kooperation aller Kräfte verwirklicht[81]. Zum anderen sichert Koopera-

---

80 Vgl. Leßmann, *Wirtschaftsverbände* (Anm. 5), S. 66ff.; ferner Rudzio, *Politisches System* (Anm. 70), S. 99ff.; Pelinka, *Gewerkschaften* (Anm. 5), S. 137ff.; Edwin Schudlich, Kooperation statt Korporatismus. Zum Charakter der gewerkschaftlichen Interessenvertretung in der chemischen Industrie, in: Billerbeck u.a., *Korporatismus und gewerkschaftliche Vertretung*, Frankfurt a.M./New York: Campus 1982, insbes. S. 131 u. S. 160ff.

81 Vgl. dazu Leßmann, *Wirtschaftsverbände* (Anm. 5), S. 133ff.: Es gilt allerdings zu beachten, daß staatliche Institutionen, aber auch die "öffentliche Meinung" als Korrektiv fungieren; Unternehmer und Gewerkschaften vertreten zwar immer partielle Interessen, daß sie sich aber bewußt am Prozeß der Formierung des bonum commune beteiligt sehen bzw. durch ihre herausgehobene Stellung und relative Autonomie bereits dem Gemeinwohl verpflichtet sind, dafür spricht das Selbstverständnis der Gewerkschaften, in diesem Falle ausgedrückt durch den damaligen DGB-Vorsitzenden Heinz-Oskar Vetter: "Die deutschen Gewerkschaften sind zwar die berufenen Vertreter einer Bevölkerungsgruppe, der Mehrheit unseres Volkes, ... aber sie können sich nicht auf diese Funktion beschränken ... Die Funktion der Interessenvertretung können sie nur in einem freiheitlichen System wahrnehmen. Durch ihre Tätigkeit sind

tion die relative Autonomie der Unternehmer- bzw. Arbeitgeberverbände und Gewerkschaften im Rahmen der Formulierung von Teilen der Wirtschaftspolitik[82].

Die Struktur des Verbandssystems der Bundesrepublik läßt in diesem Punkt sogar die Deutung zu, daß das optimistische Konzept der "countervailing power", d.h. die von John Kenneth Galbraith[83] entwickelte Vorstellung eines Systems wirtschaftlicher Gegenkräfte, die sich wechselseitig in Schach halten, zumindest für den engen und auch eingeschränkten Organisationsbereich entlang der Dimension Arbeit - Kapital in Ansätzen verwirklicht ist.

Hier bestätigt sich also die von Axel Halle anhand einer Länderuntersuchung am Beispiel Schwedens, Finnlands und insbesondere Norwegens gewonnene Überzeugung, daß neokorporatistische Politikformulierung grundsätzlich nicht ohne Koordination mit dem Parteienparlamentarismus umgesetzt werden kann. Denn funktionale Repräsentation setzt auch die Bereitschaft voraus, partielle Kompetenzen - insbesondere hinsichtlich wirtschafts- und sozialpolitischer Politikentwicklung - an gesellschaftliche Kräfte abzutreten. Dafür, daß dieser Funktionsverlust mehr oder weniger freiwillig hingenommen wird, "bieten sich als Erklärung die traditionellen, formellen, informellen und personellen Verflechtungen zwischen den gesellschaftlichen Großorganisationen und den Parlamentsparteien an. Sie scheinen in der Lage zu sein, die neokorporatistische Politik als 'Transmissionsriemen' in den parlamentarischen Entscheidungsprozeß transformieren zu können."[84]

Das Faktum, daß 45 Prozent der Abgeordneten, die intensive, kontinuierliche Kontakte zu Wirtschaftsverbänden pflegen, sowohl für die Gewerkschaften als auch für die Kapitalverbände offen sind, weist darauf hin, daß das alleinige Verständnis des Parlaments als "clearing"-Stelle pluralistischer Prägung der Realität nicht gerecht wird. Vielmehr muß - zumindest auch - von einem parlamentarischen Korporatismus, getragen von etwa einem Drittel der Abgeordneten, ausgegangen werden.

Es stellt sich die Frage, welchen Charakter diese Arrangements haben, d.h., sind sie ausschließlich auf Großverbände gerichtet, oder finden auch kleinere Verbände zumindest auf parlamentarischer Ebene in die sonst sehr selektiven und exklusiven Austauschrunden Eingang? In der Literatur werden neokorporatistische Modelle

---

sie zugleich ein Garant dieses Systems. Gewerkschaften sind integrierender Bestandteil der Demokratie. Daraus leiten wir unsere Forderungen ab und von daher akzeptieren wir die damit verbundenen Verpflichtungen. Diese Grundentscheidung der deutschen Gewerkschaften verpflichtet den DGB zu einer verantwortlichen Politik im Rahmen der Demokratie." Vetter, zit. nach Norbert Kaczmarek, Gewerkschaften und Arbeitnehmerorganisationen, in: Politische Akademie Eichholz der Konrad-Adenauer-Stiftung für politische Bildung und Studienförderung e.V. (Hrsg.), *Verbände und Herrschaft. Pluralismus in der Gesellschaft*, Bonn 1970, S. 198.

82 Leßmann, *Wirtschaftsverbände* (Anm. 5), S. 67.
83 Vgl. John Kenneth Galbraith, *American Capitalism. The Concept of Countervalling Power*, Boston Houghton Mifflin Comp 1952.
84 Axel Halle, Funktionsverlust des Parlaments durch Neokorporatismus? Hypothesen und Illustrationen an den Beispielen Norwegen, Schweden und Finnland, in: *ZParl*, 3/1984, S. 384.

durchgängig in Beziehung zur Integration von Großorganisationen in das Verhandlungsarrangement gesetzt.

Anhand der bisherigen aggregatsbezogenen Auswertungen konnte nachvollzogen werden, daß in der Kommunikation mit den Gewerkschaften die Kontakte zum DGB dominieren. Auch im Rahmen der Kapitalverbände konnten einige Großorganisationen jeweils hohe Anteile an den realisierten Kontakten auf sich vereinen[85].

Untersucht man die individuellen Kontaktmuster, so bestätigt sich gleichfalls die Bedeutung der Großorganisationen. In einer groben Annäherung kann festgehalten werden, daß über 80 Prozent der Abgeordneten mit sehr häufigen Interaktionen mit Kapitalverbänden auch oder sogar ausschließlich intensiv mit Verbänden des BDI, BDA und/oder des Kammerwesens (ZdH, DIHT) kommunizieren[86]. Auf Gewerkschaftsseite gilt dies in noch ausgeprägterem Maße. Fast alle Verbindungen von Abgeordneten zu Arbeitnehmerorganisationen sind intensive Kontakte zum DGB bzw. zu dessen Einzelgewerkschaften[87].

Es läßt sich daher festhalten, daß im Rahmen wirtschaftsbezogener parlamentarischer Politikformulierung auch "kleinere" Verbände Gehör finden, es dominieren aber deutlich die Großorganisationen. Doch gilt es an dieser Stelle eine Besonderheit parlamentarischer Wirtschaftssteuerung zu betonen: Soweit dies aus den Kontaktstrukturen ersichtlich ist, beschäftigt sich parlamentarischer Korporatismus weit weniger mit den häufig als "klassisch" angesehenen Politikfeldern Einkommens- und arbeitsbezogene Sozialpolitik, als mit Problemen, die wohl eher als Wirtschafts- und Industriepolitik zu beschreiben sind. Das drückt sich z.B. darin aus, daß nicht Arbeitgeber-, sondern überwiegend Industrieverbände in die Arrangements involviert sind. Letztlich pflegt nur jeder zehnte Parlamentarier häufigen Kontakt mit Arbeitgeberverbänden.

Die Inhalte konzertierter, gemeinsamer Politiksteuerung von Verbänden und Parlament lassen damit eine facettenreichere wirtschaftspolitische Themenvielfalt vermuten als es eine Begrenzung lediglich auf das issue Lohnpolitik bedeuten würde.

85 Vgl. dazu Tabelle 6 Anhang in: Hirner, *Der Deutsche Bundestag* (Anm. 45). Gerade der handwerkliche Bereich erweist sich fast völlig durch Kontakte der Parlamentarier geprägt, die unter den Organisationsbereich des ZdH zu subsumieren sind. Aber auch die Anteile, die dem BDI, BDA oder DIHT zukommen, sind nicht unbeträchtlich.

86 In der Analyse wurden nur diejenigen Parlamentarier berücksichtigt, deren Antworten konkret genug formuliert waren, um Differenzierungen zuzulassen. Als Großorganisationen der Investoren gelten der BDI, der BDA, der ZdH und der DIHT. Zudem zeigt sich, daß die neokorporatistischen "Broker" diese mächtigen Verbände noch erkennbar stärker im Kontaktverhalten berücksichtigen. Insgesamt wurden 160 Abgeordnete, die diesbezüglich differenzierbare Angaben machten, bei der Berechnung berücksichtigt.

87 Von insgesamt 263 Parlamentariern, deren Antworten es zuließen, zwischen Kontakten zu DGB- und Nicht-DGB-Gewerkschaften zu unterscheiden, pflegen 130 intensive Verbindungen zu den Arbeitnehmerorganisationen. Von dieser Gruppe wiederum haben alle bis auf einen Abgeordneten - also 129 - auch oder nur mindestens einmal im Monat Kontakt zu Verbänden, die dem Organisationsbereich des DGB untergeordnet sind.

5.2. Individuelle Kontaktmuster in Ausschüssen und Fraktionen

Es wurde bereits festgestellt, daß sich Kontakte von Abgeordneten entsprechend ihrer Funktion (Ausschüsse) differenzieren. Erst wenn sich Gleiches auch für die Kontakt*muster* konstatieren läßt und die Verteilung von "Fürsprechern" und "korporatistischen Managern" auf die Ausschüsse und Fraktionen festgestellt ist, läßt sich beurteilen, wo in der arbeitsteilig und politisch differenzierten Struktur des Deutschen Bundestages pluralistische und wo korporatistische Vermittlungsmuster überwiegen.

Erwartungsgemäß finden sich die geringsten Anteile neokorporatistischer "Broker" in den innen- sowie den außenpolitischen Ausschüssen (vgl. Tabelle 8). Daß sich aber auch die sozialpolitischen[88] Ausschüsse durch verhältnismäßig viele Mitglieder auszeichnen, die keinen oder nur selten Kontakt zu Wirtschaftsorganisationen entlang der Organisationsebene "Arbeit - Kapital" pflegen, ist insofern überraschend, als gerade hier eine korporatistische Politikarena vermutet werden könnte.

Umgekehrt stehen in den drei Politikfeldern Bildungs-, Wirtschafts- und Infrastrukturpolitik rund drei Viertel der Ausschußmitglieder in Kontakt mit Gewerkschaften und/oder Unternehmerorganisationen. In den bildungs-, insbesondere aber in den wirtschaftspolitischen Ausschüssen stellen die neokorporatistischen "Politikmanager" die stärkste Gruppe. Die übrigen Abgeordneten haben aber ebenfalls Kontakt zu einem der Organisationsbereiche - sie sind im Sinne der hier gebrauchten Terminologie also "Fürsprecher".

Betrachtet man die absoluten Zahlen, so läßt sich ein Zentrum gemeinsamer parlamentarisch-verbandlicher Politiksteuerung bestimmen, nämlich das der wirtschaftspolitischen Ausschüsse. Von insgesamt 89[89] "Brokern" findet sich hier fast die Hälfte (42) wieder[90].

---

88 Das Gesamtergebnis des sozialpolitischen Politikfeldes ist sehr stark von den Kommunikationsstrukturen des Ausschusses für Jugend, Familie, Frauen und Gesundheit determiniert. Derjenige für Arbeit und Sozialordnung verfügt hier über erheblich mehr Mitglieder, die häufige Verbindungen zu den Wirtschaftsverbänden - auch nach beiden Seiten - realisieren.

89 Es soll daran erinnert werden, daß von 30 Abgeordneten keine Angaben über ihre Ausschußmitgliedschaft vorliegen.

90 Die Überlegung, daß Formen kooperativer Konfliktschlichtung zwischen den Verbänden und zwischen Verbänden und Staat auf parlamentarischer Ebene an bestimmte, durch das Ausschußwesen vorstrukturierte Politikfelder - deren Inhalte im weiteren Sinne an Problemherde industrieller Beziehungen anknüpfen - gekoppelt sind, können in einem Gedankenexperiment, das Mehrfachmitgliedschaften berücksichtigt, erhärtet werden. Wir haben gesehen, daß rund die Hälfte aller potentiellen "Politikmanager" Mitglied wirtschaftspolitischer Ausschüsse sind. Dagegen ist nur knapp ein Viertel dieser Parlamentarier ordentliches Mitglied in innen- und/oder außenpolitischen Ausschüssen. Werden nur jene Bundestagsabgeordneten betrachtet, die bipolare Kontakte pflegen und ausschließlich in letztgenannten Ausschüssen sitzen, verringert sich ihr Anteil auf rund 17 Prozent aller neokorporatistischen "Broker" (15 MdB). Bedenkt man zudem, daß nicht nur sie an gemeinsamer verband-

Damit sind jedoch noch keine Aussagen darüber gemacht, ob dieses Ergebnis für alle in den Politikfeldern zusammengefaßten Ausschüssen zutrifft. Allgemein wird von der Annahme ausgegangen, daß gerade in jenen Ausschüssen, deren Mitglieder in besonderem Maße - aufgrund individuellen bipolaren Kommunikationsverhaltens - dazu geeignet scheinen, horizontale Verknüpfungen zwischen den beiden Verbandslagern der industriellen Beziehungen herzustellen, mit einer hohen Wahrscheinlichkeit gemeinsamer verbandlich-parlamentarischer Politiksteuerung zu rechnen ist. In dieser Hinsicht lassen sich folgende Ausschüsse als Ausgangspunkte neokorporativer Verhandlungen ansehen: der Ausschuß für Verkehr, der für Bildung und Wissenschaft[91], derjenige für innerdeutsche Beziehungen und insbesondere der Haushalts-, Finanz-, Wirtschafts- und der Ausschuß für wirtschaftliche Zusammenarbeit.

Die Analyse der Kommunikationsstrukturen der Mitglieder der Einzelausschüsse bestätigt die Annahme, daß das neokorporatistische Zentrum des Bundestages innerhalb der wirtschaftspolitischen Ausschüsse zu finden ist. Mit Ausnahme des Ausschusses für Ernährung, Landwirtschaft und Forsten[92] fallen alle wirtschaftspolitischen Ausschüsse dadurch auf, daß sie in bedeutendem Maße den Abgeordnetentypus des "Politikmanagers" erkennen lassen.

Das ist der Fall für die Ausschüsse für Bildung und Wissenschaft, für innerdeutsche Beziehungen, für wirtschaftliche Zusammenarbeit und Verkehr. Bemerkenswerterweise finden sich aber auch in Ausschüssen, die aufgrund des Politikfeldes und der beteiligten Akteure nicht im korporatistischen Sinne konfligierende Interessen beinhalten, die durch Arrangements einander näher gebracht werden müssen, zahlreiche korporatistische "Manager". Im Falle des dualen Bildungssystems kann nicht von Konflikt gesprochen werden, vielmehr ist hier eine Interessenidentität zwischen den Gewerkschaften und den Kapitalverbänden festzustellen. Zwar wird das Prinzip der Parallelität der Ausbildung - sowohl durch die Betriebe als auch durch berufsbildende Schulen - aus unterschiedlichen Aspekten heraus befürwortet[93], die Beurteilung, daß dieser Weg höhere Effizienz erbringt, ist beiden Seiten gemein. Dabei ist die Kooperationsbereitschaft im Ausschuß für Bildung und Wis-

lich/parlamentarischer Politiksteuerung im Handlungsfeld ökonomischer Beziehungen beteiligt sind, sondern sie als die potentiellen Initiatoren anzusehen sind - sie besitzen die Fähigkeit, horizontale Konzentration zu verfestigen-, kann zumindest hypothetisch angenommen werden, daß die Mitglieder innen- bzw. außenpolitischer Ausschüsse nur sehr marginal in den Prozeß konzertierter Interessenkonversion der Dimension "Arbeit - Kapital" einbezogen sind.

91 Der Ausschuß für Forschung und Technologie muß hier als Grenzfall charakterisiert werden, letztendlich ist auch er durch einen relativ hohen Anteil an "Brokern" bestimmt.

92 Das Alltagsnetzwerk der Parlamentarier war hier - was allerdings kaum zu verwundern mag - durch übermäßig viele Kontakte zu den Landwirtschaftsverbänden geprägt. Da die Schwerpunktsetzung der Agrarpolitik den Gegenstandsbereich industrieller Beziehungen nur marginal betrifft, ist sie als untypisches Beispiel der Wirtschaftspolitik anzusehen.

93 Die Unternehmerseite betont sie als Wettbewerbsfaktor, während die Gewerkschaftsseite insbesondere Vorteile sozialer Absicherung durch erhöhte Chancen ihrer Mitglieder auf dem Markte sieht.

Tabelle 8: Individuelle Kontaktmuster in den Ausschüssen (gruppiert nach Politikfeldern)

	Innen-politik	Infrastruk-turpolitik	Bildungs-politik	Außen-politik	Wirtschafts-politik	Sozial-politik	insge-samt	Mitglied schaften
seltene oder keine Kontakte	27 40.9	17 27.4	10 27.8	17 34.0	27 26.7	23 42.6	95 32.0	121 127.4
Gewerkschafts-vertreter	13 19.7	15 24.2	5 13.9	13 26.0	14 13.9	10 18.5	59 19.9	70 118.6
'Broker'	13 19.7	18 29.0	14 38.9	10 20.0	42 41.6	14 25.9	89 30.0	111 124.7
Kapitalvertreter	13 19.7	12 19.4	7 19.4	10 20.0	18 17.8	7 13.0	54 18.2	67 124.1
	66 22.2	62 20.9	36 12.1	50 16.8	101 34.0	54 18.2	297 100.0	369 124.2

senschaft nicht paradigmatisch. Auch in einem größeren Zusammenhang - auf der Ebene der EG - besteht diesbezüglich Interessenidentität[94].

Von einer gemeinsamen Interessenlage von Arbeitnehmer- und Unternehmerorganisationen sind auch wesentliche Sachthemen, die in den Ausschüssen für innerdeutsche Beziehungen und wirtschaftliche Zusammenarbeit zur Debatte stehen, geprägt. Das betrifft insbesondere den Außenhandel, hier sind beide Seiten an der Erhöhung der Auftragslage interessiert, weil sie neben Unternehmergewinnen auch neue Arbeitsplätze schafft.

Der Verkehrsausschuß zeichnet sich - stärker noch als die beiden anderen - dadurch aus, daß eine Konfliktlinie Kapital - Arbeit fehlt. Aber das Verkehrswesen ist zum einen hinsichtlich Investitionsleistungen bzw. aus arbeitsmarktpolitischen Erwägungen heraus für die Verbände von Bedeutung, zum anderen ermöglicht die Vermittlerrolle, die es im Wirtschaftsleben einnimmt, erst die Arbeitsteilung der Gesellschaft. Bemerkenswert ist in diesem Bereich der sprunghafte Anstieg des Individualverkehrs spätestens seit Beginn der sechziger Jahre bei gleichzeitiger Stagnation bzw. zum Teil auch Rückgang des öffentlichen Verkehrs[95]. In diesem Zusammenhang ist beispielsweise das Defizit der Deutschen Bundesbahn anzuführen[96]. Die Bemühungen gewerkschaftlicher Beschäftigungspolitik richten sich in diesem Falle nicht gegen private Unternehmer, sondern hier sind die Forderungen nach Arbeitsplatzsicherung an die Adresse des Staates als Arbeitgeber gerichtet.

Diese Befunde bestätigen die Eingangs geäußerte Vermutung, daß mit zunehmender Problemkomplexität eine Ausbreitung konzertierter Aktion auch über "klassische" korporatistische Politikfelder hinaus zumindest im parlamentarischen Raum zu rechnen ist.

Als Ausschüsse, deren Politikfelder sehr zentral das Cleavage Arbeit - Kapital berühren, können dagegen der Ausschuß für Arbeit und Sozialordnung, der Haushalts-, Finanz- und der Wirtschaftsausschuß festgehalten werden. Ausgehend von der Annahme, daß die beobachtete Kontaktstruktur in engem Zusammenhang mit den jeweiligen Verhandlungs- bzw. Vermittlungsmustern steht, die für die Arbeit in den entsprechenden Bundestagsgremien ausschlaggebend sind, lassen sich im Falle der drei letztgenannten Ausschüsse Interaktionsmuster beobachten, die in sehr starkem Maße für konzertierte parlamentarisch/verbandliche Willensbildung sprechen.

Während somit die zentralen wirtschaftspolitischen Bundestagsausschüsse als die eigentlichen Ausgangspunkte neokorporativer Steuerung im Parlament anzusehen sind, zeichnet sich der wesentliche sozialpolitische Ausschuß - der für Arbeit

---

94 Vgl. Burkart Sellin, Erste Ergebnisse des Sozialen Dialogs auf dem Gebiet der allgemeinen und beruflichen Bildung, in: *Europäisches Zentrum für die Förderung der Berufsbildung (CEDEFOP) flash*, special 5/1990.
95 Vgl. Statistisches Bundesamt (Hrsg.), *Datenreport 1987. Zahlen und Fakten über die Bundesrepublik Deutschland*, Bonn 1987, S. 311ff.
96 Der Vorstandsvorsitzende der DB, Gohlke, gibt am 24.3. 1988 ein Defizit von 3,95 Mrd. DM für das Jahr 1987 bekannt; Angabe nach: Emil Hübner/Horst-Hennek Rohlfs, *Jahrbuch der Bundesrepublik Deutschland 1988/89*, München 1988, S. 491.

und Sozialordnung - dadurch aus, daß sich hier verstärkt die "Fürsprecher" einzelner gesellschaftlicher Gruppen in paritätischer Zusammensetzung wiederfinden, was darauf hindeutet, daß hier das Parlament in der Regel keine Steuerungsbefugnisse nach "außen" überträgt. Diese Erkenntnis widerspricht damit der Erwartung hinsichtlich dieses Gremiums. Als das herausragende Thema ist nämlich die "Gesundheitsreform"[97] zu konstatieren. Da sich der Konflikt hier in verteilungspolitischen Bahnen bewegt und zudem von Interessengegensätzen zwischen Arbeitgebern und -nehmern auszugehen ist, gilt sie neben der Einkommenspolitik als Paradebeispiel neokorporativer Verhandlungen in der Bundesrepublik[98]. Doch genauso wie sich die Tarifverhandlungen durch die Etablierung verbandlicher Autonomie der staatlichen und damit auch der parlamentarischen Steuerung entzogen haben, scheint der Bundestag nur marginal in die Arena der "Konzertierten Aktion im Gesundheitswesen" integriert gewesen zu sein[99]. Zumindest ist, was die individuellen Kontaktmuster der Mitglieder des Ausschusses für Arbeit und Sozialordnung betrifft, keine Konzertierung zu beobachten.

Auf parlamentarischer Ebene ist das vorherrschende korporative Muster nicht die Sozialpolitik. Vielmehr legen die Kontaktstrukturen nahe, allgemein die Wirtschaftspolitik als den Dreh- und Angelpunkt konzertierter verbandlich/parlamentarischer Willensbildung zu erachten. In Analogie zu "offiziellen" Gesprächsrunden zwischen Verbänden und Regierung[100] dürfte insbesondere die Industrie- und die Beschäftigungspolitik im Vordergrund stehen.

97 Am 6.5.1988 fand im Bundestag die erste Lesung des Gesetzentwurfes zur Gesundheitsreform statt. Zuvor (3.12.1987) hatten sich die Vorsitzenden der Regierungsparteien auf ein Kostendämpfungsziel von 14,3 Mrd. DM an Einsparungen im Gesundheitswesen geeinigt.
98 Vgl. Ulrich Billerbeck, Gesundheitspolitik und Korporatismus. Die Funktion der Konzertierten Aktion im Gesundheitswesen für die gesundheitspolitischen Positionen von Arbeitgebern und Gewerkschaften, in: ders./Erd/Jacobi/Schudlich, *Korporatismus und gewerkschaftliche Vertretung* (Anm. 80); Wiesenthal, *Die konzertierte Aktion im Gesundheitswesen. Ein Beispiel für Theorie und Politik des modernen Korporatismus* (Anm. 78).
99 Die Hauptakteure sind hier neben Arbeitgeber- und Arbeitnehmerorganisationen insbesondere die gesetzliche Krankenversicherung, die kassenärztlichen Vereinigungen und die Unternehmerverbände und Einzelbetriebe der pharmazeutischen Industrie. Somit erzeugt die Kostendämpfung im Gesundheitswesen nicht nur Spannungen zwischen den Tarifparteien - zwar sind beide an einem kostengünstigen Gesundheitssystem interessiert, Streitigkeiten gibt es aber darüber, wie die Sozialversicherungsabgaben zu verteilen sind -, sondern läßt daneben noch weitere Kontroversen entdecken: Das Verhandlungssystem zwischen Kassenverbänden und kassenärztlichen Vereinigungen ist schon als etabliert zu bezeichnen. Als besonders auffällig zeigen sich auch die Konfliktdimensionen hinsichtlich der pharmazeutischen Industrie. Letztlich stehen ihre Interessen auch in Opposition zu denen nichtpharmazeutischer Arbeitgeber.
100 In Anlehnung an Gerhard Lehmbruch sei darauf hingewiesen, daß die Effektivität neokorporativer Absprachen mit zunehmender Institutionalisierung abnimmt. Vgl. dazu: Gerhard Lehmbruch, Neo-Corporatism and the Function of Representative Institutions. Beitrag für die Konferenz "Representation and the State" o.Ö. 1982, S.4: "It seems that strong institutionalization, which is so important for the classical system of individual representation, may become counterproductive and dysfunctional in the arena of corporate representation of interests." Diese These wird durch das Faktum erhärtet, daß in der Mehrzahl die Spitzengespräche zwischen Mitgliedern der Bundes-

Allerdings ist die Kommunikationsstruktur damit noch nicht hinreichend beschrieben. Wie die Auswertungen zeigen, sind in das informelle Netzwerk zwischen Bundestag und Kapital- und Arbeitnehmerorganisationen zudem Abgeordnete integriert, die in keinem der erwähnten Ausschüsse Mitglied sind. Ferner gilt es noch folgendes zu bedenken: Die Genese eines Forums konzertierter Absprachen setzt zwar den Typus des "Politikmanagers" wegen seiner Initiativfunktion voraus, doch ist ihm keineswegs Exklusivität im eigentlichen Steuerungsprozeß zuzusprechen. Neokorporatismus als tripartider Handlungsverbund zwischen gegensätzlichen Verbandsinteressen und dem Staat bedingt neben der Vermittlerrolle

regierung und Vertretern der Führungsspitze von Verbänden des Organisationsbereichs industrieller Beziehungen ergebnislos bleiben. Trotzdem können sie als Indikator dafür dienen, welche Sachthemen grundsätzlich den Willen zu gemeinschaftlicher Konfliktlösung erkennen lassen, weil die Gespräche auch unterhalb der sichtbaren Ebene in mehr oder weniger informellem Rahmen weitergeführt bzw. eingeleitet werden. Hinsichtlich verteilungspolitischer Konflikte industrieller Beziehungen fallen während des Zeitraumes vom Beginn der elften Legislaturperiode bis zum Auftakt der Feldzeit der Untersuchung (Herbst 1988) folgende Gesprächsrunden ins Auge:
Gesprächsrunden zwischen Exekutive und Spitzenverbänden der Wirtschaft seit Beginn der 11. Legislaturperiode

	Akteure	**Thema**	**Ergebnis**
4.6.'87	Bundesregierung, DGB-Spitze	Arbeitslosigkeit	nein
16.6.'87	Bundesreg., IGM Stahlindustrie	Krisenplan	nein
13.10.'87	Bundesregierung, DGB	Steuerreform	nein
11.12.'87	Bundesregierung, Vertreter Bergbau Gewerkschaften	'"Kohle-Runde"' Maßnahmen gegen Massenarbeitslosigkeit	Kapazitätsverringerungen
24.2.'88	Bundesregierung, Opp.part. (SPD) Gewerkschaften, Unternehmen	'"Ruhrgebietskonferenz"'	500 Mrd. DM zur Überwindung der Strukturkrise

Die hier angeführten Themen beschäftigten neben der Bundesregierung auch das Parlament. So fand am 11.12.1987 die sog. Stahldebatte im Bundestag statt. Gerade das Beispiel der Sanierung von Kohle- und Stahlindustrie kann als buchstäblich klassischer Fall von Konsensfindung angesehen werden, die auf ein Akteurssystem zwischen Staat und Verbänden baut. Dabei ist das Handlungsfeld nicht losgelöst von anderen Sachgegenständen zu sehen, es gliedert sich zum einen als Bestandteil der Arbeitsmarktpolitik ein, darf aber auch nicht unabhängig von der Fiskal- und Haushaltspolitik gesehen werden. Dementsprechend ist sicherlich auch die Bemerkung des damaligen Finanzministers Gerhard Stoltenberg während der 1. Lesung des Bundeshaushaltes 1988 (am 1.7.1987) zu verstehen, wenn er "die Ermutigung der schöpferischen Kräfte zu hohem Leistungsstandard, auch zu Spitzenleistungen in Wissenschaft, in Technik, am Arbeitsplatz und die stärkere Anerkennung solcher Leistungen im Steuerrecht [fordert:] Wir können krasses Fehlverhalten bestimmter Gewerkschaften und Arbeitgeberverbände nicht durch immer höhere Subventionen des Staates ausgleichen. Auch das gehört zu den ordnungspolitischen Grundlagen eines ernsthaften Dialogs zwischen gesellschaftlichen Gruppen einerseits, Regierungen und Parlamenten andererseits." Zit. nach Hübner/Rohlfs, *Jahrbuch 1988/89* (Anm. 96), S. 380; hieraus sind auch die Angaben über die "Spitzengespräche" entnommen; vgl. dazu auch die Ausgaben der *FAZ* und der Zeitschrift *Das Parlament* des entsprechenden Zeitraumes.

auch einseitige Verbandsvertreter. Somit muß angenommen werden, daß die in ihren Kontakten einseitig geprägten Fürsprecher partieller Interessen den gesellschaftlichen Einzelorganisationen die direkte Vertretenheit innerhalb parlamentarischer Absprachen sichern. Im Extremfall kann damit angenommen werden, daß sich drei Viertel (77,3 Prozent) aller Parlamentarier von ihrer Kontaktstruktur her an gemeinschaftlicher Politikformulierung im Rahmen industrieller Beziehungen beteiligen könnten. In Wirklichkeit ist diese Zahl sicherlich geringer, da sie das absolute Maximum beschreibt. Insgesamt hat aber die Konfliktlinie Arbeit - Kapital in der parlamentarischen Verhandlung einen hohen Stellenwert.

Die Frage ist, ob die quer zur funktionalen Differenzierung stehende parteipolitische Bindung der Abgeordneten die Reichweite der neokorporatistischen Arena begrenzt und ihren Effektivitätsgrad einschränkt. Gerade die Parteienkonkurrenz könnte kontraproduktive Restriktionen gemeinschaftlicher Steuerung beinhalten. Insbesondere gilt dies für das Verhältnis zwischen den Regierungs- und den Oppositionsfraktionen. So macht Gerhard Lehmbruch deutlich, daß der Grad der Vernetzung - der ausschlaggebend für die Verfestigung neokorporativer Systeme ist -, besonders davon abhängt, inwieweit die kompetitive von einer kooperativen Logik abgelöst ist[101]. Die Klärung dieser Frage ist auch deshalb wichtig, weil sie Hinweise auf die Autonomie des neokorporatistisch-parlamentarischen Subsystems gegenüber einem möglichen Regierungs-Verbands-Netzwerk liefert. In der aggregatsbezogenen Untersuchung der Kontaktintensitäten wurden deutliche Fraktionsprofile bezüglich der Organisationsdimension Arbeit - Kapital identifiziert. Während die Regierungsfraktionen stark in wirtschaftsbezogene Netzwerke eingebunden sind, kommuniziert die Opposition stärker mit den Gewerkschaften. Diese Art der Analyse liefert uns jedoch keine Hinweise dafür, welche strukturellen Chancen einer Kooperation über politische Grenzen hinweg gegeben sind.

Die Messung individueller Kontaktmuster soll an dieser Stelle als Indikator für die Kooperationsbereitschaft der Fraktionen bzw. der Parlamentsparteien dienen. Sie liefert nämlich Aussagen darüber, in welchem Ausmaß das Prinzip kompetitiver individueller Interessenvermittlung durch den Grundsatz kooperativer Interessenkonversion ersetzt ist.

In dieser Hinsicht zeigen die Ergebnisse in Tabelle 9 zweierlei: Während mindestens ein Viertel aller Abgeordneten der "etablierten" Parteien dem Typus des "Politikmanagers" entspricht, führt diese Figur bei der Fraktion der Grünen nur ein Schattendasein. Lediglich ein Mitglied der befragten grünen Abgeordnetenschaft ist so zu klassifizieren. Neben den Grünen ist die CSU am wenigsten als Initiatorin korporatistischer Verhandlungen zu sehen. Hingegen läßt sich rund ein Drittel aller Mitglieder der anderen etablierten Parteien als "Broker" bezeichnen. Insbesondere die SPD ist stark in den Steuerungsverbund integriert, während unter den Oppositionsparteien die Grünen von korporativen Arrangements ausgeschlossen sind. Re-

---

101 Vgl. Gerhard Lehmbruch, *Parteienwettbewerb im Bundesstaat*, Stuttgart/Berlin/Köln/Mainz: Kohlhammer 1976.

gierungs- oder Oppositionszugehörigkeit ist also kein Kriterium für die Frage, ob man an parlamentarischem Korporatismus beteiligt ist.

Dennoch fallen Unterschiede entlang dieser Dimension auf. So ist der Anteil der Fürsprecher gewerkschaftlicher Interessen in den Mehrheitsfraktionen nur marginal, in den Oppositionsfraktionen gilt dies - umgekehrt - für die Fürsprecher von Kapitalverbänden.

Tabelle 9: Individuelle Kontaktmuster nach Partei/Fraktionszugehörigkeit

	CSU	CDU	FDP	SPD	Grüne	insgesamt
seltene oder keine Kontakte	8 33.3	38 31.1	9 30.0	41 32.0	11 47.8	107 32.7
Gewerkschaftsvertreter	1 4.2	10 8.2	1 3.3	40 31.3	9 39.1	61 18.7
'Broker'	6 25.0	38 31.1	9 30.0	45 35.2	1 4.3	99 30.3
Kapitalvertreter	9 37.5	36 29.5	11 36.7	2 1.6	2 8.7	60 18.3
Fraktionsmitglieder	24 7.3	122 37.3	30 9.2	128 39.1	23 7.0	327 100.0

Damit zeigt sich hinsichtlich der Fürsprecher eine eindeutige Fixierung der Fraktionen auf ein verbandliches Lager, gleichzeitig sind aber vergleichbar große Anteile der Abgeordneten von Regierung und Opposition in neokorporative Kontaktstrukturen eingebunden. Politische Differenzierung wirkt sich also strukturell auf die Vertretung und Ausrichtung der "Fürsprecher" aus, tangiert aber nicht grundsätzlich die Möglichkeit korporatistischer Arrangements, wenn einmal von den Grünen abgesehen wird.

6. Der Deutsche Bundestag zwischen pluralistischer Interessenvermittlung und korporatistischer Politiksteuerung

Ausgehend von den beiden zentralen Modellen der Politikvermittlung in westlichen Demokratien, wurde in diesem Beitrag die Frage gestellt, ob die Vermittlungsstrukturen zwischen Bundestag und (organisierten) gesellschaftlichen Interessen eher der Logik pluralistischer "Pressure"-Politik oder der korporatistischen "Austausch"-Logik entsprechen. Dabei wurde von der Grundannahme ausgegangen, daß sowohl die funktionale als auch die politische Differenzierung des Deutschen Bundestages in seine organisatorischen Untereinheiten Ausschüsse und Fraktionen entscheidend dafür ist, wo mehr pluralistische oder aber korporatistische Strukturen vorherrschen. Diese Fragestellung wurde in zwei verschiedenen Analyseschritten untersucht: zum einen anhand der Kontakte der Bundestagsabgeordneten nach Ausschuß- und Fraktionszugehörigkeit, zum anderen anhand der individuellen Kontaktmuster nach Ausschuß- und Fraktionsmitgliedschaft.

In den Kontakten der Gesamtheit der Abgeordneten spiegelt sich die Vielfalt (organisierter) gesellschaftlicher Interessen durchaus wieder. Zwar machen die Kontakte zu den Organisationen im Wirtschaftsbereich einschließlich der Gewerkschaften den größten Teil der Kontakte aus, aber auch Bürgerinitiativen sind kommunikativ in den Deutschen Bundestag vermittelt.

Werden die Kontakte differenziert nach Ausschußmitgliedschaften betrachtet, zeigt sich, daß sie Spiegel der funktionalen Differenzierung und arbeitsteiligen Struktur des Deutschen Bundestages sind. So dominieren z.B. in den wirtschafts- und infrastrukturpolitischen Ausschüssen die Kontakte zu Unternehmer- und Mittelstandsverbänden, in den sozialpolitischen Ausschüssen die Kontakte zu Arbeitnehmerorganisationen. Aber auch die politische Differenzierung der Abgeordneten geht einher mit je spezifischen Schwerpunkten in den kommunikativen Beziehungen zwischen Bundestag und Gesellschaft. Die jeweiligen Schwerpunkte entsprechen dabei im wesentlichen den Erwartungen, die sich aus der "historischen" Identität der Parteien ergeben: Unter den Abgeordneten der CDU/CSU-Fraktion dominieren die Kontakte zu den Verbänden der Unternehmer und des Mittelstands, sowie zu religiösen und kulturellen Organisationen, bei den SPD-Abgeordneten die Kontakte zu den Gewerkschaften, bei den Abgeordneten der F.D.P. Kontakte zum Mittelstand und zu Unternehmerverbänden und bei den Grünen Kontakte zu den Bürgerinitiativen. Damit läßt sich der Schluß ziehen, daß auf der Arbeitsebene in den Ausschüssen die funktional differenzierten sachbezogenen Anforderungen über die Struktur der Kontakte entscheiden, hier also effektive politische Steuerung im Vordergrund steht. Demgegenüber entsprechen die Unterschiede in den Kommunikationskanälen zwischen den Fraktionen in gewissem Grade der sozio-strukturellen Interessendifferenzierung in der Gesellschaft, im Vordergrund steht also die Verbindung zur jeweiligen Wählerschaft. Beide Ergebnisse sind für die Funktionsweise der parlamentarischen Demokratie in der Bundesrepublik zentral. Der Bedarf nach effektiver politischer Steuerung findet seine Entsprechung in der funktionalen Differenzierung der Kontakte. Die Legitimität stellt sich nicht zuletzt über die Linkage-Funktion der politischen Parteien her, die ihre Entsprechung in der fraktionsbezogenen Differenzierung der Kontaktstrukturen findet.

Jedoch ist dieses Bild zu undifferenziert, wie die Analyse der individuellen Kontaktmuster verdeutlicht. Insbesondere bei den beiden großen Fraktionen sind die Kontakte nicht auf bestimmte soziale oder politische Interessen beschränkt. Mit Blick auf die Dimension korporatistischer Vermittlungsmuster im Bereich Kapital und Arbeit ergibt sich nämlich, daß etwa ein Drittel der Parlamentarier sowohl häufigen Kontakt zu den Verbänden der Investoren als auch zu den Gewerkschaften hat. Sie sind die "korporatistischen Broker" oder "Manager" des Parlaments. Jeweils ein Sechstel der Bundestagsabgeordneten hat häufigen Kontakt entweder nur zu den Gewerkschaften oder nur zu den Unternehmerverbänden und kann insofern als "Fürsprecher" der einen oder anderen Interessen angesehen werden, ein weiteres Drittel weist zu beiden Organisationsbereichen keine besonders häufigen Kontakte auf.

Die arbeitsteilige Struktur des Deutschen Bundestages ist auch in diesem Zusammenhang entscheidend: Das Betätigungszentrum der "korporatistischen Broker" sind die wirtschaftspolitischen Ausschüsse. Ausschlaggebend ist dabei nicht unbedingt, daß es sich um Politikfelder handelt, in denen Konfliktregulierung und -lösung im Vordergrund stehen. Im Bildungsausschuß finden sich ebenso wie im Ausschuß für Verkehr vergleichsweise viele "korporatistische Broker". Es können also auch gemeinsame Interessen - beispielsweise das duale Ausbildungssystem oder die für Arbeitsmarkt und Investitionen implikationenreiche Politik im Verkehrsausschuß - ausschlaggebend für korporatistische Kommunikationsstrukturen sein.

Die Fraktionszugehörigkeit, also die politische Differenzierung des Deutschen Bundestages, ist für den "korporatistischen Broker" nicht entscheidend. Bei der CDU und der SPD finden sich in etwa die gleichen Anteile. Daraus läßt sich der Schluß ziehen, daß in bestimmten Bereichen Interessenpolitik nach der pluralistischen Pressure-Logik disfunktional ist und den Steuerungserfordernissen nicht gerecht werden kann.

Andererseits existieren Politikbereiche, z.B. die Sozialpolitik, in denen die "Fürsprecher" der einen oder der anderen Seite überwiegen. In der Verteilung der Fürsprecher ergeben sich ebenso wie bei den Kontaktstrukturen unterschiedliche Parteiprofile: Dominanz der Kontakte zu Organisationen der Investoren bei der CDU, Dominanz der Gewerkschaftskontakte bei der SPD.

Insgesamt gesehen, kann anhand der Ergebnisse zu den Kontakten und den individuellen Kontaktmustern der Abgeordneten wohl davon ausgegangen werden, daß der Deutsche Bundestag in zweierlei Hinsicht hinreichend kommunikativ an die Interessen der Gesellschaft rückgebunden ist: Zum einen spiegelt sich in den Kontakten die Vielfalt gesellschaftlicher Interessen wider, allerdings nach Fraktionen unterschiedlich verteilt. Die Unterschiede entsprechen den Parteiprofilen weitgehend, d.h. die Abgeordneten erfüllen die für die Interessenvermittlung und Legitimität notwendige Linkage-Funktion gemäß der "Identität" ihrer Parteien. Zum anderen verdeutlicht die spezifische Rückbindung der Ausschüsse, daß die funktional jeweils notwendigen Kommunikationskanäle für Information und Expertise existieren, effektive politische Steuerung, gemessen an den Kommunikationsmöglichkeiten, möglich ist. Dem entspricht auch, daß der Typ des "korporatistischen Brokers" unter den Abgeordneten in zentralen und funktional besonders bedeutsamen Ausschüssen prominent vertreten ist. Gleichwohl hat pluralistische "Pressure-Politik" damit nicht ausgespielt. Sie ist in anderen zentralen Politikbereichen das dominante Muster. Die These Lehmbruchs von einem parlamentarischen Korporatismus ist folglich sowohl richtig als auch falsch: Sie ist falsch, wenn sie auf das Gesamtparlament, sie ist richtig, wenn sie auf bestimmte Politikfelder bezogen wird. Pluralismus und Korporatismus müssen dementsprechend nicht als konkurrierende, sondern als sich in funktional hoch differenzierten Strukturen komplementär zueinander verhaltende Vermittlungsmodi angesehen werden.

Camilla Werner

Das Dilemma parlamentarischer Opposition

1. Einleitung

Für jede parlamentarische Demokratie ist die Existenz einer legalen, mit wirksamen Rechten ausgestatteten Opposition lebensnotwendig. Die Opposition verkörpert die Alternative zu Programm und Personen der Regierung. Durch sie wird die zeitliche und inhaltliche Begrenzung von Regierungsmacht jederzeit deutlich.

Das Ziel jeder Opposition ist es, die Regierung zu schwächen und sie schließlich abzulösen. In der politischen Praxis der Bundesrepublik gab und gibt es dafür eine Reihe von Möglichkeiten, angefangen bei "massiver Obstruktion" bis hin zu "absichtsvoller Hilfeleistung". Die Opposition muß also entscheiden, ob sie eine eher konfrontative oder eine eher kooperative Strategie wählen will, um ans Ziel ihrer Wünsche zu gelangen. Der Bundestag bietet der parlamentarischen Opposition in seiner Funktion als öffentliches Forum die Möglichkeit, sich konfrontativ oder kompetitiv von der Politik der Regierung abzusetzen, aber auch - in seiner Eigenschaft als Arbeitsparlament und Verhandlungssystem - die Gelegenheit zur "absichtsvollen Kooperation" mit der Regierungsmehrheit. Im übrigen haben beide Strategien Vor- und Nachteile. Bei kompetitivem Verhalten gerät die Opposition leicht in den Geruch des "ewigen Neinsagers"; bei kooperativem Verhalten besteht die Gefahr der Verwischung des eigenen Profils und der Schwierigkeit, den Anteil der Opposition am Ergebnis des kooperativen Verhandlungsprozesses öffentlich zu vermitteln. Darin liegt das grundsätzliche Dilemma, in dem sich die parlamentarische Opposition befindet.

Hinzu kommen neuere Entwicklungen in den sozialstaatlichen Demokratien der Gegenwart. Wie im ersten Beitrag dieses Bandes dargelegt[1], scheint im parlamentarischen System der Bundesrepublik ein Wandlungsprozeß im Gange zu sein, bei dem sich der bisher vorherrschende Dualismus zwischen Regierungsmehrheit und Opposition zugunsten eines parlamentarisch-gesellschaftlichen "Verhandlungs-systems" verschiebt. Die Differenzierung gesellschaftlicher Interessen, die Vielfalt

---

1 Vgl. den Text von Dietrich Herzog in diesem Band.

von Konfliktlagen, die gestiegenen Partizipationsansprüche und andere Entwicklungen erschweren es, in sich geschlossene politische Strategien zu formulieren.

Neuere staatstheoretische Überlegungen, die von einer gemeinsamen Staatsleitung von Parlament und Regierung ausgehen, neigen dazu, die spezielle Funktion der parlamentarischen Opposition zu vernachlässigen, indem sie den Aspekt der Kooperation zwischen Parlament und Regierung ohne Differenzierung von Mehrheits- und Minderheitsfraktion(en) überbetonen. In der Praxis wird jede Opposition gut beraten sein, sich nicht starr auf eine Strategie festzulegen, sondern bei der Wahl ihrer Vorgehensweise die jeweilige politische Situation, die öffentliche Meinung, das Erscheinungsbild der Regierung, die eigenen personellen und fachlichen Ressourcen und die sonstigen institutionellen Möglichkeiten, z.B. eventuelle Mehrheiten im Bundesrat, einzubeziehen.

Angesichts dieser schwierigen Rolle der parlamentarischen Opposition in der sozialstaatlichen Demokratie der Gegenwart wird im folgenden zunächst dargestellt, welche Bedeutung die neuere Staatstheorie der Opposition zumißt. Daran anschließend folgt eine Analyse der Oppositionspraxis im Deutschen Bundestag, wobei unter anderem auch die Ergebnisse einer Abgeordnetenbefragung ausgewertet werden. Den Abschluß bilden Überlegungen, wie man die Oppositionsrolle im Rahmen von Parlamentsreformen stärken kann.

2. Die Rolle der parlamentarischen Opposition in der Theorie der gemeinsamen Staatsleitung von Parlament und Regierung

Die Theorie der gemeinsamen Staatsleitung von Parlament und Regierung wendet sich aufgrund ihrer Analyse der Realität des parlamentarischem Regierungssystems gegen ein Festhalten am überkommenen Modell der strikten Gewaltenteilung zwischen Parlament und Regierung. Sie kehrt das Trennungsdenken dieses Modells um, indem sie die gemeinsame Staatsleitung durch Parlament und Regierung postuliert[2]. Ein Teil der Staatsrechtslehre hat schon in den fünfziger Jahren die Frage, ob das Parlament an der Staatsleitung zu beteiligen sei, ob es also "mitregieren" solle, positiv beantwortet[3]. So meinte z.B. Ernst Friesenhahn im

---

2   Unklar und immer wieder untersucht bleiben dabei allerdings die Abgrenzungskriterien zwischen den Befugnissen des Parlaments und denen der Regierung und damit der jeweilige Anteil an der Staatsleitung, vgl. Siegfried Magiera, *Parlament und Staatsleitung in der Verfassungsordnung des Grundgesetzes*, Berlin: Duncker & Humblot 1979; Wolfgang von Vitzthum, *Parlament und Planung*, Baden-Baden: Nomos 1978; Wilhelm Mössle, *Regierungsfunktionen des Parlaments*, München: Beck'sche Verlagsbuchhandlung 1986.
3   Ulrich Scheuner, Der Bereich der Regierung, in: *Festschrift für Rudolf Smend*, Göttingen, S. 253-301; Ernst Friesenhahn, Parlament und Regierung im modernen

Jahre 1958: "Da parlamentarische Demokratie die Demokratisierung der Exekutive bedeutet, kann dem liberalen Prinzip der Gewaltenteilung für die Abmarkung der Funktionen des Parlaments von denen der Regierung nur eine sehr beschränkte Bedeutung zukommen. Das Kennzeichen der parlamentarischen Demokratie ist gerade das Hineinwirken des Parlaments in die Regierungsfunktion."[4]

Friesenhahn entwickelte die Vorstellung von der "Staatsleitung zur gesamten Hand" und prägte damit einen vielzitierten Begriff. Aus der Erkenntnis, daß auch im parlamentarischen Regierungssystem verfassungsrechtliche Domänen der Regierung existieren, eine wirksame parlamentarische Kontrolle der Regierung der Unterstützung der Parlamentsmehrheit bedarf (diese wegen des Dualismus von Regierungsmehrheit und Opposition aber nur in Ausnahmefällen zu erlangen ist) und die Opposition auf Regierungsinformationen angewiesen ist, schloß er, daß die Aufgabe der Staatsleitung der Regierung *und* dem Bundestag zuzuweisen sei, um damit den Aktions- und Einflußbereich des Parlaments gegenüber der Regierung zu erweitern. Das Ziel ist also die Aufwertung des Parlaments.

Dieses Ziel nennt auch Wilhelm Kewenig in seinem ebenfalls vielzitierten Habilitationsvortrag[5]. Er untersucht die Probleme parlamentarischer Mitregierung am Beispiel der Ständigen Ausschüsse des Bundestages im Hinblick auf ihre Kontrolltätigkeit. Ausgehend von dem Befund, daß die klassischen Kontrollmittel des Parlaments sich als "ungeeignet bzw. unzulänglich" erwiesen haben, kommt er bei der Beobachtung der Arbeit der Ausschüsse zu dem Schluß, daß das Parlament andere Kontrollmöglichkeiten entwickelt habe, die sich als effektiver herausgestellt hätten: "Aus (Gewalten-)Hemmung durch Beaufsichtigung wird (Gewalten-)Hemmung durch Zwang zur Kooperation."[6] Als Kompensation für Ausstattungs- und Informationsvorteile der Regierung biete sich "die mitlaufende Parlamentsaufsicht in der Form der Beteiligung an der Willensbildung innerhalb der Exekutive geradezu an"[7].

Die These, daß das Parlament an der Staatsleitung beteiligt sei, ist in der staatsrechtlichen Literatur inzwischen kaum mehr strittig[8]. Aber es gibt auch Kritik. Während vor allem die ältere Literatur die Rolle der Opposition im staatsleitenden Prozeß nicht thematisiert, findet man in der neueren Literatur Ansätze, die Oppo-

---

Staat, in: *Veröffentlichungen der Vereinigung der Staatsrechtslehrer (VVdStRL)*, 16, 1958, S. 9-73.
4 Ebd., S. 69 f.
5 Vgl.Wilhelm Kewenig, *Staatsrechtliche Probleme parlamentarischer Mitregierung am Beispiel der Arbeit der Bundestagsausschüsse*, Bad Homburg v.d.H./Berlin/Zürich: Gehlen 1970.
6 Ebd., S. 30.
7 Ebd., S. 56f.
8 Einwände, die sich gegen eine Verwischung der Verantwortungsbereiche von Parlament und Regierung richten, erhoben die Befürworter einer strikten Gewaltenteilung; vgl. die Literaturnachweise bei Mössle, *Regierungsfunktionen des Parlaments* (Anm. 2), S. 186.

sition in das "arbeitsteilige Leitungssystem von Parlament und Regierung"[9] ausdrücklich zu integrieren. So meint z.B. Wilhelm Mössle: "Die interessierte Mitsprache des Parlaments ... zwingt die Exekutive, Übereinstimmung mit der Parlamentsmehrheit herzustellen. Dadurch wird aber auch der Opposition die Möglichkeit eröffnet, Einfluß auf den Inhalt der wohlfahrtsstaatlichen und verteilungspolitischen Entscheidungen zu nehmen."[10] Ähnlich äußert sich Siegfried Magiera: "Die Möglichkeit der informierten Äußerung zur Mehrheitspolitik und des realen Anwachsens zur neuen Mehrheit räumt der Parlamentsminderheit auch ohne unmittelbare Entscheidungsgewalt eine Einflußnahme auf den Kurs der Staatsleitung ein, die sich um so mehr auswirkt, je überzeugender die Parlamentsminderheit ihre Vorstellungen im demokratischen Rückkoppelungs-prozeß glaubhaft zu machen versteht. Insofern nimmt die Parlamentsminderheit an der Staatsleitung unmittelbar kontrollierend, aber auch mittelbar entscheidend teil."[11]

Wenig mehr als diese Äußerungen findet man jedoch auch in der neueren Literatur der Theorie der gemeinsamen Staatsleitung nicht zur Rolle der Opposition. Als empirischer Beleg für die Teilhabe der Opposition an der Staatsleitung gelten teilweise die Daten zur konsensualen Gesetzgebung, wobei allerdings Zahlen aus länger zurückliegenden Wahlperioden genannt werden[12]. Insofern erstaunt es nicht, daß insbesondere Autoren, die sich mit der wissenschaftlichen Aufarbeitung der Bedeutung und der Funktion parlamentarischer Opposition befaßt haben, Kritik an den Prämissen dieser Theorie äußern. Hans-Peter Schneider erkennt an, daß ein "kooperativer Parlamentarismus" angesichts vieler gemeinsamer Aufgaben von Parlament und Regierung notwendig ist, merkt aber dazu an: "Wer daraus aber den Schluß ziehen zu können glaubt, daß die gesamte 'Staatsleitung' nur noch als 'kooperativer Prozeß' zwischen Parlament und Regierung zu verstehen sei, an welchem das Parlament durch 'Mitregierung' teilnehme, ja sogar die Informationsbeziehungen zwischen Bundesregierung und Bundestag als 'staatsleitenden Dialog' bezeichnet, verkennt nicht nur weitgehend die Realität, läßt die Interessen der Opposition außer Betracht und übersieht die spezifischen Legitimitätsbedingungen einer freiheitlichen Demokratie (Öffentlichkeit, Transparenz und politische Beteiligung des Volkes), sondern er deckt über eine beklagenswerte Blöße des parlamentarischen Systems sogar noch den Mantel der Normativität mit der gefährlichen Folge, daß die ohnehin bestehende Kooperation zwischen Parlament und Regierung als Regelfall betrachtet wird, die hierdurch schon jetzt mitverursachten Kontrolldefizite sich weiter verstärken und schließlich auch die Entfremdung des

---

9 Peter Badura, *Die parteienstaatliche Demokratie und die Gesetzgebung*, (Schriftenreihe der Juristischen Gesellschaft zu Berlin, H. 101), Berlin/New York: de Gruyter 1986.
10 Mössle, *Regierungsfunktionen des Parlaments* (Anm. 2), S. 147, 189.
11 Magiera, *Parlament und Staatsleitung* (Anm. 2), S. 278f.
12 Vgl. Mössle, *Regierungsfunktionen des Parlaments* (Anm. 2), S. 147, nennt die Daten bis einschließlich der 7.Wahlperiode, also bis 1976. Der reale Rückgang der konsensualen Gesetzgebung im Bundestag begann mit der 8.Wahlperiode (vgl. Tabelle 9 in Kap. 3.3).

Bürgers gegenüber dem parlamentarischen System ('Parlamentsverdrossenheit') zunimmt."[13]

Uwe Thaysen meint, daß es unter dem Aspekt der Kontrolle auf die Feststellung ankomme, daß "...diese Mitregierung eine zweischneidige Angelegenheit ist: 'Mitgehangen, mitgefangen'. Eine Opposition, die an der 'Verbesserung' eines Gesetzes - noch dazu in nichtöffentlichen Sitzungen - mitarbeitet, macht sich mitverantwortlich für alle eventuellen Mängel des Gesetzes."[14]

Tatsächlich stehen politikwissenschaftliche Autoren, die sich für eine Stärkung der Stellung der Opposition aussprechen, der Mitregierung durch die Parlamentsminderheit skeptisch bis ablehnend gegenüber. So meint Michael Hereth, Opposition setze voraus, daß die opponierende Fraktion nicht an den Entscheidungen direkt beteiligt sei; diese müßten allein in der regierenden Mehrheit fallen[15]. Und Hans-Joachim Veen vertritt in seinem Plädoyer für eine kompetitive Opposition die Auffassung, daß "eine mit der Regierung kooperierende Opposition ... diesem Amt nicht gerecht werden (kann). Indem sie sich der Mehrheit vertraulich annähert, mitregiert, verspielt sie ihre eigene Legitimationsbasis."[16]

Die Theorie der gemeinsamen Staatsleitung von Parlament und Regierung stellt - bezogen auf die regierende Parlamentsmehrheit - einen Fortschritt gegenüber einer Theorie strikter Gewaltenteilung dar. Letztere überließe in der Konsequenz allein der Regierung die Staatsleitung und beschränkte das Parlament auf die nachgehende Kontrolle der Exekutive. Wenn aber diese Theorie auch die parlamentarische Opposition in ihre Vorstellung von Mitregierung des Parlaments einbezieht und damit ein kooperatives Verhaltensmuster bei der Opposition quasi zum Regelfall oppositioneller Strategie erklärt, ihm möglicherweise - wie Schneider befürchtet - gar Normativität verleihen will, dann entzieht diese Theorie der Opposition ihre "Rechtfertigungsgrundlage als Institution"[17]. Im Ergebnis bedeute die Einbeziehung der Opposition in die Staatsleitung eine Stärkung der Exekutive. Die Folgen könnten in einer nicht ausreichend wahrgenommenen Kontrollfunktion bestehen: "Nur wer nicht mit seinen eigenen Interessen involviert ist, kann kontrollieren."[18] Auch die Öffentlichkeitsfunktion des Parlaments ist durch eine kooperative, mitregierende Opposition in Frage gestellt. Die Opposition ist aus-

---

13 Hans-Peter Schneider, Das parlamentarische System, in: Ernst Benda/Werner Maihofer/Hans-Jochen Vogel (Hrsg.), *Handbuch des Verfassungsrechts der Bundesrepublik Deutschland*, Berlin/New York: de Gruyter 1983, S. 237-293 (275).
14 Uwe Thaysen, *Parlamentarisches Regierungssystem in der Bundesrepublik Deutschland*, 2. Aufl., Opladen: Leske & Budrich 1976, S. 61.
15 Vgl.Michael Hereth, *Die parlamentarische Opposition in der Bundesrepublik*, München/Wien: Olzog 1969, S. 17.
16 Hans-Joachim Veen, *Opposition im Bundestag. Ihre Funktionen, institutionellen Handlungsbedingungen und das Verhalten der CDU/CSU-Fraktion in der 6. Wahlperiode 1969-1972*, Bonn: Eichholz 1979, S. 19.
17 Ebd.
18 Kurt Sontheimer, *Grundzüge des politischen Systems der Bundesrepublik Deutschland*, 9. Aufl., München: Piper 1984.

drücklich der "Veröffentlicher von Politik"[19], denn die Öffentlichkeitsfunktion des Parlaments lebt nicht zuletzt aus der Kontroverse[20]. Fixiert sich aber die Opposition frühzeitig auf die Leitlinien von Regierungsentwürfen und versäumt es, mögliche Alternativen öffentlich zu diskutieren, dann unterbleibt von vornherein jede öffentliche Kontroverse im Parlament. Die Opposition würde damit auch ihre gerade im Sozialstaat wichtige Funktion der Mobilisierung und Aggregation unzufriedener und benachteiligter Gesellschaftsschichten[21] vernachlässigen. Das hätte vermutlich die von Schneider befürchtete Entfremdung des Bürgers vom parlamentarischen System ("Parlamentsverdrossenheit") zur Folge.

Wohlbemerkt: Hier geht es ausschließlich darum, die der Theorie einer gemeinsamen Staatsleitung von Regierung und Parlament innewohnende Beschreibung der kooperierenden parlamentarischen Opposition als Modell, als Grundmuster für den Regelfall, der Kritik zu unterziehen. Das bedeutet keineswegs, daß kooperierendes Verhalten seitens der Opposition in jedem Fall abzulehnen ist. Es gibt verschiedene Interaktionsmöglichkeiten zwischen Parlament und Regierung, von denen jede für sich in unterschiedlichen politischen Situationen sinnvoll sein kann. Und, wie bereits eingangs bemerkt, ist jede parlamentarische Opposition vermutlich gut beraten, wenn sie keine der gegebenen Möglichkeiten für ihr Handeln völlig ausschließt. Für die große Mehrheit der Abgeordneten des Deutschen Bundestages ist das dominierende Muster jedenfalls der Dualismus von Regierungsmehrheit und Opposition. So gaben im Jahre 1989 immerhin 85 Prozent der befragten Bundestagsabgeordneten an, daß dieses Muster am ehesten der Realität entspräche (wenngleich lediglich ein Drittel dieses Modell auch für wünschenswert hielt)[22].

3. Funktionen und Methoden parlamentarischer Opposition im Deutschen Bundestag

Weder das Grundgesetz noch die Geschäftsordnung des Deutschen Bundestages kennen den Begriff "Opposition". Als normative Grundlage für die Existenz der Opposition muß vor allem das Demokratieprinzip des Grundgesetzes (Art.20, 28)

---

19 Uwe Thaysen, Standort und Funktionen des Bundestages im parlamentarischen Regierungssystem, in: Hartmut Klatt (Hrsg.), *Der Bundestag im Verfassungsgefüge der Bundesrepublik Deutschland. Beiträge zum dreißigjährigen Bestehen des Deutschen Bundestages*, Bonn: Presse- und Informationszentrum des Deutschen Bundestages 1980, S. 63-72 (68).
20 So: Emil Hübner/Heinrich Oberreuter, *Parlament und Regierung. Ein Vergleich dreier Regierungssysteme*, München: Ehrenwirth 1977, S. 56.
21 Vgl. Hans-Peter Schneider, Verfassungsrechtliche Bedeutung und politische Praxis der parlamentarischen Opposition, in: Hans-Peter Schneider/Wolfgang Zeh (Hrsg.), *Parlamentsrecht und Parlamentspraxis in der Bundesrepublik Deutschland*, Berlin/New York: de Gruyter 1989, S. 1055-1086, Rdnr. 46.
22 Dietrich Herzog/Hilke Rebenstorf/Camilla Werner/Bernhard Weßels, *Abgeordnete und Bürger*, Opladen: Westdeutscher Verlag 1990, S. 103.

angesehen werden. Die Rechtsprechung des Bundesverfassungsgerichts hat die Stellung der parlamentarischen Opposition in mehreren Entscheidungen hervorgehoben und abgesichert[23]. In der Literatur werden als Funktionen der Opposition in erster Linie Kritik, Kontrolle und Alternativenbildung genannt.

3.1. Die Aufgabe der Kritik

Die Arbeit der Regierung kritisch zu bewerten, ist eine ständige Aufgabe der Opposition. Das heißt nun keineswegs, die Regierungspolitik um jeden Preis abzulehnen; wesentlich ist vielmehr die Beurteilung, das Abwägen der Argumente und das Aufdecken von Schwachstellen in der Regierungsarbeit. Da es für die Chancen der Opposition, ihr Ziel - die Regierungsübernahme - zu erreichen, entscheidend ist, ein eigenes politisches Profil zu vermitteln, muß ihre Kritik auch öffentlich wahrgenommen werden. Denn Kritik an der Regierung übt auch die mit ihr eng verbundene Regierungsmehrheit im Parlament. Auch sie mag durchaus wirksam sein; wegen der prinzipiellen Interessenidentität von Regierung und Regierungsmehrheit wird sie jedoch nur in besonderen Situationen nach außen dringen.

Im Rahmen der Arbeit im Bundestag bleibt der Opposition als Forum für die öffentlich vorgetragene Kritik in der Regel nur das Plenum, denn die parlamentarischen Gremien, in denen der Hauptteil der Tätigkeit der Abgeordneten stattfindet, die Ständigen Ausschüsse, tagen grundsätzlich nicht öffentlich. Doch unabhängig von dieser Regelung kommt ohnehin den Medien die wichtigste Rolle zu, die Positionen der parlamentarischen Opposition öffentlich zu machen. Eine Wirksamkeit der Opposition nach außen ist nur über ständige Kontakte zu Medienvertretern möglich, denn der Regierungsapparat ist eher als die Opposition in der Lage, Nachrichten zu produzieren. Zwar sind die großen Parteien finanziell und organisatorisch ähnlich ausgestattet, doch die Öffentlichkeitsarbeit der Regierung - Verlautbarungen, Druckschriften aller Art, Inserate und sonstige Werbung - birgt einen langfristig wirkenden Vorteil: Die staatliche Öffentlichkeitsarbeit bietet auch dort, wo sie lediglich Sachinformationen liefert - möglicherweise mit Namen und Foto des zuständigen Fachministers - Unterstützung für die Regierungsseite[24]. Um so intensiver muß der Kontakt sein, den die Abgeordneten der Opposition zu den Medien pflegen. Die Ergebnisse der Befragung der Abgeordneten des 11. Deutschen Bundestages aus den Jahren 1988/89 zeigen, daß alle Fraktionen diesen Kontakt intensiv wahrnehmen[25]. Die Kontakthäufigkeit der MdB der Grünen ist am gering-

---

23 U.a.: BVerfGE 2, 1; 2, 143; 5, 85; 49, 70.
24 Vgl. Werner Wolf, *Wahlkampf und Demokratie*, Köln: Verlag Wissenschaft und Politik 1985, S. 24.
25 Vgl. Herzog et al., *Abgeordnete und Bürger* (Anm. 22), S. 30f.

sten, die der anderen Oppositionsfraktion, der SPD, ist stärker als die der CDU-Fraktion, jedoch geringer als die der CSU und der FDP. Eine durchgehend geringere Kontakthäufigkeit zu den Medien bei den Oppositionsfraktionen im Vergleich zu den Fraktionen der Regierungsmehrheit konnte also nicht festgestellt werden. Dennoch wird in der politikwissenschaftlichen Literatur darauf hingewiesen, daß die Abgeordneten zu Recht eine Bevorzugung der Bundesregierung durch die Medien beklagen[26]. Dies müßte im Ergebnis vor allem die Opposition betreffen. Eine im Jahre 1979 durchgeführte Untersuchung über die Kontakte zwischen Politikern und Journalisten kam zu dem Resultat, daß keine Begünstigungen bzw. Benachteiligungen der Regierungs- oder der Oppositionsfraktionen durch Presse, Hörfunk und Fernsehen festzustellen seien[27]. Die Medien folgten in der Berichterstattung eher ihren eigenen politischen Präferenzen. Das bestätigen autobiographische Berichte von Journalisten, denen zufolge in Bonn "ein System von Zirkeln" existiere, "in denen meist gleichgesinnte Journalisten mit meist gleichgesinnten Politikern zusammenhocken"[28]. Einen Hinweis auf Chancenunterschiede bei der Veröffentlichung von Regierungs- oder Oppositionsmeinungen kann auch die Einschätzung der Unterstützung ihrer Arbeit mittels verschiedener Medien durch die Abgeordneten selbst geben. Eine entsprechende Frage wurde den Mitgliedern des 11. Deutschen Bundestages gestellt.

Von den in Tabelle 1 genannten Möglichkeiten der Öffentlichkeitsarbeit sind vor allem die Bereiche "Fernsehen und Rundfunk" sowie "Pressepublikationen und Interviews" von Belang, da allein sie ein breites Publikum und nicht nur einen begrenzten Rezipientenkreis, wie z.B. die Fachzeitschriften oder die Partei- bzw. Verbandspresse, erreichen. Die Angaben der Abgeordneten belegen insgesamt, daß die MdB der Oppositionsfraktionen durch diese relevanten Medien eine geringere Unterstützung der eigenen Anliegen erfahren als die Abgeordneten der Regierungsfraktionen. So jedenfalls lautet die eigene Einschätzung der Abgeordneten. Das gilt in besonderem Maße für die Abgeordneten der Grünen, die als einzige mehrheitlich angeben, die meiste Unterstützung für ihre Anliegen nicht über den mediatisierten Kontakt zum Bürger, sondern über die direkte Kontaktaufnahme bei Veranstaltungen, Reden und Vorträgen zu erlangen. Wegen der geringen Reichweite dieser Art der Öffentlichkeitsarbeit stellt der direkte Kontakt kaum eine Kompensation zur höheren Unterstützungsquote der Regierungsfraktionen durch die Medien dar. So sind es denn auch die Abgeordneten der Grünen, die im Rahmen der Befragung am häufigsten angaben, über "unzulängliche Möglichkeiten, sich in der Öffentlichkeit zu profilieren", zu verfügen (26 Prozent der Grünen-

---

26 Vgl.Heinrich Oberreuter, Parlament und Medien in der Bundesrepublik Deutschland, in: Uwe Thaysen/Roger H. Davidson/Robert G. Livingston (Hrsg.), *US-Kongreß und Deutscher Bundestag. Bestandsaufnahmen im Vergleich*, Opladen: Westdeutscher Verlag 1988, S. 500-515 (510).
27 Vgl.Hans-Mathias Kepplinger/Jürgen Fritsch, Unter Ausschluß der Öffentlichkeit. Abgeordnete des 8. Deutschen Bundestages berichten über ihre Erfahrungen im Umgang mit Journalisten, in: *Publizistik* 26/1981, S. 33-55.
28 Klaus-Peter Schmid, in: *Die Zeit*, Nr. 13 vom 22.3.1991, S. 87f.

MdB, dagegen je 17 Prozent der MdB der CDU und der CSU, 16 Prozent der SPD-MdB und sogar nur 3 Prozent der FDP-Abgeordneten)[29]. Für die größere der beiden Oppositionsfraktionen im 11. Deutschen Bundestag, für die SPD, sieht der Befund günstiger aus, besonders was die Unterstützung durch die Presse angeht. Vom Fernsehen und Rundfunk dagegen sehen sich die sozialdemokratischen Abgeordneten im Vergleich zu den christdemokratischen Parlamentariern eher benachteiligt.

Tabelle 1: Wirksamste Art der Öffentlichkeitsarbeit

	Regierungsparteien			Oppositionsparteien		Gesamt
	CDU (%)	CSU (%)	FDP (%)	SPD (%)	Grüne (%)	(%)
Buchveröffentlichungen	7	-	7	4	9	6
Fernsehen/Rundfunk	52	63	40	45	39	48
Pressepulikationen/ Interviews	79	58	70	70	48	71
Veranstaltungen/ Reden/Vorträge	52	46	33	45	61	48
Veröffentlichungen in Fachzeitschriften	21	25	27	17	9	20
Veröffentlichungen in Partei- und Verbandspresse	19	33	20	22	22	22

Frage: *"Durch welche Art der Öffentlichkeitsarbeit können Sie am meisten Unterstützung für Ihre Anliegen erreichen?"*

3.2. Die Aufgabe der Kontrolle

Alles staatliche Handeln muß der Kontrolle des Parlaments unterliegen. Die parlamentarischen Kontrollrechte sind in der Verfassung und - vor allem für die politische Kontrolle - in der Geschäftsordnung des Deutschen Bundestages normiert[30]. Im parlamentarischen Regierungssystem ist die öffentlich wahrnehmbar ausgeübte

---

29 Herzog/Rebenstorf/Werner/Weßels, *Abgeordnete und Bürger* (Anm. 22), S. 97.
30 Eine Aufzählung der parlamentarischen Kontrollrechte und ihrer Rechtsgrundlagen gibt Thaysen, *Parlamentarisches Regierungssystem* (Anm. 14), S. 54f.

Kontrolle weitgehend auf die Opposition übergegangen. Zwar wird Kontrolle - ebenso wie Kritik - auch von der Regierungsmehrheit ausgeübt, aber im Regelfall hinter verschlossenen Türen und nicht öffentlich. Denn in der Öffentlichkeit fungieren die Abgeordneten der Regierungsfraktion(en) als "Schutztruppe der Regierung"[31]. Die meisten parlamentarischen Kontrollrechte würden leerlaufen, unterläge die Regierungskontrolle der Parlamentsmehrheit (vgl. dazu Tabelle 2). Unter dem Aspekt der Effektivität der Kontrolle wird in der Literatur teilweise behauptet, die Kontrolle der parlamentarischen Opposition sei faktisch wirkungslos, weil ihr das einzig wirksame Kontrollmittel fehle, nämlich die Mehrheit, um ihren Willen auch durchzusetzen. Der Übergang der Kontrollfunktion auf die Opposition sei somit ein "Ammenmärchen"[32]. Ein solches Verdikt ist freilich höchst zweifelhaft. Es übersieht das grundlegende Prinzip parlamentarischer Regierungsweise; ist es doch die über den Wahlakt und die anschließende Koalitionsbildung zustande gekommene Parlamentsmehrheit, der die legitime Aufgabe der "Durchsetzung ihres Willens" zukommt. Zudem muß der Stellenwert der "Evidenzkontrolle" berücksichtigt werden, also der Kontrolle und Rechenschaftsforderung vor den Augen der Öffentlichkeit im Plenum[33]. Denn nur in der kontroversen, öffentlichen Diskussion wird einerseits die Regierung zur Offenlegung ihrer Arbeit und Argumente sowie zur Begründung ihrer Entscheidungen gezwungen. Und nur der öffentliche Austausch der Argumente konfrontiert andererseits die Bürger mit Voraussetzungen, Folgen und Alternativen politischer Entscheidungen und aktiviert sie zur Perzeption der Vielfalt von Gestaltungsmöglichkeiten und zur eigenen Meinungsbildung.

Die tatsächliche Wahrnehmung der Kontrollfunktion unterliegt der Kritik durch die Wissenschaft und durch die Abgeordneten selbst. Bereits die Mitglieder des 5. Deutschen Bundestages meinten im Rahmen einer Befragung im Jahre 1968, daß die parlamentarische Kontrolle diejenige Funktion sei, die das Parlament am meisten vernachlässige[34]. An dieser Einschätzung hat sich bis heute nichts geändert. 1988/89 wurden die Abgeordneten des 11. Deutschen Bundestages gefragt, wie sie die Erfüllung verschiedener Aufgaben des Bundestages bewerten[35]. Die Beurteilungsskala reichte von 1 ("sehr gut") bis 6 ("ungenügend"). Unter den zwölf Vorgaben befanden sich auch - getrennt genannt - die Regierungs- und die Bürokratiekontrolle. Von den Oppositionsfraktionen wurde die Wahrnehmung der Regierungskontrolle mit Noten von 3.8 (SPD) und 5 (Grüne) als defizitär beschrieben. Die Regierungsfraktionen hielten sich verständlicherweise zurück (die eigene Re-

---

31 So: Hübner/Oberreuter, *Parlament und Regierung* (Anm. 20), S. 73.
32 Thomas Ellwein, *Das Regierungssystem der Bundesrepublik Deutschland*, 4. Aufl., Opladen: Westdeutscher Verlag 1977, S. 271.
33 Zu den verschiedenen Formen und Begriffen parlamentarischer Kontrolle s. Hübner/Oberreuter, *Parlament und Regierung* (Anm. 20), S. 70f.
34 Vgl. Hans Maier/Heinz Rausch/Emil Hübner/Heinrich Oberreuter, *Parlament und Parlamentsreform. Zum Selbstverständnis des fünften Deutschen Bundestages*, München: Verlag Ernst Vogel 1979, S. 42f.
35 Vgl. Herzog/Rebenstorf/Werner/Weßels, *Abgeordnete und Bürger* (Anm. 22), S. 121f. und S. 97, Nr. 6 und 8 in Tabelle 7.4.

gierung empfindet man vermutlich immer als genügend kontrolliert), sie beurteilten die parlamentarische Kontrolle mit "gut" bis "befriedigend". Die größten Mängel aber sahen alle Fraktionen übereinstimmend in der Kontrolle der Ministerialbürokratie, des Apparats der Regierung. Diese Funktion des Bundestages erachteten die Regierungs- wie die Oppositionsfraktionen, wenn auch mit unterschiedlichem Gewicht, als die am mangelhaftesten erfüllte Aufgabe (Beurteilung zwischen 3.7 bei der CSU und 5.3 bei den Grünen). Der Kommentar eines ehemaligen Abgeordneten erläutert auf drastische Weise das Problem: "Was Parlamentarier auch anfangen, die Vettern aus den Ministerien sind immer dabei, soufflieren dem Gesetzgeber, schmieden Reden, verwalten Informationen, die Macht bedeuten, rücken keineswegs und schon gar nicht gegenüber jedem damit heraus. Die Ministerialbürokratie kontrolliert die Abgeordneten weit mehr als umgekehrt...Parlamentarier kommen und gehen. Die Beamten bleiben."[36]

Andererseits hat die parlamentarische Opposition in den letzten beiden Legislaturperioden einen auffallend regen Gebrauch von ihren Kontrollrechten gemacht, mehr als je zuvor. Das gilt in der Tendenz für alle Kontrollinstrumente[37]. Als Beispiel für diese Entwicklung sollen hier die Daten zu Anfragen und Aktuellen Stunden dienen[38], beides klassische (Evidenz-) Kontrollmöglichkeiten der parlamentarischen Opposition. Die Nutzung der Kontrollrechte wird in der folgenden Übersicht (einschließlich der 11. Wahlperiode) dargestellt (vgl. Tabellen 2 und 3).

Die am häufigsten angewandten Kontrollinstrumente im Bundestag sind die Anfragen. Dabei können die Großen Anfragen - ebenso wie die Aktuellen Stunden - als besonders öffentlichkeitswirksame Möglichkeiten der Regierungskontrolle angesehen werden. Denn sie bieten die Gelegenheit zur Aussprache über aktuell interessierende Fragen im Plenum und zwingen die Regierung zur eindeutigen öffentlichen Stellungnahme. Seit der 10. Wahlperiode gibt es, wie aus den Zahlen in Tabelle 2 deutlich wird, einen geradezu sprunghaften Anstieg im Gebrauch dieser Kontrollmittel[39]. Dies hängt mit dem Einzug der Grünen in den Bundestag im Jahre 1983 zusammen: Obwohl kleinste Fraktion, haben sie die formellen

---

36 Dieter Lattmann, *Die Einsamkeit des Politikers*, Frankfurt a.M.: Fischer 1982, S. 56.
37 Bis einschließlich zur 10. Wahlperiode ist dies ablesbar aus den Angaben bei: Peter Schindler, *Datenhandbuch zur Geschichte des Deutschen Bundestages 1949 bis 1982*, Bonn: Deutscher Bundestag, 1983, S. 762-764, und ders., *Datenhandbuch zur Geschichte des Deutschen Bundestages 1980 bis 1987*, Baden-Baden: Nomos, 1988, S. 676f.; vgl. dazu auch: Wolfgang Ismayr, Der Deutsche Bundestag: Strukturprobleme und Reformperspektiven einer politischen Institution, in: *Aus Politik und Zeitgeschichte*, B 50/91 vom 6.12.1991, S. 25-40 (29f).
38 Vgl. Parlamentsarbeit der 11. Wahlperiode in Zahlen, in: *wib*, 20/90 - XXI/235 vom 5.12.1990, S. 159.
39 Dazu auch: Hans-Achim Roll, Geschäftsordnungspraxis im 10. Deutschen Bundestag, in : *ZParl*, 3/1986, S. 313-324; Auf die Zurückhaltung im Gebrauch der Anfragen als Kontrollmittel der Opposition in früheren Legislaturperioden weisen hin: Heinz Rausch/Heinrich Oberreuter, Parlamentsreform in der Dunkelkammer? Zum Selbstverständnis der Bundestagsabgeordneten, in: Winfried Steffani (Hrsg.), *Parlamentarismus ohne Transparenz*, Opladen: Westdeutscher Verlag 1973, S. 141-164 (152).

Möglichkeiten der parlamentarischen Kontrolle sehr aktiv genutzt, so daß eine Verstärkung des oppositionellen Verhaltens schon aus der Statistik ablesbar ist (vgl. Tabelle 3).

Tabelle 2: Anfragen und Aktuelle Stunden im Deutschen Bundestag von der 1. bis 11. Wahlperiode [a]

Wahlperiode	Gr. Anfragen	Kl. Anfragen (Fragestunden)	Mdl. Anfragen	Aktuelle Stunden
1. 1949-53	160	355	392	-
2. 1953-57	97	377	1069	-
3. 1957-61	49	411	1536	-
4. 1961-65	35	308	4786	2
5. 1965-69	45	488	10733	17
6. 1969-72	31	569	11073	8
7. 1972-76	24	480	18497	20
8. 1976-80	47	434	23467	9
9. 1980-83	32	297	14384	12
10. 1983-87	175	1006	22864	117
11. 1987-90	145	1416	19711	126

a Quellen: Peter Schindler, *Datenhandbücher* (Anm. 37), und *wib* 20/90 vom 5.12.90 (Anm. 38)

Differenziert man bei den Anfragen und Aktuellen Stunden zwischen den beiden Oppositionsfraktionen im 10. und im 11. Deutschen Bundestag (vgl. Tabelle 4), so deutet sich allein aus den Zahlen an, daß seit der 10. Wahlperiode zwei in ihrem Verständnis oppositioneller Vorgehensweise im Parlament durchaus unterschiedliche Fraktionen agieren. Die Daten verdeutlichen die Absicht der Grünen, eine "konfrontative", die Regierung so oft wie möglich öffentlich herausfordernde parlamentarische Opposition darzustellen. Trotz ihrer geringen Fraktionsstärke in der 10. und 11. Wahlperiode stehen sie bei den Großen und Kleinen Anfragen an der Spitze, in der 11. Wahlperiode beantragten sie außerdem die meisten Aktuellen Stunden. Dieser regen Nutzung der parlamentarischen Kontrollmittel durch die Grünen sah aber die SPD keineswegs tatenlos zu. Vielmehr führte diese "Konkurrenz" zu einer (im Vergleich zur 1. bis 9. Wahlperiode) enorm gestiegenen Wahrnehmung der Kontrollmittel auch durch die größere Oppositionsfraktion. Das

Tabelle 3: Oppositionelles Verhalten im Rahmen der Kontrollfunktion des Deutschen Bundestages am Beispiel von Anfragen und Aktuellen Stunden von der 1. bis zur 11. Wahlperiode[a]

Wahlperiode	Große Anfragen Anfr. ges. Zahl	davon eingereicht durch Opposition Anzahl	in %	Kleine Anfragen Anfr. ges. Zahl	davon eingereicht durch Opposition Anzahl	in %	Mündliche Anfragen Anfr. ges. Zahl	davon eingereicht durch Opposition Anzahl	in %	Aktuelle Stunden Anfr. ges. Zahl	von Oppos. eingereicht Anzahl	%
1. 1949-53	160	61	38.1	355	209	58.9	392	-	-	-	-	-
2. 1953-57	97	51	52.6	377	146	38.7	1069	-	68.8	-	-	-
3. 1957-61	49	42	87.7	411	263	64.0	1536	-	58.2	-	-	-
4. 1961-65	35	24	68.6	308	135	43.8	4786	-	75.7	2	1	50.0
5. Wahlperiode[b] 1965-69	11 34	4 12	36.4 35.3	142 346	61 144	43.0 41.6	10733	-	56.7 -	5 12	2 7	40.0 58.3
6. 1969-72	31	25	80.6	569	471	82.8	11073	-	64.5	8	8	100.0
7. 1972-76	24	18	75.0	480	426	88.8	18497	12744	68.9	20	18	90.0
8. 1976-1980	47	33	70.2	434	366	84.3	23467	15053	64.1	9	9	100.0
9. Wahlperiode[c] 1980-83	32 0	24 -	75.0 -	276 21	232 21	84.1 100.0	12069 2315	7311 1481	60.6 64.0	6 6	4 6	66.7 100.0
10. 1983-87	175	148	84.6	1006	965	95.9	22864	15063	65.9	117	90	76.9
11. 1987-90	145	125	86.2	1416	1395	98.5	19711	13824	70.1	126	100	79.4

a Quellen: Peter Schindler, Datenhandbücher (Anm. 37) und wib 2/90 vom 5.12.1990 (Anm. 38).
b Die Unterteilung bedeutet: obere Zeile bis 1.12.1966 (Opposition = SPD); untere Zeile ab 1.12.1966 (Opposition = FDP).
c Die Unterteilung bedeutet: obere Zeile bis 1.10.1982 (Opposition = CDU/CSU); untere Zeile ab 1.10.1982 (Opposition = SPD).

Das Dilemma parlamentarischer Opposition

macht ein Vergleich zwischen den absoluten Zahlen z.B. der durch die Opposition eingereichten Großen Anfragen oder auch der Aktuellen Stunden in den Tabellen 3 und 4 deutlich. Somit kann vermutet werden, daß von einer sich entschieden kompetitiv oder sogar konfrontativ verstehenden und die Kontrollmittel entsprechend eifrig einsetzenden Oppositionsfraktion ein gewisser Druck auf andere konkurrierende Oppositionsfraktionen ausgeht.

Die meisten mündlichen Anfragen kamen in beiden Wahlperioden aus den Reihen der SPD-Abgeordneten. Sie werden als "Tummelplatz der Wahlkreismatadore"[40] angesehen, und dementsprechend machen auch die Abgeordneten der großen Regierungsfraktion von diesem Kontrollmittel regen Gebrauch. Im Rahmen der mündlichen Anfragen werden der Bundesregierung häufig Angelegenheiten von lokaler Bedeutung für den Wahlkreis des Fragestellers zur Beantwortung vorgelegt, so daß auch in der 11. Wahlperiode folgerichtig die beiden großen Fraktionen, und zwar die SPD vor der CDU/CSU, diese Kontrollmöglichkeit am intensivsten genutzt haben[41].

Die Daten zu Anfragen und Aktuellen Stunden sollen hier nur als Beispiel für oppositionelles Kontrollverhalten im Bundestag dienen. Parlamentarische Kontrolle umfaßt heute vielfältige formelle und informelle Möglichkeiten. Der Kontrollbegriff hat sich beständig erweitert. Beinhaltete Kontrolle im klassischen Sinne lediglich "die Prüfung des bisherigen Verhaltens der Regierung oder Exekutive"[42], hergeleitet von einem Verständnis strikter Gewaltenteilung zwischen Legislative und Exekutive, geht das neuere Verständnis parlamentarischer Kontrolle von den realen Verschränkungen im parlamentarischen Regierungssystem aus und erweitert den klassischen Kontrollbegriff. Parlamentarische Kontrolle ist nicht mehr nur "Aufsicht über fremde Amtsführung" (Bäumlin) - es kommt eine aktive Komponente hinzu: "Kontrolle ist nun nicht einfach negatorische Sichtbarmachung von Mängeln und Fehlern in der Regierungsführung, sondern vor allem antreibende, bremsende, korrigierende, bestätigende Mit-Regierung...Vorbedingung ist freilich, daß das Parlament über umfassende, derjenige der Regierung ebenbürtige Informationen verfügen kann."[43]

Tatsächlich ist Information die Vorbedingung der Kontrolle. Nur wer informiert, also sachkundig ist, kann zielgerichtet Kontrolle ausüben. Doch die Abgeordneten beklagen zum einen den Mangel an Informationen, zum anderen zu viele, aus Zeitgründen nicht mehr zu verarbeitende Informationen. Dies gilt in besonderem Maße gegenüber der Exekutive, deren spezialisiertem Fachpersonal und

---

40 Heinz Rausch, *Bundestag und Bundesregierung. Eine Institutionenkunde*, 4. Aufl., München: Beck 1976, S. 288.
41 Vgl. Parlamentsarbeit, in: *wib* (Anm. 38).
42 Friedrich Schäfer, *Der Bundestag. Eine Darstellung seiner Aufgaben und seiner Arbeitsweise*, 4. Aufl., Opladen: Westdeutscher Verlag 1982, S. 228.
43 Alexander Ruch, *Das Berufsparlament. Parlamentarische Struktur- und Funktionsprobleme unter Darstellung der Parlamente in der Bundesrepublik Deutschland, Frankreich, Großbritannien, den Vereinigten Staaten von Amerika und Dänemark*, (Basler Studien zur Rechtswissenschaft, H. 107), Basel/Stuttgart: Helbing & Lichtenhahn 1976, S. 235.

umfangreichem Apparat die Parlamentarier häufig unterlegen sind und die sie dennoch kontrollieren sollen. Informationen setzen Kontakte voraus, Kontakte zu Informanden. Deshalb ist es für die Opposition unerläßlich, über ein "gut funktionierendes Informations- und Kommunikationsnetz außerhalb des Parlaments"[44] zu verfügen. Das gilt auch für Kontakte des Abgeordneten zum Objekt der Kontrolle, der Exekutive. Daß möglicherweise die Parlamentarier - insbesondere diejenigen der Opposition - die Qualität der aus solchen Kontakten gezogenen Informationen nicht allzu hoch bewerten, deutet die Abgeordnete Skarpelis-Sperk an: "Der bittere Witz dabei ist, daß die von uns zu Kontrollierenden in der Regel Inhalt und Ausmaß der Information bestimmen, mittels derer wir sie kontrollieren sollen."[45]

Tabelle 4: Anfragen und Aktuelle Stunden in der 10. und 11. Wahlperiode aufgeteilt nach Oppositionsfraktionen [a]

Anfragen und Aktuelle Stunden eingereicht durch die Opposition	10. Wahlperiode		11. Wahlperiode	
	Anzahl	In %	Anzahl	In %
Große Anfragen insgesamt	148	100.0	125	100.0
davon SPD	61	41.2	57	45.6
davon Grüne	87	58.8	68	54.4
Kleine Anfragen insgesamt	965	100.0	1395	100.0
davon SPD	145	15.0	192	13.8
davon Grüne	820	85.0	1203	86.2
Mündl. Anfragen insgesamt	15063	100.0	13824	100.0
davon SPD	12936	85.9	11540	83.5
davon Grüne [b]	2047	13.6	2118	15.3
davon PDS/LL [c]	-	-	13	0.1
davon Fraktionslose	80	0.5	153	1.1
Aktuelle Stunden insgesamt	90	100.0	100	100.0
davon SPD	48	53.3	40	40.0
davon Grüne	42	46.7	60	60.0

a Quellen: Schindler, *Datenhandbuch* 1980-87 (Anm. 37) und *wib*, 20/90 v. 5.12.1990 (Anm. 38)
b Bezeichnung nach dem 3.10.1990: Bündnis 90/Grüne.
c Erst nach dem 3.10.1990 im Bundestag vertreten.

44 Winfried Steffani, *Parlamentarische und präsidentielle Demokratie*, Opladen: Westdeutscher Verlag 1979, S. 245.
45 Sigrid Skarpelis-Sperk (MdB-SPD), in ebd., S. 217.

Das Dilemma parlamentarischer Opposition

Es ist anzunehmen, daß der Zugang der parlamentarischen Opposition zur Exekutive, d.h. nicht nur zu den Ministern, sondern auch zu dem ihnen unterstellten Verwaltungsapparat, schwieriger ist als für die MdB der Regierungsmehrheit. Zunächst ist da die Tatsache, daß an der Spitze der Exekutive die Protagonisten des politischen Kontrahenten, der Regierungspartei(en), stehen. Sie sind als Minister gegenüber dem Verwaltungsapparat im vorgegebenen rechtlichen Rahmen weisungsbefugt, der wiederum innerhalb dieses Rahmens zur Loyalität verpflichtet ist. Doch nicht nur die grundsätzliche Weisungsbefugnis der politisch besetzten Führungsspitze des Ministeriums, auch die "Personalpolitik als Steuerungsinstrument der politischen Führung"[46] bewirkt distanziertere Beziehungen der Ministerialbürokratie zur Opposition. Während für die Regierungsfraktionen ein permanenter Informations- und Zuarbeitungsservice geleistet wird - und zwar bis hin zu Arbeitsgruppen-Vorbesprechungen über den Ablauf von Sitzungen der Bundestagsausschüsse - bleibt die Opposition "von der generellen und speziellen Serviceleistung, die die Regierungsfraktion genießt, ... meist ausgeschlossen."[47]

Im Rahmen der Befragung wurden die Abgeordneten auch nach Existenz und Häufigkeit ihrer Kontakte zu gesellschaftlichen Gruppierungen, Verbänden, Parteien und zu staatlichen Institutionen gefragt[48]. Im vorliegenden Zusammenhang interessieren die Beziehungen zu staatlichen Institutionen, d.h. zu denen der Exekutive (vgl. Tabelle 5).

Wie die Daten in Tabelle 5 zeigen, haben die Abgeordneten der Oppositionsfraktionen insgesamt weniger Kontakte als diejenigen der Regierungsfraktionen. Die Kontakte der Regierungsfraktionen, vor allem der CDU und CSU, zum Bundeskanzler[49] sind - wie nicht anders zu erwarten - erheblich häufiger als die der Opposition. Von größerem Belang ist jedoch die Differenz zwischen den Regierungs- und Oppositionsfraktionen in den Kontakten zu den Ministerien und Behörden auf Bundesebene. Die enge Verbindung zwischen den Regierungsfraktionen und der Ministerialbürokratie wird in der im Vergleich zu den Oppositionsfraktionen höheren Kontaktintensität deutlich. Zwar sind auch die Abgeordneten der Oppositionsfraktionen - mit immerhin 92.8 Kontakten jährlich bei der SPD und 82.7 Kontakten jährlich bei den Grünen - gegenüber der Exekutive nicht "kontaktarm", doch liegt das Ergebnis beider Fraktionen damit unter dem Durchschnitt. Nicht feststellbar ist, von welcher Seite der Kontakt ausgeht. Es kann jedoch vermutet werden, daß der Abgeordnete der Opposition den Kontakt zur Exekutive zum Zwecke der Informationsbeschaffung eher sucht als es umgekehrt der Fall ist.

---

46 Friedrich Bischoff/Michael Bischoff, Parlament und Ministerialbürokratie, in: Schneider/Zeh (Hrsg.), *Parlamentsrecht und Parlamentspraxis* (Anm. 21), S. 1457-1477 (1465).
47 Ebd., S. 1469.
48 Vgl. dazu: Herzog/Rebenstorf/Werner/Weßels, *Abgeordnete und Bürger* (Anm. 22), S. 19ff, 69ff.
49 Einbezogen sind hier nur Kontakte zum Bundeskanzler selbst und zu seinem engsten Mitarbeiterstab, z.B. Kanzleramtsminister, Pressereferent, Sekretärin.

Tabelle 5: Jährliche Kontakte je MdB zu Institutionen der Exekutive nach Regierungs- und Oppositionsfraktionen bzw. -parteien (11. Wahlperiode)

Fraktionen bzw. -parteien	Bundeskanzler[a]	Bundesministerien-/ behörden	EG	n
Gesamt	14.0	106.8	16.0	322
- der Regierung				
CDU	23.0	122.5	18.4	118
CSU	31.4	121.8	21.2	24
FDP	8.9	110.2	11.2	30
- der Opposition				
SPD	5.1	92.8	15.5	127
Grüne	4.8	82.7	7.9	23

Lesehilfe: Nach dem ermittelten Durchschnitt aller Kontakte der Abgeordneten der SPD-Fraktion hat ein MdB der SPD 92.8 Einzelkontakte im Jahr zu Bundesministerien oder Bundesbehörden.
a Einbezogen sind hier nur Kontakte zum Bundeskanzler selbst und zu seinem engsten Mitarbeiterstab, z.B. Kanzleramtsminister, Pressereferent, Sekretärin.

Mit zunehmender Dauer der Wahrnehmung der Rolle der Opposition wird bei einer ehemaligen Regierungspartei die Möglichkeit des Rückgriffs auf Informationsträger der eigenen politischen Couleur im Bereich der Ministerialbürokratie nachlassen. Doch die parlamentarische Opposition ist auch in diesem Fall nicht allein auf eigene Spezialisten oder die wissenschaftlichen Dienste der Bundestagsverwaltung angewiesen, wenn ihre Partei an der Regierung in den Bundesländern beteiligt ist[50]. Dann kann sie über den Umweg der Fachspezialisten aus den Exekutiven der Länder Informationen erhalten.

Die Abgeordneten des 11. Deutschen Bundestages wurden nach der Häufigkeit ihres Kontaktes zu den Exekutiven der Bundesländer gefragt. Das zusammengefaßte Ergebnis der jährlichen Kontakthäufigkeit pro Abgeordneter der verschiedenen Fraktionen bzw. Parteien ist Tabelle 6 zu entnehmen.

---

50 Winfried Steffani, Formen, Verfahren und Wirkungen der parlamentarischen Kontrolle, in: Schneider/Zeh (Hrsg.), *Parlamentsrecht und Parlamentspraxis* (Anm. 21), S. 1325 - 1367 (1341).

Tabelle 6: Jährliche Kontakte je MdB zur Exekutive der Bundesländer nach Regierungs- und Oppositionsfraktionen bzw. -parteien (11. Wahlperiode)

Regierungen und Regierungskoalitionen in den Bundesländern	Anzahl der Kontakte der MdB der				
	BT-Regierungsfraktionen bzw. -parteien			BT-Oppositionsfraktionen	
	CDU	CSU	FDP	SPD	Grüne
Landesregierung *ohne* Beteiligung einer Partei der Opposition im BT[a]:					
Baden-Württemberg (CDU)	11.7	8.7	4.2	6.8	1.9
Bayern (CSU)	0.6	45.8	2.7	1.5	2.5
Berlin (CDU/FDP)	2.2	-	2.1	0.6	-
Hessen (CDU/FDP)	3.5	-	0.6	1.5	4.4
Niedersachsen (CDU/FDP)	3.3	-	10.3	3.0	2.4
Rheinland-Pfalz (CDU/FDP)	3.9	-	8.1	1.0	-
Landesregierung *mit* Beteiligung einer Partei der Opposition im BT[a]:					
Bremen (SPD)	-	-	0.5	2.3	-
Hamburg (SPD/FDP)	0.4	-	0.9	2.0	0.5
Nordrhein-Westfalen (SPD)	4.1	-	7.6	11.7	3.0
Saarland (SPD)	1.8	-	0.1	1.4	-
Schleswig-Holstein (SPD)	1.0	-	1.2	5.1	-

a Situation zum Zeitpunkt der Befragung (Jahreswende 1988/89).

Zunächst zeigen die Ergebnisse in Tabelle 6, daß die Kontakte zu den Länderexekutiven bei weitem nicht die Quantität der Kontakte zur Bonner Regierung und Ministerialbürokratie erreichen (vgl. Tabelle 5). Das gilt gleichermaßen für die Abgeordneten der Oppositionsfraktionen und zwar auch für diejenigen Bundesländer, in denen die Partei der parlamentarischen Opposition im Bundestag - faktisch handelt es sich im Befragungszeitraum nur um die Sozialdemokraten - die Regierung stellt bzw. an ihr beteiligt ist. Das ist kein überraschendes Ergebnis: Es ist schließlich die Bundesebene, mit der die Bundestagsabgeordneten in erster Linie befaßt sind. Dennoch bestätigen die Daten in begrenztem Umfang die These von der Informationsbeschaffung der Opposition über die ihr nahestehenden Landesregierungen. Zwar muß zunächst berücksichtigt werden, daß die Anzahl der Kontakte des einzelnen Abgeordneten zu den Landesexekutiven sowohl mit seiner Wahlkreis- bzw. Landeslisten-Herkunft als auch mit Nachfragen bei Landes- und Kommunalbehörden aufgrund von Bürgereingaben an den Abgeordneten in Zusammenhang stehen kann. Doch wird anhand der Befragungsergebnisse auch deutlich, daß die Kontakte der SPD-Parlamentarier zu denjenigen Exekutiven der Bundesländer, in denen die Sozialdemokraten die Landesregierung stellen bzw. an ihr beteiligt sind, im Vergleich zu allen anderen Fraktionen bzw. Parteien im Bundestag intensiver sind. Die quantitativ wichtigsten Kontakte existieren bei den Bundestagsabgeordneten der SPD zur Exekutive Nordrhein-Westfalens. Die Partei der anderen Fraktion der parlamentarischen Opposition im 11. Deutschen Bundestag, die Grünen, war zum Zeitpunkt der Befragung an keiner Landesregierung beteiligt. Die Abgeordneten der Grünen haben jedoch die meisten Kontakte zur Exekutive des Landes Hessen. Dies läßt auf noch vorhandene Kontaktstrukturen aus der Zeit der ersten Regierungsbeteiligung der Grünen in diesem Bundesland schließen. Insgesamt sprechen die Daten der Tabelle 6 dafür, daß die parlamentarische Opposition im Bundestag Informationsmöglichkeiten über die Administration derjenigen Bundesländer nutzt, in denen ihre Partei die Regierung stellt bzw. stellte.

In der Verfassung von Berlin und in der neuen Verfassung des Landes Brandenburg ist kürzlich das Recht der Opposition auf Chancengleichheit verankert worden. Tatsächlich setzt wirksame Kontrolle auch die Chancengleichheit der Opposition bei der Teilnahme an den parlamentarischen Gremien voraus. Diese Art der Chancengleichheit sollte auch für die Oppositionsfraktionen untereinander gelten, denn es kann nicht unterstellt werden, daß bei mehreren Oppositionsfraktionen im Parlament die eine die andere gleichsam mitvertritt[51]. Diese Chancengleichheit ist jedoch im Bundestag seit der 10. Wahlperiode für die Gremien, die sich mit der parlamentarischen Kontrolle der Nachrichtendienste befassen, nicht gegeben. In ihnen war die Fraktion der Grünen nicht vertreten. Dies gilt im derzeitigen 12. Deutschen Bundestag ebenso für die Abgeordneten von Bündnis 90/Grüne und diejenigen der PDS/LL, denen überdies aufgrund ihrer jeweils geringen Anzahl kein Fraktions-, sondern nur ein Gruppenstatus zuerkannt wurde. Trotz weitgehender höchstrichterlicher Bestätigung dieser Entscheidungen der Bundestagsmehrheit bleiben doch Zweifel an der Richtigkeit eines unterschiedlichen Zugangs der verschiedenen Teile der parlamentarischen Opposition zu den formalen Kontrollmöglichkeiten[52].

3.3. Die Aufgabe der Alternativenbildung

Die Funktion der Alternativenbildung setzt voraus, daß sich die parlamentarische Opposition wirksam als Alternative zur Regierung darstellen kann, und zwar sowohl in personeller als auch in sachlicher Hinsicht. Zur Frage der *personellen* Alternative verweist die Literatur häufig auf das britische Modell des Oppositions-

---

51 Vgl. Schneider, *Verfassungsrechtliche Bedeutung und politische Praxis* (Anm. 21), Rdnr. 28.
52 Siehe zum Themenkomplex Schindler, *Datenhandbuch 1980-1987* (Anm. 37), S. 686f.; Schneider (Anm. 51); BVerfGE 70, 324 und dazu die Sondervoten der Bundesverfassungsrichter Mahrenholz und Böckenförde, BVerfGE 70, 324 (366 bzw. 380).

führers, der in seiner Person den institutionalisierten Gegenpart zum Regierungschef darstellt[53]. Konsequenterweise würde dieses Modell die Existenz eines Zweiparteiensystems mit Mehrheitswahlrecht voraussetzen, wie es in den sechziger Jahren in weiten Teilen von Politik und Wissenschaft auch für die Bundesrepublik favorisiert wurde. Die politische Entwicklung seit damals mit wechselnden Koalitionsregierungen unter dauerhafter Beteiligung der FDP und mit dem Einzug der Grünen in den 10. Bundestag als weitere Oppositionsfraktion neben der SPD hat die Diskussion über ein Mehrheitswahlrecht weitgehend verstummen lassen. So müßte die verfassungsrechtliche Institutionalisierung der parlamentarischen Opposition zwar nicht *per se*, wohl aber im Sinne des britischen Modells mit einem Oppositionsführer an der Spitze, in einem Parlament wie dem Bundestag, in dem sich nicht zwei in sich relativ homogene Blöcke - *eine* Regierungsfraktion und *eine* Oppositionsfraktion - gegenüberstehen, als problematisch angesehen werden[54]. Bedeutete sie doch die Stärkung und damit Bevorzugung nur eines Teils der parlamentarischen Opposition, nämlich ihrer stärksten Fraktion. Wenn schon für die Vertretung der parlamentarischen Opposition in den Gremien des Parlaments nicht unterstellt werden kann, daß eine Fraktion für die andere mitspricht, so muß dies erst recht für die verfassungsrechtliche Betrachtung der parlamentarischen Opposition insgesamt gelten. Auf der Ebene der Bundesländer hat z.B. Schleswig-Holstein im Rahmen seiner Verfassungs- und Parlamentsreform die Rechtsstellung und Funktion der parlamentarischen Opposition in der Landesverfassung verankert[55]. Bedenklich ist allerdings, daß darin nur ein "Oppositionsführer" als besondere parlamentarische Funktion institutionalisiert wurde - eine fragwürdige ad-hoc-Konstruktion, beruht sie doch offensichtlich auf der Tatsache, daß der Landtag zum Zeitpunkt der Reform faktisch ein Zwei-Fraktionen-Parlament war (mit zusätzlich einem Abgeordneten der dänischen Minderheit mit Fraktionsstatus).

Die Frage, ob die Opposition im Parlament eine öffentlich wahrnehmbare *Sach*alternative zur Politik der Regierung[56] darstellt, hängt entscheidend von den Methoden ab, derer sich die Opposition bedient. Im Rahmen vielfältiger Möglichkeiten politikwissenschaftlicher Typologisierung oppositionellen

---

53 Vgl. u.a. Michael Hereth, *Die parlamentarische Opposition* (Anm. 15), S. 146f; Schneider, Verfassungsrechtliche Bedeutung und politische Praxis (Anm. 21), Rdnr. 54, 66, 67.
54 So auch: Winfried Steffani, Warum die Bezeichnung "Kleine Parlamentsreform 1969"?, in: *ZParl*, 4/1981, S. 591-593 (592).
55 Ebenso: Art. 23 a der Verfassung der Freien und Hansestadt Hamburg; Art. 55 Abs. 2 der Verfassung des Landes Brandenburg; Art. 25 der Verfassung von Berlin.
56 In den sechziger Jahren ging ein Teil der Literatur davon aus, daß die Konkurrenz zwischen Regierung und Opposition sich in der entwickelten Industriegesellschaft, der "nivellierten Mittelstandsgesellschaft", auf ein Minimum von Nuancen reduziere, so daß die Opposition ohne Alternative sei. Gegen diese These wies Hereth in seiner Untersuchung über die parlamentarische Opposition aus dem Jahre 1969 zu Recht auf das Fortbestehen von Konflikten und Interessengegensätzen auch im "Wohlfahrtsstaat" hin. Vgl. Hereth, *Die parlamentarische Opposition* (Anm. 15), S. 20ff, mit zahlreichen Literaturhinweisen zur damaligen Diskussion.

Verhaltens[57] sind die Kategorien "kooperativer" und "kompetitiver" Opposition weit verbreitet[58]. Einzelne Aspekte, die unter den jeweiligen Verhaltensstil der parlamentarischen Opposition zu subsumieren sind, nennt Veen[59].

Demnach zielt ein *kooperatives Verhaltensmuster* der parlamentarischen Opposition darauf ab, die konstruktive Mitarbeit an der Regierungsarbeit zu betonen, Konflikte auf wenige grundsätzliche Themen zu beschränken, kontroverse Debatten in die Ausschüsse zu verlagern, sich auf die konkrete Gesetzgebungstätigkeit des Parlaments zu konzentrieren, dabei die Berücksichtigung eigener Vorstellungen in den Vorlagen der Regierungen zu erreichen, ggf. auf den Eintritt in eine Koalition mit (einer) der Regierungspartei(en) hinzuarbeiten und insgesamt zu versuchen, der Regierung den eigenen Willen aufzuzwingen.

Eine *kompetitive Oppositionsstrategie* dagegen versucht das Parlament als öffentliche Tribüne zu nutzen, um die allgemeine Aufmerksamkeit auf das eigene Programm zu lenken und es als die bessere Alternative im Vergleich zur Regierungspolitik zu propagieren. Konsequenterweise liegt der Schwerpunkt der Oppositionsarbeit im Plenum, in dem mittels Großer Anfragen, Fragestunden, Aktueller Stunden, Debatten zu Regierungserklärungen und eigener Anträge die Regierung herausgefordert wird. Schwächen und Mängel werden transparent gemacht. Mit der Regierung zusammenzuarbeiten wird grundsätzlich abgelehnt, Ausnahmen von diesem Prinzip werden nur in Fragen von fundamentaler politischer Bedeutung akzeptiert.

In der politischen Praxis wird sich eine parlamentarische Opposition nicht ausschließlich an einer dieser Strategiealternativen orientieren. Für welche Strategie sie sich zu welchem Zeitpunkt entscheidet oder in welcher Weise sie die Verhaltensstile zu einem Mischtyp zusammenfügt, hängt von der Einschätzung der allgemeinen und der eigenen politischen Situation ab[60]. In der politikwissenschaftlichen Literatur ist man sich weitgehend darüber einig, daß in der Geschichte der Bundesrepublik das kooperative Verhaltensmuster überwiegt: Es ist die "Normalität", während "kompetitive Oppositionspolitik als Ausnahme zu klassifizieren" ist[61].

Das oppositionelle Verhalten wird aber auch durch sozialstrukturelle und institutionelle Faktoren geprägt. Wie Hilke Rebenstorf festgestellt hat, können gemeinsame sozialisatorische Einflüsse durch Ausbildung, berufliche Erfahrung und Art der politischen Karriere die politisch-ideologische Heterogenität der Mitglieder des Bundestages auch über die Fraktionsgrenzen hinweg überdecken. Zumindest für

---

57 Walter Euchner, Opposition, in: Wolfgang M. Mickel (Hrsg.), *Handlexikon zur Politikwissenschaft*, München: Ehrenwirth, 1986, S. 322-325.
58 Die Begriffe gehen zurück auf Robert A. Dahl (Hrsg.), *Political Oppositons in Western Democracies*, New Haven/ London 1967.
59 Veen, *Opposition im Bundestag* (Anm. 16), S. 5.
60 Vgl. Manfred Friedrich, Parlamentarische Opposition in der Bundesrepublik Deutschland, Wandel und Konstanz, in: Heinrich Oberreuter (Hrsg.), *Parlamentarische Opposition. Ein internationaler Vergleich*, Hamburg: Hoffmann und Campe 1975, S. 230-265.
61 Ebd., S. 260.

die Formen der Diskussion, des Aushandelns, verweist sie auf die Existenz eines gemeinsamen Bezugsrahmens, der wiederum die Fähigkeit zum Konsens, zur Einigung auf gemeinsame Steuerungsziele und -maßnahmen, begründe[62]. Auch die institutionellen Bedingungen haben Einfluß auf das oppositionelle Verhalten. Diese aus einem internationalen Vergleich gewonnene These Robert Dahls[63] sieht Michael Hereth in seiner Untersuchung aus dem Jahre 1969 über das Verhalten der Opposition im Deutschen Bundestag weitgehend bestätigt[64]. Die institutionellen Bedingungen sind im Bundestag derart gestaltet, daß kooperatives Oppositionsverhalten erleichtert wird: Der Bundestag ist eher Arbeits- als Redeparlament, das Schwergewicht seiner Tätigkeit liegt in der Gesetzgebung, die Diskussion der Gesetzentwürfe findet überwiegend in den (grundsätzlich) nicht-öffentlich tagenden Ausschüssen zwischen den Fachspezialisten statt. Das erleichtert Absprachen zwischen den Fraktionen und Aushandlungsprozesse "hinter verschlossenen Türen". Der Opposition steht dabei durch Mitwirkung an den ausschußinternen Debatten über die Vorlagen der Regierung die Möglichkeit offen, Änderungsvorschläge einzubringen und von Fall zu Fall auch durchzusetzen. Diese Arbeitsweise im Bundestag spiegeln die Antworten der Mehrheit der Abgeordneten auf die Fragen nach ihren Tätigkeitsschwerpunkten und ihrer Arbeitsorientierung wider (vgl. die Tabellen 7 und 8).

Der Schwerpunkt der Tätigkeit liegt bei der überwiegenden Anzahl der Abgeordneten aller Fraktionen - ausgenommen der Grünen - in der Mitwirkung an der Gesetzgebung und in der Regierungskontrolle. Speziell die Mitwirkung an der Gesetzgebung findet in den Ständigen Ausschüssen statt und bietet die besten Möglichkeiten zu kooperativem Verhalten. Erwartungsgemäß wurde diese Tätigkeit vor allem von den Mitgliedern der Regierungsfraktionen genannt. Auch eine relative Mehrheit der sozialdemokratischen Abgeordneten gibt diese Aufgabe als die wichtigste an. Von den Abgeordneten der Grünen entscheiden sich dagegen fast drei Viertel (73 Prozent) für einen Schwerpunkt, der einer kompetitiv vorgehenden Oppositionsfraktion angemessener ist: Sie sehen ihre zentrale Arbeit im Parlament darin, bestimmte gesellschaftliche Interessen zu artikulieren. Diese Aufgabe wird von den SPD-Parlamentariern immerhin am zweithäufigsten "in erster Linie" genannt (21 Prozent), während sie für die Abgeordneten der Regierungsmehrheit fast keine Rolle spielt. Hinsichtlich des Tätigkeitsschwerpunktes gibt es also durchaus einen gewissen Oppositionseffekt, der sich vor allem bei den Grünen, aber auch bei einem Teil der MdB der SPD, in einer Betonung der Artikulationsfunktion ausdrückt.

---

62 Vgl. den Beitrag von Hilke Rebenstorf in diesem Band.
63 Vgl. Dahl, *Political Oppositions* (Anm. 58).
64 Vgl. Hereth, *Die parlamentarische Opposition* (Anm. 15), S. 16.

Tabelle 7: Tätigkeitsschwerpunkte der Abgeordneten des 11. Deutschen Bundestages

In erster Linie genannt	Gesamt (%)	Abgeordnete nach Fraktionen der Regierungsmehrheit			Opposition		n
		CDU (%)	CSU (%)	FDP (%)	SPD (%)	Grüne (%)	
Mitwirkung bei der Gesetzgebung und Regierungskontrolle	58	74	58	79	46	14	187
Artikulation bestimmter gesell. Interessen	16	7	-	7	21	73	52
Politische Grundsatzarbeit und Entwurf politischer Strategien	12	9	8	10	15	9	37
Koordination und Vermittlertätigkeiten[a]	5	5	-	-	7	-	15
Vertretung der Interessen einzelner Bürger[b]	9	5	33	3	11	5	30

Der vollständige Wortlaut der Interview-Vorgaben lautet:
a "Koordination und Vermittlertätigkeiten zwischen verschiedenen politischen Gruppen innerhalb und außerhalb des Parlaments"
b "Vertretung der Interessen einzelner Bürger aufgrund von persönlichen Eingaben und Beschwerden"
Frage: "Wenn Sie an Ihre Abgeordneten-Tätigkeiten insgesamt denken, worauf liegt da bei Ihnen das Schwergewicht der Arbeit? Welche der Tätigkeitsschwerpunkte würden Sie in erster, in zweiter, in dritter, in vierter und in fünfter Linie nennen?"

Die folgende Tabelle 8 gibt Aufschluß über die Arbeitsorientierung der Bundestagsabgeordneten der Regierungsmehrheit und der Opposition.

Die Daten in Tabelle 8 machen deutlich, daß sich die Abgeordneten aller Fraktionen, unabhängig davon, ob es sich um Regierungs- oder Oppositionsfraktionen handelt, mehrheitlich als Spezialisten für ein bestimmtes Politikfeld fühlen und sich somit auf den parlamentarischen Prozeß in diesem Bereich konzentrieren. Die institutionellen Bedingungen des Arbeitsparlaments prägen also die Arbeitsorientierung der Mehrzahl der MdB aller Fraktionen.

Tabelle 8: Arbeitsorientierung der MdB nach Fraktionen bzw. Parteien

Arbeitsorientierung	Gesamt (%)	Abgeordnete der Fraktionen der [a]				
		Regierungsmehrheit			Opposition	
		CDU (%)	CSU (%)	FDP (%)	SPD (%)	Grüne (%)
"Spezialist"	70	65	52	76	75	73
"Generalist"	27	30	44	21	23	27
Beides [b]	3	5	4	3	2	-
"Pragmatiker"	45	44	63	54	49	9
"Stratege"	51	51	38	43	46	91
Beides [b]	4	5	-	4	5	-

a Die Ergebnisse wurden gerundet und addieren sich daher nicht immer auf 100 Prozent.
b Die Kategorie "Beides" war in der Fragestellung nicht vorgesehen, wurde jedoch von einigen Abgeordneten so angegeben und ist daher hier wiedergegeben.

Frage: *Im folgenden haben wir einige Aussagen aufgeführt, die die Arbeitsorientierung eines MdB betreffen. Welche der jeweiligen alternativen Beschreibungen aus den Blöcken A und B trifft für Sie am ehesten zu?*

A) Ich konzentriere mich in erster Linie auf den parlamentarischen Prozeß in meinem Spezialgebiet.
Ich konzentriere mich in erster Linie darauf, einen Überblick über alle existierenden Probleme zu bekommen.

B) Ich konzentriere mich in erster Linie darauf, konkrete Politik-Probleme pragmatisch zu lösen.
Ich konzentriere mich in erster Linie darauf, bestimmte gesellschaftspolitische Ziele durchzusetzen und dabei auch langfristige Entwicklungen zu bedenken.

Anders sieht es mit der Verteilung zwischen "Pragmatikern" und "Strategen" im Bundestag aus. Hier ist - angesichts der häufig geäußerten Kritik, das Parlament vernachlässige längerfristige Überlegungen, befasse sich zu sehr mit gesetzgeberischen Detailfragen, mit Fragen der Tagespolitik und beschränke sich in seinen Vorstellungen auf den kurzen Zeithorizont der Wahlperiode - die Selbsteinschätzung von insgesamt 51 Prozent der Abgeordneten als "Strategen" doch erstaunlich. Eine deutliche Trennlinie zwischen der Regierungsmehrheit und der gesamten Opposition gibt es nicht. Die Vermutung, daß die Oppositionsfraktionen insgesamt weniger zum Pragmatismus neigen würden, da ihre Aufgabe doch die Verdeutlichung von Alternativen und damit Gegenentwürfen zur Regierungspolitik ist, und der Wille zur Ablösung der amtierenden Regierung die Befassung mit längerfristigen Zeithorizonten impliziert, hat sich für die Mitglieder der Grünen-Fraktion (91% "Strategen"), nicht aber für diejenigen der SPD-Fraktion (46% "Strategen") bestätigt.

Insgesamt bilden die Ergebnisse der Befragung zu den Tätigkeitsschwerpunkten und der Arbeitsorientierung aufgrund des Kontrastes zwischen den Selbsteinschätzungen der Abgeordneten der SPD und der Grünen ein weiteres Indiz für die Hypothese, daß unterschiedliche Oppositionsstrategien im 11. Deutschen Bundestag existierten.

Über die Feststellung hinaus, daß das Normalverhalten der parlamentarischen Opposition im Bundestag in der Kooperation bestehe, existiert in der Literatur aber auch Einvernehmen darüber, daß es im Laufe der Geschichte der Bundesrepublik unterschiedliche Phasen oppositionellen Verhaltens gab. Sie stellen sich - kurz zusammengefaßt - folgendermaßen dar: Nachdem die Sozialdemokraten aus den Wahlen 1949 entgegen den eigenen Erwartungen als Verlierer hervorgingen, versuchten sie im Bundestag den Machtwechsel mit Hilfe einer (vor allem in der Außenpolitik) kompetitiven Oppositionsstrategie herbeizuführen. Mit ihrem stark an die Öffentlichkeit gerichteten Konfrontationskurs zur Regierung und deren Politik der Marktwirtschaft, der Westintegration und der Wiederaufrüstung stellte sich jedoch kein Wahlerfolg für die Sozialdemokraten ein. Als die Union bei den Wahlen 1957 die absolute Mehrheit erreichte, änderte die SPD-Fraktion im Bundestag nach und nach ihre Strategie und versuchte nun, ihre Ziele auf dem Wege der Kooperation mit der Regierungsmehrheit durchzusetzen. Schließlich waren die Bemühungen auf eine Koalition mit der CDU/CSU gerichtet. Dieses Ziel wurde 1966 durch Bildung der Großen Koalition erreicht. Als die CDU/CSU im Jahre 1969 erstmals auf Bundesebene in die Opposition gehen mußte, war sie als langjährige Regierungspartei auf diese Rolle kaum vorbereitet. Die richtige Oppositionsstrategie blieb lange Zeit ein Streitpunkt innerhalb der Unionsparteien. In der Außenpolitik, die in den Jahren 1969-72 von der Ostpolitik der Regierung Brandt/Scheel bestimmt war, wurde ganz klar kompetitives Verhalten gezeigt. Im Alltag des Bundestages verhielt sich die CDU/CSU jedoch eher kooperativ nach dem Konzept der Mitregierung durch parlamentarische Arbeit in den Ausschüssen und durch entsprechendes Abstimmungsverhalten bei der Gesetzgebung[65]. Dieses Verhalten behielt sie im wesentlichen in den nachfolgenden Legislaturperioden bei. Die kooperative Strategie war jedoch zwischen den Unionsparteien höchst umstritten. Die CSU bevorzugte eine deutliche Konfrontationsstrategie, während die CDU sich für Kompromiß und Kooperation mit der Regierungsmehrheit aussprach. Über diesem Konflikt kam es fast zum Bruch der gemeinsamen Bundestagsfraktion, und erst nach 1980, dem Jahr in dem der Kanzlerkandidat Franz-Josef Strauß bei den Bundestagswahlen scheiterte, war der Streit beigelegt[66].

Eine völlig neue Situation trat nach den Wahlen im Jahre 1983 in der 10. Wahlperiode des Deutschen Bundestages ein. Zum einen bestätigten die Wahlen die Oppositionsrolle der Sozialdemokraten, die sie seit Oktober 1982 nach einem erfolgreichen konstruktiven Mißtrauensvotum gegen Bundeskanzler Schmidt übernehmen mußten. Zum anderen aber zog erstmals seit der 3. Wahlperiode (1957-61) wieder eine vierte Fraktion in das Parlament ein. Neben den Sozialdemokraten wurden die Grünen die zweite, sehr viel kleinere Oppositionsfraktion im Bundes-

---

65 Vgl. Veen, *Opposition im Bundestag* (Anm. 16), S. 195ff.
66 Vgl. Wolf, *Wahlkampf und Demokratie* (Anm. 24), S. 32, 37.

tag. Ihre Rolle im Parlament war zunächst von einem Widerspruch gekennzeichnet: Einerseits erhoben sie den Anspruch, das Sprachrohr der außerparlamentarischen Bewegungen darzustellen, andererseits waren sie nun eine im Parlament vertretene Partei. So entstand die grüne Doppelstrategie, die das Parlament als das "Spielbein" und die außerparlamentarischen sozialen Bewegungen als das "Standbein" bezeichnete[67]. Petra Kelly, Mitglied der ersten Bundestagsfraktion der Grünen, kennzeichnete die damalige Haltung der neuen Partei gegenüber dem Parlament so:"...Dieses System muß es ertragen können, daß eine Opposition innerhalb und außerhalb des Parlamentes wirklich reine Opposition macht...Die Parlamente sind für uns ein Ort wie der Marktplatz, wie der Bauplatz, wo wir sprechen können, unsere Standpunkte hineintragen und Informationen hinaustragen können...Das Parlament ist kein Ziel, sondern Teil einer Strategie. Wir sind die Antipartei-Partei."[68]

In dieser Position kommen noch die Vorstellungen von einer Fundamentalopposition, wie sie anfangs bei den Grünen bestanden, zum Ausdruck. Die Anpassung der Grünen an die parlamentarischen Spielregeln und auch der Wille zu einer künftigen Regierungsbeteiligung nahmen mit der Dauer der Zugehörigkeit zum Bundestag und mit wachsender Erfahrung der Beteiligung an Landesregierungen zu. Für die Grünen der alten Bundesländer endete diese "Parlamentarisierung" allerdings jäh nach der ersten gesamtdeutschen Wahl im Dezember 1990. Sie verfehlten die erforderlichen fünf Prozent der Wählerstimmen und sind damit im derzeitigen 12. Deutschen Bundestag nicht mehr vertreten.

Es wäre jedoch aufschlußreich, das oppositionelle Verhalten ihrer Bundestagsfraktion in den beiden Legislaturperioden, während der die Grünen der alten Bundesländer dem Bundestag angehörten, auch im Vergleich zur sozialdemokratischen Oppositionsfraktion und in seiner Auswirkung auf die parlamentarische Arbeit insgesamt zu untersuchen. Eine solche Untersuchung ist im Rahmen dieses Aufsatzes nicht zu leisten, allenfalls können Eindrücke und Tendenzen wiedergegeben werden.

So zeigt sich, daß die Grünen in der 10. Legislaturperiode ihre Auffassung von den Aufgaben einer parlamentarischen Opposition strikt in eine kompetitive Strategie umsetzten. Die Aktivitäten ihrer Fraktion waren vor allem auf die öffentlich wahrnehmbare Konfrontation mit der Regierung angelegt. Folgerichtig stand bei den Abgeordneten der Grünen die Arbeit im Plenum, weniger die Tätigkeit in den Ausschüssen im Mittelpunkt. Die Großen und Kleinen Anfragen, die Aktuellen Stunden (vgl. Tabellen 2 und 3), aber auch die Anzahl der Herbeirufungen von Regierungsmitgliedern, der Mißbilligungs- und Entlassungsanträge gegen Regierungsmitglieder, der Untersuchungsausschüsse, der Bezweiflungen der Beschlußfähigkeit, der Gesetzesinitiativen aus der Opposition und der öffentlichen Anhö-

---

[67] Ernst Hoplitschek, Partei, Avantgarde, Heimat - oder was?, in Jörg R. Mettke (Hrsg.), *Die Grünen. Regierungspartner von morgen?*, Reinbek bei Hamburg: Rowohlt 1982, S. 82-100 (90).
[68] Spiegel-Gespräch mit Petra Kelly, abgedruckt in: Mettke, *Die Grünen* (Anm. 67), S. 26-35 (30).

rungen in den Ausschüssen, der Anträge und Entschließungsanträge, kurz alle parlamentarischen Oppositionsmittel, nahmen sprunghaft zu[69].

Die Statistik zum oppositionellen Verhalten deutet seit dem 10. Deutschen Bundestag, wie bereits an anderer Stelle erwähnt, auf unterschiedliche Strategien der beiden Oppositionsfraktionen hin: Die SPD scheint demnach eher zur Kooperation geneigt, die Grünen scheinen dagegen grundsätzlich zur Konfrontation bereit zu sein. Doch die Daten des oppositionellen Verhaltens in der 10. und, soweit sie bisher vorliegen, auch in der 11. Wahlperiode machen auch deutlich, daß das kompetitive Verhalten der Grünen nicht ohne Wirkung auf die Strategie der Sozialdemokraten geblieben ist. Noch nie hatte die SPD in ihren Oppositionsjahren so viele Aktuelle Stunden oder Große Anfragen beantragt. Nie zuvor hatte sie so viele Anträge auf Mißbilligung oder Entlassung von Regierungsmitgliedern gestellt wie im 10. Deutschen Bundestag. Hier bestand ganz eindeutig auch im Parlament eine Konkurrenzsituation zu den Grünen. Die neue Fraktion forderte mit neuen Themen nicht nur die Regierung, sondern auch die andere Oppositionsfraktion heraus. Die Sozialdemokraten wollten dieser Konkurrenz, die anfangs durch spektakuläre Aktionen innerhalb und außerhalb des Parlaments die Aufmerksamkeit der Medien auf sich zog, nicht allein das Feld der öffentlichkeitswirksamen Kritik überlassen und dies um so mehr, als beide Parteien ein teilweise identisches Wählerpotential ansprechen. Die Konkurrenz der beiden Oppositionsfraktionen hat das Parlamentsgeschehen belebt und die Alternativen zur Regierung deutlicher gemacht. Anders als in den sechziger Jahren hat sich auch die sozialdemokratische Opposition nicht strikt kooperativ verhalten, sondern von Fall zu Fall flexibel reagiert.

Das Abstimmungsverhalten der Opposition bei der Gesetzgebung gilt als ein weiteres Merkmal für die jeweils gewählte Strategie. Wissenschaftliche Untersuchungen zum Oppositionsverhalten in zurückliegenden Legislaturperioden ergaben, daß die Anzahl der Gesetze, denen die Opposition nicht zustimmte, verhältnismäßig gering war[70]. Das gilt für die Zeiten sozialdemokratischer wie christdemokratischer Opposition im Parlament gleichermaßen. Seit der 7. Legislaturperiode liegen Zahlen über den Anteil der im Bundestag einstimmig verabschiedeten Gesetze vor (vgl. Tabelle 9).

Die Prozentzahlen in der Tabelle 9 belegen den steten Rückgang der konsensual verabschiedeten Gesetze seit der 7. Legislaturperiode. Er beginnt schon vor dem Einzug der Grünen in den Deutschen Bundestag, verstärkt sich allerdings danach enorm. Während also in der 9. Wahlperiode noch 51 Prozent aller Gesetze einstimmig verabschiedet wurden, waren es in der 10. Wahlperiode nur noch rund 16

---

69 Vgl. Schindler, *Datenhandbuch 1980-1987* (Anm. 37), S. 361, 363, 483f, 677 ders., Deutscher Bundestag 1972-1990/91: Parlaments- und Wahlstatistik, in: *ZParl*, 3/91, S. 344-357 (350, 353); Wolfgang Ismayr, Selbständige Anträge und Entschließungsanträge: Vielfältig genutzte Mittel öffentlicher Kontrolle und Initiative, in: *ZParl*, 2/91, S. 197-204 (198).
70 Vgl. Wolfgang Kralewski/Karlheinz Neunreither, *Oppositionelles Verhalten im ersten Deutschen Bundestag, 1949-1953*, Köln-Opladen: Westdeutscher Verlag, 1963; Veen, *Opposition im Bundestag* (Anm. 16).

Prozent. In der 11. Wahlperiode wurde dieser Trend - mit einem Anteil der einstimmig verabschiedeten Gesetze von 17.3 Prozent - fortgesetzt.

Tabelle 9: Anteil der einstimmig verabschiedeten Gesetze im Bundestag seit der 7.Wahlperiode [a]

Wahlperiode	Gesamt (%)	wesentliche Gesetze (%)	wichtige Gesetze (%)	marginale Gesetze (%)
7. 1972-76	70.5	46.7	43.9	74.8
8. 1976-80	61.9	20.0	41.5	65.3
9. 1980-83	51.1	20.0	26.7	59.6
10. 1983-87	15.6	-	11.1	16.4
11. 1987-90	17.3	b	b	b

a Quelle: Schindler, Datenhandbuch 1980-1987 (Anm. 37), S. 571; ders., Deutscher Bundestag 1972-1990/91 (Anm. 69).
b Angaben lagen zum Zeitpunkt der Fertigstellung dieses Beitrages noch nicht vor.

Teilt man die Gesetze nach ihrer Bedeutung in wesentliche, wichtige und marginale Gesetze ein[71], so stellt sich heraus, daß in der 10. Wahlperiode kein einziges wesentliches Gesetz, gerade noch rund 11 Prozent der wichtigen Gesetze und nur 16 Prozent der marginalen Gesetze einstimmig beschlossen wurden. Das bedeutet, daß die parlamentarische Opposition - anders als in früheren Wahlperioden - ihre Zustimmung selbst zu Gesetzen von geringer politischer Bedeutung meist verweigerte. Im 1. Deutschen Bundestag hatte die sozialdemokratische Opposition noch rund 58 Prozent der "hochpolitischen" Gesetze und 37 Prozent der "wichtigen politischen" Gesetze abgelehnt, so fand im 10. Deutschen Bundestag nicht eines der wesentlichen Gesetze die einstimmige Zustimmung. Diese Tatsache ist sehr wahrscheinlich auf das Stimmverhalten der Grünen zurückzuführen. Die Art des vorliegenden statistischen Materials macht es jedoch ohne intensive Einzelrecherchen nicht möglich, zwischen den beiden parlamentarischen Oppositionsfraktionen hinsichtlich des Stimmverhaltens zu unterscheiden und daraus Rückschlüsse auf unterschiedliche Oppositionsstrategien zu ziehen.

---

71 Zu den Kriterien für die Kategorisierung der Gesetze vgl. Schindler, *Datenhandbuch 1980-87* (Anm. 37), S. 571.

4. Chancen zur Stärkung der Stellung der Opposition durch Verfassungs- und Parlamentsreform?

Die Opposition als Institution der parlamentarischen Demokratie aufzuwerten, gehört zum Themenkatalog der Gemeinsamen Verfassungskommission von Bundestag und Bundesrat. Forderungen, die auf eine institutionelle Verankerung der parlamentarischen Opposition im Grundgesetz oder wenigstens in der Geschäftsordnung des Deutschen Bundestages abzielen, sind aus der Literatur seit langem bekannt[72] und wurden von der parlamentarischen Opposition auch in die aktuelle Verfassungsdebatte eingebracht. Ihre Realisierung - vor allem die Erweiterung konkreter Oppositionsrechte - erscheint angesichts der von den Vertretern der regierenden Mehrheit geäußerten Skepsis indes wenig wahrscheinlich[73]. Anstöße könnten jedoch aus den Bundesländern kommen. Dort zeigt sich neuerdings (beispielsweise in den neuen bzw. reformierten Verfassungen von Schleswig-Holstein, Berlin und Brandenburg, ebenso im Entwurf einer Verfassungsreform in Niedersachsen) eine Tendenz zur verfassungsrechtlichen Institutionalisierung der Opposition.

Allerdings bedeutete die institutionelle Verankerung der parlamentarischen Opposition im Grundgesetz keineswegs automatisch eine Verbesserung ihrer Stellung und Möglichkeiten in der politischen Praxis. Dazu bedürfte es einer Erweiterung ihrer konkreten Rechte im Rahmen einer Parlamentsreform. Notwendig dafür wäre ein interfraktioneller Konsens über die Ziele einer Parlamentsreform, erst recht dann, wenn diese Ziele auf die Verbesserung der Oppositionsposition gerichtet sind. Derartige Bedingungen waren 1969 bei der ersten Parlamentsreform des Bundestages gegeben. Damals regierte die Große Koalition, und keiner der beiden Regierungspartner konnte sicher sein, ob er nicht bald die Rolle der Opposition zu übernehmen hatte. Insofern war die Interessenlage der großen Fraktionen im Bundestag identisch, die letztlich eine Parlamentsreform mit zahlreichen neuen Möglichkeiten für die Opposition bewirkte.

In politischen "Normalzeiten" sind Parlamentsreformen jedoch schwer zu verwirklichen. Diejenigen Parlamentarier, die versuchen, sie in Gang zu bringen, empfinden ihr Engagement als "das Bohren besonders dicker Bretter"[74]. In der 10. und 11. Wahlperiode hat sich der Deutsche Bundestag auf Betreiben der Interfraktionellen Initiative Parlamentsreform und ihrer Gründerin, der Abgeordneten Hildegard Hamm-Brücher, mit Fragen der Parlamentsreform intensiv befaßt. Ziel

---

72 Vgl. u.a. Hereth, *Die parlamentarische Opposition* (Anm. 15), S. 135ff; Winfried Steffani, Warum die Bezeichnung "Kleine Parlamentsreform 1969"? (Anm. 54); S. 592; Schneider, zuletzt: Verfassungsrechtliche Bedeutung (Anm. 21), S. 1081, Rdnr. 56, und S. 1086, Rdnr. 67.
73 Hartmut Klatt, Etliches abgehakt, aber noch viele Positionen sind offengeblieben. Zwischenbilanz der Gemeinsamen Verfassungskommission, in: *Das Parlament*, Nr. 31-32 vom 24./31. Juli 1992, S. 6.
74 Hildegard Hamm-Brücher, *Der freie Volksvertreter - eine Legende? Erfahrungen mit parlamentarischer Macht und Ohnmacht*, München: Piper 1990.

Das Dilemma parlamentarischer Opposition

der Initiative Parlamentsreform war es, das politische Gewicht des Parlaments und seiner Kontrollaufgaben gegenüber der Exekutive, zu stärken, die Debatten offener und lebendiger zu gestalten und die Mitwirkungsmöglichkeiten der einzelnen Abgeordneten in Beachtung des Art. 38 Abs. 1 GG zu verbessern[75]. Die Stellung der parlamentarischen Opposition als Institution zu stabilisieren, war also nicht die ausdrückliche Absicht dieser Initiative, aber gewiß stärken verbesserte Kontrollmöglichkeiten und auch eine lebendigere Debattengestaltung die oppositionellen Möglichkeiten[76]. Doch die verschiedenen Auffassungen über das Ziel einer Parlamentsreform, die unterschiedlichen Interessen zwischen Regierungsmehrheit und Opposition, die uneinheitliche Interessenlage zwischen den Fraktionsführungen und den "einfachen" Abgeordneten - dies alles verhinderte die Realisierung einer umfassenden Parlamentsreform, von der die Opposition im Ergebnis nur hätte profitieren können[77].

Erstaunlich ist allerdings, daß ein dezidiert als "Stärkung der Stellung der Opposition" bezeichnetes Reformziel von der Mehrheit der Abgeordneten der größeren Oppositionsfraktion im 11. Deutschen Bundestag nicht für dringend notwendig angesehen wurde. In der Abgeordneten-Befragung hielten es nur 31 Prozent der Sozialdemokraten für vordringlich, 55 Prozent für dringlich und 14 Prozent bezeichneten es als weniger dringlich. Die stärkere Identifikation der Grünen-Abgeordneten mit der Oppositionsrolle kam auch in ihren Antworten zum Ausdruck: 61 Prozent votierten für "vordringlich", 39 Prozent für "dringlich", keine für "weniger dringlich". Wie deutlich die Abgeordneten der Regierungsmehrheit eine Aufwertung der Stellung der Opposition ablehnen, zeigt ihr Antwortverhalten: Nur 2 Prozent der CDU-Abgeordneten, 3 Prozent derjenigen der FDP und keiner der CSU-Abgeordneten hielt dieses Reformziel für vordringlich[78]. Auf zumeist sehr viel breiterer Zustimmung, insbesondere bei den Oppositionsfraktionen, stießen konkrete Einzelelemente einer möglichen Parlamentsreform, die die Stellung der parlamentarischen Opposition im Effekt ebenfalls stärken würden (vgl. Tabelle 10).

Die in der Tabelle 10 wiedergegebenen Befragungsergebnisse zeigen, daß für einzelne Reformvorschläge im 11. Deutschen Bundestag sogar absolute Mehrheiten in fast allen Fraktionen existierten. Dazu gehören vor allem Vorschläge, von denen jede Fraktion, unabhängig davon, ob sie Regierungs- oder Oppositionsfraktion ist, profitieren kann, wie z.B. die Erweiterung des wissenschaftlichen Parlamentsdienstes (Nr. 1), häufigere aktuelle Debatten (Nr. 6) oder die Auskunftspflicht der Bundesregierung über die Ausführung von Beschlüssen des Bundestages (Nr. 13). In der breiten Befürwortung einiger der in Tabelle 10 genannten Möglichkeiten könnte der Wille zur Attraktivitätssteigerung des Bundestages in

---

75 Vgl. BT-Drs. 11/2206-2209.
76 Aktuelle Vorschläge zur Parlaments- und Verfassungsreform bei Ismayr, Der Deutsche Bundestag (Anm. 37), S. 34ff.
77 Vgl. dazu Camilla Werner, Wer sind die Rebellen im Parlament? Die Interfraktionelle Initiative Parlamentsreform im 11. Deutschen Bundestag, in: *ZParl*, 3/1990, S. 404-418.
78 Vgl. Herzog et al., *Abgeordnete und Bürger* (Anm. 22), S. 126.

Tabelle 10: Bedeutung einzelner, die parlamentarische Opposition stärkenden Elemente einer Parlamentsreform in der Meinung der Abgeordneten

"Wirklich wichtig" Einzelelemente	Gesamt (%)	Regierungsfraktionen bzw.-parteien			Oppositionsfraktionen	
		CDU (%)	CSU (%)	FDP (%)	SPD (%)	Grüne (%)
1. Erweiterung des wissenschaftlichen Dienstes	56	50	61	50	63	52
2. Stärkung der Stellung der Opposition in Untersuchungsausschüssen	46	7	4	14	89	100
3. Stärkere Nutzung von Enquete-Kommissionen	27	10	8	33	45	30
4. Erweiterte Zuständigkeiten des Petitionsausschusses	40	24	8	43	56	68
5. Schaffung von Beratungsgremien des Bundestages	35	22	13	45	47	52
6. Mehr aktuelle Debatten	58	50	58	47	63	82
7. Generelles Zugriffsrecht des Bundestages auf Datenbanken der Exekutive	62	47	50	69	78	57
8. Beschränkung der Redemöglichkeiten der Bundesregierung und der Bundesratsmitglieder	44	34	13	69	49	61
9. Einführung unvorbereiteter Fragestunden	58	37	46	54	76	87
10. Informationspflicht der Bundesregierung gegenüber dem einzelnen MdB	62	43	38	60	83	86
11. Allgemeine Akteneinsicht für alle MdB bei Behörden	47	23	25	47	64	100
12. Stärkere rechtliche Anbindung des Bundesrechnungshofes an den Bundestag	41	36	29	59	48	24
13. Auskunftspflicht der Bundesregierung über die Ausführung von Bundestags-Beschlüssen	71	60	54	80	79	100
14. Zeitlich vorrangige Information des Parlaments über Kabinettssitzungen vor der Information der Presse	69	59	78	86	72	77

der Öffentlichkeit und damit eine Art gesamtparlamentarisches Bewußtsein zum Ausdruck kommen. Bei denjenigen Vorgaben, die eindeutig (und teilweise ausschließlich) die Opposition bevorteilen würden, gibt es im Antwortverhalten allerdings eine deutliche Trennlinie zwischen Regierungsmehrheit und Opposition. Die parlamentarische Mehrheit möchte weder die Stellung der Opposition in Untersuchungsausschüssen (Nr. 2) gestärkt wissen, noch hält sie viel davon, die Redemöglichkeiten von Mitgliedern der Bundesregierung (oder des Bundesrates) zu beschränken oder die Zuständigkeiten des Petitionsausschusses zu erweitern (Nr. 4).

Es zeigt sich also, daß einzelne Parlamentsreformvorhaben zum Vorteil (auch) der parlamentarischen Opposition im 11. Deutschen Bundestag durchaus Mehrheiten hätten finden können. Vielleicht eine verpaßte Gelegenheit - denn derzeit ist Parlamentsreform im Bundestag kein Thema. Nach den auf die Wende in der ehemaligen DDR folgenden politischen Entwicklungen mit dem Beitritt der neuen Bundesländer zur Bundesrepublik rückten Fragen der Parlamentsreform in den Hintergrund. In der jetzigen 12. Wahlperiode des Bundestages dürfte eine Reform der parlamentarischen Arbeit daher kaum auf der Tagesordnung stehen[79] - soweit nicht einzelne Elemente Eingang in die Ebene der Verfassungsdiskussion finden. Daß die parlamentarische Opposition derzeit eher geschwächt erscheint, liegt, abgesehen von der breiten Mehrheit der Regierungsfraktionen (CDU/CSU = 319 Sitze, FDP = 79 Sitze) gegenüber der Opposition (SPD = 239 Sitze, PDS = 17 Sitze, B'90/Grüne = 8 Sitze), auch daran, daß die öffentliche Vermittlung des anderen Konzepts, also die Erfüllung der Alternativfunktion, nicht hinreichend gelingt. Die in der 10. und 11. Legislaturperiode vorhandenen Ansätze zu verstärktem kompetitiven Oppositionsverhalten mit deutlicherer Alternativenbildung in vielen Politikbereichen scheinen im derzeitigen Parlament angesichts der vorhandenen wirtschaftlichen und sozialen Probleme im vereinigten Deutschland einer neuenKooperation zwischen (dem größten Teil) der Opposition und der Regierung zu weichen.

5. Fazit

Im parlamentarischen Regierungssystem der Bundesrepublik steckt die Opposition in einem Dilemma. Sie muß Kritik, Kontrolle und Alternativenbildung so erfüllen, daß ihre Konzepte und politischen Vorstellungen in der Öffentlichkeit als Kontrastprogramm zur Tätigkeit der Regierung deutlich wahrnehmbar sind. Die Wähler müssen merken, daß es eine Opposition im Parlament gibt. Dies läßt sich leichter erreichen, wenn man die Unterschiede betont. Anderseits dürfte eine strikt kompetitive Strategie wegen der Komplexität und Interdependenz gegenwär-

---

79 So auch Rita Süssmuth in ihrer Antrittsrede als neugewählte Präsidentin des 12. Deutschen Bundestages am 20.12.1991, vgl. *Das Parlament*, Nr. 1-2 vom 4.1.1991, S. 3.

tiger Probleme und ausdifferenzierter gesellschaftlicher Interessenlagen wie auch im Hinblick auf institutionelle Gegebenheiten des parlamentarischen Regierungssystems und des parlamentarischen Verfahrens im Bundestag weder angemessen noch effektiv sein. Auch die letztliche Erfolglosigkeit kompetitiver Strategieversuche in der politischen Realität, z.B. der Sozialdemokraten in den fünfziger Jahren und der Grünen bei den ersten gesamtdeutschen Wahlen 1990, tragen nicht gerade zur Attraktivität einer solchen Oppositionsstrategie bei.

So überwog in der Bundesrepublik lange Zeit die Tendenz zu kooperativem Verhalten. Parlamentarische Opposition in der Bundesrepublik, gleich von welcher Partei getragen, verhielt sich in der Vergangenheit der regierenden Mehrheit gegenüber nicht strikt konfrontativ: von Evidenzkontrollmitteln machte sie nur sparsam Gebrauch. Der Mehrzahl der vom Bundestag verabschiedeten Gesetze, an deren Ausformulierung sie in den Ausschüssen ohnehin mehr oder weniger beteiligt war, stimmte sie zu. Sie beschränkte kompetitives Verhalten auf einige Politikbereiche. In den letzten beiden Legislaturperioden konnte dennoch eine zunehmende Bereitschaft zur Konfrontation mit der Regierung und damit zumindest vorübergehend eine Abkehr von der kooperativen Strategie als dem vorherrschenden Verhaltensmodell festgestellt werden. Dies lag vor allem an der kleineren Oppositionsfraktion, den Grünen, die in der 10. und 11.Wahlperiode im Bundestag vertreten war. Mit ihrer betont kompetitiven Strategie beeinflußte sie aber auch das Verhalten der größeren - sozialdemokratischen - Oppositionsfraktion im Parlament. Das zeigt u.a. die sprunghafte Zunahme im Gebrauch der öffentlichkeitswirksamen Kontrollmittel im Bundestag durch die Grünen, aber auch durch die SPD.

Doch scheint sich diese Tendenz in der derzeitigen 12. Wahlperiode nicht fortzusetzen. Die Probleme im Zusammenhang mit der deutschen Einheit führen eher zu einer Annäherung der großen Fraktionen in vielen Politikfeldern. Dabei wird aber auch deutlich, daß die Opposition dann nicht von vorhandenen Schwächen einer Regierung profitiert, wenn sie es versäumt, sich in der Öffentlichkeit als deutliche Alternative - personell und programmatisch - zu präsentieren. Es bliebe zu untersuchen, ob dieses Versäumnis auf die Wählerschaft zurückwirkt. Immerhin könnte die sogenannte "Politikverdrossenheit", wie sie im Anstieg der Nichtwähler, in der abnehmender Bereitschaft zum Engagement in Parteien oder in der Gründung von "Komitees für Gerechtigkeit", zum Ausdruck kommt, auch mit dem Mangel an scharfen Kontroversen und parteipolitischen Konfrontationen im Parlament zusammenhängen.

Insgesamt aber ist das Dilemma der parlamentarischen Opposition bei der Wahl der geeigneten Strategie nicht auflösbar. Die Gratwanderung zwischen Anpassung und Konfrontation ist unumgehbar und muß stets von neuem unternommen werden. Doch scheint in der Bundesrepublik die Opposition gut beraten, über der Kooperation die Konfrontation nicht zu vernachlässigen, denn: "Erst durch die kompetitive Opposition erhält der Wähler das Bewußtsein einer politischen Alternative, der Möglichkeit einer anderen Option und damit die Gewißheit, daß die gegenwärtige Herrschaftsweise materiell und zeitlich begrenzt ist."[80]

---

80 Veen, *Opposition im Bundestag* (Anm. 16), S. 19.

Uli Brückner

Der Deutsche Bundestag im europäischen Maßstab: Neue Anforderungen durch die Europäische Integration

Einleitung

Die Komplexität des Gebildes sui generis "Europäische Gemeinschaft", ihr kaum durchschaubarer Entscheidungsprozeß und die verwirrenden Organstrukturen und Kompetenzverteilungen erschweren eine Beurteilung, welche Folgen die europäische Einigung auf nationaler Ebene z.B. für den Deutschen Bundestag besitzt. Hemmend wirken sich auch Mißverständnisse aus, die aus der Fülle von zusammenhanglosen Detailinformationen über die EG entstehen, wenn täglich in den Medien über Ämter, Richtlinien, Fonds, Normen oder Vertragsänderungen berichtet wird. Urteile über die EG schwanken daher zwischen zentralistischer Superbürokratie und folgenloser Politikveranstaltung. Der vorliegende Beitrag will vor diesem Hintergrund versuchen, die Auswirkungen der europäischen Integration auf die Steuerungskapazität des Deutschen Bundestages und seine künftige Rolle in der Gemeinschaft zu beschreiben.

1. Der europäische Integrationsprozeß

Nach den Integrationserfolgen in der Anfangsphase der EG stagnierte der europäische Einigungsprozeß in den 70er Jahren, und die Mitgliedstaaten wandten sich wieder verstärkt nationaler Politik zu. Mit dem Weißbuch zur Vollendung des Binnenmarktes[1] 1985 und den Änderungen des EWG-Vertrages wurde die "Eurosklerosis" überwunden, und eine neue Dynamik konnte sich entwickeln. Im

---

1 KOM (85) 310 endg., wo 278 Maßnahmen zur Vollendung des Binnenmarktes aufgeführt und begründet sind; im folgenden nur als Binnenmarktprogramm bezeichnet.

folgenden sollen die wichtigsten Entwicklungen des Integrationsprozesses skizziert werden, da von ihnen auch unmittelbare Folgen für den Bundestag ausgehen.

Konkrete Veränderungen entstanden vor allem durch Kompetenzerweiterungen zugunsten der EG in einzelnen Politikbereichen, die vorher in nationaler oder regionaler Zuständigkeit lagen. Begründet wurden diese und andere Vertragsänderungen[2] durch das Ziel, den europäischen Binnenmarkt bis Ende 1992 zu vollenden, worauf sich die Mitgliedstaaten nach einer Initiative des Kommissionspräsidenten Delors 1985 verständigt hatten. Darüber hinaus wurde die Entscheidungsfindung im Ministerrat erleichtert, indem die Einstimmigkeitsregel generell bis auf wenige sensible Politikfelder durch qualifizierte Mehrheit ersetzt wurde. In der Rechtsangleichung, die zur Vollendung des Gemeinsamen Marktes notwendig ist, ging die Kommission zum Prinzip der gegenseitigen Anerkennung anstelle der bisherigen Harmonisierungspolitik über. Diese Angleichung über den Wettbewerb der nationalen Systeme bedeutete eine erhebliche Erleichterung für die Europäische Kommission und ermöglichte erst die bisherigen Fortschritte bei der Rechtsangleichung[3].

Flankiert wurden die Maßnahmen zur Rechtsangleichung[4] außerdem durch eine Verdoppelung der Strukturfonds. Die EG erhielt verbesserte finanzielle Möglichkeiten um sich auf den Binnenmarkt vorbereiten und mit Hilfe von Transfers auf vorhersehbare unerwünschte Folgen reagieren zu können[5].

Als politisch bedeutsame Komponente des Weißbuchs spielt die Festlegung auf einen Zeithorizont, die Umsetzung des Maßnahmenkatalogs bis zum 31. Dezember 1992, eine wichtige Rolle für die Dynamik des Programms. Vor dem Hintergrund der negativen Erfahrungen zu Beginn der 80er Jahre, als kaum Integrationsfortschritte zu verzeichnen waren und auch wenig Hoffnung auf eine Änderung dieser Situation bestand, hat das Binnenmarktprogramm bislang die Erwartungen übertroffen, selbst wenn nicht alle Maßnahmen fristgerecht verabschiedet sein werden und Grenzen in einigen Bereichen auch nach dem 31. Dezember 1992 weiter be-

---

2 Die erste dieser Vertragsänderungen trat 1987 mit der Einheitlichen Europäischen Akte (EEA) inkraft. Mit den Beschlüssen von Maastricht 1991, die den nationalen Parlamenten zur Ratifizierung vorliegen, steht die zweite Vertragsreform an.
3 Auch Ehlermann kommt in einer Bestandsaufnahme der Einheitlichen Europäischen Akte zu diesem Ergebnis. Vgl. Claus-Dieter Ehlermann, Die institutionelle Entwicklung der EG unter der einheitlichen Europäischen Akte, in: *Aussenpolitik*, II/1990, S. 136-146.
4 Als Rechtsinstrumente kennt die EG Verordnungen, die in allen Mitgliedstaaten unmittelbar gelten, Richtlinien, die in nationales Recht umgesetzt werden müssen, Entscheidungen, die ein einzelnes Rechtssubjekt betreffen und ebenfalls unmittelbar gelten, sowie Empfehlungen, die keine Rechtswirksamkeit besitzen. Darüber hinaus erläßt die Kommission auf Grundlage ihrer Durchführungsbefugnisse Rechtsakte, und die europäischen Normungsinstitute CEN und CENELEC legen EG-weit verbindliche Normen fest. Vgl. Bengt Beutler, / Roland Bieber, / Jörn Piepkorn, / Jochen Streil, *Die Europäische Gemeinschaft: Rechtsordnung und Politik der EG*, 3. Aufl., Baden-Baden 1987, S. 171ff.
5 Vgl. Artikel 130d EWG-Vertrag.

stehen werden[6]. Es wäre unrealistisch gewesen, mit einem "Selbstläufer" zu rechnen, als der sich das Programm Europa '92 heute präsentiert.

Dennoch bleibt die Situation unbefriedigend. Der Umstand, daß mehr Rechtsakte verabschiedet werden und dort, wo keine zentrale Regelung für notwendig gehalten wird, wettbewerbliche Regelungen gefunden wurden, bringt die EG ihrem Ziel "Binnenmarkt 1992" zwar näher, doch besagt das nichts über die Qualität des Integrationsprogramms. Zwar ist man sich der zahlreichen zu erwartenden negativen Folgen[7] bewußt, doch gibt es kaum Alternativen für die zu lösenden Probleme in den Mitgliedstaaten. Das läßt sich an den wenig konstruktiven Kritiken am Integrationskonzept erkennen. In den meisten Fällen richtet sie sich gegen einzelne Probleme, ohne den Gesamtzusammenhang zu berücksichtigen. Gegenkonzepte sind rar und beschränken sich oft nur auf einzelne Aspekte[8]. Auch in der Diskussion der jüngsten Beschlüsse von Maastricht über eine weitere Vertiefung der EG-Integration beschränkt sich die Kritik auf Umfang, Tempo und Reihenfolge der Integrationsschritte. Ein eigenständiges Konzept, das man dem von der EG betriebenen Programm entgegenstellen könnte, fehlt, sieht man von einzelnen Stimmen ab, die ihre Hoffnung auf den Erhalt möglichst umfassender nationaler Souveränität setzen.

Dabei findet über die institutionelle Ausgestaltung der EG und die Anzahl ihrer Mitglieder seit einigen Jahren eine intensive Diskussion statt. Wegen der dynamischen Entwicklung der ökonomischen und politischen Rahmenbedingungen herrscht jedoch Uneinigkeit darüber, welche Folgen sich aus der Integration in Zukunft ergeben und wie reagiert werden muß, um unerwünschte Effekte zu verhindern oder auszugleichen. Zudem wissen die Akteure Reformen bislang zu verhindern, wenn sie selbst davon betroffen sind. Dies gilt besonders für das Verhältnis vom Rat zum Parlament.

Trotz des Fehlens alternativer Konzepte darf jedoch die Kritik an einzelnen Punkten nicht vernachlässigt werden. Kritiker des Programms und der ihm zugrundeliegenden Kommissionsstrategie befürchten, daß die Kosten des prognostizierten Integrationsgewinns zu hoch ausfallen werden und daß sich die sozioökonomischen Ungleichgewichte verstärken könnten, die durch die bisher installierten Umverteilungsinstrumente nicht auszugleichen seien[9]. Darüber hinaus würden

---

6 So werden z.B. die Kontrollen der indirekten Steuern während einer Übergangszeit lediglich von den Grenzen in die Finanzverwaltungen verlagert, ohne daß hier von einer Beseitigung die Rede sein kann; vgl. *Handelsblatt-Serie* zur Umsatzbesteuerung Januar/Februar 1992 und EG-Dokument KOM (89) 556.

7 So sind soziale Probleme unvermeidlich, wenn Unternehmen vom Markt verschwinden oder ganze Regionen von einem Strukturanpassungsprozeß erfaßt werden. Selbst im günstigen Fall, wo neue zukunftsträchtige Branchen an die Stelle der nicht mehr wettbewerbsfähigen treten, dauert es i.d.R. mehrere Jahre, bis der gleiche Beschäftigungsstand erreicht wird.

8 Meist rein staatsrechtliche, sicherheitspolitische oder ökonomische Programme. Vgl. z.B. Hugo Dicke, Europa '92: Unzeitgemäßes Integrationskonzept?, in: *Aussenpolitik*, II/1991, S. 161-170.

9 Vgl. ebd.; Christian Lutz, *EG '92: Optionen der Schweiz im künftigen Europa, Erwartungen, Hoffnungen, Realitäten*, Bern/Stuttgart 1989.

strukturelle Defizite insbesondere im politischen Bereich neben den ökonomischen Fortschritten nicht angemessen behoben.

Auch das Europäische Parlament zählt zu den Kritikern eines rein ökonomistischen Integrationsweges der EG. Seine Stellungnahmen und Vorschläge brachten ihm deshalb auch den Ruf eines "Gewissens Europas" ein[10].

Diese politische Debatte führte dazu, daß die Frage einer effizienteren Organstruktur der EG während der Regierungskonferenzen zur Schaffung einer Wirtschafts- und Währungsunion sowie einer Politischen Union thematisiert wurde, die nach der Ratssitzung im Dezember 1990 auf französisch-deutsche Initiative eingerichtet worden waren. Die großen Erwartungen, die in Richtung auf eine Demokratisierung der EG gehegt wurden, haben sich jedoch mit der Ratssitzung im Dezember 1991 nicht erfüllt[11]. In den Beschlüssen von Maastricht wird dem Europäischen Parlament lediglich in einem eng begrenzten Themenkatalog ein Vetorecht eingeräumt[12], es muß künftig bei der Ernennung des Kommissionspräsidenten und der Kommissare gehört werden, und die Amtszeit der Kommission und die Wahlperiode des Europäischen Parlaments liegen künftig parallel.

Auch nach Maastricht 1991 ist die künftige institutionelle Struktur der EG offen. Der Rat hat deshalb die Kommission beauftragt, eine Konzeption zu erarbeiten; angesichts bevorstehender Erweiterungen dürfte eine Entscheidungsfindung aber eher noch schwieriger werden als bei den vorausgegangenen Fehlversuchen.

Das bedeutet, daß die EG seit dem Binnenmarktprogramm auf ökonomischer Ebene einen qualitativen Sprung vollzogen hat und sich in Maastricht 1991 auf ähnlich weitreichende Schritte bis zum Ende des Jahrtausends verständigte, während auf politischer Ebene eine Parlamentarisierung der EG nur punktuell betrieben wurde und der Entscheidungsprozeß nach wie vor gewichtige Demokratiedefizite aufweist.

---

10 Bei derartigen Initiativen des Europäischen Parlaments, die fast durchweg über diejenigen der anderen Organe hinausgehen ist aber zu berücksichtigen, daß insbesondere der Kritikpunkt "Demokratiedefizit" aus berechtigtem Eigeninteresse des Europäischen Parlaments konsequent in die Diskussion gebracht wird und die übrigen Vorschläge aufgrund seiner geringen Mitwirkungsmöglichkeiten in der Praxis vom Europäischen Parlament nicht verantwortet werden müßten. Es befindet sich in dieser Hinsicht in der "komfortablen" Position einer Oppositionspartei, die nicht vor der Schwierigkeit steht, ihre Initiativen in praktische Politik umzusetzen.
11 Vgl. die Einschätzung der Bundestagspräsidentin Rita Süssmuth, Nach Maastricht - Viel bleibt noch zu tun, in: *EG-Magazin*, 1/2 1992, S. 4-5.
12 Freizügigkeit der Arbeitnehmer, Niederlassungsrecht, Sonderregelung für Ausländer, Anerkennung beruflicher Befähigungsnachweise, Dienstleistungen, Forschung, Aktionsprogramme zum Umweltschutz und Binnenmarkt, wobei letzteres nach Verabschiedung des größten Teils des Maßnahmenkatalogs des Weißbuchs weitgehend erledigt ist. Vgl. Reinhold Bocklet, : Ancien Régime, in: *EG-Magazin*, 1/2 1992, S. 11.

2. Die Bedeutung der europäischen Integration für die gesetzgeberische Tätigkeit des Bundestages

Europapolitisch ist der Bundestag insbesondere als Gesetzgeber gefordert[13]. Direkte Auswirkungen der europäischen Integration auf diese Funktion entstehen durch Rechtsakte, die vom Brüsseler Gesetzgeber, dem Rat, erlassen werden.

Der Umfang der gesetzgeberischen Tätigkeit durch Gemeinschaftsorgane steht in unmittelbarem Zusammenhang mit der Dynamik der Integration. Seit sich die Mitgliedstaaten auf das Programm zur Vollendung des Binnenmarktes bis Ende 1992 verständigt haben, arbeiten Kommission und Rat den dafür notwendigen Katalog an Maßnahmen zur Rechtsangleichung ab[14]. Nationale Interessen werden dabei von den Fachministern im Ministerrat und bereits im Vorfeld durch nationale Fachbeamte in den zahlreichen beratenden und vorbereitenden Ausschüssen sowie - zumindest teilweise als Vertreter nationaler Interessen - durch Lobbyisten[15] vertreten. Mitglieder nationaler Parlamente sind am Entscheidungs- und Gesetzgebungsverfahren auf EG-Ebene nicht beteiligt. Ihre Mitwirkung beschränkt sich auf die Umsetzung von Richtlinien in nationales Recht und auf jene Fälle, die ratifizierungsbedürftig sind[16].

Durch die Einigung über Fortschritte in der europäischen Integration entstehen jedoch nicht nur Kompetenzverlagerungen auf die EG in Form von Einzelermächtigungen, sondern es treten sogenannte spill-over-Effekte auf[17]: Aus einer ratifizierten und vollzogenen Maßnahme entstehen Notwendigkeiten, weitere Maßnahmen folgen zu lassen, wenn nicht das ganze Programm gefährdet oder verworfen werden soll[18].

Als Beispiel sei folgende Kausalkette genannt:
- Der EG wird der Auftrag erteilt, Maßnahmen zu ergreifen, um Hemmnisse des innergemeinschaftlichen Wettbewerbs abzubauen.

---

13 S.u.: Im Gegensatz zum Europäischen Parlament, dessen wichtigste Funktionen nicht nur wegen seiner rechtlichen Stellung im politischen System der EG in der Systemgestaltung, der Interaktion und der Politikgestaltung liegen, vgl. Eberhard et al Grabitz et al., *Direktwahl und Demokratisierung. Eine Funktionenbilanz des Europäischen Parlaments nach der ersten Wahlperiode*, Bonn: Europa Union Verlag 1988.
14 Bis Mitte 1992 fehlten weniger als 50 Maßnahmen von insgesamt rund 300. Allerdings unterscheiden sich die Mitgliedstaaten noch sehr bzgl. des Umfangs der Umsetzung.
15 Vgl. Beutler et al., *Die Europäische Gemeinschaft* (Anm. 4), S. 118ff.
16 Das betrifft vor allem Vertragsänderungen und die Koordinierung von Maßnahmen, für die die EG selbst keine Zuständigkeit besitzt.
17 Allerdings sind diese spill-over-Effekte kein Spezifikum der jüngeren EG-Integration. Theoretisch wurden sie bei der Diskussion um eine Integrationstheorie zu Zeiten der Gründung der EWG bereits von Haas formuliert. Ernst B. Haas, *The Uniting of Europe*, London: Stevens & Sons 1958.
18 Insider des europäischen Entscheidungsprozesses zeigen anhand des deutlich veränderten Verhaltens der nationalen Delegationen nach dem Übergang zur Mehrheitsentscheidung als allgemeinem Prinzip, daß sich Integrationsfortschritte aus der Eigendynamik des Prozesses entwickeln. Vgl. Ehlermann, Die institutionelle Entwicklung der EG (Anm. 3), S. 139.

Der Deutsche Bundestag im europäischen Maßstab

- Durch den verschärften Wettbewerb entstehen drastische Strukturprobleme in überalterten Industrieregionen, die nicht wettbewerbsfähig sind.
- Die durch den Binnenmarkt vor neue soziale Probleme gestellten Regionen wenden sich an die EG, deren Mittel zur Regional- und Strukturpolitik nicht mehr ausreichen.
- Sie fordert eine Verdopplung der Fonds, und diese wird bewilligt, kann aber nur durch eine Finanzreform der EG sichergestellt werden, die ihrerseits erhebliche Anpassungsleistungen in anderen Politikbereichen verlangt.

Neben der Verlagerung immer größerer Bereiche gesetzgeberischer Tätigkeiten in die Zuständigkeit der EG entsteht auch eine indirekte Einschränkung des Handlungsspielraums des Bundestages. An einem Teil der Rechtsetzung ist er, wie bereits ausgeführt, nicht beteiligt. Am wesentlich umfangreicheren Teil der Maßnahmen würde er jedoch noch Möglichkeiten zur Mitwirkung besitzen, weil die EG - aus Rücksicht auf nationale Besonderheiten - als Rechtsinstrument überwiegend die "Richtlinie" wählt. Die Richtlinienflut und gleichzeitige Detailbesessenheit vieler Vorlagen überfordern jedoch den nationalen Gesetzgeber, so daß er sich im Extremfall[19] weigert, hierüber zu beraten. Das bedeutet, daß durch Anzahl, Art und Ausgestaltung der Rechtsakte eine schleichende "Entmachtung" der nationalen Parlamente zu beobachten ist. Wie Bleckmann nachgewiesen hat, beschränken sich die Richtlinien inhaltlich nicht nur auf das Ziel und überlassen die Ausgestaltung und Mittelwahl dem nationalen Gesetzgeber. Sie weisen vielmehr eine derartige Regelungsdichte auf, daß der Unterschied zur Verordnung, die unmittelbar nationales Recht wird, in vielen Fällen verschwindet. Damit werde nicht nur das Demokratiedefizit vergrößert, sondern die scheinbare Zweistufigkeit des Verfahrens kaschiere diesen Mangel noch[20].

Schließlich ist an dieser Stelle auf den Bereich des Richterrechts zu verweisen, der wegen der dynamischen Interpretation der Verträge durch den Europäischen Gerichtshof eine zunehmende Bedeutung im europäischen Rechtssystem erlangt. Ebenso aus den Kompetenzabtretungen durch Vertragsänderungen verringert sich auch hieraus der Spielraum für nationale Gesetzgebung[21].

Selbst im Rahmen seiner begrenzten rechtlichen Möglichkeit zur Mitwirkung am europäischen Gesetzgebungsverfahren stößt der Bundestag an Kapazitätsgren-

---

19 Wie bei der Richtlinie über "vor dem Führersitz angebrachte Umsturzvorrichtungen an land- und forstwirtschaftlichen Schmalspurzugmaschinen auf Rädern". Zitiert nach Hugo Dicke, Der Wandel des Integrationskonzepts in der EG - Wirkungen auf Struktur und Wachstum, in: T. Ellwein, / J.J. Hesse, / R. Mayntz, / F.W. Scharpf, (Hrsg.), *Jahrbuch zur Staats- und Verwaltungswissenschaft*, Baden-Baden: Nomos 1989, S. 191.
20 Vgl. Albert Bleckmann, Die Umsetzung von Gemeinschaftsbeschlüssen in nationales Recht im Licht der Beziehungen zwischen den nationalen Parlamenten und dem Europäischen Parlament, in: *Zeitschrift für Parlamentsfragen*, 4/1991, S. 575.
21 Die Beispiele, wo nationale, regionale oder kommunale Maßnahmen wegen Verstößen gegen EG-Recht aufgehoben oder bereits im Ansatz blockiert wurden, sind zahlreich: In Deutschland wurde die Einführung einer Straßenbenutzungsgebühr verhindert; in Berlin sorgte das Wettbewerbsverfahren wegen des Verkaufs eines Geländes am Potsdamer Platz an Daimler Benz für Aufsehen; für das kommunale Wahlrecht für EG-Bürger müssen verschiedene Verfassungen geändert werden.

zen, da Fortschritte in der europäischen Integration die Komplexität und den zu bearbeitenden Umfang europäischer Rechtsakte erhöhen[22].

Gleichzeitig mit dieser Verlagerung der Gesetzgebungstätigkeit auf die europäische Ebene verringert sich der Einfluß des Bundestages durch die Logik der Integration. Wo anstelle der Rechtsangleichung über Harmonisierung der Weg der gegenseitigen Anerkennung der nationalen Regelungen gewählt wird, nimmt der Bereich ab, in dem ein Gesetzgeber überhaupt tätig werden darf. Das bedeutet, daß Regeln, die in einem Mitgliedstaat gelten, von allen anderen anerkannt werden müssen[23]. Auf diese Weise wird eine Rechtsangleichung durch eine Konkurrenz der nationalen Systeme erreicht, ohne daß es einer gesetzgeberischen Tätigkeit bedarf. Die nationalen Einflußmöglichkeiten werden begrenzt, um freien Handelsverkehr sicherzustellen.

Zwar erlaubt das Prinzip der gegenseitigen Anerkennung in vielen Fällen, daß nationale Regelungen beibehalten werden dürfen, doch gilt das zum einen nur unter der Bedingung, daß sie wettbewerbsneutral sind, und zum anderen nicht für alle Bereiche. Darüber hinaus kann die nationale Regelung u.U. zu einer Benachteiligung der heimischen Anbieter gegenüber ihren EG-Konkurrenten führen, was oft nicht durchsetzbar oder vom Gesetzgeber gar nicht erwünscht ist.

So stehen die Parlamentarier vor der unbefriedigenden Situation, daß sie an substantiellen Entscheidungen kaum beteiligt sind, weil diese auf EG-Ebene getroffen werden. Darüber hinaus zeigt die nationale Regierung wenig Interesse, das Parlament zu beteiligen, das zugleich durch die Fülle an Einzelregelungen überfordert ist[24].

Eine weitere wichtige Veränderung im Entscheidungsverfahren wurde durch den Übergang zur Mehrheitsentscheidung als allgemeinem Prinzip erreicht. Nur noch in wenigen, besonders sensiblen Bereichen soll einstimmig entschieden werden. Das hat bereits bei der Vorbereitung von Maßnahmen Einfluß auf das Verhalten der nationalen Delegationen. Wegen der Gefahr, überstimmt zu werden, arbeiten die Vertreter konstruktiver an Lösungen. Ein Rückzug auf die Position des

---

22 Der steigende Output an europäischen Rechtsakten ist evident: Allein das Europäische Parlament nahm 1990 in den 12 Plenartagen 601 Entschließungen und Beschlüsse an, 3075 schriftliche und 1355 mündliche Anfragen wurden gestellt. Vgl. Kommission der EG. *Gesamtbericht über die Tätigkeit der Europäischen Gemeinschaft 1990*, Brüssel und Luxemburg 1991. Mit neuen Zuständigkeiten für das Europäische Parlament durch den Artikel 189b EWG-Vertrag ist mit einem starken Zuwachs an Vorlagen zu rechnen. Vgl. Wolfgang Wessels, Maastricht: Ergebnisse, Bewertungen und Langzeittrends, in: *integration*, 1/1992, S. 10.
23 Ein berühmtes Beispiel ist der Fall des deutschen Reinheitsgebots, das weiterhin maßgeblich für deutsches Bier ist. Alle anderen Biere aus EG-Ländern müssen aber in Deutschland verkauft werden dürfen. Erstmals entschied der EuGH 1979 in seinem Cassis-de-Dijon-Urteil nach diesem Prinzip.
24 Eine juristische Analyse über die mangelhafte Beteiligung des Parlaments am außenpolitischen Entscheidungsprozeß liefert Meinulf Dregger, *Die antizipierte Zustimmung des Parlaments zum Abschluß völkerrechtlicher Verträge, die sich auf Gegenstände der Bundesgesetzgebung beziehen*, Berlin: Duncker und Humblot 1989.

Blockierers ist nicht mehr möglich, wenn nicht der ganze Prozeß in Frage gestellt wird.

Mit der Mehrheitsentscheidung nimmt aber auch der Einfluß einzelner Staaten und ihrer Organe ab. Selbst bei einer intensiven Zusammenarbeit von Regierung und Parlament kann es zu einer Situation kommen, in der die Durchsetzung der eigenen Position scheitert und der Vertreter im Ministerrat überstimmt wird. Bereits im Vorfeld von europäischen Entscheidungen geraten nationale Regierungen unter den Druck von Sachzwängen. Anpassungsleistungen an die EG werden zwar oft als innenpolitische Diskussion geführt, tatsächlich nimmt aber die Logik des Integrationsprozesses in vielen Fällen das Ergebnis der vermeintlich autonomen Entscheidung vorweg[25]. Zugleich mit der generellen Verschlechterung der nationalen Position durch die Mehrheitsentscheidung verringert sich der Einfluß des nationalen Parlaments.

3. Bisherige Vorbereitungen des Bundestages für die europäische Integration

Wie die bisherige Darstellung gezeigt hat, folgt aus dem europäischen Integrationsprozeß eine Aushöhlung der legislativen Kompetenzen des Deutschen Bundestages. Nach diesem Befund stellt sich die Frage, welche Konsequenzen das Parlament daraus zieht. Als erstes ist von Interesse, ob auf nationaler Ebene versucht wird, dem Funktionswandel zu begegnen. Anschließend wird untersucht, ob die Kooperation mit dem Europäischen Parlament eine Möglichkeit zur Kompensation darstellt oder ob dies durch eine Stärkung der Parlamente auf internationaler oder regionaler Ebene geschehen kann.

Nach dieser Bestandsaufnahme soll der institutionalistische Ansatz verlassen werden, weil auch über Parteien eine Anpassungsmöglichkeit an die Anforderungen der europäischen Integration besteht. Deshalb wird untersucht, ob es Anhaltspunkte dafür gibt, daß die Parteien auf europäischer Ebene dem Funktionswandel der nationalen Parlamente begegnen.

Schließlich soll mit Hilfe einer Analyse der Kontaktstrukturen von Bundestagsabgeordneten der Frage nachgegangen werden, ob sie statt einer institutionellen oder einer parteipolitischen Anpassung den Weg über persönliche Kontakte wählen.

---

25 Vgl. z.B. die deutsche Diskussion um die Mehrwertsteuererhöhung oder die Reform des Asylrechts. In beiden Bereichen verlangt der Abbau von Grenzen eine Anpassung, womit sich die nationale Entscheidung nur noch auf das "wie", nicht mehr auf das "ob" beschränkt.

3.1. Institutionelle Reformen im Bundestag

Obwohl die Grundkonstellation zwischen den Organen der EG und denen auf nationaler Ebene seit Inkrafttreten der Römischen Verträge vorgegeben ist[26], hat der Deutsche Bundestag wenig unternommen, um institutionell auf die Konsequenzen der europäischen Integration zu reagieren. Das Argument, die Reichweite der ursprünglichen Souveränitätsabtretungen sei zu gering gewesen, als daß das nationale Parlament bedeutende Einschnitte bei der Ausübung seiner Funktionen hätte befürchten müssen, greift als Erklärung für dieses Verhalten nicht. Von Anfang an war die Möglichkeit eines Funktionswandels in den Verträgen angelegt. Das kann bis zu einer Aushöhlung der parlamentarischen Aufgaben des Bundestages führen. Offenbar wollte sich das Parlament aber nur auf faktische und nicht auf potentielle Veränderungen einstellen, als der europäische Integrationsprozeß lange empfunden wurde[27]. Der Bundesrat dagegen reagierte bereits 1957 mit der Schaffung eines Europaausschusses auf die neue Situation, bevor die Gemeinschaft 1958 ihre Arbeit aufnahm und erkennbar war, welche Folgen die Integration national haben würde.

Die weitgehende Untätigkeit des Bundestags, sich institutionell auf die Herausforderungen durch die EG vorzubereiten, ist angesichts seiner Möglichkeiten kritisiert worden. Die Kritik richtete sich darauf, daß zwar rechtlich durchaus Einflußmöglichkeiten bestehen würden, die Organisationsform eines Rechts aber der maßgebliche Faktor für den Umfang seines Ertrages sei - der Bundestag also selbstverschuldet auf einen Einfluß auf den Integrationsprozeß verzichte[28].

Die bisherigen Versuche, europapolitischen Fragen organisatorisch gerecht zu werden, blieben - wie im folgenden gezeigt wird - bislang weit hinter dem Integrationsgrad der Gemeinschaft und ihren Auswirkungen auf die nationale Politik zurück. Sie zeigen aber Möglichkeiten auf, die der Bundestag organisatorisch gehabt hätte, um sich zumindest national auf die EG einzustellen, da ja Beteiligungen nationaler Parlamente im Entscheidungsprozeß der EG nur bei Vertragsänderungen und im engen Rahmen bei der Umsetzung von Richtlinien in nationales Recht vorgesehen sind. Erst seit kurzem gibt es wieder ein Organ für diesen Bereich, das seine Qualität erst noch beweisen muß. In der Vergangenheit waren die institutionellen Anpassungen an den europäischen Einigungsprozeß wenig überzeugend:

---

26 Spätere Vertragsänderungen und neue Einflüsse auf die Funktionen des Bundestages haben die Bedingungen des Verhältnisses zwischen dem deutschen Parlament und EG-Organen zwar noch verschärft, nicht aber etwas qualitativ Neues gegenüber den ursprünglichen Vertragsregelungen bewirkt.

27 Der Europarechtler Albert Bleckmann spricht von der "Tatsache, daß in der Vergangenheit eher ein Regelungsdefizit als eine übermäßige Ausdehnung der eigenen Kompetenzen seitens der EG zu beklagen war"; vgl. Bleckmann, Umsetzung (Anm. 20), S. 572-583.

28 Vgl. Uwe Leonardy, Bundestag und Europäische Gemeinschaft: Notwendigkeit und Umfeld eines Europa-Ausschusses, in: *Zeitschrift für Parlamentsfragen*, 4/1989, S. 528.

1965-1967 befaßte sich ein Integrations-Ältestenrat mit der Erörterung von Grundsatzfragen, hielt Kontakt zum Europäischen Parlament und leitete Vorlagen aus Brüssel an die zuständigen Fachausschüsse weiter.

Ab 1977 verteilten die Fachausschüsse EG-Vorlagen selbst, wobei für die Beschlußfassungsentscheidung klare Kriterien fehlten. Das änderte sich auch durch die "Europa-Kommission" kaum, deren Einrichtung 1983 einstimmig von allen vier Fraktionen beschlossen worden war. Denn dieses Organ mußte - ohne die gleichen Kompetenzen wie reguläre Ausschüsse zu besitzen - in Konkurrenz zu den Fachausschüssen um die Zuständigkeit für die EG-Vorlagen treten[29]. Aus diesem Grund beschränkte sich die Arbeit bald auf die Diskussion von Grundsatzfragen, woraus aber wieder eine Konkurrenzsituation, diesmal mit der Regierung, entstand und das Ende der "Europa-Kommission" mit dem Beginn der 11. Legislaturperiode zur Folge hatte. In einer gleichzeitig mit der Einrichtung der "Europa-Kommission" ausgesprochenen Empfehlung wurden die Bundestagsausschüsse aufgefordert, sich verstärkt durch Kontakte mit den Mitgliedern des Europäischen Parlaments, also mit den Sachverständigen des Integrationsprozesses, auf die EG einzustellen[30]. Daß es erst 1983 dazu kam, EG-Sachverständige ins Parlament zu holen und die Ausschüsse hierzu erst aufgefordert werden mußten, deutet auf den geringen Stellenwert hin, den die Europapolitik im Bundestag besaß.

Der 1987 eingerichtete Unterausschuß mit je 13 Bundestagsabgeordneten und 13 Europaabgeordneten hatte nicht nur die Konkurrenzprobleme seiner Vorgängereinrichtungen, sondern stellte auch - wegen der Stellung der Europaabgeordneten - ein rechtliches Problem für die Geschäftsordnung dar. Schon frühzeitig wurde deshalb darauf hingewiesen, daß für eine Institution mit derart wichtigen Aufgaben ein Unterausschuß allein nicht ausreiche[31]. Die Einwände erwiesen sich als berechtigt, als die Arbeit aus Ansehens-, Verfahrens- und Kompetenzgründen eingestellt werden mußte. Bis zur Wiedereinrichtung[32] eines Europa-Ausschusses 1991 versuchten die großen Fachausschüsse die deutlich gestiegene Anzahl der EG-Vorlagen durch eigene Unterausschüsse zu bewältigen, ohne daß organisatorische Verbindungen zwischen den Unterausschüssen bestanden. In die Errichtung dieser zentralen und gemischt besetzten Institution und die gleichzeitige Kooperation in den verschiedenen nationalen Fachausschüssen werden hohe Erwartungen gesetzt[33]. Die Einrichtung ist jedoch zu jung, um Aussagen darüber treffen zu können, was tatsächlich geleistet werden kann und soll. Allerdings weisen verschiedene Verlautbarungen des Ausschusses darauf hin, daß die im Rahmen des For-

---

29 Vgl. Klaus Pöhle, Die Europa-Kommission des Deutschen Bundestages - ein politisches und geschäftsordnungsmäßiges Novum, in: *Zeitschrift für Parlamentsfragen*, 3/1984, S. 352-358.
30 Vgl. ebd.
31 Vgl. Alwin Brück, Europäische Integration und Entmachtung des deutschen Bundestages: Ein Unterausschuß ist nicht genug, in: *Zeitschrift für Parlamentsfragen*, 2/1988, S. 220-224.
32 Vgl. *Woche im Bundestag* 14/1991.
33 Bleckmann z.B. spricht von einem Ideal "aus der bisherigen Dokumentation". Bleckmann, Umsetzung, (Anm. 20), S. 583.

schungsprojektes hervorgehobenen Defizite nun auch von Mitgliedern des Bundestages kritisiert werden[34]. 1992 wurde nun ein "Sonderausschuß Maastricht" eingesetzt, dessen Aufgaben sich kaum von denen des Europaausschusses unterscheiden dürften. Vielleicht wird jetzt, wo früher zu wenig getan wurde, zuviel getan[35].

Betrachtet man den Umfang der EG-Vorlagen, die vom Bundestag bis zur Einsetzung seines Europaausschusses bearbeitet wurden, so zeigt sich, daß der Bundesrat eine deutlich größere Anzahl erledigt als der Bundestag, was wohl auch auf effizientere Organisationsstrukturen und einen höheren Stellenwert der EG zurückzuführen ist.

Damit scheint das Verhalten des Bundestages neben seiner hohen Arbeitsbelastung vor allem durch die erwähnte Konkurrenz der Fachausschüsse, durch fehlenden Überblick über die eigenen Möglichkeiten[36] und den Umfang der EG-Einflüsse begründet zu sein.

3.2. Beziehungen der Parlamente untereinander

Bei der Frage nach der Rolle des Europäischen Parlaments im politischen System der EG ist oft diskutiert worden, inwiefern man angesichts der begrenzten Rechte des Europäischen Parlaments überhaupt von einem Parlament sprechen kann. Thaysen[37] weist zu Recht daraufhin, daß gegenüber Untersuchungen von nationalen Parlamenten im Fall des Europäischen Parlaments wesentlich häufiger eine Annäherung über Funktionenkataloge unternommen wird[38]. Unabhängig davon, wie man bei einer solchen Überprüfung die einzelnen Funktionen gewichtet und dementsprechend dem Europäischen Parlament einen Parlamentsstatus zu- oder abspricht, in jedem Fall handelt es sich um eine Institution, die als "dynamisch-offen" (Thöne-Wille) bezeichnet werden kann. Eine solche Charakterisierung überrascht insofern wenig, als der gesamte Integrationsprozeß dynamisch-offen angelegt ist und die Finalität der EG, insbesondere was die politische und nicht allein

---

34 So fordert z.B. die Vorsitzende des Europaausschusses, Renate Hellwig, gleiche Rechte für den Bundestag, wie sie dem Bundesrat oder dem britischen Unterhaus im EG-Gesetzgebungsprozeß eingeräumt wurden; vgl. *Europäische Zeitung*, Juni 1992, S. 4.
35 Die Europäische Zeitung meint: aus parteipolitischen Gründen, weil den Sonderausschußvorsitzenden die SPD stellt, während im Europaausschuß die CDU den Vorsitz hat; vgl. *Europäische Zeitung* November 1992, S. 12.
36 Hieraus dürften auch frühere Fehleinschätzungen der rechtlichen Situation resultieren wie der Vorschlag der Bundestagspräsidentin Süssmuth, der Bundestag solle ein Brüsseler Büro einrichten. Leonardy weist auf die verfassungsrechtliche Unzulässigkeit dieses Vorschlags hin; vgl. Leonardy, Bundestag und Europäische Gemeinschaft (Anm. 30), S. 527-544.
37 Vgl. Uwe Thaysen, : Interparlamentarische Kooperation in Europa, in: *Zeitschrift für Parlamentsfragen*, 3/1984, S. 450.
38 Vgl. z.B. Grabitz, Direktwahl und Demokratisierung (Anm. 13).

die ökonomische Dimension betrifft, in den Verträgen nicht definiert ist und durchaus mehrere Varianten zuläßt[39].

Aus dem Selbstverständnis der Europaabgeordneten, die eine Umbenennung der parlamentarischen Versammlung in "Europäisches Parlament" durchsetzten, aber auch in den Äußerungen verschiedener nationaler Politiker kommt der Wunsch zum Ausdruck, die künftige Rolle des Europäischen Parlaments nach dem Vorbild parlamentarischer Regierungssysteme, wie sie sich in den Mitgliedstaaten der EG und anderen westlichen Demokratien entwickelt haben, zu gestalten.

Für die nationalen Parlamente verstärkt eine solche Entwicklung die Notwendigkeit, ihrerseits eine Neudefinition ihrer eigenen Rolle vorzunehmen.

Die Aufwertung des Europäischen Parlaments durch die erste Direktwahl 1979 hatte auch Auswirkungen auf sein Verhältnis zu den nationalen Organen. So entstanden seit 1979 institutionelle Kommunikationen zwischen dem Europäischen Parlament und den nationalen Parlamenten, u.a. auf der Ebene der Parlamentspräsidenten[40]. Was auf den ersten Blick wie eine Vertiefung der Kooperation aussieht, ist tatsächlich ein Kompensationsversuch für die vorher vorhandenen Kommunikations- und Kooperationsstrukturen, die durch das Doppelmandat von nationalen und EP-Abgeordneten bis 1979 bestanden hatten.

Bilateral wurden zwar einige Versuche unternommen, so z.B. von Seiten des Bundestages 1983 die paritätische Besetzung der "Europa-Kommission" mit Mitgliedern des Bundestages und Mitgliedern des Europäischen Parlaments, die aber - wie ausgeführt - nur mäßigen Erfolg hatten.

Trotz des großen Interesses des Europäischen Parlaments an einer Zusammenarbeit mit den nationalen Parlamenten sind hier bis zu den Regierungskonferenzen für den Gipfel von Maastricht 1991 kaum wirkliche Fortschritte erzielt worden, obwohl gerade in der interparlamentarischen Kooperation die größten Chancen gesehen werden, dem Demokratiedefizit in der EG zu begegnen[41]. Für die Kooperationsschwierigkeiten sind vor allem drei Gründe verantwortlich[42]:
- der mittlerweile thematisch und territorial außerordentlich weit gespannte Tätigkeitsbereich der EG, der nicht nur eine Materialflut zur Folge hat, sondern die Abgeordneten auch fachlich überfordert;
- die Anzahl und Heterogenität der nationalen und europäischen Abgeordneten;
- das insgesamt eher passive Verhalten der nationalen Parlamentarier, die sich mit ihrer untergeordneten Rolle gegenüber der Regierung abgefunden haben.

39 Zu den Ausgestaltungsmöglichkeiten einer Europäischen Union nach dem EWGV vgl. Beutler et al., *Die Europäische Gemeinschaft* (Anm. 4), S. 550ff.
40 Vgl. Eva-Maria Thöne-Wille, *Die Parlamente der EG. Das Europäische Parlament und die nationalen Parlamente*, Kehl/Straßburg: Engel 1984.
41 Hierfür liegen auch reichlich Vorschläge zur technischen und institutionellen Ausgestaltung vor. Vgl. z.B. Thöne-Wille, *Die Parlamente der EG* (Anm. 40); Bleckmann, Umsetzung (Anm. 20); Marinus P.C.M. van Schendelen, Images of Democratic Representation in the European Community, in: Hans-Dieter Klingemann/Richard Stöss/Bernhard Weßels (Hrsg.), *Politische Klasse und politische Institutionen. Festschrift für Dietrich Herzog*, Opladen: Westdeutscher Verlag 1991, S. 357-371.
42 Vgl. Bleckmann, Umsetzung (Anm. 20), S. 582.

Dennoch bestand eines von vier Elementen der Strategie des Europäischen Parlaments als Reaktion auf die Regierungskonferenzen 1991 darin, die Kontaktaufnahme zu den nationalen Parlamenten herzustellen, um eine intensivere Koordination der Arbeiten auf parlamentarischer Ebene zu erreichen[43]. Als Folge dieser Strategie kann die Einsetzung eines Europaausschusses im Bundestag angesehen werden, weil in der entsprechenden Konferenz ausdrücklich die Zusammenarbeit derartiger Ausschüsse gefordert wird, der Bundestag aber Ende 1990 noch kein solches Gremium besaß.

Die von der Europäischen Kommission betriebene Aufwertung der Regionen, die sich u.a. in der Schaffung eines Regionalen Beirats und seit Maastricht in einem Regionalausschuß[44] mit erweiterten Kompetenzen ausdrückt, der die Auswirkungen von Gesetzesinitiativen auf die Regionen untersuchen soll, führt nicht zu einer Aufwertung der parlamentarischen Organe unterhalb der nationalen Ebene, sondern stärkt lediglich die jeweilige Exekutive. Denn auf regionaler Ebene, d.h. im Fall Deutschlands auf der Ebene der Bundesländer, bestehen für die Parlamente ebenfalls nur geringe Mitwirkungsmöglichkeiten am EG-Entscheidungsprozeß[45]. Zwar bemühen sich die Landesregierung und der Bundesrat seit Inkrafttreten der Römischen Verträge um eine Beteiligung, und sie können auch - neben dem Erfolg bei der Kommission - auf nationale institutionelle Rechte verweisen[46]. Für die Länderparlamente erwachsen daraus jedoch kaum Beteiligungsmöglichkeiten. Einrichtungen wie der Europaausschuß des Bundesrates, der das Plenum in Eilverfahren vertreten darf, dürften vielmehr die Informations- und Mitwirkungschancen der Länderparlamente noch herabsetzen[47]. Das bedeutet, daß auch auf Landesebene ein Ungleichgewicht zwischen Legislative und Exekutive zugunsten der Regierung zu verzeichnen ist, das durch den Integrationsprozeß eher noch verstärkt wird. Als Reaktion auf diese Einstellung werden z.Zt. von der Verfassungskommission Grundgesetzänderungen vorbereitet, die einen stärkeren Einbezug der Länder in europäische Entscheidungen bewirken sollen.

---

43 Vgl. Schlußerklärung der Konferenz der Parlamente der Europäischen Gemeinschaften, verabschiedet am 30.11.1990 in Rom, in: *Europa-Archiv*, 1/1991, D21-D25.
44 Dieser beratende Ausschuß aus Vertretern der regionalen und lokalen Gebietskörperschaften muß künftig zu Fragen der Bildung und der Regionalpolitik gehört werden; vgl. Otto Schmuck, Der Maastrichter Vertrag zur Europäischen Union, in: *Europa-Archiv*, 4/1992, S. 103. Im Fall seines Vorgängers konnte die Kommission noch entscheiden, ob der Beirat gehört wird.
45 Andreas Kremer (Hrsg.), *Die Bundesrepublik Deutschland und das Königreich Spanien 1992 - Die Rolle der Länder und der Comunidades Autonomas im Europäischen Integrationsprozeß*, München 1989.
46 So nahmen die Länder das Ratifizierungsgesetz zur Einheitlichen Europäischen Akte zum Anlaß, "eine neue Grundlage für die Bund/Länder-Zusammenarbeit in europäischen Angelegenheiten zu suchen" Vgl. Rudolf Morawitz, : Die Zusammenarbeit von Bund und Ländern bei der Wahrnehmung von EG-Aufgaben, in: Siegfried Magiera, / Detlef Merten, (Hrsg.), *Bundesländer und Europäische Gemeinschaft*, Berlin: Duncker und Humblot 1988, S. 45.
47 Vgl. Wolfgang Renzsch, Deutsche Länder und europäische Integration, in: *Aus Politik und Zeitgeschichte*, B 28/90, 6.7.1990, S. 28-39.

Neben der regionalen Ebene wäre zu prüfen, ob auf internationaler Ebene eine Lösung für den Bedeutungsverlust nationaler Parlamente möglich ist. Insgesamt wird eine Stärkung supranationaler Institutionen und ihrer Parlamente zu einer Verschiebung von nationalen Aufgaben führen, was die Einflußmöglichkeiten der nationalen Parlamente verringert, ohne daß aber in der Vielzahl nebeneinander bestehender Versammlungen ein Ersatz für die Legislativfunktion nationaler Parlamente aufgrund der Aufgabenstellung und Kompetenzen dieser Organe auch nur angelegt wäre.

3.3. *Parteien und Fraktionen*

Die Parteienlandschaft in den Mitgliedstaaten der EG ist zu heterogen, als daß die bestehenden europaweiten Parteienbünde organisatorisch und programmatisch mit nationalen Parteien vergleichbar wären[48]. Dennoch hat die Entwicklung des Europäischen Parlaments zu einem direkt gewählten Parlament auch eine intensivere Zusammenarbeit innerhalb und zwischen den Fraktionen im Europäischen Parlament befördert.

Organisatorisch und ideologisch stehen hinter den Fraktionen die europäischen Parteibünde. Derzeit gibt es in Europa drei supranationale Parteibünde, die im Europäischen Parlament vertreten sind. Die sozialdemokratischen und sozialistischen Parteien schlossen sich 1974 im "Bund der sozialdemokratischen Parteien" zusammen. Es folgten 1976 die konservativen Parteien mit der Bildung der "Europäischen Volkspartei" (EVP)[49] und die liberalen mit der "Föderation der liberalen und demokratischen Parteien" ELD[50]. Das Grün-alternative Bündnis (GRAEL) wird erst von Abgeordneten aus 4 Mitgliedstaaten gebildet.

Oskar Niedermayer unterscheidet drei qualitative Stufen für transnationale Parteienzusammenarbeit: die Kontaktebene, die Kooperationsebene und die Integrationsebene[51]. Bei seiner Beurteilung der europäischen Parteibünde kommt er zu dem Ergebnis, daß sich alle drei erst auf der Stufe der Kooperation befinden. Als Ursache nennt er die unterschiedlichen ideologischen und strukturellen Voraussetzungen sowie den Umstand, daß mit einem engeren Zusammenschluß in eine organisatorische Einheit die Abgabe von Rechten und eine Einschränkung des nationalen Handlungsspielraums verbunden wäre. Die Parteien seien hierzu nicht bereit und

---

48 Vgl. bereits Theo Stammen, *Parteien in Europa*, München 1978, S. 314ff.
49 Vgl. ebd. S. 315.
50 Der heutigen ELDR, wie sie seit der Aufnahme der spanischen und portugiesischen Reformdemokraten 1986 heißt. Vgl Hiltrud Naßmacher, Parteiorganisation, Parteiprogramme und Strukturen innerparteilicher Willensbildung, in: Oskar W. Gabriel, *Die EG-Staaten im Vergleich*, Opladen: Westdeutscher Verlag 1992, S. 249.
51 Oskar Niedermayer, Die Entwicklung der europäischen Parteibünde, in *Zeitschrift für Parlamentsfragen*, 3/1984, S. 360.

zögen daher die Zusammenarbeit auf dem bisherigen Niveau einer stärkeren Integration vor; sie glaubten, ihre jeweiligen Individualinteressen auf diese Weise besser durchsetzen zu können[52]. Für die konkrete Arbeit im Europäischen Parlament bedeute das, daß wegen des Primats der nationalen Politik der Schwerpunkt der Arbeit in der Formulierung allgemeiner Politikziele bestehe[53], während konkrete Politik - wie Entscheidungen über Strategien und Mitteleinsatz - von den Fraktionen im Europäischen Parlament geleistet werde - auch wenn wegen der geringen Rechte des Europäischen Parlaments viele dieser Entscheidungen in der Praxis nicht zur Anwendung kämen. Einen Bedeutungszuwachs für die Parteibünde sah Niedermayer für die Zukunft nicht.

Seine Analyse ging von anderen Rahmenbedingungen aus, als sie sich seit Inkrafttreten der Einheitlichen Europäischen Akte für das Europäische Parlament darstellen. Durch die Einführung eines Kooperationsverfahrens, das das Europäische Parlament bei Entscheidungen mit qualifizierter Mehrheit an der Rechtsetzung beteiligt, werden die Fraktionen des Europäischen Parlaments zu intensiver Kooperation gezwungen, um die für die Formulierung eigener Standpunkte erforderlichen Mehrheiten zustandezubringen. Wie seine Erfolgsbilanz seit 1987 beweist[54], hat es das Europäische Parlament vermocht, in zahlreichen Fällen fraktionsübergreifende Mehrheiten zustandezubringen. Obwohl dieser Integrationsgrad eindeutig den Verfahrensregeln zur Mitwirkung am Entscheidungsprozeß geschuldet ist, wird diese Praxis nicht ohne Einfluß auf den Integrationsgrad der Parteibünde bleiben. Die, wenn auch bescheidene, Erweiterung der Kompetenzen des Europäischen Parlaments nach den Beschlüssen von Maastricht wird diese Tendenz verstärken.

Zwar betrifft das in erster Linie die Fraktionen. Ihr Übergewicht gegenüber den Parteibünden wird, wie bereits von Niedermayer hervorgehoben wurde, weiter zunehmen. Aber gerade dieser Umstand wird auch in den Parteiorganisationen Reformen als Reaktion auf die veränderte Situation in Europa wahrscheinlich machen.

Ungeachtet dieser möglicher Anpassungen in der Zukunft sind zur Zeit keine Strukturen erkennbar, die eine Europäisierung der nationalen Parteien mit dem Ziel zeigten, den Verlust an legislativen Handlungsmöglichkeiten der nationalen Parlamente auszugleichen[55].

52 Vgl. ebd. S. 363.
53 Die sich allerdings auch schwierig gestalten. So weist Melanie Piepenschneider auf die unterschiedlichen Argumentationslinien der einzelnen Mitglieder der Parteienbünde hin, was sich auch in offiziellen Verlautbarungen niederschlage; vgl. Melanie Piepenschneider, Die europäischen Parteienzusammenschlüsse, in: *Jahrbuch der europäischen Integration 1990/91*, Bonn 1991, S. 255.
54 Vgl. Wolfgang Wessels, Institutionelle Strategien für die Politische Union: Eine Neuauflage der EEA, in: *Integration*, 4/1990, S. 192 - 203; Otto Schmuck, Das Parlament, in: *Jahrbuch der europäischen Integration 1990/91*, Bonn 1991, S. 81.
55 Zwar wurde im Rahmen einer Strategie des Europäischen Parlaments als Antwort auf die Regierungskonferenzen 1991 eine Arbeit an strukturellen Änderungen angekündigt, die zu einer höheren Durchsetzbarkeit von Entscheidungen des Parlaments führen sollen. Konkrete Ergebnisse fehlen jedoch bislang, so daß weiterhin in der Profillosigkeit

3.4. Einstellungen und Verhalten der Abgeordneten zur europäischen Integration

Wie die bisherige Darstellung gezeigt hat, ist der Deutsche Bundestag kaum auf die europäische Integration vorbereitet. Er hat keine Änderung der rechtlichen Situation angestrebt, und die institutionelle Anpassung an die Einschränkung seines Handlungsspielraumes blieb unter seinen Möglichkeiten. Unterstellt man als Ursache nicht Unvermögen, sondern Kalkül, so könnte gefolgert werden, daß andere als rechtliche und institutionelle Einflußmöglichkeiten bestehen - beispielsweise solche über direkte Kontakte der Bundestagsabgeordneten[56].

Die Betrachtung der Kontaktstrukturen[57] der Mitglieder des Deutschen Bundestages konzentriert sich auf folgende Zusammenhänge:
1. Das Verhältnis der europäischen zu den - "politischen"[58] - Kontakten zu Behörden und Institutionen insgesamt: Gibt es eine Arbeitsteilung im Bundestag auch für den Bereich "Europäische Gemeinschaft"?

Tabelle 1 zeigt, daß die Abgeordneten insgesamt zahlreiche Kontakte haben, die sich weit gestreut auf die politischen Einrichtungen verteilen. Über drei Viertel der Parlamentarier geben an, Kontakte zur EG zu pflegen, und auch die maximale Anzahl der EG-Kontakte liegt mit 312 relativ hoch. Der durchschnittliche Kontaktanteil beträgt jedoch nur 5.5%. Das bedeutet, daß offenbar nur wenige Abgeordnete intensiv mit der EG in Kontakt stehen, obwohl der maximale Kontaktanteil zu Institutionen der EG bei einzelnen MdB bis zu 48.6% betragen kann. Diese Ergebnisse könnten Indiz für eine Arbeitsteilung im Bundestag auch bei den europäischen Themen sein. Sie sprechen auch für die These, daß die europäische Integration im Bewußtsein und/oder der Arbeit der meisten Parlamentarier eine untergeordnete Rolle spielt.

---

    der Parteizusammenschlüsse das Hauptproblem liegt. Vgl. Piepenschneider, Parteienzusammenschlüsse (Anm. 53), S. 257.

56 Eine derartige Sichtweise findet sich beispielsweise bezüglich der Mitglieder des Europäischen Parlaments, die - gemessen am Deutschen Bundestag - über weit ungünstigere Voraussetzungen bei ihren Kontaktstrukturen verfügen; vgl. z.B. Eberhard Grabitz/Otto Schmuck, Das Europäische Parlament im Verflechtungssystem der EG - Handlungsspielräume, Rollenbeschreibung, Funktionen, in: *Zeitschrift für Parlamentsfragen*, 3/1984, S. 427 - 440; M. P. C. Schendelen, Das Geheimnis des Europäischen Parlaments: Einfluß auch ohne Kompetenzen, in: *Zeitschrift für Parlamentsfragen*, 3/1984, S. 415 - 426.

57 Alle folgenden Angaben zu Kontakthäufigkeiten und Anteilen beziehen sich auf den Zeitraum eines Jahres. Es handelt sich um eine Standardisierung, die nach den Angaben der Befragten zu den durchschnittlichen Kontakthäufigkeiten pro Sitzungswoche vorgenommen wurde. Vgl. zum Verfahren Dietrich Herzog et al., *Abgeordnete und Bürger*, Opladen: Westdeutscher Verlag 1990, S. 18-35.

58 Unter "politischen Kontakten" sind in der Befragung Kontakte zu explizit politischen Organisationen, Institutionen und Behörden auf supranationaler, nationaler und Länderebene zu verstehen. Nicht einbezogen wurden hierin Kontakte zur eigenen und zu anderen Parteien.

Tabelle 1: Verteilung der politischen Kontakte nach Bereichen

	Anzahl Personen mit/ohne Kontakt		maximale Anzahl Kontakte	durchschnittlicher Kontaktanteil in %	maximaler Kontaktanteil in %
Supranationale	221	101	208	4.9	67.2
EG	257	65	312	5.5	48.6
Bundespräsident	218	104	104	1.4	27.4
Bundeskanzler/-amt	250	72	156	5.6	66.7
Bundesministerien	319	3	832	37.2	92.4
Bundesbank/ Landeszentralbanken	145	177	52	0.7	11.4
Obergerichte	130	192	52	1.0	40.0
Landtagsfraktionen	315	7	260	14.5	88.9
Landesministerien	308	14	624	16.1	81.9
Regierungspräsidien	249	73	208	6.5	100.0
Gesamt		322	1958	100.0	

Gegen eine klare Arbeitsteilung spricht, daß nur 65 MdB angeben, keine Kontakte zu EG-Organen zu haben.

Eine solche Abgrenzung wird noch durch einen anderen Umstand erschwert. Die Abgeordneten haben insgesamt viele Kontakte. Dabei müssen die EG-relevanten Kontakte nicht gleichbedeutend mit Kontakten zu den Organen der Gemeinschaft sein. Das heißt, daß auch ein Kontakt zur Ministerialbürokratie ein "europäischer" sein kann[59].

2. Die Verteilung der Kontakte nach Arbeitsbereichen: Haben die Ressorts, die von der Rechtsetzung der Gemeinschaft stärker berührt werden, auch eine engere Anbindung an EG-Institutionen über direkte Kontakte der nationalen Parlamentarier?

Diejenigen Abgeordneten, die mit Themen befaßt sind, die auch oder gerade auf europäischer Ebene eine wichtige Rolle spielen, besitzen auch mehr Kontakte zu EG-Einrichtungen als ihre Kollegen, die auf eher "nationale" Politikfelder spezialisiert sind.

Das betrifft in erster Linie die Außenpolitik mit 34.3% - die allerdings nicht ausschließlich als klassische internationale Außen- und Sicherheitspolitik zu verstehen ist; bei "Verteidigung" sind die Anteile entsprechend gering, denn in diesem

---

[59] Dieses Unterscheidungsproblem stellt sich aus den oben genannten Gründen auch in den folgenden Fragen.

Bereich ist die europäische Integration eher unterentwickelt[60]. Es handelt sich also um eine Kategorie für alle außenpolitischen Kontakte, einschließlich zur EG allgemein.

Tabelle 2: Kontakte zur EG nach Arbeitsgebieten

	maximale Häufigkeit	durchschnittliche Häufigkeit in %	maximaler Anteil in %	durchschnittlicher Anteil in %
Außenpolitik	312	34.3	48.6	9.9
Finanzen	116	24.3	42.8	8.7
Bildung	104	12.8	36.0	5.2
Wirtschaft	104	13.2	29.1	4.7
Forschung	52	9.4	11.5	3.6
Verteidigung	52	6.1	13.6	2.6
Inneres	52	7.9	14.6	2.5
Soziales	36	7.2	14.5	2.6

Die nach der Außenpolitik am häufigsten genannten Gebiete "Finanzen" (24.3%) und "Wirtschaft" (13.2%) sind die zentralen europäischen Handlungsfelder. Nach ihrer unmittelbaren Bedeutung für die Arbeit der EG verwundert es lediglich, daß die Werte hier nicht umgekehrt verteilt sind. Denn die Gemeinschaft verfügt nur über einen geringen Haushalt, und ihre zentralen Tätigkeitsfelder liegen in der Ökonomie.

Daß bei "Bildung" mit 12.8% ähnlich enge Kontaktbeziehungen angegeben wurden, entspricht kaum der Zuständigkeit bzw. dem Umfang der Aktivitäten von Seiten der EG. Zwar spielten Fragen der Anerkennung von Berufsabschlüssen und Bildung als europäischer Wettbewerbsfaktor für das Binnenmarktprogramm eine wichtige Rolle, aber hierbei ging es vor allem um administrativ-technische Aufgaben, bei denen eine enge Beteiligung der Abgeordneten kaum naheliegt. Zudem liegen hier auch wesentliche Zuständigkeiten bei den Ländern und in den Unternehmen.

---

60 Wie zuletzt das Verhalten der EG im Konflikt der Völker des ehemaligen Jugoslawien gezeigt hat. Zum Zeitpunkt der Befragung spielte die Außen- und Sicherheitspolitik der EG eine noch unbedeutendere Rolle.

Die Felder Innenpolitik[61] (7.9%) und Soziales (7.2%) erwiesen sich trotz verschiedener Berührungspunkte mit Aktivitäten der EG tatsächlich noch als "innenpolitisch". Der besonders nach dem wirtschaftlichen Programm "Binnenmarkt '92" beklagte Mangel einer sozialen Dimension der europäischen Integration ist bis heute nicht behoben. Daß Parlamentarier, die hier ihre Arbeitsschwerpunkte haben, nur geringe Kontakte zu EG-Einrichtungen angeben, verwundert daher nicht.

Im Bereich Forschung und Technologie sind überraschend lose Kontaktbeziehungen zu erkennen (9.4%). Auf diesem Feld versucht die Gemeinschaft - nicht zuletzt, seitdem ihr hier eine Zuständigkeit durch die Vertragsänderung von 1987 zugesprochen wurde - die nationalen Forschungspolitiken zu koordinieren und eigene Gemeinschaftsziele zu erreichen. So steht heute eine Fülle von EG-Programmen bereit, um die internationale Wettbewerbsfähigkeit der EG durch die Qualität ihrer Technologie zu sichern. Da es sich in der Regel um Teilfinanzierungen handelt, läge eine enge Verknüpfung mit den nationalen Institutionen auf der Hand. Dies betrifft aber offenbar nicht das Parlament.

Für die Frage der Arbeitsteilung zeigt Tabelle 2, daß am ehesten in der Unterscheidung nach Ressorts eine arbeitsteilige Organisation im Bundestag nachzuweisen ist. Die Unterscheidung nach Kontakten zu nationalen und supranationalen Einrichtungen konnte hingegen keine neuen Hinweise auf eine arbeitsteilige Struktur erbringen.

3. Die Verteilung der Kontakte zwischen Oppositions- und Regierungsfraktionen: Gibt es den auf nationaler Ebene zu beobachtenden Informationsvorsprung der Regierungsfraktion auch für die EG-Politik?

Hat sich auf Bundesebene gezeigt, daß die Opposition über weniger Kontakte zur Ministerialbürokratie verfügt und wurde darin ein weiteres Indiz für die Verschiebung des Kräfteverhältnisses zugunsten der Exekutive gesehen, so bestätigt sich dieser Eindruck für die europäische Ebene kaum. In diesem Zusammenhang sei noch einmal betont, daß der Entscheidungsprozeß in der EG grundsätzlich ein deutliches Übergewicht der Regierungsseite aufweist. Dies betrifft nicht nur die Spitze, den Ministerrat als Gesetzgeber. Bereits in der Vorphase einer Gesetzesinitiative findet ein enger Kontaktaustausch zwischen der Kommission und Vertretern der nationalen Fachbürokratie statt. Daraus kann theoretisch gefolgert werden, daß für die Unionsfraktion auf doppelte Weise ein Informationsvorsprung gegenüber der Opposition besteht. Einmal nutzen jene Abgeordneten ihre direkten Kontakte zu EG-Institutionen intensiver, zum anderen verfügen sie über häufigere Kontakte zur Ministerialbürokratie, die von allen nationalen Einrichtungen die besten Kenntnisse über die EG-Aktivitäten besitzen dürfte.

---

61 Zumindest gilt das bis zum Schengener Abkommen und dem Vertrag von Maastricht, da mit dem Grenzabbau zwangsläufig auch Regelungen für die Verbrechensbekämpfung oder die Asylpolitik gefunden werden müssen. Darüber hinaus hat auch eine Europäische Unionsbürgerschaft mit aktivem und passivem Wahlrecht Auswirkungen auf die Innenpolitik.

Tabelle 3: Kontakthäufigkeiten und -anteile (in %) zur EG, differenziert nach Parteien

	maximale Häufigkeit	durchschnittliche Häufigkeit	maximaler Anteil	durchschnittlicher Anteil
CDU	312.0	18.4	48.6	5.7
CSU	104.0	21.1	29.1	6.0
SPD	156.0	15.6	42.8	5.8
FDP	52.0	11.2	14.3	4.1
Grüne	64.0	7.9	36.0	4.5

In den Befragungsergebnissen unterscheiden sich die Kontakthäufigkeiten zwischen den Parteien jedoch nur kaum, lediglich bei den maximalen Werten fällt die FDP etwas ab. Was die Bedeutung der EG angeht, so zeigt sich, daß nur zu sehr speziellen Einrichtungen wie der Bundesbank oder den Obergerichten losere Kontakte bestehen als zur EG[62].

Zusammengefaßt ergibt sich aus den Kontaktstrukturen, daß zum Befragungszeitpunkt die europäische Integration für die Arbeit der Bundestagsabgeordneten eine geringe Bedeutung besaß. Eine Arbeitsteilung scheint differenziert nach Arbeitsbereichen, nicht jedoch nach Kontakten zwischen innen- und "außen"politischen Einrichtungen zu bestehen. Ein Informationsvorsprung der Regierungsfraktionen gegenüber der Opposition, wie er auf nationaler Ebene zu beobachten ist, läßt sich aus den europäischen Kontakten nicht folgern.

4. Ausblick auf künftige Entwicklungen und Lösungsmöglichkeiten

In den bisherigen Ausführungen wurde auf die europäische Integration bis zu ihrem heutigen Stand und auf deren wesentliche Auswirkungen auf den Deutschen Bundestag eingegangen. Nach den Vertragsänderungen von 1987 setzte sich der dynamische Prozeß mit den Beschlüssen von Maastricht 1991 weiter fort.

---

62 Zur Bundesbank liegen die Kontakthäufigkeiten je nach Fraktion im Durchschnitt zwischen 0.1 und 3.4 Kontakten pro Jahr, zu den Obergerichten zwischen 0.9 und 3.6 Kontakten pro Jahr.

Zwar führen die weiteren Vertragsänderungen und die Gründung einer Europäischen Union - ohne definierten Inhalt[63] - die EG nicht unmittelbar zu einer Vollendung ihrer staatlichen oder staatsähnlichen Form. Wenn die Zielsetzungen bis Ende des Jahrtausends erreicht werden, bedeutet das jedoch bereits einen qualitativen Sprung.

Bei der Umsetzung der Beschlüsse ist eine Vielzahl von Variablen zu beachten, insbesondere der Erfolg und die konkrete Ausgestaltung des aktuellen Integrationsprogramms sowie die Entwicklung in Osteuropa und den EFTA-Ländern[64]. Deshalb läßt sich kaum etwas über den Zeithorizont und über die Auswirkungen einzelner Regelungen bei der Ausgestaltung der Wirtschafts- und Währungsunion und der Politischen Union sagen. Dennoch sind bereits folgende Entwicklungen zu beobachten, die sich durch künftige Integrationsschritte noch verstärken werden.

4.1. Allgemeine Auswirkungen einer fortschreitenden Integration

Zwischen der Gemeinschaft und ihren Mitgliedstaaten wird es zu einer weiteren Kompetenzverschiebung kommen, indem die EG den Prozeß der Europäisierung von Politikfeldern fortsetzt, die sich bislang in nationaler Zuständigkeit befanden[65]. Der nationale Handlungsspielraum wird dabei durch die Abtretung konkreter Souveränitätsrechte eingeschränkt. Auch durch "schleichenden" Einflußverlust[66] infolge der o.g. Sachzwänge und spill-over-Effekte wird dem einzelnen Mitgliedstaat höchstens noch ein blockierendes Verhalten erlaubt, aber kaum mehr ein gestaltendes, wie jüngst auch die Reaktionen auf das dänische "Nein" zu Maastricht zeigen. Durch die verstärkte Anwendung des Instruments der Mehrheitsentscheidung wird jedoch selbst für eine solche Politik nur noch wenig Spielraum bleiben. Zwar werden die anstehenden Erweiterungen mit Sicherheit die Entscheidungsfindung in einer Gemeinschaft von 20 oder mehr Mitgliedern erschweren[67], doch entsteht gerade durch den Anpassungsdruck aus dem Konzept der un-

---

63 So weist Wessels ausdrücklich auf den Charakter eines dynamischen Prozesses hin. Die "Union" sei nicht mit einer Staatswerdung oder gar einer Verfassungsgebung gleichzusetzen; vgl. Wolfgang Wessels, Maastricht: Ergebnisse, Bewertungen und Langzeittrends, in: *integration*, 1/1992, S. 3.
64 Mit der Absicht fast aller west- und bereits einiger osteuropäischer Staaten, der EG beizutreten, ist mit der Schaffung eines Europäischen Wirtschaftsraumes (EWR) zwischen der EG und den EFTA-Staaten ein großer Schritt für künftige Vollmitgliedschaften getan worden.
65 Das ist auch das zentrale Problem bei der Ratifizierung der Beschlüsse von Maastricht.
66 Zum Verhältnis von Regierung und Parlament vgl. Meinulf Dregger, *Die antizipierte Zustimmung des Parlaments zum Abschluß völkerrechtlicher Verträge, die sich auf Gegenstände der Bundesgesetzgebung beziehen*, Berlin: Duncker und Humblot 1989.
67 Weiter vorausdenkende Szenarien, die beispielsweise von den 36 KSZE-Mitgliedern ausgehen, sehen hier das wesentliche institutionelle Hindernis für die künftige Funktionsfähigkeit der EG. Vgl. Herbert Kremp, 35 - das ist Anarchie, in: *Die Welt*, 9.4.1991.

terschiedlichen Geschwindigkeiten eine Dynamik, die Schutz vor einer neuen "Eurosklerosis" bieten könnte.

Mit der Kompetenzverschiebung von den Mitgliedstaaten auf die Gemeinschaft geht eine Dezentralisierung von Aufgaben und Zuständigkeiten einher. Entsprechend dem Prinzip der Subsidiarität[68], das nicht nur von vielen Akteuren gefordert wird, sondern sich als Leitlinie in einer Reihe von Integrationsmaßnahmen und -konzepten erkennen läßt, führt die Weiterentwicklung zu einer Stärkung der Regionen und der Gemeinschaft bei gleichzeitiger Schwächung der Nationalstaaten. Als Beispiel für diesen Prozeß kann der Föderalismus der Bundesrepublik dienen. Daraus läßt sich aber auch folgern, daß als Ergebnis der Entwicklung nicht notwendigerweise eine starke dezentrale Regionalstruktur in der EG stehen muß. In der Geschichte der Bundesrepublik ist trotz des ausgeprägten föderalistischen Systems eine Zentralisierung zu beobachten, die den Spielraum der Länder nicht zuletzt durch ihre finanzielle Abhängigkeit vom Bund stark einengt. Auf der anderen Seite sind in den letzten Jahren Entwicklungen zu einer verstärkten Dezentralisierung in einigen Mitgliedstaaten erkennbar[69]. Die EG-Integration ist daher nicht der einzige Faktor, der zu einer Aufwertung der Regionen gegenüber der staatlichen Ebene führt.

Zu der Rechtsangleichung und generell im Entscheidungsprozeß der EG wird kein Unterschied zwischen zentralistischen und föderalistischen Mitgliedstaaten gemacht. Hiervon unterscheidet sich lediglich die Regionalpolitik der Gemeinschaft, die eine - auch finanzielle - Unabhängigkeit der Regionen und Kommunen verfolgt. Das muß jedoch nicht konstitutiv für die künftige vertikale Struktur der EG sein. Angesichts der Verhandlungsposition und institutionellen Vorbereitung vieler Regionen sind die Aussichten auf eine betont dezentrale und subsidiäre Entwicklung der EG in der näheren Zukunft wenig wahrscheinlich; das aber könnte sich durch eine föderative EG-Verfassung ändern.

Sollten mit der Schaffung einer Politischen Union und mit einer konsequenten Weiterverfolgung der EG-Regionalpolitik den Regionen mehr Aufgaben und finanzielle Autonomie übertragen werden, so würde das eine Umverteilung von bisher nationalen Kompetenzen auf die Regionalorgane bedeuten. In diese Richtung zielten auch Vorschläge von Deutschland und Belgien, ein Regionalorgan als zweite Kammer neben dem Europäischen Parlament einzurichten. Dagegen strebt Frankreich bei der Weiterentwicklung der EG eine zweite Kammer als Vertretung der Mitgliedstaaten an, während Großbritannien grundsätzlich gegen eine bundes-

---

68 Der EG sollen nur Zuständigkeiten übertragen werden, die nicht von den Mitgliedstaaten oder ihren Gebietskörperschaften besser ausgeübt werden können.
69 So hat sich Belgien 1990 in einen Bundesstaat umgewandelt, und im zentralistischen Frankreich sind 1987 Maßnahmen zur Dezentralisierung durchgeführt worden. In Italien, wo derzeit die Reform des gesamten politischen Systems diskutiert wird, hat im Mai 1991 die stärkste Partei, die DC, ein Verfassungsreformpaket vorgelegt, das u.a. eine deutliche Aufwertung der regionalen Autonomie zum Inhalt hat. Vgl. *Neue Zürcher Zeitung*, 28.5.1991, S. 5.

staatliche Struktur ist[70]. Allerdings hatten sich unmittelbar nach der französisch-deutschen Initiative, Regierungskonferenzen einzurichten, neben Großbritannien auch Dänemark und Luxemburg generell gegen Vertragsänderungen zum jetzigen Zeitpunkt ausgesprochen[71]. Die dänische Bevölkerung lehnte schließlich im Juni 1992 die Annahme der Maastrichter Verträge ab.

Selbst wenn man den jüngsten Forderungen nach einem föderalistischen Europa Chancen einräumt, sind jedoch insgesamt mit der europäischen Integration eher Zentralisierungs- als Dezentralisierungstendenzen zu erwarten.

Für das Verhältnis von Exekutive und Legislative in Deutschland bedeutet diese Entwicklung, daß sich die Bundesregierung einem Einflußverlust bei gleichzeitiger Aufwertung der Länder und deren Regierungen ausgesetzt sieht. Ihr Interesse an einer Stärkung anderer Organe zur weiteren Marginalisierung ihrer Position wird daher wenig ausgeprägt sein, sofern überhaupt ein Interesse an einer betont föderativen Struktur besteht (s.o.). Das gilt sowohl für die nationale Ebene und die Beteiligung des Bundestages als auch für die Erweiterung der Rechte des Europäischen Parlaments[72]. Eberhard Grabitz et al. sehen im Widerstand der nationalen Regierungen gegen ihren Bedeutungsverlust ein Haupthindernis für die Demokratisierung der EG[73]. Beispielhaft hierfür ist das Verhalten der Bundesregierung, die im Vorfeld des Maastrichter Gipfels massiv die Aufwertung des Europäischen Parlaments forderte, in der späteren Pressekonferenz jedoch die eigene Kompromißfähigkeit hervorhob: Eine Europäische Zentralbank nach deutschem Muster sei nur durch Zugeständnisse erreichbar gewesen, weshalb man beim Europäischen Parlament nicht alles habe durchsetzen können.

Die Regierungskonferenz 1991 zur Schaffung einer Politischen Union zielte darauf ab, das strukturelle Defizit der EG zu beseitigen. Denn die Entscheidungen durch Kabinettspolitik - im Stil des frühen 19. Jahrhunderts[74] - sind einem Zusammenschluß parlamentarischer Demokratien nicht angemessen. Aus diesem Grund werden Aufwertungen des Europäischen Parlaments als künftigem Gesetzgeber in Ergänzung seiner bisherigen Funktionen als Kontrolle, Gewissen und Motor der Gemeinschaft diskutiert[75]. Obwohl der Einfluß des Europäischen Par-

---

70 Weshalb in den Vertragstexten von Maastricht das "f-word" (federal) nicht auftauchen durfte.
71 Vgl. *FAZ* vom 23.4.1991.
72 Allerdings handelt es sich auf europäischer Ebene wegen der institutionellen Verfaßtheit der EG um ein anders gelagertes Verhältnis. Der Rat ist zugleich Gesetzgeber und - zusammen mit der Kommission - Exekutive, während das Europäisches Parlament erst versucht, volle Parlamentsrechte zu erhalten.
73 Vgl. Eberhard Grabitz, et al., *Direktwahl und Demokratisierung. Eine Funktionenbilanz des Europäischen Parlaments nach der ersten Wahlperiode*, Bonn: Europa Union Verlag 1988.
74 "Der gemeinsame Markt wird nach Prinzipien regiert, wie sie vor 1830 üblich waren, ganz so, als wären die Verfassungskämpfe der letzten hundertfünfzig Jahre vergeblich gewesen." Hans Magnus Enzensberger, Brüssel oder Europa - eins von beiden, in: ders., *Der fliegende Robert*, Frankfurt a.M.: Suhrkamp 1989, S. 121.
75 Vgl. Parlamentsdebatte im April 1991 anläßlich der Vorlage des luxemburgischen Außenministers Poos vor dem Europäischen Parlament über dessen künftige Rolle in einer Politischen Union. Vgl. *Europäische Zeitung*, 5/1991, S. 4.

laments trotz mangelhafter rechtlicher Kompetenzausstattung seit Verabschiedung der Einheitlichen Europäischen Akte nachweislich gestiegen ist[76], reicht seine (politische) Stellung, gemessen am (wirtschaftlichen) Integrationsgrad der EG, nicht aus.

Die Interessen der Mitgliedstaaten an der Weiterentwicklung der Integration verstärken die Notwendigkeit zur institutionellen Anpassung[77], selbst wenn über die Mittel zur Weiterentwicklung Uneinigkeit besteht. Mit der Aufwertung des Europäischen Parlaments zu einem Legislativorgan[78] stellt sich aber eine Reihe von Fragen. So ist zu klären, ob mit der Übertragung von gesetzgeberischen Kompetenzen auf das Europäische Parlament die Effizienz des Systems noch gewährleistet ist[79]. Die Rolle der nationalen Parlamente dürfte bei einer Integration nach dem Prinzip der Subsidiarität ebensowenig marginalisiert werden wie die der regionalen Einrichtungen. Ob jedoch eine Kompensation der heutigen nationalen Aufgaben durch eine Übertragung auf die EG- und die regionale Ebene zu erreichen ist, bleibt fraglich, weil mit der fortschreitenden Integration sich nicht automatisch Probleme lösen, die am besten auf der mittleren, also der heutigen Staatsebene behandelt werden. Eine völlige Übertragung nationaler Souveränitätsrechte an die künftige Union wird jedenfalls nicht angestrebt, weil sie weder sinnvoll noch durchsetzbar wäre.

4.2. Konsequenzen für die beteiligten Akteure

Bislang wurden die Auswirkungen der europäischen Integration auf den Bundestag als Organ untersucht. Wie in den anderen Beiträgen bereits ausgeführt wurde, muß insbesondere bei der Frage nach der Steuerungsfähigkeit des Bundestags die Trennlinie nicht zwischen den Staatsorganen gezogen werden. Bezieht man die Gewichtsverhältnisse innerhalb des Parlaments mit ein, so kann das die Beantwortung der Frage entscheidend verändern.

Wenn die bedeutsamere Trennlinie zwischen Regierungs- und Oppositionsparteien verläuft[80], kann hierin auch ein Schlüssel zur Lösung des Problems liegen,

---

76 Vgl. Wessels, Institutionelle Strategien (Anm. 54), S. 192-203.
77 z.B. die Kontrolle und demokratische Verantwortung bei einer Ausweitung des EG-Haushalts.
78 Die Kommission spricht gar von einem Ausbau der legislativen Befugnisse zum Europäischen Parlament als "obersten Legislativorgan"; vgl. *FAZ*, 5.5.1990.
79 Zweifel in der ansonsten fast unisono vorgetragenen Forderung nach einer Parlamentarisierung nach nationalstaatlichem Muster äußert van Schendelen, Images (Anm. 41).
80 In der Einschätzung von 85% der Bundestagsabgeordneten entspricht das "duale Modell" (Die Regierung und die sie tragende Mehrheit verstehen sich als eine Einheit. Ihnen steht die Opposition gegenüber, die ggf. zur Regierungsbildung bereit ist) zur Beschreibung des Verhältnisses zwischen Parlament und Regierung am ehesten der Realität; vgl. Herzog et al., *Abgeordnete und Bürger*, (Anm. 57), S. 103.

wie auf nationaler Ebene auf die beschriebenen Kompetenzverschiebungen reagiert werden kann.

Die Regierungsparteien nehmen durch ihre Vertreter in den EG-Gremien unmittelbar am Entscheidungsprozeß teil. Dagegen stehen die Oppositionsparteien unter dem Zwang, wenn nicht über parlamentarische Rechte, so doch über Kontakte auf anderen Ebenen eine Beteiligung an der Entwicklung der Integration zu sichern. Dies ist auf verschiedene Weise möglich und wird auch praktiziert.

So zeigt die Rekrutierungspraxis der Kommissionsmitglieder, daß die nationalen Parteien in wichtigen Organen ebenso ihre Vertreter haben wie in den Fachausschüssen und - im Fall der Regierungsparteien - auch im Rat. Darüber hinaus bestehen Parteikontakte zu den zahlreichen Lobbygruppen, die in Brüssel und Straßburg tätig sind und je nach Ausrichtung enge oder distanzierte Beziehungen zu den nationalen Parteien unterhalten. Durch die Funktion der Lobbyisten als Berater und Sachverständige in verschiedenen vorbereitenden Gremien sowie in einigen Fällen als Mitglieder im Wirtschafts- und Sozialausschuß der EG dürften Parteien über bessere Informationsquellen verfügen, als es die schematische Gegenüberstellung von Staatsorganen und ihren Rechten suggeriert.

Ob es zu einer Umsetzung der Parteiziele durch Kontakte zu den verschiedenen Akteuren im EG-Entscheidungsprozeß kommt oder ob sich die Kontakte darauf beschränken, mehr oder weniger über den Integrationsprozeß informiert zu sein, hängt von der Schaffung einer Plattform für europäische Parteipolitik ab. Wie oben ausgeführt, kann das Europäische Parlament die Funktion einer solchen Plattform wegen der unterentwickelten Parteibünde bislang nicht wahrnehmen.

Aufgrund der derzeitigen Kompetenz- und Rollenverteilung zwischen den nationalen Parlamenten und dem Europäischen Parlament liegt es nahe, durch Kooperation zwischen den Parlamenten dem Bedeutungsverlust gegenüber der Exekutive entgegenzuwirken. Insbesondere das Europäische Parlament hat frühzeitig erkannt, daß eine Erweiterung seiner Rechte nur über eine Zusammenarbeit mit den nationalen Parlamenten zu erreichen ist.

Eine interparlamentarische Zusammenarbeit wurde neben Einzelkontakten zum ersten Mal 1979 durch ein Treffen von Vertretern der europäischen Parlamente institutionalisiert. Als Ergebnis des Treffens vom Dezember 1990 kam eine weitreichende Unterstützung der Ziele des Europäischen Parlaments durch die Vertreter der nationalen Parlamente zustande. Dies mag überraschen, da die nationalen Parlamente zwar eine Demokratisierung und die Wahrnehmung parlamentarischer Aufgaben auch auf europäischer Ebene wollen, sich aber mit der Stärkung des Europäischen Parlaments schwächen würden.

Für dieses Verhalten der nationalen Parlamentarier läßt sich eine Reihe von Motiven angeben. In ihrem Selbstverständnis als Volksvertreter widerspricht die institutionelle Verfassung der EG ihren Vorstellungen von parlamentarischer Demokratie. Die Vertreter der Kommission, die wahrscheinlich aus Gründen der Effizienz gegen eine stärkere Beteiligung des Europäischen Parlaments oder nationaler

Parlamente sein müßten, sehen in einem Legitimitätsdefizit ein erhebliches Risiko für die Akzeptanz und damit für den Erfolg der Integration[81].

Entsprechend liegt es nahe, daß diejenigen, deren Arbeit bislang das nationale politische System legitimiert, bei einer Reform des Systems, wie sie die Integration für die Nationalstaaten bedeutet, auch für die demokratische Absicherung einer Europäischen Union durch eine Aufwertung des Europäischen Parlaments sind.

Eine solche Position setzt jedoch voraus, daß die Volksvertreter zum einen über ihr Interesse an politischer Besitzstandswahrung hinausgehen. Zum anderen muß die Einsicht in den Integrationsprozeß und die damit verbundenen Konsequenzen für den nationalen Handlungsspielraum und das Selbstverständnis der Parlamente vorhanden sein, was bei der Arbeitsbelastung der Parlamentarier und der Komplexität und "dynamischen Offenheit" des Integrationsprozesses nicht leicht ist. Aus den Berichten über die Vorbereitung auf die europäische Entwicklung scheint es hierbei deutliche nationale Unterschiede unter den Abgeordneten zu geben, ähnlich wie sie auch in Befragungen der Bevölkerungen zum Ausdruck kommen[82].

Neben diesen pro-europäischen Einstellungen, die für die Unterstützung des Europäischen Parlaments verantwortlich sein können, gibt es auch pragmatische Gründe. So kann das Verhalten zum europäischen Einigungsprozeß als Hebel zur Verbesserung der Verhandlungsposition im nationalen Entscheidungsprozeß benutzt werden. Durch die Zustimmungsbedürftigkeit von Vertragsänderungen durch den nationalen Gesetzgeber kann ein solches Kalkül aufgehen. Beispiele, daß sich Parlamente den politischen Preis ihrer Zustimmung sichern, gibt es bereits. So hat der deutsche Bundesrat für die Ratifizierung der Einheitlichen Europäischen Akte von der Bundesregierung die Zusage zu einer künftigen Mitwirkung am europäischen Entscheidungsprozeß erhalten[83]. In Italien haben vor dem Maastrichter Gipfel Senat und Abgeordnetenhaus erklärt, den Vertragsänderungen nur dann zuzustimmen, wenn es zu einer ausreichenden Aufwertung des Europäischen Parlaments kommt. Da das Europäische Parlament aber im Grunde eine derartig weitreichende Reform wie die zweite Vertragsänderung gar nicht ablehnen konnte und das auch nicht getan hat, besaß dieses Junktim wenig politische Sprengkraft[84]. Dies gilt jedoch nicht für Volksabstimmungen, wie das dänische Beispiel im Juni 1992 beweist.

---

81 Entsprechend wurde in den ersten Vorlagen der Regierungskonferenz die prinzipielle Orientierung des Rates und der Kommission auf den demokratischen Ausbau der EG betont (vgl. Poos, in: *Europäische Zeitung*, 5/1991, S. 4), ohne daß sich jedoch mit den konkreten Vorschlägen der Kommission an der tatsächlichen Mitwirkung des Europäischen Parlaments etwas ändern würde (vgl. Hans Peters, Jetzt Parlamentsrechte erkämpfen, in: *Europäische Zeitung*, 5/1991, S. 1).
82 Die jeweils spezifischen nationalen Unterschiede sollen hier nicht weiter diskutiert werden. Vgl. dazu die regelmäßigen Untersuchungen in "Europäische Wirtschaft".
83 Vgl. Art. 2 des Zustimmungsgesetzes zur Einheitlichen Europäischen Akte.
84 Andere Autoren wie Otto Schmuck sahen hingegen eine tatsächliche Möglichkeit des Europäischen Parlaments, das Vertragspaket abzulehnen; vgl. Otto Schmuck, Der Maastrichter Vertrag zur Europäischen Union, in: *Europa-Archiv*, 4/1992, S. 99.

Eine Erklärung, warum die nationalen Parlamente die Interessen des Europäischen Parlaments unterstützen, könnte auch die These des Vizepräsidenten des Europäischen Parlaments, Hans Peters, liefern: Mit der europäischen Integration entstünden neue Aufgaben, die neue Institutionen verlangten, ohne daß dadurch die Funktionen der bisherigen Organe eingeschränkt werden müßten. Die Integration sei kein Nullsummenspiel, bei dem eine Aufwertung des Europäischen Parlaments zu einer Beschneidung der Parlamentsfunktionen auf nationaler Ebene führen würde[85].

Folgerichtig wurde in Maastricht auch die stärkere (institutionelle) Zusammenarbeit zwischen den nationalen Parlamenten und dem EP beschlossen, deren Erfolg aber noch abzuwarten bleibt[86].

5. Bewertung der bisherigen Maßnahmen

Obwohl die europäische Integration weit fortgeschritten ist und auf nahezu alle Politikbereiche direkten oder indirekten Einfluß hat, ist in der Öffentlichkeit und unter den meisten Bundestagsabgeordneten nur wenig Bewußtsein für die Konsequenzen und mögliche Reaktionen auf die europäischen Entwicklung zu erkennen[87]. Dies drückt sich sowohl im Verhalten der Akteure aus als auch in Aufrufen, sich intensiver mit der EG zu beschäftigen, wie sie von EG-Experten formuliert werden[88].

Die Ursachen hierfür liegen im traditionellen Politik- und Parlamentsverständnis, das national ausgerichtet ist, sowie in der Komplexität des Integrationsprozesses und in Rückschlägen in der Vergangenheit, als sich die Mitgliedstaaten nicht über einen Fortschritt der Integration einigen konnten. Dies führte dazu, daß man die EG als eine wenig bedeutsame Größe für die nationale Politik beurteilte[89]. Aus diesem Verhältnis zur EG resultierten bis vor kurzem vom Deutschen Bundestag geringe Anstrengungen, institutionell auf den Integrationsprozeß zu reagieren oder sich an den Überlegungen über eine künftige Ordnung des politischen Systems in Europa zu beteiligen, wozu auch eine Neudefinition der eigenen Rolle gehört.

85 Vgl. Peters, Jetzt Parlamentsrechte erkämpfen (Anm. 81), S. 1.
86 Die Institutionalisierung der Parlamentskonferenzen (Assisen) wurde nicht im Vertrag, sondern in einer Protokollnotiz festgelegt. Wessels zweifelt wegen der "vagen Formulierungen" an ihrem Erfolg, vgl. Wessels, Maastricht (Anm. 63), S. 13.
87 Vgl. Meinungsumfragen und Berichte über Irritationen nach Peter Gauweilers Wort vom "Esperanto-Geld" oder der SPD-Diskussion im Bundesrat über die Chance eines deutschen Referendums als Reaktion auf die dänische Ablehnung der Maastrichter Beschlüsse.
88 So vom Leiter der Abteilung europäische Sozialpolitik im Bundesministerium für Arbeit; vgl. Peter Clever, Sozialcharta: Zwischenbilanz aus deutscher Sicht, in: *EG-Magazin*, 1/2 1991, S. 22-26.
89 Umgekehrt erwachsen aus dem Mangel an Überblick übergroße Ängste, wenn heute die Europäische Union in den Folgen mit der deutschen verglichen wird.

Was die Handlungsfähigkeit des Parlaments angesichts der europäischen Entwicklungen betrifft, so hat der Bundestag ohne Not auf seine Möglichkeiten verzichtet, an der Gestaltung dieses Prozesses teilzunehmen und seine künftige Rolle selbst zu definieren. Eine solche Sicht setzt jedoch voraus, daß der Bundestag den Prozeß insofern steuern kann, als er seine rechtlichen Beteiligungsmöglichkeiten ausschöpft und institutionell angemessen reagiert. Geht man statt dessen davon aus, daß die Logik des Integrationsprozesses eine aktive Politik im Sinn von Steuerbarkeit gar nicht mehr zuläßt, sie vielmehr eine Art Kettenreaktion darstellt, in der die beteiligten Akteure nur noch über einen geringen Handlungsspielraum verfügen, ohne aber an den wesentlichen Entwicklungen noch etwas ändern zu können, dann ändert sich auch die Beurteilung des Verhaltens des Bundestages.

Betrachtet man die Entscheidungen auf EG-Ebene, so verfolgen die nationalen Vertreter überwiegend partikulare Interessen und Ziele[90]. Eine prinzipielle Planbarkeit des europäischen Prozesses wird kaum für möglich gehalten, und die Bewegung des Ganzen entzieht sich den Absichten, ja dem Vorstellungsvermögen der nationalen Akteure, wenn man das Mißverhältnis der Flut von Detailregelungen dem Mangel an politischen Visionen über die Gestalt des künftigen Europas und dem Interesse an solchen Visionen gegenüberstellt. Ein solches Verhalten ist nichts EG-Spezifisches, da auch die Verfassungen der Mitgliedstaaten für ihren nationalen Bereich nur in sehr wenigen Fällen von Planbarkeit ausgehen[91], ansonsten aber Entwicklungen der Privatinitiative und den Märkten überlassen.

Folgt man der Kritik Hans Magnus Enzensbergers, der politischen Institutionen unterstellt, sie hätten Abschied vom Glauben an Planbarkeit genommen, so gilt auch für die EG: "Eine Instanz, die sie zentral zu steuern vermöchte, ist in diesen 'avancierten' Ländern überhaupt nicht mehr zu erkennen; ja man könnte sogar behaupten, daß es sich hier um azephale Gesellschaften handelt, - es wäre dies die ironische Auferstehung eines Zustandes, den die Ethnologen bei prähistorischen Völkern entdeckt haben wollen. Natürlich bedeutet das keineswegs, daß Macht, Reichtum, Chancen in einem solchen Ensemble gleichmäßiger oder gar gerecht verteilt wären. Es heißt nur, daß sich nach der Auflösung festgefügter, hierarchisch gegliederter Standes- und Klassenverhältnisse ein instabiles, dynamisches Fließgleichgewicht bildet, das sich dauernd planlos reproduziert und verändert. Regierung und Parteien haben in einem solchen System aufgehört, 'die Richtlinien der Politik' zu bestimmen oder gar, wie in den alten physiologischen Metaphern, als Kopf, Gehirn, Zentralnervensystem des Ganzen zu fungieren; sie versuchen allen-

---

90 Wie oben gezeigt wurde, stehen selbst bei den strategischen Planungen über die vertragliche Weiterentwicklung der EG nationale Überlegungen im Vordergrund, wie beim deutschen Junktim von Wirtschafts- und Währungsunion sowie Politischer Union unterstellt werden kann.
91 Zum Beispiel beim Geldmengenziel, das nicht zufällig eine sehr spezielle Größe darstellt.

falls, um im Bilde zu bleiben, eine Art von hormonaler Steuerung, um zu verhindern, daß sich die Turbulenzen zur Katastrophe aufschaukeln."[92]

Auf wissenschaftlicher Seite stellt beispielsweise Luhmann die Frage, welchen Sinn eine Unterscheidung nach gelungener und mißlungener Steuerung macht[93]. Entsprechend seinem "radikalen Steuerungspessimismus"[94] wird eine solche Unterscheidung ebenso abgelehnt wie die Steuerungsfähigkeit politischer Institutionen generell.

Dagegen erweist sich Steuerung auf jeder politischen Ebene als in einzelnen Bereichen möglich und empirisch evident. Auch wenn in der Politik der Gemeinschaft ein Gesamtkonzept nicht auszumachen ist, wenn höchstens in Einzelbereichen, obschon z.T. sehr weitreichenden, das geschieht, was man unter aktiver, zielorientierter Steuerung versteht, bleibt doch die Frage der parlamentarischen Mitwirkung an der EG-Politik. Die Problematik, die sich ergibt, wenn der Meinung zahlreicher Politiker und Wissenschaftler gefolgt wird - "Alles worauf die nationalen Parlamente verzichten, muß konsequenterweise vom Europäischen Parlament übernommen werden, sonst gäbe es einen völlig parlamentsfreien Raum" (Stercken) -, konnte nur mit den Stichworten "Grenzen der Arbeitsfähigkeit des Europäischen Parlaments" und "Subsidiarität statt Zentralisierung auch im Parlamentarismus" angeschnitten werden. Es scheint jedoch dringend geboten, bei der institutionellen Weiterentwicklung wie auch bei der Selbstdefinition nationaler Staatsorgane nicht nur von tradierten Vorstellungen auszugehen, sondern die Besonderheiten des europäischen Integrationsprozesses stärker mitzuberücksichtigen.

Die Defizite, die noch während der Auswertung der Abgeordnetenbefragung des 11. Deutschen Bundestags für das Organ wie seine einzelnen Mitglieder festgestellt werden konnten, müssen durch die Ereignisse in der EG 1991/92 relativiert werden. So besitzt der Bundestag inzwischen einen Europa- und einen Maastricht-Sonderausschuß, und er arbeitet im interparlamentarischen Ausschuß mit. Wesentlich zugenommen hat aber vor allem das öffentliche Interesse an einer europäischen Einheit, die zeitlich so unmittelbar nach der deutschen bevorsteht. Vor diesem Hintergrund haben sich daher nicht nur die Rahmenbedingungen in Deutschland verändert.

Noch im Jahr 1991 wären an dieser Stelle als Konsequenz aus der Gegenüberstellung der Abgeordnetenbefragung von 1988/89 und den Entwicklungen in der EG manche der heute realen Bedingungen als Forderung zu formulieren gewesen. Aus heutiger Sicht reicht dies bereits nicht mehr aus. Da die einschneidenden politischen Entwicklungen seit dem Abschluß der Abgeordnetenbefragung das empirische Material aber kaum noch tauglich erscheinen lassen, über die weitere Entwicklung Rückschlüsse zu geben, sollen nicht zwangsweise die Anworten von damals mit den Problemen von heute in Verbindung gesetzt werden.

---

92 Enzensberger, Vermutungen über die Turbulenz, in: ders.: *Der fliegende Robert* (Anm. 74), S. 302.
93 Vgl. Niklas Luhmann, Politische Steuerung: Ein Diskussionsbeitrag, in: *PVS*, 1/1989, S. 4.
94 Vgl. Fritz Scharpf, Politische Steuerung und Politische Institutionen, in: ebd., S. 10.

Unterstellt, die neueren Tendenzen wiesen darauf hin, der Bundestag entwickele ein europäisches Problembewußtsein und drücke dies auch in seinen Arbeitsformen und -inhalten aus, so änderte das doch wenig an dem skizzierten strukturellen Ungleichgewicht. Um aber die demokratischen und institutionellen Defizite beseitigen zu können, bedürfte es als Voraussetzung wahrscheinlich eines Prozesses des "nation building" (Bleckmann). Der Erfolg dieses Prozesses wird aber von der Integrationsarbeit des Bundestages und der anderen Parlamente in Europa zu einem großen Teil abhängen, selbst wenn dies nicht mehr über ihre gesetzgeberische Arbeit geleistet werden kann.

Helmut Müller-Enbergs

Zwischen Bewahrung und Modernisierung. Politische Einstellungen in der letzten Volkskammer der DDR

1. Einführung

40 Jahre lang wurden in einem von der SED festgelegten Ritual die Kandidaten der Volkskammer bestimmt. Am Wahltag konnte der Wähler entscheiden, ob er den Wahlvorschlag unverändert in die Urne warf, ihn ungültig machte oder nur einzelne Kandidaten von der Liste der Nationalen Front strich, die alle Parteien und Organisationen umfaßte[1]. Folgerichtig wurde dieser Volkskammer und ihren Abgeordneten nur geringe gesellschaftliche Beachtung geschenkt. Sie waren Statisten in einem Stück, dessen Regie allein die SED bestimmte.

Dies änderte sich erst durch den revolutionären Prozeß[2] in der DDR, als der gesellschaftliche Impetus auch den roten Plenumsaal erreichte und die Abgeordneten verhaltene, zumeist nachvollziehende Entscheidungen fällten, u.a. am 1. Dezember 1989 die politisch-symbolische Streichung der Führungsrolle der SED aus der Verfassung[3]. Die "Doppelherrschaft"[4] der "Regierung der nationalen Verantwortung" unter Hans Modrow[5] und des "Runden Tisches"[6] beließ die Abgeordneten der

---

1 Vgl. Peter J. Lapp, *Wahlen in der DDR. Wählt die Kandidaten der Nationalen Front!*, Berlin 1982, S. 40ff.; ders., Anspruch und Alltag der Volkskammer vor dem Umbruch 1989/90, in: *Zeitschrift für Parlamentsfragen*, 21. Jg. (1990), Nr. 1, S. 115ff.; Hans-Jürgen Brandt, *Die Kandidatenaufstellung zu den Volkskammerwahlen der DDR*, Berlin 1983; Eckart Klein/Sighart Lörler, Überlegungen zur Verfassungsreform in der DDR, in: *Entwicklung in Deutschland. Manuskripte zur Umgestaltung in der DDR*, Königswinter: Jakob-Kaiser-Stiftung e.V., 1990; Manfred Gerlach, *Mitverantwortlich*, Berlin 1991, S. 126.
2 Siehe zum Revolutionsbegriff Hannah Arendt, *Über die Revolution*, München 1986.
3 Vgl. Günter Schabowski, *Der Absturz*, Berlin 1991, S. 287.
4 Helmut Müller-Enbergs/Marianne Schulz/Jan Wielgohs, *Von der Illegalität ins Parlament. Werdegang und Konzept der Bürgerbewegungen*, Berlin 1991.
5 Vgl. Hans Modrow, *Aufbruch und Ende*, Hamburg 1991; Karl-Heinz Arnold, *Die ersten hundert Tage des Hans Modrow*, Berlin 1990; Dietmar Keller, *Minister auf Abruf*, Berlin 1990.
6 Vgl. Uwe Thaysen, *Der Runde Tisch. Oder: Wo bleibt das Volk? Der Weg der DDR in die Demokratie*, Opladen 1990.

Das Meinungsspektrum der Volkskammer

Volkskammer in ihrer Statistenrolle, wenn sie auch zunehmend durch abweichendes Stimmverhalten und kritische Darlegungen Profil zu gewinnen suchten. Die Geschichte der Volkskammer, die zu keiner Zeit ein Parlament, sondern eine "Abstimmungsmaschine"[7] war, endete mit der ersten demokratischen Wahl zur Volkskammer am 18. März 1990[8].

In die erste demokratische Volkskammer zogen durch ein rechtsstaatliches Wahlverfahren frei gewählte Abgeordnete ein, deren politisches Handeln in den folgenden sechs Monaten im Blickpunkt der Öffentlichkeit stand. Die meisten waren weithin unbekannt, desgleichen ihre politischen Vorstellungen. Sie hatten keine Parlamentserfahrung und mußten doch - gleichsam "aus dem Stand" und in einer schwierigen Umbruchsphase - zu parlamentarischen Entscheidungen kommen, also auch die Funktionsfähigkeit eines parlamentarischen Regierungssystems versuchen glaubhaft zu machen. Ihre Reden und Initiativen, ihr Abstimmungsverhalten, ihre politische und berufliche Herkunft lassen sich leicht rekonstruieren[9]. Was aber waren ihre Motive, was ihre Werte und politischen Zielvorstellungen, auf denen ihr parlamentarisches Handeln beruhte? Erst in diesem Kontext grundlegender Überzeugungen und politischer Einstellungen können die Konflikte und Kooperationen wie auch die konkreten Entscheidungen der Volkskammerabgeordneten verständlich werden. Damit sollen sich die folgenden Analysen befassen[10].

---

7 Gert-Joachim Glaeßner, *Die andere deutsche Republik. Gesellschaft und Politik in der DDR*, Opladen 1989, S. 181.
8 Vgl. Ursula Feist, Votum für einen konservativen Modernisierungskurs: Analysen der Volkskammerwahl in der DDR, in: *Gewerkschaftliche Monatshefte*, 41. Jg. (1990), Nr. 4, S. 139ff.; Wolfgang Gibowski, Demokratischer (Neu-)Beginn in der DDR. Dokumentation und Analyse der Wahl vom 18. März 1990, in: *Zeitschrift für Parlamentsfragen*, 21. Jg. (1990), Nr. 1, S. 5ff.; Matthias Jung, Parteiensystem und Wahlen in der DDR. Eine Analyse der Volkskammerwahl vom 18. März und der Kommunalwahlen vom 6. Mai, in: *Aus Politik und Zeitgeschichte*, B 27/90, S. 3ff.; Peter Jochen Winters, Zum ersten Mal frei: Die Wahlen zur Volkskammer, in: *Deutschland Archiv*, 23. Jg. (1990), Nr. 4, S. 497ff.
9 Vgl. hierzu u.a. Hans Michael Kloth, Einige Zahlen zur 10. Volkskammer, in: *Zeitschrift für Parlamentsfragen*, 22. Jg. (1991), Nr. 3, S. 473ff.; Thomas Ammer, Abgeordnete der Volkskammer nach der Wahl im März, in: *Das Parlament*, 40. Jg. (1990), Nr. 25; Manfred Rebner, *Frau Präsidentin hat Geburtstag*, Berlin 1990; Ruth Fuchs, *Gott schütze unser Vaterland*, Berlin 1990.
10 Bereits im März 1990 wurde unter der Obhut von Univ.-Prof. Dr. Dietrich Herzog und von mir in Kooperation mit einem von der DFG geförderten Projekt ("MdB - Rolle und Kommunikationsbeziehungen des Abgeordneten in der repräsentativen Demokratie") ein Fragebogen entwickelt, den Ende August/Anfang September 1990 52 Prozent der 400 Volkskammer-Abgeordneten beantworteten. Mit Unterstützung von Bettina Scholz wurde dann das Volkskammerprojekt durchgeführt.

2. Die Aufstellung zum Kandidaten

2.1. Politisch-organisatorische Rahmenbedingungen

Bereits auf der 1. Sitzung des "Runden Tisches" vom 7. Dezember 1989 wurde auf neue und rechtsstaatliche Wahlen hingearbeitet, vorgesehen war der 6. Mai 1990. Das entstandene "Machtvakuum"[11] in der DDR war dann Anlaß, den Wahltermin auf den 18. März 1990 vorzuziehen[12]. Der dafür entwickelte Terminplan sah vor, daß nach dem Aufruf durch die Volkskammer am 5. Februar 1990 binnen 23 Tagen die Kandidatenvorschläge für die Wahlen zur Volkskammer eingereicht sein mußten[13]. In dieser kurzen Zeit mußten alle politischen Vereinigungen, die zur Wahl kandidieren wollten, Listen durch ein demokratisches Verfahren aufstellen.

Zunächst wurden Wahlbündnisse gebildet. Allein die diskutierten Kombinationsvarianten deuten auf die Probleme hin: Relativ schnell, bereits am 5. Februar 1990, verständigten sich die ehemalige Blockpartei Christlich-Demokratische Union (CDU), der Demokratische Aufbruch (DA) und die Deutsche Soziale Union (DSU) auf das Wahlbündnis "Allianz für Deutschland". Am 12. Februar wurde die Bildung des Bundes Freier Demokraten bekanntgegeben, bestehend aus der Freien Demokratischen Partei (FDP) und der ehemaligen Blockpartei Liberal-Demokratische Partei (LDP), dem am 19. Februar die Deutsche Forumpartei (DFP) beitrat. Die Sozialdemokratische Partei Deutschlands (SPD) und die Partei des Demokratischen Sozialismus (PDS) kandidierten, ohne ein Wahlbündnis einzugehen.

Kompliziert wurde der Entscheidungsprozeß bei den Bürgerbewegungen, die in verschiedenen Gruppen agierten. Sie sondierten zunächst einmal die Bündnisvariationen. Am 7. Februar entschieden sich Demokratie Jetzt (DJ), Initiative Frieden und Menschenrechte (IFM) und Neues Forum (NF) für ein Wahlbündnis, dem sie am 9. Februar den Namen "Bündnis 90" gaben. Am 12. Februar bestätigte DJ seine Kandidaten. Hingegen schwebte der Grünen Partei (GP) auf ihrem Parteitag am 10./11. Februar ein Wahlbündnis mit IFM, DJ und dem Unabhängigen Frauenverband (UFV) vor; der UFV wiederum dachte an ein Wahlbündnis mit der GP und der Vereinigten Linken (VL). Schließlich gingen der UFV und die GP am 14. Februar ein Wahlbündnis ein, und die VL kandidierte allein. Die einzelnen politischen Vereinigungen waren also gezwungen, ihre Kandidaten innerhalb eines sehr kurzen Zeitraums aufzustellen und bestätigen zu lassen[14].

---

11 Diese Bezeichnung für die instabile Phase in der DDR zwischem 8. und 22. Januar 1990 prägte Uwe Thaysen (*Der Runde Tisch*, [Anm. 6], S. 77ff.).
12 Vgl. Gibowski, Demokratischer (Neu-) Beginn (Anm. 8), S. 5.
13 Vgl. Helmut Herles/Ewald Rose, *Vom Runden Tisch zum Parlament*, Bonn 1990, S. 106.
14 Vgl. Severin Weiland/Michaela Wimmer/Bernhard Michalowski, *9. November. Das Jahr danach. Vom Fall der Mauer bis zur ersten gesamtdeutschen Wahl*, München 1991; Zeno und Sabine Zimmerling, *Neue Chronik DDR, 4./5. Folge: 23. Dezember 1989 - 18. März 1990*, Berlin 1990.

Das Meinungsspektrum der Volkskammer

Wer aber sollte Kandidat für die erste demokratische Volkskammerwahl sein? Im Umbruchprozeß konnten die Qualifikationsanforderungen aufgrund der besonderen Situation zwangsläufig nicht dieselben sein wie in der Bundesrepublik. Insofern standen andere Akzente im Vordergrund, beispielsweise die Frage, ob Vertreter der alten Elite kandidieren sollten. Mußten die Kandidaten politisch unverdächtig sein? Der revolutionäre Prozeß hatte zwar in der ersten Phase die Ablösung von Teilen der alten Elite veranlaßt, doch betraf dies die PDS als Nachfolgepartei der SED, die CDU, LDP, NDPD und DBD in unterschiedlichem Maße. Der Ablöseprozeß von Angehörigen der alten politischen Klasse war im Zeitraum vor der Kandidatenaufstellung noch nicht abgeschlossen[15].

Beispielhaft soll dies an dem späteren Ministerpräsidenten der DDR, Lothar de Maizière, erläutert werden. Als am 2. November 1989 das Präsidium des Hauptvorstands der DDR-CDU auf einer außerordentlichen Sitzung tagte, mußte es zur Kenntnis nehmen, daß Mitgliederschaft, Ortsgruppen und Vorstände "ganz konkrete Forderungen nach personellen Veränderungen" hatten. Das veranlaßte den Vorsitzenden Gerald Götting, sein Amt niederzulegen[16].

Im Hauptvorstand hatte man erkannt, daß "die Problematik der geforderten personellen Veränderungen allein mit dem Rücktritt von Götting nicht gelöst" sei. Zugleich wurde die Frage des neuen Vorsitzenden diskutiert. Wolfgang Heyl, Mitglied im Parteivorstand der DDR-CDU, schlug u.a. Lothar de Maizière vor, der nach einer "ausführlichen Diskussion" von der Mehrheit des Vorstands unterstützt wurde, weil seine "bisherige politische Arbeit nicht nur in der CDU, sondern auch in kirchlichen Kreisen große Resonanz gefunden" habe[17]. Am 10. November 1989 wählte der Hauptvorstand Lothar de Maizière zum Vorsitzenden der DDR-CDU. Damit hatten die Vertreter der alten Elite der DDR-CDU ihren neuen Vorsitzenden rekrutiert und bestimmt. Innerhalb der westdeutschen CDU war im November 1989 der Meinungsbildungsprozeß, ob in der DDR eine neue CDU konstitutiert oder ob die Blockpartei gleichen Namens als Schwesterpartei akzeptiert werden sollte, noch nicht abgeschlossen. Mit der Bildung der "Allianz für Deutschland" am 5. Februar 1990 und deren Unterstützung durch die westdeutsche CDU wurde eine Legitimation verliehen, die der DDR-CDU zur Umprofilierung zu einer demokratischen Partei Vorschub leistete. Mit der Akzeptanz des Vorsitzenden Lothar de Maizière war zugleich der personelle Erneuerungsprozeß innerhalb der DDR-CDU abgebremst, wenn nicht zeitweilig sogar gestoppt worden. Ähnliche Prozesse vollzogen sich innerhalb der LDPD im Zusammenhang mit dem "Bund Freier De-

---

15 Vgl. Helmut Müller-Enbergs, Welchen Charakter hatte die Volkskammer nach den Wahlen am 18. März 1990?, in: Hans-Dieter Klingemann/Richard Stöss/Bernhard Weßels (Hrsg.), *Politische Klasse und politische Institutionen. Probleme und Perspektiven der Elitenforschung*, Opladen 1991, S. 234f.
16 "Ich entspreche damit Wünschen und Forderungen von Mitgliedern und Vorständen meiner Partei und hoffe, mit diesem Schritt zur erneuerten Vertrauensbildung in der CDU beizutragen." Vgl. Erklärung von Gerald Götting, 2. November 1989. Privatarchiv des Autors.
17 Vgl. Protokoll der außerordentlichen Sitzung des Präsidiums des Hauptvorstandes am 2.11.1989. Privatarchiv des Autors.

mokraten". Diese Richtungsentscheidungen gestatteten es Teilen der alten Eliten auf jeder Ebene, eine Kandidatur anzustreben[18], sofern sie sich in der Öffentlichkeit von den bereits abgelösten Eliten und der Diktatur deutlich absetzen konnten. Daß politische Unverdächtigkeit und politische Erfahrung gleichermaßen von Bedeutung waren, belegt die Volkskammerumfrage.

2.2. Einschätzungen der Abgeordneten

Die "gelernten DDR-Bürger"[19] hatten erfahren müssen, daß den Karrieren nicht primär Fachkenntnisse förderlich waren, sondern politische Zuverlässigkeit und Protektion. Politische wie parlamentarische Erfahrung konnten eher diejenigen sammeln, die gegenüber der DDR konform und loyal eingestellt waren. Das änderte sich mit der politischen Wende. Abstand, Dissens und illoyales Verhalten gegenüber SED und Staat, also politische Unverdächtigkeit, so konnte vermutet werden, hatten an Einfluß gewonnen. Durch die Volkskammerumfrage sollte in Erfahrung gebracht werden, welches Gewicht die Abgeordneten diesem Einfluß beimaßen. Bewertet wurden fachliche Kenntnisse, politische Erfahrung, politische Unverdächtigkeit, parlamentarische Erfahrung und Bekanntheitsgrad.

Wie aus Tabelle 1 hervorgeht, nannten die ehemaligen Blockparteien CDU und FDP sowie die neuen politischen Parteien SPD, Bündnis 90/Grüne und DSU politische Unverdächtigkeit als wichtigstes Kriterium (im Durchschnitt 1.9). Deutlich geringere Relevanz hatte sie für die Abgeordneten der PDS (2.6 auf einer Skala von 1 [sehr wichtig] bis 5 [nicht so wichtig]); die gegenüber den anderen Parteien fachliche Kenntnisse als am wichtigsten herausstellten (1.8). Fachliche Kenntnisse (2.2) und Bekanntheitsgrad (2.3) wurden von allen Parteien als eher sehr wichtig eingestuft, hingegen politische (2.7) und parlamentarische Erfahrung (4.3) als nicht so wichtig. Diese Selbsteinschätzung der Abgeordneten korrespondiert mit ihrer Sozialstruktur. So kamen über 50 Prozent der Abgeordneten aus naturwissenschaftlichen Berufen, die weniger ideologisch tangiert waren und in denen durch fachliche Kenntnisse "ungenügende ideologische Festigungen" in gewissem Maße kompensiert werden konnten. Ob gewollt oder ungewollt waren Angehörige dieser Berufsgruppen politisch relativ unbelastet. Die Volkskammerfraktion der PDS hatte mit 89.7 Prozent einen hohen Akademikeranteil; 30.9 Prozent davon waren Geistes- bzw. Sozialwissenschaftler. Berufsdisziplinen also, die in der DDR als stark ideologieträchtig angesehen werden können.[20] Dies könnte ebenso wie ihr

18 Vgl. Volkskammer der DDR. Stenographische Niederschrift der 37. Tagung vom 28.9.1990, S. 1812ff. Davon zeugt u.a. der hohe Anteil "Inoffizieller Mitarbeiter" des MfS unter den Volkskammerabgeordneten, die in fast allen politischen Vereinigungen der Volkskammer anzutreffen waren.
19 Manfred Stolpe vor dem Deutschen Bundestag am 17. Juni 1990.
20 Vgl. Kloth, Einige Zahlen zur 10. Volkskammer (Anm. 9), S. 468f.

Charakter als Nachfolgepartei der SED für die nicht ganz so wichtige Bewertung der politischen Unverdächtigkeit bei der Kandidatenaufstellung sprechen.

Tabelle 1: Gründe für die Kandidatenaufstellung zur Volkskammer*

	CDU	SPD	PDS	FDP	DSU	B90	Gesamt
Polit. Unverdächtigkeit	2.0	1.7	2.6	1.4	1.4	1.4	1.9
Fachliche Kenntnisse	2.2	2.1	1.8	2.5	2.2	2.5	2.2
Bekanntheitsgrad	1.9	2.7	2.8	2.5	2.7	2.6	2.3
Politische Erfahrung	2.7	2.8	2.7	3.2	3.2	2.7	2.7
Parlament. Erfahrung	3.9	4.6	4.7	4.1	4.6	4.6	4.2
N (mindestens)	82	44	21	9	5	15	176

* Frage: "Was meinen Sie, weshalb Sie als Kandidat zur Volkskammerwahl aufgestellt wurden?" Die Zahlen in der Tabelle geben Durchschnittswerte einer Skala von 1=sehr wichtig bis 5=nicht so wichtig wieder.

In der Umfrage wurde auch nach den Beweggründen der Abgeordneten für ihre Kandidatur gesucht. Tabelle 2 ist zu entnehmen, daß, vergleicht man die Motive, die Abgeordneten aller Parteien die Abkehr von den alten Verhältnissen eindeutig als sehr wichtig oder wichtig beurteilten (im Durchschnitt 1.3). Während noch einhellig ein Schlußstrich unter die Vergangenheit gezogen werden sollte, lassen sich bei den Motivlagen, die einerseits auf die Gegenwart und andererseits auf die Zukunft zielten, Unterschiede feststellen. Die Abgeordneten der CDU[21] (1.8), der FDP- (1.8) und der DSU-Fraktion (1.3) benannten den Willen, den "sozialen Großversuch" der Vereinigung Deutschlands zu beschleunigen als eher "sehr wichtig" und "wichtig"[22]. Die Fraktionen der SPD (2.7), von Bündnis 90/Grüne (3.5) und der PDS (3.7) hingegen empfanden ihn als "weniger wichtig" oder "unwichtig"[23].

21 In der nachfolgenden Darstellung werden die Parteien CDU und DA zu CDU, FDP, DFP und LDP zu FDP zusammengefaßt.
22 Vgl. Bernd Giesen/Claus Leggewie (Hrsg.), *Experiment Vereinigung. Ein sozialer Großversuch*, Berlin 1991.
23 Ibrahim Böhme auf dem Berliner SPD-Parteitag im Januar 1990: "Sichern wir, daß diese Revolution eine friedliche bleibt - daß sie aber eine radikale Demokratisierung anstrebt, die sich in den bestimmenden Forderungen sozialdemokratischer Traditionen und Perspektiven bündelt." In: *Protokoll. Delegiertenkonferenz der Sozialdemokratischen Partei in der DDR. 12.1.-14.1.1990. Berlin, Kongreßhalle. Alexanderplatz*, Berlin o.J. (1990), S. 24.

Tabelle 2: Persönliche Motive für die Kandidatur zur Volkskammerwahl*

	CDU	SPD	PDS	FDP	DSU	B90	Gesamt
Gegen Rückfall in alte Verhältnisse wirken	1.2	1.3	1.4	1.0	1.0	1.4	1.3
Die Ergebnisse der Revolution sichern	1.9	1.4	1.5	1.5	2.3	1.6	1.7
Den Vereinigungsprozeß beschleunigen	1.8	2.7	3.7	1.8	1.3	3.5	2.3
Andere Motive	2.1	1.6	1.5	1.0	1.8	1.4	1.8
N (mindestens)	35	18	12	2	6	12	85

* Der genaue Fragentext kann Anhang A entnommen werden. Die Werte in der Tabelle geben Durchschnittswerte einer Skala von 1=sehr wichtig bis 4=unwichtig wieder. Mehrfachantworten waren möglich.

Diese Motivlagen deuten bei den Abgeordneten der ehemaligen Blockparteien darauf hin, daß sie in dem Bemühen, sich aus ihrer ehemaligen Verstrickung mit dem SED-Staat zu lösen, eher bereit waren, sich völlig neu zu orientieren. Hans Modrow sagte dazu auf dem 2. Parteitag der PDS am 26. Januar 1991: "Die Ablehnung der SED-Politik vermochten die Konservativen in eine hemmungslose Einheitseuphorie zu kanalisieren[24]." Die Bürgerbewegungen wollten das Erkämpfte zunächst absichern, wobei - ebenso wie bei SPD und PDS - Überlegungen für eine demokratische DDR im Mittelpunkt gestanden haben mögen[25]. Andere Motive spielten nach den Angaben der Abgeordneten eine vergleichsweise untergeordnete Rolle.

Sofern die Aussagen der Abgeordneten die tatsächlichen Auswahlkriterien in den innerparteilichen Nominierungsprozessen widerspiegeln, waren für die Kandidatur folgende Merkmale in folgender Rangordnung ausschlaggebend: Bekanntheit in der Öffentlichkeit, Fachkenntnisse, geringe politische Ambitionen im alten Regime. Außerdem wurde der moralischen Qualifikation besonderer Wert beigemessen. Bringt man die Motive der Kandidaten auf einen Nenner, so war es die Absicht, einem Rückfall in die alten Verhältnisse entgegenzuwirken.

---

24 Vgl. *PDS, 2. Parteiag. 1. Tagung. Berlin, 26./27. Januar 1991*, Berlin 1991, S. 50.
25 Vgl. Helmut Müller-Enbergs, Die Rolle der Bürgerbewegungen in der Volkskammer, in: Gert-Joachim Glaeßner (Hrsg.), *Eine deutsche Revolution*, Frankfurt a.M. 1991, S. 94ff.

3. Die Abgeordneten und ihre "Wende"-Erfahrungen

Die Diskussion darüber, wer die Herbstrevolution in der DDR maßgeblich herbeigeführt hat, ist noch nicht abgeschlossen. Die verschiedenen Akteure und Interessen gewichten die Einflußfaktoren unterschiedlich. Was die Mitglieder der Volkskammer dazu meinten, zeigt Tabelle 3. Danach hielten die Abgeordneten die sowjetische Reformpolitik unter der Regierung Gorbatschow für die wichtigste Bedingung des Machtwechsels in der DDR (im Durchschnitt 1.2).

Tabelle 3: Für die Wende entscheidende Faktoren*

	CDU	SPD	PDS	FDP	DSU	B90	Gesamt
Gorbatschows Politik	1.2	1.1	1.3	1.0	1.4	1.2	1.2
Bürgerbewegungen	1.5	1.4	1.2	1.4	1.3	1.2	1.4
Volk	1.5	2.0	1.7	1.4	1.5	1.4	1.6
Fluchtbewegung	1.5	1.5	2.3	1.2	1.2	1.9	1.6
Einfluß osteuropäischer Staaten	2.7	2.7	3.4	2.8	2.2	2.4	2.7
Westparteien	3.7	4.2	3.9	4.3	4.1	4.4	4.0
SED-Reformer	4.4	4.5	2.5	4.7	4.4	3.9	4.2
MfS	4.7	4.9	4.7	4.9	4.6	4.3	4.7
N (mindestens)	87	49	23	10	9	16	196

* Der genaue Fragetext kann Anhang A entnommen werden. Die Werte in der Tabelle geben Durchschnittswerte einer Skala von 1=wichtig bis 5=nicht so wichtig wieder.

Allein die Abgeordneten der DSU räumten der Fluchtbewegung über Ungarn und über die Botschaftsbesetzungen (im Durchschnitt 1.2) eine höhere Wichtigkeit für den Sturz des SED-Regimes ein als der sowjetischen Innen- und Außenpolitik (1.4). In zweiter Linie nannten die Abgeordneten die Bürgerbewegungen als entscheidend (1.4), erst in dritter Linie das Volk (1.6) und die Fluchtbewegung (1.6). Mit deutlichem Abstand folgt der Einfluß der osteuropäischen Staaten (2.7). Dies ist insofern bemerkenswert, als in den unmittelbaren Nachbarländern einflußreiche Strömungen existierten: in Polen seit 1980 die Solidarnosc und in der CSSR seit 1977 mit der "Charta 77" eine Bürgerbewegung. Hier mochte die dagegen gezielt eingesetzte Propaganda der SED-Führung noch nachwirken. Die Bedeutung der

Westparteien (4.0), der SED-Reformer (4.2) und des Ministeriums für Staatssicherheit (4.7) wurden als für die DDR kaum relevant bezeichnet. Die überaus geringe Wertung des MfS muß insofern erstaunen, als namhafte Spitzenvertreter der Parteien wie Ibrahim Böhme für die SPD, Lothar de Maizière und Martin Kirchner für die CDU und Wolfgang Schnur für den DA als Inoffizielle Mitarbeiter des MfS verzeichnet waren.

Auffallend sind die Abweichungen in der Gewichtung zwischen den Parteien. Für die PDS-Abgeordneten spielten im Gegensatz zu den anderen Parteien die SED-Reformer eine wichtige bzw. eher wichtige Rolle bei der Ablösung der SED-Macht (2.5; im Durchschnitt 4.2)[26]. Auf der staatlichen Ebene hatten Politiker wie Egon Krenz[27], Günter Schabowski[28] und Hans Modrow durchaus eine gewisse Bedeutung als "Reformer", wenngleich sie meistens auf aus der Bevölkerung kommende Forderungen zu spät reagierten. Zudem war die formale Abstimmung über den Sturz des Staatsratsvorsitzenden und Sekretärs des Politbüros des ZK der SED, Erich Honecker, noch vom 11. SED-ZK-Plenum im Oktober 1989 durchgeführt worden. Die Bedeutung der SED-Reformer darf zwar nicht überbewertet werden, doch ganz so bedeutungslos, wie das Umfrageergebnis signalisiert, waren sie nicht[29]. Das Antwortverhalten der Abgeordneten dürfte bereits auf eine politische Wertung hinzielen. Auffällig ist weiterhin, daß 88 Prozent der PDS-Abgeordneten den Bürgerbewegungen den entscheidenden Anteil an der Ablösung der SED-Macht zuordneten. Dies dürfte einerseits in der Tradition der SED und ihrem Staatssicherheitsdienst liegen, der in den Bürgerbewegungen "Bestrebungen feindlicher, oppositioneller Kräfte"[30], also den inneren Feind, sah; andererseits dürfte der Grund in dem ihnen nach der "Wende" gezollten Respekt liegen, bereits in den siebziger und achtziger Jahren in der DDR Kritik und Protest geäußert zu haben[31].

Das Moment der politischen Unverdächtigkeit spiegelt sich in den Antworten der Volkskammerabgeordneten in Tabelle 4 wider. Die Frage nach der Unterstützung der DDR-Oppositionsbewegung ist natürlich besonders sensibel, lädt sie doch leicht zu nachträglichen, pauschalen Rechtfertigungen ein. Dennoch ist das Ergebnis durchaus differenziert, was auf eine hinreichende Validität schließen läßt. So verneinten immerhin 9 Prozent der Abgeordneten eine Unterstützung der Opposi-

---

26 Gregor Gysi: "Nicht wenige Mitglieder der PDS haben an der demokratischen Erhebung im Herbst 1989 teilgenommen." In: Gregor Gysi, *Wir brauchen einen dritten Weg. Selbstverständnis und Programm der PDS*, Hamburg 1991, S. 19.; vgl. hierzu auch: ders./Thomas Falkner, *Sturm aufs Große Haus. Der Untergang der SED*, Berlin 1990.
27 Vgl. Egon Krenz, *Wenn Mauern fallen*, Wien 1990.
28 Vgl. Günter Schabowski, *Das Politbüro*, Reinbek 1990.
29 Vgl. Rainer Land (Hrsg.), *Das Umbaupapier. Argumente gegen die Wiedervereinigung*, Berlin 1990; Michael Brie u.a. (Hrsg.), *Sozialismus in der Diskussion. Studie zur Gesellschaftsstrategie*, Berlin 1989; Harald Bluhm u.a. (Hrsg.), *Texte zu Politik, Staat, Recht*, Berlin 1989.
30 Vgl. *MfS-Information* Nr. 416/89 über Bestrebungen feindlicher, oppositioneller Kräfte zur Schaffung DDR-weiter Sammlungsbewegungen/Vereinigungen, o.O., o.J. (1989).
31 Vgl. hierzu: Müller-Enbergs/Schulz/Wielgohs, *Von der Illegalität ins Parlament* (Anm. 4).

tionsgruppen; 5 Prozent standen der Oppositionsbewegung eher skeptisch gegenüber; 5 Prozent hätten sie gern unterstützt, wenn ihnen das möglich gewesen wäre und 9 Prozent hätten sie gern unterstützt, doch bestand vor Ort kein entsprechendes Angebot. Hingegen haben 62 Prozent in privaten Gesprächen Zustimmung bekundet, 44 Prozent haben vor dem 7. Oktober 1989 an Demonstrationen und 67 Prozent an oppositionellen Gesprächskreisen teilgenommen; 46 Prozent unterstützten die Oppositionsbewegung in anderer Form. Diese Ergebnisse dürfen als deutlicher Beleg dafür genommen werden, daß nach den Selbsteinschätzungen vor allem jene ein Abgeordnetenmandat erhielten, die der DDR-Opposition aufgeschlossen gegenüber gestanden haben. Es gibt jedoch Nuancen.

Tabelle 4: Unterstützung der DDR-Oppositionsbewegung*

	CDU %	SPD %	PDS %	FDP %	DSU %	B90 %	Gesamt %
Nein, war skeptisch	3	2	28	-	-	-	5
Nein, hätte gerne, wenn möglich	8	6	4	-	-	-	5
Nein	7	2	44	9	-	-	9
Nein, hätte gerne, war kein Angebot da	9	13	4	9	20	-	9
Ja: Demonstrationen	45	44	12	73	40	80	44
Ja: Zustimmung in privaten Gesprächen	61	67	32	73	90	67	62
Ja: Gesprächskreise	66	75	28	91	70	93	67
Ja: andere Form der Unterstützung	45	51	12	64	20	93	46
N (mindestens)	92	55	25	11	10	15	208

* Frage: "Haben Sie vor dem 7. Oktober 1989 die Oppositionsbewegung gegen die SED-Regierung unterstützt?" Die Werte in der Tabelle sind die Anteil derjenigen, die "trifft zu" antworteten.

So bekennen 44 Prozent der PDS-Abgeordneten, die Opposition nicht unterstützt zu haben. Daß die Bürgerbewegungen, hervorgegangen aus der DDR-Opposition, fast einmütig (93 Prozent) angeben, die Opposition unterstützt zu haben, dürfte ebensowenig verwundern wie die geringe Bereitschaft seitens der PDS-Abgeordneten. Auffällig sind jedoch die Ergebnisse bei den FDP-Abgeordneten, wo 91

Prozent (CDU: 66) an Gesprächskreisen und 73 Prozent (CDU: 45) an Demonstrationen teilgenommen haben wollen. Dies deutet darauf hin, sofern die liberalen Abgeordneten wahrheitsgemäß geantwortet haben, daß innerhalb der LDPD ein stärker ausgeprägter Dissens zur SED, freilich systemimmanent, vorhanden war als in der CDU. Dem entspricht das Bemühen des systemtreuen ehemaligen LDPD-Vorsitzenden Manfred Gerlach, der im September/Oktober 1989 Reformen öffentlich einklagte: "Wir brauchen rasche und spürbare Veränderungen in der DDR!"[32] Diese auf den DDR-Maßstab bezogene Reformorientierung bewahrte die LDPD, später FDP, vorerst vor einem grundlegenden Wechsel der Eliten.

Die Bereitschaft, die DDR-Opposition in irgendeiner Form zu unterstützen, könnte durch unmittelbar eigene Betroffenheit motiviert gewesen sein. Darauf deuten die Ergebnisse in Tabelle 5 hin.

Tabelle 5: Nachteile wegen politischer Ansichten*

	CDU %	SPD %	PDS %	FDP %	DSU %	B90 %	Gesamt %
Nein	3	11	67	9	20	-	14
Ja: Zuführung, Festnahme, Haft	12	17	-	27	-	44	14
Ja: Beschränkte Reisemöglichkeiten nach Osteuropa	23	30	8	27	10	25	23
Ja: Belästigung durch das MfS	43	52	8	64	30	69	44
Ja: Ausbildungsweg	50	48	13	55	60	56	46
Ja: berufliche Entwicklung	83	70	17	82	70	81	71
N (mindestens)	93	54	24	11	10	16	208

* Frage: "Hatten Sie oder Ihre Angehörigen vor der 'Wende' wegen Ihrer Auffassungen im privaten oder beruflichen Leben Nachteile zu erleiden?" Der vollständige Fragetext kann Anhang A entnommen werden. Die Werte in der Tabelle entsprechen den Anteilen derjenigen, die "trifft zu" antworteten.

---

32 Vgl. Gerlach, *Mitverantwortlich* (Anm. 1), S. 7. Manfred Gerlach (ebd.): "Bezirkssekretäre der SED warnten Vorstände, die LDPD mache sich zum Sammelbecken 'konterrevolutionärer Kräfte'. ... Ein ZK-Memorandum war im Umlauf, in dem die Genossen zu besonderer Wachsamkeit gegenüber der LDPD ermahnt wurden."

Die Ergebnisse stützen diese Annahme: 14 Prozent der Abgeordneten hatten keine Nachteile, 71 Prozent sahen sich in ihrer beruflichen Entwicklung und 46 Prozent in ihrer Ausbildung behindert, 23 Prozent hatten nur beschränkte Möglichkeiten, nach Osteuropa zu reisen, 44 Prozent wurden durch das MfS belästigt und 14 Prozent wurden entweder verhaftet, festgenommen oder zugeführt.

Faßt man die vorgestellten "Wende"-Erfahrungen der Abgeordneten zusammen, so war offenbar das folgende Einstellungsprofil vorherrschend:
- Man hatte sich politisch an der Reformpolitik Gorbatschows orientiert, die man folglich auch als den entscheidenden auslösenden Faktor für den Umbruch in der DDR bewertete;
- man hatte die Oppositionsbewegung in der DDR mehr oder weniger unterstützt;
- man war in seinem persönlichen und beruflichen Leben benachteiligt worden.

4. Einstellungen zur Vergangenheit

In der Phase des Umbruchs in der DDR wurden zwar zahlreiche staatliche Institutionen aufgelöst, jedoch war 1990 - also vor den Einigungsverträgen - noch nicht entschieden, ob alle neuen Institutionen dem westdeutschen Modell nachgebildet werden sollten. Man diskutierte in Ost und West gleichermaßen über Erhaltenswertes aus der DDR-Vergangenheit[33]. Dementsprechend wurden die Volkskammerabgeordneten gefragt, ob es in der DDR, trotz aller Mängel, auch "gute Aspekte" gegeben habe. Tabelle 6 ist zu entnehmen, daß das nicht weniger als 77 Prozent aller Parlamentarier, darunter - verständlicherweise - sämtliche PDS-Mitglieder und immerhin noch 40 Prozent der DSU-Abgeordneten bejahen.

Diese Angaben bestätigt eine Infas-Umfrage, die sich im Herbst 1991 an die ehemaligen Volkskammerabgeordneten wandte. Ihr zufolge waren zwei Drittel der früheren Volkskammerabgeordneten der Ansicht, daß die DDR auch "gute Seiten" gehabt habe[34]. Darin bestand bei den Abgeordneten nahezu der größte Konsens, in den Einzelfragen sah es sehr unterschiedlich aus.

Für die Beibehaltung des DDR-Gesundheitswesen sprachen sich 43 Prozent der Abgeordneten aus. Während alle PDS-Abgeordneten dafür waren, waren es bei der CDU nur jeder dritte (34 Prozent) und bei der FDP jeder vierte Abgeordnete (27 Prozent); die stärkste Ablehnung kam von der DSU (10 Prozent). Bereits an der Einstellung zum DDR-Gesundheitswesen wird deutlich, daß bei SPD (42 Prozent)

---

33 Dies ist mit Einstellungen zur Vergangenheit gemeint, nicht die Frage einer Vergangenheitsaufarbeitung. Vgl. hierzu die Ausführungen in: Müller-Enbergs, Charakter (Anm. 15), S. 248ff.; ders., Der Brandenburger Landtag und das Problem der Vergangenheit, in: *Links*, 24. Jg. (1992), Nr. 262, S. 21f.; Ingo Goldmann, Persilschein opportun?, in: *Junge Welt*, 29.5.1992.
34 Abgeordnete der Volkskammer zwischen Wende und Einheit, in: *Das Parlament*, 42. Jg. (1992), Nr. 13, S. 10.

und Bündnis 90/Grüne (44 Prozent) verschiedentlich eine höhere Akzeptanz für DDR-Institutionen zu erkennen ist. Dennoch überwog die Ablehnung.

Tabelle 6: Erhaltenswertes in der DDR*

	CDU %	SPD %	PDS %	FDP %	DSU %	B90 %	Gesamt %
Gesundheitswesen beibehalten	34	42	100	27	10	44	43
Bildungssystem erhalten	17	37	92	18	11	29	32
LPGs modernisieren	31	55	100	36	20	60	47
DDR hatte auch gute Aspekte	75	77	100	70	40	87	77
Kinderhorte sichern	65	87	100	82	60	88	78
N (mindestens)	89	49	24	10	9	14	199

* Frage: "Zu Auffassungen in der öffentlichen Meinung in der DDR möchten wir von Ihnen wissen, ob Sie mit diesen übereinstimmen oder nicht übereinstimmen?" Die Werte in der Tabelle sind die Anteil derjenigen, die "stimme überein" antworteten.

Für die Modernisierung der Landwirtschaftlichen Produktionsgenossenschaften sprachen sich 47 Prozent der Abgeordneten aus. Wiederum sprachen sich alle PDS-Abgeordneten dafür aus. Während dem nur jeder dritte Abgeordnete von CDU (31 Prozent) und FDP (36 Prozent) beipflichten konnte, war die Akzeptanz bei der SPD (55 Prozent) und Bündnis 90/Grüne (60 Prozent) deutlich höher ausgeprägt.

Die bisherige Versorgung mit Kindergärten und Kinderhorten, so 78 Prozent der Abgeordneten, sollte gesichert bleiben. Am deutlichsten sprach sich erneut die PDS mit 100 Prozent dafür aus.

Die Frage, ob das bisherige Bildungssystem in modernisierter Form beibehalten werden sollte, bejahten lediglich 32 Prozent der Abgeordneten. Die Abweichung zwischen PDS (92 Prozent) und CDU (17 Prozent), FDP (18 Prozent) und DSU (11 Prozent) ist extrem hoch und etwas geringer ist sie zu SPD (37 Prozent) und Bündnis 90/Grüne (29 Prozent).

Diese Beispiele zeigen, daß das Interesse bei den Abgeordneten, bestimmte Institutionen zu bewahren, sehr unterschiedlich ausgeprägt war. Zugleich läßt sich ein Muster erkennen. Die ehemaligen Blockparteien setzten sich im Zuge der Westorientierung deutlich von den DDR-Institutionen ab, zumal, wie bereits angedeutet, sie in ihrem institutionellem Eigeninteresse darum bestrebt waren, ihre staatstragende Rolle in der DDR zu überwinden. Daß die PDS die von ihr mit unterhaltenen Institutionen konservieren wollte, war zu erwarten. Die konsequente Abkehr durch die neue Partei DSU entsprach deren Verständnis. Unter den SPD- und Bündnis 90/Grüne-Abgeordneten fanden sich, wenn auch in der Minderheit, durchaus starke Stimmen, die das Ergebnis des institutionell verfaßten sozialpolitischen Anspruchs der DDR erhalten wissen wollten. Solche Stimmen fanden sich auch in anderen Parteien, wenn auch nicht so ausgeprägt.

5. Einstellungen zur Gegenwart

Mit der Öffnung der DDR nach dem Fall der Mauer (am 9. November 1989) traten Probleme offen zutage, die man bis dahin offiziell ignoriert hatte. So mußten sich die Volkskammerabgeordneten nunmehr mit der Frage auseinandersetzen, wie sie sich zu Asylbewerbern, insbesondere aus Osteuropa, verhalten wollten. Tabelle 7 ist zu entnehmen, daß 80 Prozent der Abgeordneten der Ansicht waren, der "Mißbrauch des Asylrechts" müsse verhindert werden; insbesondere FDP (100 Prozent), DSU (100 Prozent) und CDU (91 Prozent) gaben sehr deutliche Voten ab. Anzeichen neonazistischer Gruppen waren bereits in der DDR zu erkennen gewesen. Es wurde gefragt, ob nationalistischen Tendenzen entgegengewirkt und die Toleranz gegenüber ausländischen Mitbürgern gestärkt werden sollte. Diese Ansicht teilten 94 Prozent der Abgeordneten. Doch 11 Prozent meinten tatsächlich, es müsse bedacht werden, daß polnische Bürger die DDR-Lebensqualität einschränkten.

Die Frage, ob der Erhöhung des Lebensstandards in der DDR die höchste Priorität eingeräumt werden sollte, bejahten 52 Prozent der Abgeordneten. Am deutlichsten sprachen sich die DSU- mit 80 und die PDS-Abgeordneten mit 68 Prozent dafür aus.

Mit der Einführung der Marktwirtschaft war für die DDR-Wirtschaft das Problem verbunden, ob die Modernisierung der Industrie umgehend und unter Zurückstellung von ökologischen Faktoren und Rationalisierungsfolgeplänen erfolgen sollte. Dem schlossen sich lediglich 15 Prozent aller Abgeordneten an, überwiegend die der DSU (38 Prozent) und der FDP (27 Prozent). Ähnlich eindeutig wurde die Frage beantwortet, ob der Schutz vor Arbeitslosigkeit vor dem der Umwelt stehen sollte. Lediglich 15 Prozent der Abgeordneten konnten sich dem anschließen, allerdings stimmten 50 Prozent der FDP-Abgeordneten dieser Einstellung zu.

Auf die Frage, ob vorübergehend soziale Aspekte zurückgestellt werden sollten, um die Marktwirtschaft anzukurbeln, antworteten 30 Prozent der Abgeordneten

Tabelle 7: Einstellungen zur DDR

stimme überein mit ...	CDU (%)	SPD (%)	PDS (%)	FDP (%)	DSU (%)	B90 (%)	Gesamt (%)
Bei aller Gastfreundschaft für polnische Bürger sollte bedacht werden, daß unsere Lebensqualität dadurch eingeschränkt wird.	15	6	8	10	40	-	11
Betriebliche Mitbestimmung behindert die Effektivität der Unternehmen.	21	6	4	27	13	6	14
Die Modernisierung der Industrie sollte umgehend erfolgen, ohne Ökologie- und Rationalisierungsfolgepläne zu entwerfen.	20	4	17	27	38	-	15
Der Schutz vor Arbeitslosigkeit muß vor dem Schutz der Umwelt stehen.	17	4	23	50	11	14	15
Angesichts der großen ökonomischen Anstrengungen der DDR sollte gegenwärtig bei den Ausgaben für Kultur und Wissenschaft gespart werden.	25	8	12	36	33	13	19
Um die Marktwirtschaft zum Laufen zu bringen, müssen soziale Aspekte vorübergehend zurückgestellt werden.	40	20	12	40	60	13	30
In der DDR bedarf es im Augenblick einer starken politischen Führung.	77	57	39	82	80	31	64
Durch die Ergebnisse des Vereinigungsprozesses geht in der DDR bisher erreichte Gleichstellung der Frau verloren.	12	52	92	30	20	69	38
Der Erhöhung des Lebensstandards in der DDR sollte höchste Priorität eingeräumt werden.	60	38	68	46	80	13	52
Der Mißbrauch des Asylrechts muß verhindert werden.	91	75	44	100	100	53	80
Nationalistischen Tendenzen sollte entgegengewirkt, Toleranz gegenüber ausländischen Mitbürgern gestärkt werden.	91	100	100	91	78	94	94
N (mindestens)	86	50	22	10	8	14	197

Frage: "Zu weiteren Aussagen in der öffentlichen Meinung in der DDR möchten wir von Ihnen wissen, ob Sie mit diesen übereinstimmen oder nicht übereinstimmen."

zustimmend[35]. Einsparungen im Kultur- und Wissenschaftsbereich zugunsten der ökonomischen Anstrengungen stimmte nur eine Minderheit von 19 Prozent zu.

Der Ansicht, die DDR bedürfe 1990 einer starken Führung, waren 64 Prozent der Abgeordneten, am wenigsten Bündnis 90/Grüne (31 Prozent). Daß, in Folge der Vereinigung Deutschlands die formale Gleichstellung der Geschlechter verlorengehe, meinten 38 Prozent der Abgeordneten, am deutlichsten - mit 92 Prozent - die der PDS, gefolgt von Bündnis 90/Grüne mit 69 Prozent.

An mehreren Antworten ist deutlich ablesbar, daß die radikaldemokratischen Erfahrungen der Herbstrevolution noch im August 1990 in allen Parteien, wenn auch unterschiedlich, vorhanden waren. Dies zeigt sich u.a. an den Absichten, ökologische Fragestellungen zu beachten, Kultur und Wissenschaft zu schützen usw. Doch weist das Antwortverhalten auch darauf hin, daß politische und parlamentarische Praxis fehlen. Die als politischer Anspruch formulierten Prioritäten waren angesichts der ökonomischen Situation und den dafür zur Verfügung stehenden Mitteln kaum miteinander zu vereinbaren. Die Fähigkeit Probleme zu lösen, setzt nicht nur Lebenserfahrung voraus, sondern auch das Beherrschen von sachpolitischem Handwerkszeug sowie die Kenntnis von Regelungsmaterien und Regelungsmethoden. Dieser Nachteil mußte zugunsten politischer Unverdächtigkeit in Kauf genommen werden.

Da den Abgeordneten die politische und parlamentarische Praxis fehlten, waren sie auf die Unterstützung durch die westlichen Partnerparteien angewiesen.

Tabelle 8 veranschaulicht, daß der Einfluß des Bundeskanzlers (im Durchschnitt +2.6 auf einer Skala von +4 [zu starker Einfluß] bis -4 [zu geringer Einfluß]), der Bundesregierung (im Durchschnitt +2.5) und der Ministerialbürokratie (im Durchschnitt +1.6) eher als zu stark eingeschätzt wurde, der des Bundespräsidenten (im Durchschnitt -0.4) hingegen als zu gering. Bemerkenswert ist, daß selbst innerhalb der CDU der Einfluß des Bundeskanzlers als sehr stark veranschlagt wurde (+1.7) und der des Bundespräsidenten als zu gering (-.4). Dies mag als Hinweis dafür gesehen werden, daß die Dynamik des politischen Prozesses der deutschen Vereinigung durch die Bundesregierung bestimmt war. Der zuvor relevante Einfluß der Kirchen[36] (-0.1) wie auch der Bürgerinitiativen (-0.5) wurde als zu gering erachtet.

---

35 Eine Umfrage von Peter Förster und Günter Roski ergab, daß 40 Prozent der Befragten als wichtigsten Wunsch an die Regierung angegeben hätten, "die soziale Sicherheit aller Bürger zu gewährleisten, insbesondere der sozial Schwachen". Vgl. Peter Förster/Günter Roski, *DDR zwischen Wahl und Wende. Meinungsforscher analysieren den Umbruch*, Berlin 1990, S. 174f.
36 Vgl. hierzu: *Ökumenische Versammlung für Gerechtigkeit, Frieden und Bewahrung der Schöpfung*, hrsg. von Aktion Sühnezeichen/Friedensdienste Pax Christi, Berlin 1990; Joachim Gerstecki, *Zeitansage. Umkehr*, Stuttgart 1990.

Tabelle 8: Einfluß politischer Gruppen aus der Bundesrepublik Deutschland*

	CDU	SPD	PDS	FDP	DSU	B90	Gesamt
Fachleute	.1	-.7	1.2	1.5	.2	.8	.2
Bundespräsident	-.4	-1.0	1.1	-1.1	-1.5	-.5	-.4
Bundeskanzler	1.7	3.6	3.7	2.8	.9	3.7	2.6
Bundesregierung	1.6	3.4	3.7	2.7	.6	3.7	2.5
Ministerialbürokratie	.8	2.1	2.7	1.8	.8	3.5	1.6
Regierungsparteien	1.3	2.9	3.4	3.0	1.0	3.0	2.2
Oppositionsparteien	1.2	-.3	.4	.6	.3	-.2	.6
Kirchen	-.2	-.1	.6	-.2	-.4	-.3	-.1
Fernsehen	1.6	1.5	1.8	2.0	2.1	1.3	1.6
Presse	1.9	1.5	1.9	1.9	2.5	1.6	1.8
Bürgerinitiativen	.2	-1.4	-1.0	.0	.1	-2.3	-.5
Gewerkschaften	.5	-1.8	-1.8	.1	.5	-1.3	-.5
Wirtschaft	.3	1.1	1.0	.4	-.3	2.2	.7
Landwirtschaft	.3	-.4	.2	-.3	-.4	.9	.1
Öffentliche Meinung	.7	.4	-.2	1.6	.1	-.1	.5
N (mindestens)	82	48	23	11	6	12	183

* Frage: "Die Volkskammer steht heute unter dem Einfluß vielfältiger politischer und gesellschaftlicher Gruppen. Wie würden Sie den Einfluß von Gruppen aus der BR Deutschland einschätzen." Der vollständige Fragentext kann Anhang A entnommen werden. Die Werte in der Tabelle sind Durchschnittswerte einer Skala von -4=zu geringer Einfluß bis +4=zu starker Einfluß.

Neben dem direkten Einfluß westdeutscher Instanzen wirkte auf die Abgeordneten die Öffentlichkeit, die den Umbruchprozeß in der DDR intensiv begleitete. Daß der Einfluß des Fernsehens (+1.6) und der Presse (+1.8) als zu stark und der der öffentlichen Meinung (+.5) als eher stark bewertet wurden, muß überraschen[37]. Nun sind die Erfahrungen mit den Medien für die Abgeordneten in dieser Form zwei-

---

[37] Zur Rolle der Medien äußerte der ehemalige DDR-Kultusminister Dietmar Keller: "Fernsehen und Rundfunk schützen den Interessierten leider nur wenig vor dem Erkennen der Schuld der Demokratie und der Gefahr der Demagogie." In: *Der Demokratie schuldig - die Schuld der Demokratie. Volkskammerspiele. Eine Dokumentation aus der Arbeit des letzten Parlaments der DDR*, zusammengestellt und herausgegeben von Dietmar Keller und Joachim Scholz, Berlin 1990, S. 9.

Das Meinungsspektrum der Volkskammer 265

fellos neu gewesen, doch waren der Verzicht auf Zensur[38] und das Herstellen von Öffentlichkeit die maßgeblichen Forderungen bei der größten freien Demonstration in der DDR am 4. November 1989. Verwundern muß auch, daß die FDP-Abgeordneten den Einfluß der öffentlichen Meinung als zu stark werteten (1.6), da die Öffentlichkeit wegen der intensiven Arbeitsbelastung den intensiven Kontakt zur Bevölkerung durch die Medien ersetzen mußte. Auch mangelte es an technischen Kommunikationsmitteln, ohne die der Alltag der bundesrepublikanischen Politiker gar nicht vorstellbar wäre. Insofern spielte eine wesentliche Rolle, welche Informationsmittel den Volkskammerabgeordneten erreichten[39].

Tabelle 9: Nutzung verschiedener Informationsquellen durch die Abgeordneten*

	CDU	SPD	PDS	FDP	DSU	B90	Gesamt
DDR-Tageszeitungen	1.3	1.4	1.1	1.4	2.0	1.1	1.3
BRD-Tageszeitungen	1.4	1.4	1.6	1.2	1.3	1.1	1.4
DDR-Wochenzeitungen	2.5	2.6	2.0	2.4	2.2	1.8	2.4
BRD-Wochenzeitungen	2.4	1.9	2.3	1.9	1.8	1.2	2.1
Internationale Presse	2.5	2.9	2.7	1.9	2.0	1.9	2.6
DDR-Fernsehen	1.5	1.8	1.6	1.4	1.7	1.8	1.6
BRD-Fernsehen	1.4	1.6	1.8	1.3	1.8	1.7	1.5
DDR-Radio	2.0	2.1	1.8	1.8	2.0	1.9	2.0
BRD-Radio	1.6	1.7	2.3	1.8	1.9	1.8	1.8
Veröffentlichungen anderer Parteien	2.4	2.4	2.0	2.3	2.3	2.0	2.3
Publikationen von Interessenorganisationen	2.3	2.3	2.5	2.4	2.3	2.3	2.3
Wissenschaftliche Publikationen der DDR	2.2	2.3	2.3	2.7	2.5	2.3	2.3
Wissenschaftliche Publikationen der BRD	2.2	2.2	2.5	2.5	2.0	2.1	2.2
N (mindestens)	76	45	23	9	5	15	174

* Der vollständige Fragetext kann Anhang A entnommen werden. Die Werte in der Tabelle sind Durchschnittswert einer Skala von 1=regelmäßig bis 4=nie.

---

38 Zur Zensurpraxis vgl. Günter Simon, *Tisch-Zeiten. Aus den Notizen eines Chefredakteurs 1981 bis 1989*, Berlin 1990.
39 Vgl. zum Bundestag: Dietrich Herzog/Hilke Rebenstorf/Camilla Werner/Bernhard Weßels, *Abgeordnete und Bürger*, Opladen 1990, S. 73ff.

Die Informationsaufnahme und deren Umsetzung in politische Arbeit und Entscheidungen war insbesondere wegen des Umbaus des diktatorischen Systems zu einem demokratisch-rechtsstaatlichen von Bedeutung. Es sollte in Erfahrung gebracht werden, ob die Abgeordneten West- oder Ost-Medien den Vorzug gaben. Tabelle 9 zeigt: Während alle Abgeordneten DDR-Tageszeitungen (1.3 zu 1.4) bevorzugten, wählten sie bei Wochenzeitungen eher Druckerzeugnisse aus der Bundesrepublik (2.1 zu 2.4). Es wurden regelmäßig Sendungen sowohl des DDR-Fernsehens (1.6) als auch des westdeutschen Fernsehens (1.5) gesehen. Radiosendungen nahmen eine untergeordnete Rolle (2.0 zu 1.8) ein. Eine noch geringere Bedeutung hatte Fachliteratur (2.3 zu 2.2). Die Auswahl der Medien durch die Volkskammerabgeordneten spricht dafür, daß west- wie ostdeutsche Publikationen gleichermaßen zur Kenntnis genommen wurden. Dies entsprach auch den strukturellen Notwendigkeiten eines sich vereinigenden Deutschlands. Dennoch wäre zu erwarten gewesen, daß angesichts des rasanten Veränderungsprozesses in der DDR-Gesellschaft die dortigen Medien aufmerksamer als die westlichen rezipiert würden. Daß dies nicht der Fall war, hat mehrere Ursachen. Eine könnte die sein, daß der personelle und politische Erneuerungsprozeß in den ostdeutschen Redaktionen noch nicht so weit fortgeschritten war, daß er das Informationsbedürfnis der Volkskammerabgeordneten allein befriedigt hätte.

6. Einstellungen zur Zukunft

Die Zukunft zeichnete sich für die Abgeordneten, als sie mit der Umfrage konfrontiert wurden, schon relativ deutlich ab. Der Vereinigungsbeschluß war bereits gefaßt worden. Tabelle 10 gibt wieder, wie unterschiedlich die Einstellungen der Fraktionen über das Verfahren der Vereinigung Deutschlands waren.

Werden die Durchschnittswerte aller Abgeordneten miteinander verglichen, so zeigt sich, daß die höchste Präferenz dem später realisierten Weg über Artikel 23 des Grundgesetzes (Beitritt) gegeben wurde (2.6). Geringere Akzeptanz hatte der Weg über Artikel 146 (Vereinigung) (3.2) und nahezu keine Akzeptanz bestanden für einen Staatenbund (4.2) und für zwei souveräne deutsche Staaten (4.7). Demnach sahen auch die Abgeordneten der Volkskammer, in Artikel 23 GG den "Königsweg". Indes stellt sich bei einer anderen Aufschlüsselung der Ergebnisse heraus, daß die Meinungen innerhalb der Fraktionen durchaus unterschiedlich waren[40].

---

40 Vgl. zu dieser Problematik: Hans-Peter Schneider, Das Ende des Provisoriums: Verfassungsrechtliche Aspekte des Einigungsprozesses, in: *Von der Einigung zur Einheit*, hrsg. von der Landeszentrale für politische Bildung NRW, Düsseldorf 1991.

Das Meinungsspektrum der Volkskammer

Tabelle 10: Bevorzugtes Vereinigungsmodell Deutschlands*

	CDU	SPD	PDS	FDP	DSU	B90	Gesamt
Art. 23 GG	1.4	3.7	5.0	1.9	1.0	4.5	2.6
Art. 146 GG	4.2	2.3	2.3	3.4	4.8	1.7	3.2
Art. 23/146 GG	3.9	2.4	4.1	2.8	4.5	3.2	3.5
Verfassungsvorschlag des Runden Tisches	4.7	3.1	1.3	4.7	4.9	1.4	3.6
Gemeinsame verfassungsgebende Versammlung von DDR und BRD	3.8	2.2	1.5	2.7	5.0	1.3	2.9
Zwei souveräne deutsche Staaten	4.9	4.8	3.4	5.0	5.0	4.6	4.7
Staatenbund	4.5	4.3	2.2	5.0	5.0	3.9	4.2
N (mindestens)	84	45	20	10	7	15	185

* Der genaue Fragetext kann Anhang A entnommen werden. Die Zahlen in der Tabelle sind Durchschnittswerte einer Skala von 1=sehr richtig bis 5=falsch.

Tabelle 11: Beurteilung möglicher Vereinigungsmodelle Deutschlands*

	CDU (%)	SPD (%)	PDS (%)	FDP (%)	DSU (%)	B90 (%)	Gesamt (%)
Art. 23 GG							
- richtig	90	17	0	80	100	0	56
- falsch	6	60	100	20	0	93	36
Art. 146 GG							
- richtig	7	69	52	27	0	80	36
- falsch	86	17	17	64	88	7	52
Art. 23/146 GG							
- richtig	12	53	5	36	0	27	23
- falsch	72	18	85	36	75	40	56
Zwei souveräne Staaten							
- richtig	2	2	24	0	0	0	4
- falsch	98	96	52	100	100	93	92
Staatenbund							
- richtig	6	2	64	0	0	7	11
- falsch	86	77	18	100	100	80	77
N (mindestens)	84	53	22	10	7	15	

* Der genaue Fragetext kann Anhang A entnommen werden.

Die Auffassung, beide deutsche Staaten sollten sich nach Artikel 23 des Grundgesetzes vereinigen, fanden 56 Prozent der Abgeordneten "sehr richtig" bzw. "richtig"; hingegen schätzten 36 Prozent sie als "nicht so richtig" bzw. als "falsch" ein. Deutlicher wird die Friktion nicht nur bei der parteipolitischen Auflösung, sondern auch bei der Verteilung der Einstellungen innerhalb der Parteien. Demnach lehnten diesen Weg 93 Prozent der Abgeordneten von Bündnis 90/Grüne und 100 Prozent der PDS ab. Hingegen fanden alle DSU-Abgeordneten diesen Schritt richtig. Bei CDU, FDP und SPD fallen in unterschiedlichem Grade Polarisierungen auf. Während 90 Prozent der CDU- und 80 Prozent der FDP-Abgeordneten diesen Vereinigungsweg als "sehr richtig" bzw. "richtig" begrüßten, hielten ihn 6 Prozent der CDU- und 20 Prozent der FDP-Abgeordneten für "nicht so richtig" bzw. für "falsch". Bei den SPD-Abgeordneten ist die Ablehnung mit 60 Prozent sehr viel deutlicher ausgeprägt. Aus diesen Zahlen geht hervor, daß nicht nur unter den Abgeordneten kein kollektiver Konsens über die Vereinigung nach Art. 23 GG bestand, auch innerhalb von CDU, FDP und SPD waren die Auffassungen geteilt. Einer Reihe von Abgeordneten schienen andere Wege attraktiver zu sein, beispielsweise der über Art. 146 GG (36 Prozent), zwei souveräne Staaten (4 Prozent) oder ein Staatenbund (11 Prozent). Die Abgeordneten der CDU-Fraktion traten zwar zu 90 Prozent für den von der Bundesregierung favorisierten Weg über Art. 23 GG ein[41], doch noch im September 1990 favorisierten immerhin 6 Prozent einen Staatenbund. Die SPD-Opposition im Bundestag hielt sich an den von den Gründungsvätern des Grundgesetzes vorgesehenen Wiedervereinigungsartikel 146, den auch die SPD-Abgeordneten in der Volkskammer mit 69 Prozent favorisierten, doch fand der Weg über Art. 23 GG (17 Prozent) immerhin bei jedem vierten Abgeordneten Anklang. Einzig die PDS-Abgeordneten majorisierten den Staatenbund (64 Prozent), noch jeder vierte konnte sich zwei souveräne deutsche Staaten vorstellen (24 Prozent). Diese Zahlen deuten darauf hin, daß innerhalb der Parteien Potentiale zwischen Bewahren und Modernisieren vorhanden waren.

Darüber hinaus erschien einigen Abgeordneten der für die Vereinigung vorgesehene Zeitplan nicht attraktiv genug. Nach ihrer Meinung zur Geschwindigkeit des Vereinigungsprozesses befragt, konnten sie zwischen "viel zu schnell" und "viel zu langsam" variieren.

Wie aus Tabelle 12 zu ersehen ist, bewerteten die Abgeordneten im Durchschnitt die Vereinigungsgeschwindigkeit als "gerade richtig" (2.4 auf einer Skala von 1 [viel zu schnell] bis 5 [viel zu langsam]). Auffallend sind auf der einen Seite die Angaben der DSU- wie auf der anderen die der PDS- und Bündnis-90-Abgeordneten. Während erstere die Vereinigungsgeschwindigkeit als "viel zu langsam" empfanden (Mittelwert 4.5), ging es den PDS- und Bündnis 90-Abgeordneten "viel zu schnell" (Mittelwert 1.2 bzw. 1.4).

---

41 Vgl.: Zehn-Punkte-Programm zur Überwindung der Teilung Deutschlands und Europas, in: Renata Fritsch-Bournatzel, *Europa und die deutsche Einheit*, Bonn 1990, S. 22ff.

Tabelle 12: Bewertung der Vereinigungsgeschwindigkeit

	CDU (%)	SPD (%)	PDS (%)	FDP (%)	DSU (%)	B90 (%)	Gesamt (%)
viel zu schnell	6	15	80	-	-	56	20
zu schnell	38	60	20	36	-	44	40
gerade richtig	36	9	-	46	10	-	21
eher langsam	18	13	-	18	30	-	14
viel zu langsam	1	2	-	-	60	-	4
keine Angabe	-	2	-	-	-	-	-
Mittelwerte*	2.7	2.3	1.2	2.8	4.5	1.4	2.4
N	94	55	25	11	10	16	211

* Berechnet auf Grundlage der Skala von 1=viel zu schnell bis 5=viel zu langsam.

Die Skepsis gegenüber der Geschwindigkeit des Vereinigungsprozesses dürfte im Zusammenhang mit der Frage stehen, ob die Interessen der DDR-Bevölkerung in einem gemeinsamen Deutschland genügend repräsentiert sein würden. Daß dies nicht der Fall sei, meinten, der bereits erwähnten Infas-Umfrage zufolge, 63 Prozent derjenigen Abgeordneten, die noch heute ein parlamentarisches Mandat innehaben, und 71 Prozent von denen, die ausgeschieden sind. Zu derselben Umfrage heißt es: "54 Prozent jener Abgeordneten, die heute ein Mandat ausüben, bewerten den Gang der Ereignisse als im großen und ganzen richtig, 23 Prozent sprechen von großen Fehlern, die gemacht wurden, und weitere 22 Prozent betrachten die deutsche Vereinigung im nachhinein als 'Vereinnahmung'."[42]

Die Einstellung zur Zukunft betraf auch die individuelle Perspektive der Abgeordneten. In der erwähnten Infas-Umfrage wurden die Abgeordneten über ihre parlamentarische Arbeit nach der Volkskammerzeit befragt. Danach üben 50 Prozent derer, die geantwortet hatten, noch heute ein Parlamentsmandat aus, vornehmlich im Bundestag oder in einem der Landtage. Weitere 35 Prozent sind lediglich noch parteipolitisch aktiv, 15 Prozent sind ganz aus der Politik ausgeschieden[43]. In der Volkskammer-Umfrage wurde danach gefragt, ob die Abgeordneten ihre Tätigkeit im alten Beruf wieder aufnehmen wollten.

Die Absicht, den alten Beruf wieder aufzunehmen, äußerten - wie Tabelle 13 zeigt - 18 Prozent der Abgeordneten. Weiterhin politisch aktiv bleiben wollten 73 Prozent. Die Absicht, kommunalpolitisch aktiv zu werden, erklärten 5 Prozent,

---

42 Vgl. Abgeordnete der Volkskammer (Anm. 34).
43 Vgl. ebd.

Tabelle 13: Persönliche Zukunftsperspektiven der Volkskammerabgeordneten

	CDU (%)	SPD (%)	PDS (%)	FDP (%)	DSU (%)	B90 (%)	Gesamt (%)
Ich möchte die Arbeit in meinem alten Beruf wieder aufnehmen	18	8	38	38	38	7	18
Ich möchte weiterhin politisch tätig sein:							
- Parlamentarisch auf kommunalpolitischer Ebene	5	4	6	13	0	7	5
- Regierungsamt auf kommunalpolitischer Ebene	5	4	0	13	0	13	5
- Parlamentarisch auf landespolitischer Ebene	32	35	44	13	13	47	34
- Regierungsamt auf landespolitischer Ebene	32	20	6	25	0	7	23
- Parlamentarisch auf gesamtdeutscher Ebene	49	45	44	25	38	47	46
- Regierungsamt auf gesamtdeutscher Ebene	4	2	6	13	0	0	3
- Aufgaben in meiner Partei/Bewegung übernehmen	16	18	38	25	13	20	19
- Für meine Partei/Bewegung in meiner Gemeinde wirken	14	22	13	0	25	7	15
N	84	51	16	8	8	15	182

Frage: "Wenn Sie an Ihre Zukunft denken, welche Perspektive kommt für Sie in Frage?"

landespolitisch 34 Prozent und bundespolitisch 46 Prozent. 3 Prozent, also sechs Volkskammerabgeordnete, beabsichtigten, ein Regierungsamt zu übernehmen. Aufgaben in der Partei wollten 19 Prozent übernehmen, und in der Gemeindepolitik wollten 15 Prozent aktiv werden. Somit waren die Erwartungshaltungen der Abgeordneten der Volkskammer etwas höher als sie später nach Angaben der Infas-Umfrage eingelöst werden konnten.

7. Zusammenfassung

Die vorangegangenen Ausführungen stellen den Versuch dar, Auskünfte über die Motive, Werte und politischen Zielvorstellungen der Abgeordneten der ersten demokratischen Volkskammer in Erfahrung zu bringen, um in diesem Kontext die Konflikte und Kooperationen wie auch die konkreten Entscheidungen der Volkskammerabgeordneten verständlicher werden zu lassen.

Für die Abgeordneten war der Grad der Bekanntheit in der Öffentlichkeit das entscheidende Motiv, als Kandidat für die Volkskammer aufgestellt zu werden. Erst an zweiter Stelle standen die Fachkenntnisse. Ein besonderer Wert wurde der moralischen Qualifikation beigemessen. Leitend war die Absicht, einem Rückfall in die alten Verhältnisse entgegenzuwirken.

Im Einstellungsprofil der Abgeordneten zeichnete sich ab, daß für die Wende in der DDR als wesentlich die Reformpolitik Gorbatschows angesehen wurde, die Abgeordneten selbst mehr oder weniger die Oppositionsbewegung in der DDR unterstützt haben wollen und ein erheblicher Teil unter ihnen war, der im persönlichen und/oder beruflichen Leben Nachteile hatte in Kauf nehmen müssen. Das Interesse, bestimmte Institutionen der DDR zu bewahren, war sehr unterschiedlich ausgeprägt. Die Abgeordneten der ehemaligen Blockparteien setzten sich im Zuge der Westorientierung deutlich von den DDR-Institutionen ab. Die Abgeordneten der PDS dagegen wollten sie konservieren. Die konsequente Abkehr durch die neue Partei DSU entsprach deren Selbstverständnis. Unter den SPD- und Bündnis 90/Grüne-Abgeordneten fanden sich, wenn auch in der Minderheit, durchaus starke Stimmen, die das Ergebnis des institutionell verfaßten sozialpolitischen Anspruchs der DDR erhalten wissen wollten.

Der Abgeordnete der Volkskammer war Kind der Revolutionszeit, er genügte weder den westlichen Ansprüchen noch der westlichen Zuordnung nach Fraktionen. Zuweilen wichen politische Einstellung und beschlossene Pragmatik voneinander ab. Die Volkskammerabgeordneten spalteten sich einmal in die Bewahrer der sogenannten DDR-Errungenschaften, zum anderen in diejenigen, die die westdeutschen Verhaltensweisen und Verhältnisse aneignen wollten.

Bettina Scholz

Bundestag und Volkskammer. Meinungsprofile von Abgeordneten im Vergleich

1. Einleitung

In einer kurzen historischen Phase, zwischen April und Oktober 1990, existierten in Deutschland zwei demokratisch gewählte Parlamente zur gleichen Zeit: der 11. Deutsche Bundestag und die 10. Volkskammer der DDR. Die Abgeordneten beider Parlamente agierten in einem im wesentlichen ähnlichen, nämlich *parlamentarischen* Regierungssystem. Beide Parlamente hatten die gleichen verfassungsmäßigen Aufgaben und Befugnisse: Regierungsbildung, Gesetzgebung, Repräsentation und Artikulation gesellschaftlicher Interessen, Exekutivkontrolle. Unterschiedlich dagegen war die parlamentarische Erfahrung der Abgeordneten. Während die Mitglieder des Deutschen Bundestages über einen Fundus langjähriger Kenntnisse der parlamentarischen Praxis in einem etablierten Regierungssystem verfügten, befanden sich die Volkskammerabgeordneten in einer für sie vollkommen neuen Situation, in die sie sich in kurzer Zeit unter schwierigen Bedingungen und angesichts erdrückender Entscheidungsanforderungen erst eingewöhnen mußten.

Daraus lassen sich zwei (gegensätzliche) Hypothesen ableiten: (a) Bei den Abgeordneten beider Parlamente schlagen ihre jeweiligen (unterschiedlichen) Erfahrungen auf ihr Rollenverständnis als Parlamentarier durch und zwar einschließlich ihrer Motivationen und ihrer Tätigkeitsschwerpunkte. Generalisiert würde das bedeuten, daß die institutionellen Bedingungen des parlamentarischen Regierungssystems den Abgeordneten, je nach ihren jeweiligen Fähigkeiten oder politischen Interessen, einen weiten Rahmen der Ausgestaltung ihrer Rolle bieten.

Demgegenüber läßt sich die Hypothese (b) formulieren, wonach es gerade die institutionellen Bedingungen eines modernen parlamentarischen Regierungssystems sind, die auch den Handlungsrahmen (und die Handlungsrestriktionen) der Abgeordneten bestimmen, und zwar mehr oder weniger unabhängig von den persönlichen Optionen der jeweiligen Individuen. Um zu klären, ob sich die unterschiedliche Erfahrung der Abgeordneten auf ihre Rollenadaption auswirkt, werden in der folgenden Untersuchung die Ergebnisse zweier inhaltlich ähnlicher Abgeordnetenbefragungen, die für beide Parlamente vorliegen, systematisch miteinander verglichen.

Eine zweite Frage, die sich aufdrängt und die anhand des vorliegenden Umfragematerials zumindest ansatzweise beantwortet werden kann, bezieht sich auf die Struktur der parteipolitischen Repräsentation. Aus den ersten freien Wahlen zur Volkskammer ging, trotz des Angebots von 23 Parteien oder Bündnissen, ein Parteiensystem hervor, das im wesentlichen dem der Bundesrepublik glich. Daraus könnte hypothetisch gefolgert werden, daß sich wegen der Ähnlichkeit des Parteienspektrums in West- und Ostdeutschland auch ein entsprechend ähnliches Spektrum von politischen Zielvorstellungen und Wertorientierungen in der Abgeordnetenschaft der beiden Parlamente zeigen müßte. Andererseits läßt sich jedoch nicht verkennen, daß die jeweiligen west- bzw. ostdeutschen Parteien keineswegs identisch waren; so gab es Unterschiede in den konkreten politischen Programmen, in der soziologischen Struktur ihrer Mitgliederschaften und in den Erwartungen ihrer jeweiligen Wählerklientele. Vor diesem Hintergrund könnte man auch erwarten, daß nicht nur die Parlamente insgesamt ideologische Differenzen aufweisen, sondern sich auch die Fraktionen der beiden Parlamente trotz derselben Parteinamen nicht unwesentlich in ihren jeweiligen Zielvorstellungen und Wertorientierungen unterscheiden.

Um den direkten Vergleich zwischen den Abgeordneten beider Parlamente zu ermöglichen, muß die Frage nach den Wertorientierungen der Abgeordneten hier auf die Einstellung zu bestimmten gesellschaftspolitischen Zielvorstellungen beschränkt bleiben.

Dennoch sind die Ergebnisse einer derartigen komparativen Analyse auch für die politische Praxis nicht ohne Bedeutung, geht es doch um die Konfliktpotentiale und Kooperationschancen in der parlamentarischen Führungsschicht nach der deutschen Einigung[1]. Ähnliche parlamentarische Rollenorientierungen der ostdeutschen und der westdeutschen Abgeordneten lassen erwarten, daß das nunmehr gesamtdeutsche Parlament ohne Funktionsstörungen handeln kann. Andererseits würden gravierende Unterschiede in Politikzielen und Werthaltungen, gerade auch innerhalb der Fraktionen, jene Politikbereiche indizieren, in denen inhaltliche (latente oder manifeste) Konfliktpotentiale verborgen sind. Diese Problematik wird in der Zusammenfassung noch einmal aufzugreifen sein.

---

1 Bei der Wahl des gesamtdeutschen Bundestages am 2. Dezember 1990 wurden von den Mandaten, die in den alten Bundesländern zu vergeben waren, 71 Prozent von Abgeordneten gewonnen, die bereits Mitglied des 11. Deutschen Bundestages (1987-1990) waren. Die Hälfte der Mandate aus den neuen Bundesländern gewannen ehemalige Abgeordnete der 10. Volkskammer (März - Oktober 1990).

2. Selbstverständnis und Arbeitsbedingungen der Abgeordneten

2.1. Rollenverständnis, Motivation und Tätigkeitsschwerpunkte

Da zunächst Erkenntnisse über generelle Strukturen und Strukturbedingungen gewonnen werden sollen, um den Zusammenhang zwischen Regierungssystem und Rollenadaption zu erhellen, wird hier nicht nach Fraktionszugehörigkeit differenziert, sondern die Abgeordnetenschaft beider Parlamente insgesamt betrachtet.

Tabelle 1: Rollenverständnis[a]

Rollenverständnis als:	Volkskammer %	Bundestag %
Vertreter ihrer Wähler	60	50
Repräsentanten ihrer Partei	18	20
Freie Abgeordnete	13	21
Sprecher gesellschaftlicher Gruppen	10	10
Anzahl der Befragten	210	298

a Für die Volkskammerumfrage sind die Interviewfragen und die genaue Formulierung der Antwortvorgaben dem auszugsweise abgedruckten Fragebogen im Anhang zu entnehmen. Die Bundestagsumfrage wurde ausführlich dokumentiert in: Dietrich Herzog/Hilke Rebenstorf/Camilla Werner/Bernhard Weßels, *Abgeordnete und Bürger. Ergebnisse einer Befragung der Mitglieder des 11. Deutschen Bundestages und der Bevölkerung*, Opladen: Westdeutscher Verlag 1990.

Im ganzen gesehen, war das Rollenverständnis der Abgeordneten in beiden Parlamenten recht ähnlich. Die Mehrheit der Abgeordneten verstand sich als Vertreter ihrer Wähler, ein jeweils deutlich geringerer Teil der Abgeordneten sah sich als Repräsentant ihrer Partei, als Inhaber eines ungebundenen Mandats oder als Sprecher für die Belange bestimmter gesellschaftlicher Gruppen[2]. Unter den Volkskammerabgeordneten war das Rollenverständnis als Wählervertreter etwas stärker, die Rollenperzeption als freie Abgeordnete dagegen etwas schwächer ausgeprägt als bei den Bundestagsabgeordneten.

---

2 Auf die offene Frage, welche Gruppen denn damit gemeint seien, nannten die Abgeordneten beider Parlamente vor allem sozial Schwächere und Minderheiten.

Die Angabe zum Rollenverständnis läßt zwar Rückschlüsse auf den Anspruch der Abgeordneten zu, bestimmte normative Erwartungen zu erfüllen, kann das individuelle Selbstverständnis aber nur grob wiedergeben. Mit der Frage, welche persönlichen Motive für ihre parlamentarische Arbeit bedeutsam sind, soll das Selbstverständnis der Abgeordneten etwas differenzierter dargestellt werden.

Tabelle 2: Persönliche Motive für die parlamentarische Arbeit (Mehrfachantworten)

Sehr wichtige Motive:[a]	Volkskammer %	Bundestag %
Die Interessen der Bürger vertreten	70	65
Einfluß auf politische Entscheidungen nehmen	41	72
Politische Ziele meiner Partei durchsetzen	40	37
Persönliche politische Vorstellungen verwirklichen	28	45
An der öffentlichen Meinungsbildung mitwirken	29	29
Fachliche Kenntnisse einbringen	32	21
Interesse an der parlamentarischen Arbeit allgemein	10	15
Intellektuelle Befriedigung, Freude am Debattieren	3	6
Anzahl der Befragten	210	329

[a] Für die Volkskammer sind hier die Nennungen als "sehr wichtig" wiedergegeben; in der Bundestagsumfrage wurde nach den drei wichtigsten Motiven gefragt.

Zunächst fällt auf, daß weniger individuelle, tatsächlich persönliche Motive, etwa allgemeines Interesse an der parlamentarischen Arbeit oder intellektuelle Befriedigung, eine Rolle spielen, sondern in erster Linie politische Motive genannt wurden. Dabei war die Motivation, die Interessen der Bürger zu vertreten, für die Volkskammerabgeordneten von herausragender Bedeutung. Alle übrigen Beweggründe wurden von den Volkskammerabgeordneten deutlich seltener als sehr wichtige Motive genannt (vgl. Tabelle 2). Für die Bundestagsabgeordneten hatte die Interessenvertretung der Bürger zwar einen ähnlich hohen Stellenwert, noch wichtiger aber war das Motiv, Einfluß auf politische Entscheidungen zu nehmen. Hier zeigt sich eine deutliche Differenz zwischen den Abgeordneten beider Parlamente: Während 72 Prozent der Bundestagsabgeordneten als eines der drei wichtigsten persönlichen Motive angaben, Einfluß auf politische Entscheidungen zu nehmen, hatte dieser Beweggrund für die Volkskammerabgeordneten mit nur 41 Prozent Nennungen als "sehr wichtig" erheblich geringere Bedeutung.

Auch die Motivation, persönliche politische Vorstellungen zu verwirklichen, wurde von den Volkskammerabgeordneten deutlich seltener als "sehr wichtig" eingestuft als von den Abgeordneten des 11. Deutschen Bundestages. Das Motiv, an der öffentlichen Meinungsbildung mitzuwirken, war in beiden Parlamenten insgesamt gleichstark ausgeprägt; hatte aber sowohl für die Grünen im Bundestag (70 Prozent Nennungen) als auch für die Fraktion Bündnis 90/Grüne der Volkskammer (63 Prozent) überdurchschnittlich große Bedeutung. Diese beiden Fraktionen hatten demnach ein besonders ausgeprägtes Interesse, das jeweilige Parlament auch als Forum zu nutzen.

Tabelle 3: Tätigkeitsschwerpunkte

In erster Linie genannt:	Volkskammer %	Bundestag %
Mitwirkung an der Gesetzgebung und Regierungskontrolle	47	58
Artikulation bestimmter gesellschaftlicher Interessen	19	16
Politische Grundsatzarbeit und Entwurf politischer Strategien	16	12
Koordinations- und Vermittlertätigkeiten	9	5
Vertretung der Interessen einzelner Bürger	9	9
Anzahl der Befragten	189	321

Insgesamt haben die Abgeordneten in beiden Parlamenten ihre Arbeit offenbar durchaus ähnlich gestaltet. Als Schwerpunkt ihrer parlamentarischen Tätigkeit gaben die Abgeordneten in beiden Parlamenten in erster Linie die Mitwirkung an der Gesetzgebung und Regierungskontrolle an. Aber, wie schon bei der Frage nach der persönlichen Motivation, zeigt sich auch hier das offenbar geringere Interesse der Volkskammerabgeordneten an konkreter Politikgestaltung in Form der gesetzgeberischen Tätigkeit. Zum einen mag dies der Tatsache geschuldet sein, daß zum Zeitpunkt der Volkskammerumfrage, im September 1990, der Einigungsvertrag bereits vorlag und der Termin der staatlichen Einheit festgelegt war, die Volkskammer als Parlament der DDR somit ihre gesetzgeberische Tätigkeit einstellen konnte. Dahinter verbirgt sich aber auch die Schwerpunktsetzung der Fraktionen der Bürgerbewegungen und der PDS in der Volkskammer, die, ebenso wie die Grünen im Bundestag, die Artikulation bestimmter gesellschaftlicher Interessen überdurchschnittlich häufig als Tätigkeitsschwerpunkt angaben.

Die je individuelle Rollenperzeption und Arbeitshaltung der Abgeordneten wirkt selbstverständlich auf die Arbeitsweise der Parlamente insgesamt zurück. Aufschluß über diese Arbeitsweise soll die Frage nach der Relevanz verschiedener parlamentsinterner Informationsmöglichkeiten geben. Zumindest indirekt läßt sich aus diesen Angaben durchaus auf die generelle Bedeutung der verschiedenen Gremien schließen.

Tabelle 4: Parlamentsinterne Informationsmöglichkeiten

Sehr wichtig sind:	Volkskammer %	Bundestag %
Ausschußsitzungen/ -vorlagen	78	59
Informationen aus den Fraktionsgremien	44	43
Regierungsvorlagen	25	24
Anfragen	19	11
Plenumsdebatten	29	8
Aktuelle Stunden	25	6
Anzahl der Befragten	182	329

Wie aus Tabelle 4 hervorgeht, schrieben die Abgeordneten in beiden Parlamenten den Ausschußsitzungen und Fraktionsgremien den größten "Informationswert" zu - jenen Gremien also, in denen die politische Arbeit hauptsächlich geleistet wird. Aus dem vergleichsweise großen Informationswert, den die Volkskammerabgeordneten den öffentlichen Plenumsdebatten und aktuellen Stunden beimaßen, läßt sich aber auch ablesen, daß die Volkskammer, die als neues, demokratisches Parlament der DDR naturgemäß stark im Interesse der Öffentlichkeit stand[3], in viel stärkerem Maße als der Bundestag auch ein Redeparlament war und von ihren Abgeordneten auch als solches verstanden wurde[4].

2.2. Arbeitsbedingungen der Parlamentarier

Im Vergleich beider deutscher Parlamente hat sich, trotz einiger Differenzen, doch eine große Übereinstimmung in der Rollenadaption und der Arbeitsweise der Ab-

---
3 Fast alle Volkskammersitzungen wurden direkt vom Fernsehen übertragen.
4 Diesen Eindruck vermittelten auch die Volkskammersitzungen mit ihren zum Teil turbulenten Diskussionen.

geordneten herausgestellt. Die unterschiedliche Erfahrung der politischen Akteure spielt hier offenbar nur eine untergeordnete Rolle. Die Abgeordneten beider Parlamente agieren in ähnlicher Weise in einem Handlungsrahmen, der demnach durch die institutionellen Bedingungen des parlamentarischen Regierungssystems vorgegeben ist. Die parlamentarische Arbeit müßte daher auch mit den gleichen "typischen" Problemen verbunden sein. Der "Mängelkatalog", der sich aus der Frage erstellen läßt, welche Probleme, mit denen die Abgeordneten konfrontiert werden, wirklich wichtig sind, weist auch dementsprechende Übereinstimmungen auf. Zugleich werden aber auch Unterschiede deutlich sichtbar. Diese Differenzen sind einerseits im historischen Kontext begründet, sie veranschaulichen aber auch, daß die unterschiedliche Erfahrung die Erwartungen und Ansprüche an die Rolle als Abgeordneter beeinflußt.

Tabelle 5: Probleme der Abgeordneten

Wirklich wichtige Probleme sind:	Volkskammer %	Bundestag %
1. Zu wenig Zeit, vertiefend über politische Probleme nachzudenken	85	81
2. Zu wenig Zeit, sich umfassend zu informieren	87	77
3. Zu wenig Zeit für VK: Gespräche mit den Bürgern BT: für den Wahlkreis	89	37
4. Zu geringer Einfluß des Abgeordneten auf die Ministerialverwaltung	64	65
5. Politische Ideale werden nicht mehr verfolgt; der Sachzwang regiert	54	42
6. Die Aufgabe, einzelnen Bürgern zu helfen, wird nur unzulänglich wahrgenommen	81	26
7. Die Tätigkeit erscheint sinnlos, da Probleme doch nur unzulänglich gelöst werden	54	26
8. Unzulängliche Möglichkeiten, sich in der Öffentlichkeit zu profilieren	44	16
9. Zu viele Repräsentationspflichten	14	55
10. Mangelnde Moral in der Politik, Korruption, persönliche Angriffe und Demagogie sind an der Tagesordnung	49	26
11. Die Partei übt zu großen Druck aus	19	6
Anzahl der Befragten	155	329

Als eines der drängendsten Probleme empfanden die Abgeordneten beider Parlamente den aus der großen Arbeitsbelastung resultierenden Zeitmangel. So gab ein großer Teil der Abgeordneten an, zu wenig Zeit zu haben, um sich umfassend zu informieren und vertiefend über politische Probleme nachdenken zu können (Aussagen 1 und 2). Während die übergroße Mehrheit der Volkskammerabgeordneten außerdem anführte, zu wenig Zeit für Gespräche mit den Bürgern zu haben, konnten die Bundestagsabgeordneten offenbar die Betreuung ihrer Wahlkreise vergleichsweise gut mit ihrer parlamentarischen Tätigkeit verbinden (Aussage 3). Hier mögen zwar die geringere Arbeitsroutine der Volkskammerabgeordneten sowie verkehrs- und kommunikationstechnische Probleme durchaus eine Rolle spielen, entscheidend ist aber offenbar der Anspruch der Volkskammerabgeordneten, "bürgernahe Volksvertreter" zu sein. Die große Zustimmung zu Aussage 6 ("die Aufgabe, einzelnen Bürgern zu helfen, wird nur unzulänglich wahrgenommen") zeigt, daß damit nicht nur der Anspruch verbunden wurde, allgemein die Interessen der Bürger zu vertreten[5], sondern daß sich die Volkskammerabgeordneten auch Partikularinteressen verpflichtet fühlten. Aus diesem ehrenwerten, aber kaum einlösbaren Anspruch mag auch eine gewisse Frustration resultieren, die sich in der Zustimmung zu Aussage 7 ("die Tätigkeit erscheint sinnlos, da Probleme doch nur unzulänglich gelöst werden") ausdrückt.

Die Volkskammer als neues Parlament hatte offenbar das gleiche strukturelle Problem wie der etablierte Bundestag. In beiden Parlamenten gab die Mehrheit der Befragten als ein für sie wichtiges Problem an, der Einfluß der Abgeordneten auf die Ministerialverwaltung sei zu gering (Aussage 4).

Nicht zuletzt im Hinblick auf ihre politische Zukunft im vereinigten Deutschland hatten die Volkskammerabgeordneten das (legitime) Interesse, sich in der Öffentlichkeit zu profilieren. Offenbar boten sich hierzu aber nur unzulängliche Möglichkeiten (Aussage 8), so daß die zum großen Teil in der Öffentlichkeit unbekannten Volkskammerabgeordneten auch nur wenige Repräsentationspflichten zu erfüllen hatten (Aussage 9).

Die "Parlamentsatmosphäre" wurde von den Abgeordneten der Volkskammer sehr negativ beurteilt, für fast die Hälfte stellte sich als wichtiges Problem dar, daß Korruption, persönliche Angriffe und Demagogie an der Tagesordnung seien (Aussage 10). Mutmaßungen und Enthüllungen über die Stasi-Vergangenheit verschiedener Abgeordneter schlagen sich hier ebenso nieder wie von den Abgeordneten in den Plenardebatten gegenseitig geäußerte Vorwürfe, was man in der alten DDR gesagt, getan oder unterlassen habe. Die Abgeordneten der SED-Nachfolgepartei PDS sahen sich diesen persönlichen Angriffen natürlich besonders stark ausgesetzt. Wenn dieses Ergebnis für die Volkskammer auch nicht gerade von besonders gutem Stil zeugt, aber vor dem Hintergrund der Vergangenheitsbewältigung durchaus verständlich ist, stimmt es doch bedenklich, daß ein gutes Viertel der Bundestagsabgeordneten dieser Aussage ebenfalls zustimmte.

---

5 Vgl. Tabelle 2: Persönliche Motive für die parlamentarische Arbeit.

Positiv zu werten ist dagegen, daß die Abgeordneten ihr Mandat offenbar weitgehend ohne allzu massiven Druck durch ihre Parteien ausüben können (Aussage 11). Zwar wurde dieses Problem von den Volkskammerabgeordneten weitaus häufiger genannt, aber auch hier war der Parteidruck offenbar ein eher untergeordnetes Problem.

2.3. Volkskammer und Bundestag im parlamentarischen Regierungssystem

Das parlamentarische Regierungssystem unterliegt einem immanenten Spannungsverhältnis: Einerseits gilt das Prinzip der Gewaltenteilung, wonach Parlament und Regierung unterschiedliche Aufgaben wahrzunehmen haben; andererseits sind beide Organe in vielfältiger Weise miteinander verbunden, wobei gerade die Abhängigkeit der Regierung vom Vertrauen der Parlamentsmehrheit von zentraler Bedeutung für die Funktionsweise des parlamentarischen Regierungssystems ist.

Die Abgeordneten beider deutschen Parlamente wurden befragt, wie sie das Spannungsverhältnis zwischen Regierung und Parlament bzw. zwischen Regierungsmehrheit und Opposition in der Realität wahrnehmen und wie sie es sich gegebenenfalls anders wünschten.

Zur Wahl standen drei Modelle[6]:
1. Das "duale Modell", das sich am britischen Parlamentarismus orientiert. In ihm sind die Regierung und die sie tragende Parlamentsmehrheit (auch personell) eng miteinander verbunden, so daß die parlamentarische Opposition, die sich als Alternative zur Regierung profilieren muß, mit ihrer Kritik und Kontrolle die eigentliche Gegenspielerin ist.
2. Das in der klassischen Gewaltentrennung zwischen Legislative und Exekutive gründende Modell, in dem das Gesamtparlament der Regierung gegenübersteht.
3. Das dritte Modell schließlich geht davon aus, daß die Regierung, die Koalitionsfraktionen und die Oppositionsfraktionen sich als eigenständige Gruppierungen verstehen, zwischen denen die Machtbeziehungen flexibel sind. Die Regierung kann in Einzelfragen sowohl von der Opposition unterstützt als auch aus den Reihen der sie tragenden Mehrheit kritisiert werden.

Das Spannungsverhältnis zwischen Parlament und Regierung wurde von den Abgeordneten der Volkskammer offenbar völlig anders wahrgenommen als von den Abgeordneten des Bundestages. So betrachteten 85 Prozent der befragten Bundestagsabgeordneten das duale Modell, also die Frontstellung zwischen Regierung und der sie tragenden Parlamentsmehrheit einerseits und der Opposition anderer-

---

6 Vgl. Dietrich Herzog/Hilke Rebenstorf/Camilla Werner/Bernhard Weßels, *Abgeordnete und Bürger. Ergebnisse einer Befragung der Mitglieder des 11. Deutschen Bundestages und der Bevölkerung*, Opladen: Westdeutscher Verlag 1990, S. 101f.

seits, als zutreffende Beschreibung des parlamentarischen Regierungssystems der Bundesrepublik. Nur 14 Prozent der Bundestagsabgeordneten sahen flexible Machtbeziehungen zwischen eigenständigen Gruppierungen als gegeben an, die klassische Gewaltenteilung nur ein Prozent.

Tabelle 6: Verhältnis zwischen Parlament und Regierung

Verhältnis in der Realität:	Volkskammer %	Bundestag %
Duales Modell	49	85
Gewaltentrennungsmodell	7	1
Modell der eigenständigen Gruppierungen	44	14
Anzahl der Befragten	208	327

Die Machtbeziehungen im parlamentarischen Regierungssystem der DDR fanden nur 49 Prozent der Volkskammerabgeordneten mit dem dualen Modell realistisch beschrieben. Ein fast ebenso großer Teil der Volkskammerabgeordneten (44 Prozent) gab dagegen an, die Koalitionsfraktionen, die Oppositionsfraktionen und die Regierung verstünden sich als eigenständige Gruppierungen. Nur die Abgeordneten der CDU/DA und der DSU, also der nach dem Bruch der Regierungskoalition[7] verbliebenen Regierungsparteien, sahen mehrheitlich im dualen Modell die zutreffende Beschreibung des parlamentarischen Regierungssystems der DDR. Die übrigen Volkskammerfraktionen erachteten eher das Modell der eigenständigen Gruppierungen, in dem also auch die Regierung eine eigenständige Gruppierung ist, für gegeben.

Daß die Opposition mit dieser Zustandsbeschreibung das Verhältnis zwischen Parlament und Regierung aber keineswegs als "arbeitsteiliges Leitungssystem" beschreibt, sondern sich hier die Kritik an der Eigenmächtigkeit der Regierung bei

---

7 Zur Erinnerung: Nach den Volkskammerwahlen, bei denen die Allianz für Deutschland (CDU, DA und DSU) die absolute Mehrheit nur knapp verfehlte, wurde unter der Leitung von Ministerpräsident Lothar de Maizière ein außergewöhnlich breites Regierungsbündnis gebildet, an dem sieben Parteien beteiligt waren: die Allianzparteien (CDU, DA und DSU), die liberalen Parteien (BFD, FDP und DFP) und die SPD. Somit gehörten zunächst 303 der 400 Volkskammerabgeordneten Fraktionen an, die an der Regierung beteiligt waren. Wegen des Streits um Wahlmodus und Beitrittstermin verließen die Liberalen im Juli die Koalition, ihre Minister amtierten aber weiter. Die SPD verließ Mitte August ebenfalls die Regierungskoalition und zog ihre Minister zurück. Die DSU war zwar weiterhin in der Koalition, ihre Minister waren aber inzwischen aus der DSU ausgetreten, konnten jedoch durch eine Änderung des Abgeordnetengesetzes ihre Mandate behalten.

den Verhandlungen über den Einigungsvertrag niederschlägt, machen einige Zitate aus einer Plenardebatte, der ersten Lesung des Einigungsvertrages, deutlich. So kritisierte Wolfgang Thierse (SPD): "Es ist ein skandalöser Vorgang, daß Beschlüsse der Volkskammer und mit großer Mehrheit verabschiedete Gesetze von den CDU-Regierungen und von der Verhandlungsdelegation unter der Leitung von Herrn Krause gröblichst mißachtet worden sind."[8] Gregor Gysi (PDS) wurde noch deutlicher: "Von entscheidender Bedeutung in diesem Einigungsvertrag halte ich die Negierung der Arbeit dieser Volkskammer nach dem 18. März 1990. Es ist zum Teil in stundenlangen Sitzungen, in Nachtsitzungen, in harter Arbeit der Ausschüsse Spezifisches für die Entwicklung der DDR erarbeitet worden, und vieles davon fällt am 3. Oktober 1990 weg - so, als ob es die Arbeit dieser Volkskammer in dieser Zeit gar nicht gegeben hätte."[9] Daß im Einigungsvertrag nicht nur von der Volkskammer mehrheitlich verabschiedete Gesetze keine Berücksichtigung fanden, sondern die Verhandlungsdelegation der Regierung auch am Parlament vorbei neue Gesetze geschaffen hat, wurde von der Fraktion der Bürgerbewegungen kritisiert. Werner Schulz (Bündnis 90/Grüne): "Um zu zeigen, wer der Herr im Hause ist, hat sich die Verhandlungsführung von den lästigen Zwängen des Parlamentes befreit, gleich als Gesetzgeber betätigt und uns flink ein paar neue DDR-Gesetze ins unveränderliche Paket gelegt. (...) Um Ausgleich besorgt, haben dafür von der Volkskammer beschlossene wichtige Gesetze (...) gar nicht erst Aufnahme gefunden. Haben denn die Volkskammer und ihre Ausschüsse für den Papierkorb gearbeitet?"[10]

In den Präferenzen, wie das Verhältnis zwischen Regierung und Parlament gestaltet werden solle, unterscheiden sich die Ansichten in der Volkskammer und im Bundestag weniger deutlich als in der Einschätzung der Realität.

Tabelle 7: Bevorzugtes Parlamentsmodell

Präferenz für:	Volkskammer %	Bundestag %
Duales Modell	50	34
Gewaltentrennungsmodell	34	39
Modell der eigenständigen Gruppierungen	16	27
Anzahl der Befragten	209	325

8 Stenographische Niederschrift der 35. Volkskammer-Tagung vom 13.9.1990, S. 1642.
9 Ebd., S. 1648.
10 Ebd., S. 1659.

Bundestag und Volkskammer 283

Die Bundestagsabgeordneten präferierten in erster Linie das Modell der klassischen Gewaltentrennung, in dem das Gesamtparlament der Exekutive gegenübersteht. Fast ebensoviele Abgeordneten des Bundestages gaben dem dualen Modell den Vorzug, das wiederum die Volkskammer-Abgeordneten am höchsten einschätzten.

2.4. Zwischenresümee

Die Abgeordneten beider deutschen Parlamente stimmen in ihrem Rollenverständnis, ihrer Motivation und ihren Tätigkeitsschwerpunkten weitgehend überein. Sie agieren in ähnlicher Weise in einem Handlungsrahmen, der durch die institutionellen Bedingungen des parlamentarischen Regierungssystems vorgegeben ist. Wenn die unterschiedliche Erfahrung auf die tatsächliche Handlungsweise der politischen Akteure auch nur einen geringen Einfluß hat, so prägt sie doch die Intentionen, Ansprüche und (nicht erfüllbaren) Erwartungen, die die Volkskammerabgeordneten mit ihrer Rolle verbinden. So ist der Anspruch, sich als Volksvertreter auch um die Interessen einzelner Bürger (selbst) kümmern zu wollen, im Grunde nicht einlösbar. Da zunehmende Erfahrung im allgemeinen mit einer gewissen Desillusionierung einhergeht, ist dieser Anspruch durch ihre geringe Erfahrung zu erklären. Diese Handlungsmaxime der Volkskammerabgeordneten, die sich explizit in erster Linie den Interessen der Bürger verpflichtet fühlten, zeigt aber auch, daß sie sich ihrer besonderen Rolle und Verantwortung als erste demokratisch gewählte Abgeordnete eines neuen demokratischen Parlamentes nach der Überwindung eines totalitären Systems sehr bewußt waren.

Die parlamentarische Praxis war, bedingt durch diesen besonderen historischen Kontext und auch die aktuelle Entwicklung, in der Volkskammer eine andere als im Bundestag. In stärkerem Maße als der Bundestag war die Volkskammer auch ein Redeparlament und mußte es angesichts des starken öffentlichem Interesses, das diesem neuen Parlament entgegengebracht wurde, auch sein. Zudem waren anscheinend die Machtbeziehungen im parlamentarischen Regierungssystem in der DDR nicht die gleichen wie in der Bundesrepublik. Wieweit die Einschätzung der Abgeordneten die realen Verhältnisse angemessen abbildet und welchen Einfluß darauf die aktuelle Regierungskrise in der DDR hatte, kann hier nicht geklärt werden. In den Präferenzen, wie die Machtbeziehungen innerhalb eines parlamentarischen Regierungssystems gestaltet sein sollten, stimmten die Abgeordneten beider Parlamente jedoch weitgehend überein. Diese Übereinstimmungen auf der Ebene der Parlamentskultur, den "Spielregeln" des Parlaments, lassen für das gesamtdeutsche Parlament keinerlei Funktionsstörungen erwarten.

Wie aber sieht es auf der inhaltlichen Ebene aus? Stimmen die politische Orientierung der Abgeordneten und ihre grundlegenden Wertorientierungen ebenfalls weitgehend überein? Um dieser Frage nachzugehen, soll zunächst entlang des "klassischen" Links-Rechts-Schemas die allgemeine politisch-ideologische Struktur der beiden deutschen Parlamente dargestellt werden.

3. Politische Orientierungen der Abgeordneten

3.1. Links-Rechts-Selbsteinschätzung: Vergleich zwischen der Volkskammer und dem 11. Deutschen Bundestag

Den Abgeordneten beider Parlamente wurde dieselbe Skala[11] vorgelegt. Bei den Auswertungen fiel zunächst auf, daß in der Volkskammer alle Skalenwerte, zwischen 1 und 10, also zwischen "ganz links" und "ganz rechts", belegt wurden, während sich von den Bundestagsabgeordneten niemand "rechter" als auf dem Wert 8 einstufte. Die "rechten" Ränder, die Werte 9 und 10, blieben im Bundestag unbesetzt. Sind die Volkskammerabgeordneten "rechter" als ihre Bundestagskollegen? Um die beiden Verteilungen miteinander vergleichen zu können, wurden die Variablen Z-standardisiert[12]. Vergleicht man die Mittelwerte dieser standardisierten Links-Rechts-Selbsteinschätzung, dann zeigt sich, daß die PDS sich etwa so "links" einschätzte wie die Grünen im 11. Deutschen Bundestag. Bündnis 90/Grüne ordnen sich in etwa so ein wie die SPD-Abgeordneten im 11. Bundestag: Die "linken" Parteien der Volkskammer stuften sich demnach etwas "rechter" ein als die vergleichbaren Fraktionen im Bundestag. Die FDP-Fraktion der Volkskammer ordnete sich der politischen Mitte zu, während sich ihre Kollegen im Bundestag etwas rechts der Mitte eingruppierten. Für die CDU/DA und die bundesdeutsche CDU läßt sich eine weitgehende Übereinstimmung in der Selbsteinschätzung feststellen. Interessant ist das Ergebnis der DSU, die den äußersten rechten Rand bildete und im Bundestag keine auch nur annähernde Entsprechung fand.

---

11 Vorgegeben war eine 10-Punkte- Skala zwischen "links" (Wert 1) und "rechts" (Wert 10).
12 Bei der Z-Standardisierung wird eine neue Variable gebildet, die den Mittelwert 0 und die Standardabweichung 1 hat. Im Ergebnis bekommt jeder Fall einen Wert zugewiesen, der seiner Abweichung vom standardisierten Mittelwert entspricht. Da bei standardisierten Variablen der Mittelwert immer 0 ist, lassen sich so unterschiedliche Verteilungen und Variablen mit unterschiedlichen Maßeinheiten vergleichen.

Schaubild 1: Links-Rechts-Selbsteinschätzung[a]

Volkskammer					
PDS	B 90/Grüne	SPD	FDP	CDU/DA	DSU
-1.31	-.79	-.54	.06	.67	1.15

Grüne	SPD		FDP	CDU	CSU
-1.32	-.71		.48	.69	.74

Bundestag

a Z-transformierte Werte der Selbsteinstufung auf einer Links-Rechst-Skala (1 = links; 10 = rechts); s. Fußnote 12.

Über die Mittelwertdifferenzen dieser Links-Rechts-Selbsteinschätzung der Abgeordneten läßt sich auch ein Eindruck über die Nähe oder Distanz der verschiedenen Fraktionen gewinnen.

Für die Volkskammer zeigt sich, daß die Distanz zwischen Bündnis 90/Grüne und SPD am geringsten war. Alle anderen Differenzen waren deutlich größer, wobei CDU/DA und DSU im rechten Lager sowie Bündnis 90/Grüne und PDS im linken Lager sich ihrer Links-Rechts-Selbsteinstufung nach noch vergleichsweise nahestanden. Die FDP zeigte fast dieselbe Distanz zur SPD wie zur CDU, stand also zwischen dem rechten und dem linken Lager.

Tabelle 8: Die Fraktionen der Volkskammer: Mittelwertdifferenzen der Links-Rechts-Selbsteinschätzung[a]

	PDS	B 90/Grüne	SPD	FDP	CDU/DA
DSU	2.459	1.934	1.688	1.085	.476
CDU/DA	1.983	1.457	1.211	.609	
FDP	1.374	.849	.602		
SPD	.772	.246			
B 90/Grüne	.525				

a Diese Tabelle ist wie eine Entfernungstabelle im Autoatlas zu lesen. Beispiel: die "ideologische Distanz" zwischen SPD und Bündnis 90/Grüne beträgt .246.

Tabelle 9: Die Fraktionen des 11. Deutschen Bundestages: Mittelwertdifferenzen der Links-Rechts-Selbsteinschätzung

	Grüne	SPD	FDP	CDU
CSU	2.059	1.449	.261	.065
CDU	1.994	1.384	.196	
FDP	1.798	1.188		
SPD	.610			

Schaut man sich nun die Distanzen im 11. Bundestag an, so ergibt sich ein völlig anderes Bild.
Im 11. Bundestag ist eine Links-Rechts-Blockbildung deutlich zu erkennen. Die Schwesterparteien CDU und CSU hatten erwartungsgemäß die geringste Distanz zueinander; aber auch die Distanz zur FDP ist bei beiden Parteien sehr gering. In ihrer ideologischen Selbsteinschätzung stand die FDP des 11. Deutschen Bundestages CDU und CSU erheblich näher als der SPD. Auf der linken Seite des Parteienspektrums standen sich, mit deutlich größerer Distanz, die SPD und die Grünen vergleichsweise nahe.

3.2. Einstellungen zu gesellschaftspolitischen Zielvorstellungen

Anhand ihrer Einstellung zu einigen grundsätzlichen, also über die Tagespolitik hinausgehenden politischen Zielvorstellungen sollen grundlegende Wertorientierungen der Abgeordneten charakterisiert werden.

Konsens bestand zwischen den Abgeordneten der Volkskammer in der Auffassung, daß die Belange des Umweltschutzes bei allen wirtschaftlichen oder politischen Entscheidungen berücksichtigt werden sollten. Vor dem Hintergrund der katastrophalen, zum Teil irreparablen Umweltschäden, die die DDR-Industrie hinterlassen hat, stuften 74 Prozent aller befragten Volkskammerabgeordneten dieses Politikziel als sehr wichtig ein (vgl. Tabelle 10). Für die Abgeordneten der "linken" Parteien hatte der Umweltschutz größere Relevanz als für die Abgeordneten des "rechten" Parteilagers. Dabei ist interessant, daß im linken Parteilager die Einstufung des Umweltschutzes als sehr wichtiges Politikziel bei der Fraktion der Bürgerbewegungen Bündnis 90/Grüne geringer ausgeprägt war als bei den Fraktionen SPD und PDS.

Tabelle 10: Die Abgeordneten der Volkskammer. Einstellungen zu gesellschaftspolitischen Zielvorstellungen (Mehrfachantworten)

Als "sehr wichtig" genannt:	CDU/DA %	SPD %	PDS %	FDP %	DSU %	B 90/ Grüne %	Gesamt %
Bei allen Entscheidungen Umwelt berücksichtigen	63	89	88	50	67	81	74
Mehr Bürgermitsprache	25	34	96	60	30	100	44
Parteien weniger, Bürgerinitiativen mehr Einfluß	1	10	13	--	--	56	9
Staatliche Ordnungskräfte ausbauen, um Sicherheit und Ordnung zu gewährleisten	11	4	--	20	22	6	8
Weniger Konkurrenz und Leistungsdruck in der Gesellschaft	9	18	17	--	11	25	13

An zweiter Stelle, mit insgesamt 44 Prozent Nennungen als sehr wichtig eingestuft, stand die Forderung, die Bürger sollten mehr Mitsprache bei politischen Entscheidungen haben. Für die Abgeordneten der Fraktionen Bündnis 90/Grüne und der PDS hatte diese gesellschaftspolitische Zielvorstellung die größte Relevanz. Auch die Abgeordneten der FDP-Fraktion stimmten dieser allgemein formulierten Forderung nach mehr Partizipation mehrheitlich zu. Die Zustimmung zu mehr Bürgermitsprache wird jedoch bei allen Fraktionen deutlich geringer, wenn konkret gefordert wird, Parteien sollten weniger Einfluß haben, Bürgerinitiativen dagegen mehr. Allein die Fraktion der Bürgerbewegungen Bündnis 90/Grüne, die sich nicht als Partei konstituiert hatten, sah diese gesellschaftspolitische Zielvorstellung mehrheitlich als sehr wichtig an. Von den Abgeordneten der PDS und der SPD stufte nur ein geringer Teil diese Forderung als sehr wichtig ein, wobei, hier nicht gesondert ausgewiesen, bei den PDS-Abgeordneten die Angabe "wichtig" bei den SPD-Abgeordneten die Angabe "nicht so wichtig" überwog. Die Abgeordneten von CDU/DA, FDP und DSU sprachen sich hingegen mehrheitlich explizit dagegen aus.

Weitgehend unbestritten ist indes das Recht der Öffentlichkeit, durch Demonstrationen Kritik zu üben und Forderungen zu stellen. Kein Volkskammerabgeordneter stufte die Forderung, das Demonstrationsrecht solle eingeschränkt werden, als sehr wichtig ein, diese Forderung ist daher in der Tabelle nicht aufgeführt. Aussagekräftiger ist hier jedoch der Grad der ausdrücklichen Ablehnung. Man hätte erwarten können, daß das Recht auf freie Meinungsäußerung und somit auch das

Demonstrationsrecht als in der DDR neu erworbene demokratische Grundrechte gerade von den Abgeordneten der Volkskammer als besonders schützenswert angesehen werden. Dies läßt sich jedoch nicht bestätigen. Zwar lehnen 69 Prozent der Volkskammerabgeordneten die Aussage, "das Demonstrationsrecht sollte eingeschränkt werden", ab, der Grad der Ablehnung ist aber nur geringfügig höher als unter den Abgeordneten des 11. Deutschen Bundestages (67 Prozent). Bei den Abgeordneten der DSU und, etwas geringer ausgeprägt, denen der CDU/DA war die Ablehnung, das Demonstrationsrecht einzuschränken, am geringsten. Nur 33 Prozent oder - in absoluten Zahlen - drei der neun befragten DSU-Abgeordneten und 56 Prozent der CDU/DA-Abgeordneten sprachen sich gegen diese Einschränkung aus.

Das Demonstrationsrecht genoß demnach auch nach der Wende in der DDR keinen besonders hohen Stellenwert, sondern ließ sich - ebenso wie in der Bundesrepublik - der Frage der inneren Sicherheit und Ordnung zuordnen. Zu diesem Politikfeld gehört auch die Forderung, die staatlichen Ordnungskräfte auszubauen, um Sicherheit und Ordnung zu gewährleisten. Diese Forderung schätzen die Fraktionen des rechten Parteilagers überdurchschnittlich häufig als sehr wichtig ein. Faßt man die Angaben "sehr wichtig" und "wichtig" für diese Aussage zusammen, dann zeigt sich, daß das Sicherheitsbedürfnis in der Volkskammer im Vergleich zum 11. Deutschen Bundestag stärker ausgeprägt war. So hielten 42 Prozent aller befragten Volkskammerabgeordneten den Ausbau der staatlichen Ordnungskräfte für sehr wichtig oder wichtig, von den Abgeordneten des Deutschen Bundestages dagegen nur 28 Prozent[13].

Für die Volkskammerabgeordneten hatte auch die Forderung, in der Gesellschaft solle es weniger Konkurrenz und Leistungsdruck geben, noch vergleichsweise große Bedeutung. Nur bei der FDP stufte keiner der Abgeordneten diese Forderung als sehr wichtig ein; die Hälfte der FDP-Abgeordneten sprach sich ausdrücklich gegen weniger Konkurrenz und Leistungsdruck aus.

Zwischen den Abgeordneten der Volkskammer und denen des Bundestages insgesamt bestand weitgehende Übereinstimmung in der Frage des Umweltschutzes, des Demonstrationsrechts und der Konkurrenz in der Gesellschaft (vgl. Tabelle 10 und 11). Die Frage nach mehr Bürgerbeteiligung hatte dagegen für die Volkskammerabgeordneten größere Relevanz als für die Abgeordneten des Bundestages. So stuften 44 Prozent der Volkskammerabgeordneten gegenüber 16 Prozent der Bundestagsabgeordneten die allgemeine Forderung nach mehr Bürgermitsprache bei politischen Entscheidungen als sehr wichtig ein. Zugleich waren die Abgeordneten der Volkskammer, verglichen mit dem Bundestag, auch eher bereit, den Einfluß der Parteien zu verringern und Bürgerinitiativen mehr Einfluß einzuräumen. Faßt man hier die Nennungen "sehr wichtig" und "wichtig" zusammen, wird diese Differenz noch deutlicher: 32 Prozent der Volkskammerabgeordneten

---

13 Die Angaben zum Bundestag entstammen eigenen Berechnungen. Vgl. Herzog u.a., *Abgeordnete und Bürger* (Anm. 6), S. 38 ff.

bezeichneten dieses politische Ziel als sehr wichtig oder wichtig, unter den Bundestagsabgeordneten hingegen nur 12 Prozent.

Tabelle 11: Die Abgeordneten des Bundestages: Einstellung zu gesellschaftspolitischen Zielvorstellungen[14] (Mehrfachantworten)

Als sehr wichtig genannt:	CDU %	CSU %	SPD %	FDP %	Grüne %	Gesamt %
Bei allen Entscheidungen Umwelt berücksichtigen	36	33	82	63	96	60
Mehr Bürgermitsprache	3	--	18	10	96	16
Parteien weniger, Bürgerinitiativen mehr Einfluß	--	--	--	--	57	4
Staatliche Ordnungskräfte ausbauen, um Sicherheit und Ordnung zu gewährleisten	3	17	1	--	--	3
Weniger Konkurrenz und Leistungsdruck in der Gesellschaft	2	--	10	--	50	8

Vergleicht man die Einstellungen der ost- und westdeutschen Fraktionen, so zeigt sich die größte Übereinstimmung zwischen den Bürgerbewegungen in der Volkskammer und den Grünen im Bundestag. Die beiden SPD-Fraktionen vertreten zumindest weitgehend ähnliche Einstellungen, während sich zwischen den Abgeordneten der CDU/DA-Fraktion der Volkskammer und der CDU des Bundestages doch deutliche Unterschiede in der Beurteilung dieser gesellschaftspolitischen Zielvorstellungen feststellen lassen.

Um zu prüfen, wie sich die Einstellungen zu den einzelnen gesellschaftspolitischen Zielvorstellungen zu generellen Wertorientierungen zusammenfügen und ob diese Wertorientierungen in beiden Parlamenten vergleichbar sind, wurden zwei getrennte Faktorenanalysen[15] berechnet.

Das Ergebnis zeigt für beide Parlamente die gleiche Polarisierung der Einstellungen (s. Tabelle 12): Eine auf mehr Bürgerbeteiligung und weniger Konkurrenz in

---

14 Auf die Interpretation dieser Ergebnisse soll hier verzichtet werden. Siehe dazu Herzog u.a., *Abgeordnete und Bürger* (Anm. 6), S. 36ff.
15 Mit Hilfe der Faktorenanalyse wird ermittelt, auf wieviele unabhängige Dimensionen (Faktoren) sich eine größere Anzahl von gemessenen Variablen, die miteinander im Zusammenhang stehen, reduzieren läßt. Anders ausgedrückt: Es wird untersucht, ob die ursprünglichen Variablen sich zu komplexen "Hintergrundvariablen" (Faktoren) gruppieren lassen.

der Gesellschaft ausgerichtete Wertorientierung steht einem auf Sicherheit und Ordnung bedachten Einstellungsmuster gegenüber. Diese letztere, "ordnungspolitische", Wertorientierung ist zugleich verbunden mit der Ablehnung, den Umweltschutz bei allen wirtschaftlichen und politischen Entscheidungen zu berücksichtigen.

Tabelle 12: Einstellungsmuster der Abgeordneten (Ergebnisse der Faktorenanalysen)

	Faktor 1: "partizipatorisch"		Faktor 2: "ordnungspolitisch"	
	Volkskammer	Bundestag	Volkskammer	Bundestag
Parteien weniger, Bürgerinitiativen mehr Einfluß	.76	.82	-.30	-.09
Mehr Bürgermitsprache	.70	.81	-.19	-.08
Weniger Konkurrenz und Leistungsdruck	.78	.71	.06	-.25
Demonstrationsrecht einschränken	-.05	-.16	.81	.79
Staatliche Ordnungskräfte ausbauen	-.07	-.35	.73	.67
Umweltschutz beachten	.26	-.01	-.45	-.65
Eigenwert	2.18	2.47	1.10	1.07
erklärte Varianz	36.3%	41.1%	18.4%	17.9%

Der Anteil der erklärten Varianz in den Einstellungen zeigt deutlich, daß in beiden Parlamenten der Faktor "Partizipation" eine größere Rolle spielt als der "ordnungspolitische" Faktor. Vergleicht man die Faktorladungen der einzelnen Items, zeigen sich in diesen prinzipiell ähnlichen Einstellungsdimensionen Unterschiede in der Gewichtung. So ist die "partizipatorische" Wertorientierung der Volkskammerabgeordneten stärker geprägt durch die Forderung nach weniger Konkurrenz und Leistungsdruck in der Gesellschaft; die Fragen nach Parteieinfluß und der Bürgermitsprache haben dagegen geringere Bedeutung als bei den Bundestagsabgeordneten. Die positive Einstellung zum Umweltschutz prägt die "partizipatorische" Dimension der Wertorientierungen bei den Volkskammerabgeordneten stärker als die Ablehnung, das Demonstrationsrecht einzuschränken und die staatlichen Ordnungskräfte auszubauen. Insgesamt erscheint die "partizipatorische" Wertorientierung der Bundestagsabgeordneten konsistenter als die der Volkskammerabgeordneten.

Die "ordnungspolitische" Dimension der Wertorientierung ist in beiden Parlamenten in erster Linie geprägt durch die hohe positive Ladung der Items "das Demonstrationsrecht sollte eingeschränkt werden" und "die staatlichen Ordnungskräfte sollten ausgebaut werden". In der stärkeren Ladung des Items "die staatlichen Ordnungskräfte sollten ausgebaut werden" zeigt sich auch hier das stärkere Sicherheitsbedürfnis der Volkskammerabgeordneten.

Ebenfalls in beiden Parlamenten lädt die Forderung, den Umweltschutz bei allen Entscheidungen zu berücksichtigen, negativ. Unterschiede in der Bedeutung der einzelnen Items für die "ordnungspolitische" Dimension der Wertorientierungen zeigen sich dagegen in der Frage nach der Konkurrenz in der Gesellschaft. In der Volkskammer lädt dieses Item schwach positiv, im Bundestag dagegen deutlich negativ. Die Fragen, ob die Bürger allgemein mehr Mitsprache haben sollten und ob der Parteieinfluß zugunsten von Bürgerinitiativen eingeschränkt werden sollte, haben für die "ordnungspolitische" Dimension der Wertorientierungen im Bundestag nahezu keine Bedeutung, während sie in der Volkskammer deutlich negativ laden, also zur Erklärung dieser Dimension beitragen.

Wieweit vertreten die Abgeordneten der, zumindest dem Namen nach, gleichen Parteien auch vergleichbare Einstellungen? Welche Integrationsprobleme sind für den gesamtdeutschen Bundestag aus den Differenzen in den Einstellungen zu diesen gesellschaftspolitischen Zielvorstellungen zu erwarten? Um diese Frage zu klären, wurde für beide Abgeordnetenbefragungen eine gemeinsame Diskriminanzanalyse berechnet[16]. Die Polarität der Wertvorstellungen wird auch hier sehr deutlich sichtbar (s. Tabelle 13).

Tabelle 13: Bedeutung und Einfluß der verschiedenen konkreten gesellschaftspolitischen Ziele für das Orientierungsmuster (Standarized Canonical Discriminant Function Coefficients)

Mehr Bürgermitsprache	.517
Parteien weniger, Bürgerinitiativen mehr Einfluß	.414
Umweltschutz beachten	.230
Weniger Konkurrenz in der Gesellschaft	.226
Demonstrationsrecht einschränken	-.197
Staatliche Ordnungskräfte ausbauen	-.414

16 Bei der Diskriminanzanalyse werden die unabhängigen Variablen (hier die gesellschaftspolitischen Ziele) zunächst dazu genutzt, Diskriminanzfunktionen zu schätzen, mit deren Hilfe gruppenspezifische Unterschiede ermittelt werden können. Im nächsten Schritt, bei der Klassifizierung, wird die Zugehörigkeit der einzelnen Fälle zu den analysierten Gruppen geschätzt. Um in beiden Datensätzen die gleiche Anzahl Ausprä-

Die Variablen, die die "ordnungspolitische" Wertorientierung prägen - der Ausbau der staatlichen Ordnungskräfte sowie die Einschränkung des Demonstrationsrechts -, laden negativ auf der Diskriminanzfunktion[17], alle übrigen, also diesmal auch der Umweltschutz, positiv.

Vergleicht man zunächst die Mittelwerte der Funktion zwischen den Fraktionen, läßt sich eine deutliche Polarisierung erkennen. (s. Tabelle 14). So vertreten die Grünen im Bundestag, die Fraktion der Bürgerbewegungen in der Volkskammer und - das ist bemerkenswert - auch die PDS deutlich die "partizipatorische" Wertorientierung. Ob sich die PDS, als Nachfolgeorganisation der bürokratisch organisierten Kader-Partei SED, ideologisch und personell tatsächlich soweit gewandelt hat, daß ihre Abgeordneten dieses auf mehr Bürgerbeteiligung ausgerichtete Einstellungsmuster auch tatsächlich vertreten oder ob diese Einstellung bei der Befragung eher dem Antwortverhalten nach "sozialer Erwünschtheit" folgte, also nur vorgetäuscht wurde, kann hier allerdings nicht geklärt werden.

Das "partizipatorische" Einstellungsmuster wird, wenngleich deutlich schwächer, auch von den SPD-Fraktionen in beiden Parlamenten vertreten. Die FDP-Fraktionen liegen sehr dicht beieinander und markieren etwa die Mitte zwischen beiden Polen. Die Parteien, die sich dem rechten Lager zuordnen, vertreten eher die "ordnungspolitische" Wertorientierung; sie ist bei den beiden Volkskammerfraktionen CDU/DA und DSU schwächer ausgeprägt ist als bei den Angehörigen der Bundestagsfraktionen CDU und CSU. Die Wertorientierungen strukturieren sich demnach etwa entlang der Links-Rechts-Selbsteinschätzung.

Tabelle 14: Wertorientierung der Parlamentsfraktionen (Mittelwerte der Diskriminanzfunktion)

Grüne	-3.07
B 90/Grüne	-2.75
PDS	-2.04
SPD (Volkskammer)	-.74
SPD (Bundestag)	-.31
FDP (Volkskammer)	.32
FDP (Bundestag)	.36
CDU/DA	.59
DSU	.90
CDU	1.35
CSU	1.52

gung zu erhalten, wurden bei den Bundestagsdaten die Antwortvorgaben "nicht so wichtig" und "ganz unwichtig" zusammengefaßt.

[17] Von den 6 Funktionen, die entsprechend der Zahl der Prädiktoren gebildet wurden, erklärt die erste bereits 80.85 % der Varianz. Daher wurde die Diskriminanzanalyse auf diese eine Funktion beschränkt.

Besonders aufschlußreich für die Frage der Integrationsproblematik ist das Ergebnis der Klassifizierung. Anhand ihrer Einstellung zu den gesellschaftspolitischen Zielvorstellungen wurden insgesamt 41.5 Prozent der Abgeordneten korrekt klassifiziert, also ihrer tatsächlichen Fraktion zugeordnet.

Zunächst fällt auf, daß die Bundestagsfraktionen CDU, SPD und Grüne mit einem sehr hohen Anteil korrekt klassifizierter Fälle offenbar sehr charakteristische Profile in ihren Wertorientierungen aufweisen (s. Tabelle 15). Die CSU-Abgeordneten haben demnach ein sehr ähnliches Profil wie die Abgeordneten der Schwesterkoalition und wurden daher zur CDU gruppiert[18]. Die FDP-Fraktion des Bundestages steht in ihren Wertorientierungen, zumindest was die hier abgefragten gesellschaftlichen Ziele angeht, der SPD näher als dem Koalitionspartner CDU; 59 Prozent ihrer Abgeordneten wurden zur SPD gruppiert, nur 26 Prozent zur CDU und 15 Prozent zur CDU/DA der Volkskammer.

Tabelle 15: Geschätzte Fraktionszuordnung der Abgeordneten (Klassifizierungsergebnis der Diskriminanzanalyse)

tatsächliche Fraktion	Zugeordnet zu:				
	CDU (BT) %	SPD (BT) %	Grüne %	CDU/ DA %	PDS %
CDU	77	12	-	10	-
CSU	82	12	-	6	-
SPD (BT)	12	*74*	1	12	-
FDP (BT)	26	59	-	15	-
Grüne (BT)	-	14	*82*	-	5
CDU/DA	43	40	-	*17*	-
SPD (VK)	10	*75*	6	2	6
PDS	4	44	39	-	*13*
FDP (VK)	20	50	-	30	-
DSU	67	33	-	-	-
B 90/Grüne	-	19	63	-	19

Die Fraktionen der Volkskammer zeigten nach diesem Klassifizierungsergebnis kaum ein eigenes Profil. Lediglich 17 Prozent der CDU/DA-Abgeordneten und 13

---

18 Als a priori Wahrscheinlichkeit war die Fraktionsgröße vorgegeben, wodurch der Anteil an korrekten Klassifizierungen bei kleinen Fraktionen tendenziell etwas geringer ausfällt.

Prozent der PDS-Abgeordneten wurden ihrer tatsächlichen Fraktion zugeordnet. Die Volkskammerabgeordneten der SPD wurden zu 75 Prozent der westlichen Partnerfraktion zugeordnet. Die Wertorientierungen stimmen demnach weitgehend überein. Ein ähnliches Bild ergibt sich für die Fraktion der Bürgerbewegungen; 63 Prozent der Abgeordneten wurden den Grünen zugeordnete, die übrigen verteilen sich auf SPD und PDS. Die Abgeordneten der FDP-Fraktion der Volkskammer wurden ähnlich klassifiziert wie die FDP-Abgeordneten des Bundestages; die größte Gruppe wurde der SPD-Fraktion des Bundestages zugeordnet, die restlichen wurden zu den Christdemokratischen Fraktionen beider Parlamente gruppiert.

Für die Abgeordneten der CDU/DA deutet sich, zumindest für die hier untersuchten Wertorientierungen, ein Integrationsproblem an. Fast ebenso groß wie der Anteil der CDU/DA-Angehörigen, die zur westlichen Partnerpartei klassifiziert wurden (43 Prozent), ist der Anteil der Abgeordneten, die zur SPD des Bundestages gruppiert wurden (40 Prozent). Darüber hinaus zeigt sich, wenn auch nur schwach ausgeprägt, ein eigenes Profil mit 17 Prozent korrekt klassifizierter CDU/DA-Abgeordneten.

Schaut man sich einmal an, wo die inhaltlichen Differenzen zwischen diesen drei Gruppen innerhalb der CDU/DA-Fraktion liegen, so ergibt sich folgendes Bild: Die Gruppe der CDU/DA-Abgeordneten, die der CDU des Bundestages zugeordnet wurde, vertritt am deutlichsten die "ordnungspolitische" Wertorientierung (s. Tabelle 16).

Tabelle 16: Abgeordnete der CDU/DA: Einstellung zu gesellschaftspolitischen Zielen nach geschätzter Gruppenzugehörigkeit

Als "sehr wichtig" oder oder "wichtig" genannt:	Bei der Klassifizierung zugeordnet zu:		
	CDU (BT) %	SPD (BT) %	CDU/DA %
Mehr Bürgermitsprache	49	97	87
Ordnungskräfte ausbauen	76	38	46
Demonstrationsrecht einschränken	11	-	-
Parteien weniger, Bürgerinitiativen mehr Einfluß	-	32	7

Die beiden anderen Gruppen innerhalb der CDU/DA-Fraktion, also sowohl diejenigen, die ihrer tatsächlichen Fraktion zugeordnet wurden, als auch diejenigen, die zur SPD-Fraktion des Bundestages klassifiziert wurden, befürworten deutlich stär-

Bundestag und Volkskammer

ker die Forderung nach mehr Bürgermitsprache und weniger stark den Ausbau der staatlichen Ordnungskräfte. Die größte Differenz zwischen diesen beiden Gruppen besteht in der Frage, ob die Parteien weniger, Bürgerinitiativen dagegen mehr Einfluß haben sollten. Hier ist die Zustimmung bei denjenigen, die der SPD des Bundestages zugeordnet wurden, deutlich höher.
Offenbar birgt die Frage, in welchem Umfang und in welcher Form die Bürger an politischen Entscheidungen beteiligt sein sollten, ein beachtliches Konfliktpotential. In dieser Frage unterscheiden sich nicht nur die Einstellungen der Abgeordneten der Volkskammer und des Bundestages insgesamt, die Konfliktlinie verläuft vielmehr gleichermaßen zwischen und innerhalb der Fraktionen. Diese Konfliktlinie müßte sich noch schärfer abzeichnen, wenn es darum geht, den Bürgereinfluß nicht nur "unverbindlich" zu fordern oder abzulehnen, sondern konkret als plebiszitäre Verfahrensweisen in das Grundgesetz aufzunehmen. Welche Einstellung haben die Abgeordneten des Bundestages und der Volkskammer zur möglichen Einführung plebiszitärer Elemente auf Bundesebene? Die übergroße Mehrheit der befragten Volkskammerabgeordneten (71 Prozent) sprach sich für die Möglichkeit eines Volksentscheids aufgrund eines Volksbegehrens aus (s. Tabelle 17).

Tabelle 17: Die Abgeordneten der Volkskammer: Einstellung zu plebiszitären Elementen (Mehrfachantworten)

Für sinnvoll halten:	CDU/DA %	SPD %	PDS %	FDP %	DSU %	B 90/Grüne %	Gesamt %
1. Rechtlich unverbindliche Volksbefragung durch das Parlament	33	41	23	38	44	40	35
2. Rechtlich unverbindliche Volksbefragung durch die Regierung	21	17	13	44	33	27	22
3. Volksentscheid auf Initiative einer Parlamentsminderheit	8	24	78	13	--	73	26
4. Volksentscheid auf Initiative der Parlamentsmehrheit	64	71	71	78	22	81	67
5. Volksentscheid auf Initiative der Regierung	34	31	46	50	11	40	35
6. Volksentscheid aufgrund eines Volksbegehrens	49	94	96	67	22	100	71

Auch für einen Volksentscheid auf Initiative der Parlamentsmehrheit fand sich unter den Volkskammerabgeordneten insgesamt eine Zwei-Drittel-Mehrheit (67 Prozent). Zwischen den Fraktionen zeigen sich jedoch deutliche Unterschiede. So fand die Möglichkeit des Volksbegehrens bei den Fraktionen des "linken" Parteilagers, Bündnis 90/Grüne, PDS und SPD, sehr starke Zustimmung, während bei der FDP-Fraktion und bei den Abgeordneten der CDU/DA die Zustimmung deutlich geringer ausfiel. Bei den Abgeordneten der DSU stieß dieses Verfahren mehrheitlich auf Ablehnung. Bei der DSU fällt insgesamt auf, daß sie plebiszitären Elementen in der Verfassung generell ablehnend gegenüberstand und sich am ehesten mit einer unverbindlichen Volksbefragung durch das Parlament anfreunden konnte. Die originären Oppositionsfraktionen Bündnis 90/Grüne und PDS - die SPD zählt aufgrund ihrer ursprünglichen Regierungsbeteiligung nicht dazu - befürworteten in starkem Maße die Möglichkeit, aufgrund der Initiative der Parlamentsminderheit, also aus der Opposition heraus, ein Volksbegehren initiieren zu können: ein Verfahren, das in den anderen Fraktionen kaum Zustimmung fand. Zusammenfassend läßt sich feststellen, daß unverbindliche Volksbefragungen sowie die Initiative der Regierung sichtlich geringere Zustimmung fanden als Verfahren, die vom Parlament oder von der Bevölkerung selbst initiiert werden und zugleich bindenden Charakter haben.

Tabelle 18: Abgeordnete des Bundestages: Einstellung zu plebiszitären Elementen (Mehrfachantworten)

Für sinnvoll halten:	CDU %	CSU %	SPD %	FDP %	Grüne %	Gesamt %
1. Rechtlich unverbindliche Volksbefragung durch das Parlament	5	--	19	17	13	12
2. Rechtlich unverbindliche Volksbefragung durch die Regierung	6	--	3	13	9	5
3. Volksentscheid auf Initiative einer Parlamentsminderheit	1	--	14	3	57	10
4. Volksentscheid auf Initiative der Parlamentsmehrheit	14	4	20	17	18	16
5. Volksentscheid auf Initiative der Regierung	7	4	3	10	13	6
6. Volksentscheid aufgrund eines Volksbegehrens	22	21	52	37	100	40

Im Bundestag dagegen zeigt sich eine deutliche Ablehnung plebiszitärer Elemente in der Verfassung (s. Tabelle 18). Keines der aufgeführten Modelle hätte demnach eine realistische Chance, mit der notwendigen Zwei-Drittel-Mehrheit in das Grundgesetz aufgenommen zu werden.

Interessant ist allerdings, daß die Möglichkeit eines Volksentscheids aufgrund eines Volksbegehrens mit 40 Prozent die größte Zustimmung fand, obwohl hier das Parlament völlig ausgeschaltet wird[19].

Daß hinter der Aufgeschlossenheit der ostdeutschen Parlamentarier gegenüber direktdemokratischen Verfahren nicht unbedingt ein basisdemokratisches Grundverständnis stehen muß, wie man es den Bürgerbewegungen unterstellen kann, macht ein Zitat des Vorsitzenden der SPD-Fraktion in der Volkskammer, Richard Schröder, deutlich[20]: "Volksabstimmungen können nicht der normale Weg und nicht einmal ein häufiger Weg zur Entscheidungsfindung in einer modernen Großgesellschaft sein. Aber, 'was verboten ist, das macht uns gerade scharf'. Deshalb plädiere ich grundsätzlich für die Möglichkeit von Volksabstimmungen nach genauer zu regelndem Modus und in genau bestimmten Fällen, um die Leistungskraft und die Grenzen dieser Errichtung erfahrbar zu machen."

4. Zusammenfassung

Der Vergleich, zwischen dem 11. Deutschen Bundestag, einem etablierten Parlament mit geübten Akteuren, und der ersten demokratischen Volkskammer der DDR, einem neuen Parlament mit unerfahrenen Parlamentariern, hat gezeigt, daß sowohl die Arbeitsweise der Parlamente als auch die Arbeitsbedingungen und das Selbstverständnis ihrer Abgeordneten im großen und ganzen recht ähnlich sind. Somit hat sich die eingangs formulierte Hypothese (b) bestätigt, wonach es die institutionellen Bedingungen eines modernen parlamentarischen Regierungssystems sind, die diesen Handlungsrahmen vorgeben, und zwar verhältnismäßig unabhängig von den Erfahrungen und den persönlichen Optionen der darin handelnden Akteure. Wenngleich die (fehlende) parlamentarische Erfahrung offenbar kaum Einfluß auf die Handlungsweise und das Selbstverständnis der Abgeordneten hat, so wirkt der gesellschaftlich-politische Kontext, in dem ein Parlament agiert, natürlich auch auf dieses Parlament zurück. So stand die Volkskammer als erstes

---

19 Siehe hierzu auch Camilla Werner, Direktdemokratische Entscheidungsverfahren in der Bundesrepublik Deutschland? Zum Diskussionsstand und zu den Meinungen der Abgeordneten des 11. Deutschen Bundestages und der Volkskammer. In: Hans-Dieter Klingemann/Richard Stöss/Bernhard Weßels (Hrsg.) *Politische Klasse und politische Institutionen*, Opladen: Westdeutscher Verlag 1991.
20 Richard Schröder, Warum Parteien nötig sind. Überarbeitete Fassung eines Vortrages beim 6. Passauer Symposium zum Parlamentarismus vom 15. bis 17. Oktober 1990, veröffentlicht in: *ZParl*, 4/1990, S. 616.

demokratisches Parlament nach der Überwindung eines totalitären Systems naturgemäß sehr stark im Interesse der Öffentlichkeit. Dieser Umstand wirkte sich auf die Arbeitsweise der Parlamentarier insofern aus, als sie den öffentlichen Plenarsitzungen große Bedeutung beimaßen und zahlreiche Parlamentsreden auch bewußt an die Wähler gerichtet waren; das Parlament trug somit auch die Züge eines Redeparlamentes.

Das reale Machtverhältnis zwischen Regierung und Parlament beurteilten die Abgeordneten beider Parlamente recht unterschiedlich. Dies liegt vermutlich in der politischen Entwicklung, dem Auseinanderbrechen der Regierungskoalition in der Volkskammer, begründet, denn die weitgehende Übereinstimmung in den Präferenzen, wie diese Machtverhältnisse gestaltet sein sollten, deutet daraufhin, daß das Verständnis der generellen Strukturen eines parlamentarischen Regierungssystems recht ähnlich ist.

Was die Ebene der Parlamentskultur, die "Spielregeln" betrifft, so sind für das gesamtdeutsche Parlament keine gravierenden Funktionsstörungen zu erwarten. Für die Parlamentarier aus den neuen Bundesländern, die zahlenmäßig in der Minderheit sind, könnten sich allerdings aus der stärkeren Blockbildung im Bundestag und der geforderten Fraktionsdisziplin einige Anpassungsschwierigkeiten ergeben.

Ob das Selbstverständnis der Volkskammerabgeordneten, die betonte Bindung an den Wählerauftrag bis hin zur grundsätzlichen Zustimmung, die Bürger per Plebiszit an politischen Entscheidungen direkt zu beteiligen, eine grundsätzliche, also über die Zeit der Volkskammer hinaus gültige Einstellung ist oder ob sie eher mit der besonderen Rolle und der Verantwortung zusammenhängt, die den Volkskammerabgeordneten als ersten demokratisch gewählten Volksvertretern auferlegt war, muß hier offen bleiben. Vor dem Hintergrund der oft beklagten Politik- und Parteiverdrossenheit in der Bevölkerung wäre es zu begrüßen, wenn die ostdeutschen Abgeordneten auch in das gesamtdeutsche Parlament neue Impulse in Richtung auf mehr Bürgerbeteiligung tragen würden.

Da auch die Volkskammerabgeordneten mehr Bürgerbeteiligung als Ergänzung des repräsentativen Regierungssystems sehen, aber mehrheitlich den Einfluß der Parteien nicht zugunsten von Bürgerinitiativen zurückdrängen wollen, dürfte sich aus einer solchen Initiative kein schwerwiegender Konflikt entwickeln. Für die CDU/DA-Fraktion deutete sich allerdings gerade in der Frage des Parteieinflusses ein interner Konflikt an. So stand ein Teil ihrer Abgeordneten in dieser Frage der SPD deutlich näher als der eigenen Fraktion oder der CDU-Fraktion des Bundestages. Generell aber sind die Ähnlichkeiten in den Politikzielen und Werthaltungen zwischen den Abgeordneten auch innerhalb der Fraktionen groß genug, um mögliche Anpassungs- und Integrationsprobleme zu überwinden.

Den mahnenden Hinweis, daß Handlungsfähigkeit, Funktionserfüllung und auch Glaubwürdigkeit des gesamtdeutschen Parlaments eng mit dieser Integrationsproblematik verknüpft sind und daher jede Ost-West-Fraktionierung zu vermeiden sei, gab auch Bundestagspräsidentin Rita Süssmuth den Abgeordneten des gesamtdeutschen Bundestages mit auf den Weg: "Große Aufgaben im Zusammenhang mit der

Vollendung der deutschen Einheit liegen noch vor dem 12. Deutschen Bundestag.
... Die Lösung all dieser Aufgaben wird den Abgeordneten des Deutschen Bundestages um so eher und um so glaubwürdiger gelingen, als auch sie im Parlament ein Vorbild für das Zusammenwachsen unseres Volkes abgeben."[21]

---

21 Prof. Dr. Rita Süssmuth, Präsidentin des Deutschen Bundestages, im Geleitwort zu: *Kürschners Volkshandbuch Deutscher Bundestag, 12. Wahlperiode 1990*, 63. Aufl., Sonderdruck für den Deutschen Bundestag - Referat Öffentlichkeitsarbeit.

Literaturverzeichnis

Aktion Sühnezeichen/Friedensdienste Pax Christi (Hrsg.), *Ökumenische Versammlung für Gerechtigkeit, Frieden und Bewahrung der Schöpfung*, Berlin 1990.
Alber, Jens, Der Wohlfahrtsstaat in der Wirtschaftskrise - Eine Bilanz der Sozialpolitik in der Bundesrepublik seit den frühen siebziger Jahren, in: *Politische Vierteljahresschrift*, 27 (1986), S. 28-60.
Alber, Jens, *Der Sozialstaat in der Bundesrepublik 1950-1983*, Frankfurt a.M./New York, Campus 1989.
Alber, Jens, Die Krise des Wohlfahrtsstaates, in: *Soziologisches Jahrbuch*, 1 (1985), S. 259-273.
Almond Gabriel A./Verba, Sidney, *The Civic Culture*, Princeton: Princeton University Press 1963.
Almond, Gabriel A./Powell, G. Bingham Jr., *Comparative Politics Today - A World View*, Boston/Toronto: Little, Brown and Company 1984.
Ammer, Thomas, Abgeordnete der Volkskammer nach der Wahl im März, in: *Das Parlament*, 40. Jg. (1990), Nr. 25.
Amtliches *Handbuch des Deutschen Bundestages, 11. Wahlperiode*, hrsg. v. Deutschen Bundestag.
Andeweg, Rudy B./Hillebrand, Ron/Schendelen, Rinus van/Thomassen, Jacques/Zielonka-Goei, Mei Lan ,*"Dutch Parliamentary Study 1990,"* Manuskript für das Symposium on Parliamentary Research, Leiden, 13.-16. Dezember 1989.
Arendt, Hannah, *Über die Revolution*, München, Zürich: Piper 1986.
Arnim, Hans Herbert, *Gemeinwohl und Gruppeninteressen. Die Durchsetzungsschwäche allgemeiner Interessen in der Demokratie. Ein Beitrag zu verfassungsrechtlichen Grundfragen der Wirtschaftsordnung*, Frankfurt a.M.: Metzner 1977.
Arnold, Karl-Heinz, *Die ersten hundert Tage des Hans Modrow*, Berlin: Dietz 1990.
Badura, Bernhard/Reese, Jürgen, *Jungparlamentarier in Bonn - ihre Sozialisation im Deutschen Bundestag*, Stuttgart/Bad Cannstatt: Frommann und Holzboog 1976.
Badura, Peter, *Die parteienstaatliche Demokratie und die Gesetzgebung, (Schriftenreihe der Juristischen Gesellschaft zu Berlin:* H. 101), Berlin/New York: de Gruyter 1986.
Bagehot, Walter, *The English Constitution*, 1. Aufl. 1867
Baker, Kendall L./Dalton, Russell J./Hildebrandt, Kai, *Germany Transformed. Political Culture and the New Politics*, Cambridge, Mass.: Harvard University Press 1981.
Barnes, Samuel H., *Representation in Italy: Institutionalized Tradition and Electoral Choice,* Chicago: University of Chicago Press 1977.
Barnes, Samuel H./Kaase, Max u.a., *Political Action. Mass Participation in Five Western Democracies*, Beverly Hills/London: Sage 1979.
Beck, Ulrich, *Risikogesellschaft. Auf dem Weg in eine andere Moderne*, Frankfurt a.M.: Suhrkamp 1986.
Becker, Jürgen, *Gewaltenteilung im Gruppenstaat. Ein Beitrag zum Verfassungsrecht des Parteien- und Verbändestaates*, Baden-Baden: Nomos 1986.
Beratungen und Empfehlungen zur Verfassungsreform, Teil I, Parlament und Regierung, in: *Zur Sache*, 3/76, Bonn 1976.
Berger, Peter A., *Entstrukturierte Klassengesellschaft? Klassenbildung und Strukturen sozialer Ungleichheit im historischen Wandel*, Opladen: Westdeutscher Verlag 1986.
Bermbach, Udo, *Demokratietheorie und politische Institutionen*, Opladen: Westdeutscher Verlag 1991.

Bernholz, Peter, *Einige Bemerkungen zur Theorie des Einflusses der Verbände auf die politische Willensbildung in der Demokratie*, in: Varain (Hrsg.), 1973, S. 339-347.
Best, Heinrich (Hrsg.), *Politik und Milieu*, St. Katharinen: Scripta Mercaturae Verlag, 1989.
Best, Heinrich, Politische Eliten, Wahlverhalten und Sozialstruktur, theoretische Aspekte historisch und interkulturell vergleichender Analysen, in: ders. (Hrsg.) 1989, S. 3-18
Best, Heinrich, *Die Männer von Bildung und Besitz. Struktur und Handeln parlamentarischer Führungsgruppen in Deutschland und Frankreich 1848/49*, Düsseldorf: Droste 1990.
Beutler, Bengt/Bieber, Roland/Piepkorn, Jörn/Streil, Jochen, *Die Europäische Gemeinschaft, Rechtsordnung und Politik der EG*, 3. Aufl., Baden-Baden: Nomos 1987.
Beyme, Klaus von, *Interessengruppen in der Demokratie*, München: Piper 1980.
Billerbeck, Ulrich, Gesundheitspolitik und Korporatismus. Die Funktion der Konzertierten Aktion im Gesundheitswesen für die gesundheitspolitischen Positionen von Arbeitgebern und Gewerkschaften, in: ders./Rainer Erd/Otto Jacobi/Edwin Schudlich, *Korporatismus und gewerkschaftliche Vertretung*, Frankfurt a.M./New York: Campus 1982, S. 47-89.
Bischoff, Friedrich/Bischoff, Michael, Parlament und Ministerialbürokratie, in: Schneider/Zeh (Hrsg.), 1989, S. 1457-1477.
Bleckmann, Albert, Die Umsetzung von Gemeinschaftsbeschlüssen in nationales Recht im Licht der Beziehungen zwischen den nationalen Parlamenten und dem Europäischen Parlament, in: *Zeitschrift für Parlamentsfragen*, 21 (1991), S. 572-584.
Bluhm, Harald u.a. (Hrsg.), *Texte zu Politik, Staat, Recht*, Berlin 1989.
Bocklet, Reinhold, Ancien Régime, in: *EG-Magazin:* 1/2 1992, S. 11.
Boltanski, Luc, *Die Führungskräfte. Die Entstehung einer sozialen Gruppe*, Frankfurt a.M.: Campus 1990.
Bolte, Karl Martin/Hradil, Stefan, *Soziale Ungleichheit in der Bundesrepublik Deutschland*, 5. Aufl., Leverkusen: Leske 1985.
Borgs-Maciejewski, Hermann, *Parlamentsorganisation. Institutionen des Bundestages und ihre Aufgaben*, Heidelberg: Decker & Müller 1986.
Brand, Karl-Werner, *Neue soziale Bewegungen. Entstehung, Funktion und Perspektive neuer Protestpotentiale*, Opladen: Westdeutscher Verlag 1982.
Brandt, Hans-Jürgen, *Die Kandidatenaufstellung zu den Volkskammerwahlen der DDR*, Baden-Baden: Nomos 1983.
Brie, Michael/Land, Rainer/Petsch, Hannelore/Segert, Dieter/Will, Rosemarie (Hrsg.), *Sozialismus in der Diskussion. Studie zur Gesellschaftsstrategie*, Berlin: Dietz 1989.
Brück, Alwin: Europäische Integration und Entmachtung des deutschen Bundestages, Ein Unterausschuß ist nicht genug, in: *Zeitschrift für Parlamentsfragen*, 18 (1988), S. 220-224.
Bürklin, Wilhelm, *Wählerverhalten und Wertewandel*, Opladen: Westdeutscher Verlag 1988.
Burt, Ronald S., Power in a Social Topology, in: R.J. Liebert/ A.W. Imersheim (Hrsg.), *Power, Paradigms and Community Research*, Beverly Hills/London: Sage 1977.
Busch, Eckart, *Parlamentarische Kontrolle*, Heidelberg: v. Decker 1984.
Clever, Peter, Sozialcharta, Zwischenbilanz aus deutscher Sicht, in: *EG-Magazin:* 1/2 1991, S. 22-26.
Coleman, James S., *Macht und Gesellschaftsstruktur*, Tübingen 1979.
Conradi, Brigitte, Die Mitwirkung außerstaatlicher Stellen beim Erlaß von Rechtsverordnungen, in: Varain (Hrsg.), 1973, S. 295-304.
Converse, Philip E./Pierce, Roy, *Political Representation in France*, Cambridge, Mass.: Belknap Press 1986.
Dahl, Robert A. (Hrsg.), *Political Oppositions in Western Democracies*, New Haven/London: Yale University Press 1967.
Dahrendorf, Ralf, *Gesellschaft und Demokratie in Deutschland*, München: Piper 1965.
Dalton, Russell J., Generational Change in Elite Political Beliefs, The Growth of Ideological Polarization, in: *Journal of Politics*, Bd. 49 (1987), Nr. 4, S. 976-997.
Dalton, Russell J., Political Parties and Political Representation, in: *Comparative Political Studies*, Bd. 18 (1985), Nr. 3, S. 267-299.

Dalton, Russell J./Flanagan, Scott C./Beck, Paul Allen (Hrsg.), *Electoral Change in Advanced Industrial Democracies, Realignment or Dealignment?*, Princeton: Princeton University Press 1984.
Dawson, Richard E./Prewitt, Kenneth, *Political Socialization*, Boston: Little, Brown and Company 1969.
Deutsch, Karl, W., *The Nerves of Government. Models of Political Communication and Control*, Glencoe: Free Press 1963 (deutsche Fassung, *Politische Kybernetik. Modelle und Perspektiven* Freiburg: Rombach 2. Aufl. 1970).
Dicke, Hugo, Der Wandel des Integrationskonzepts in der EG - Wirkungen auf Struktur und Wachstum, in: Ellwein/Hesse/Mayntz/Scharpf (Hrsg.), 1989, S. 179-202
Dicke, Hugo, Europa '92, Unzeitgemäßes Integrationskonzept?, in: *Aussenpolitik*, II/1991, S. 161-170.
Dregger, Meinulf, *Die antizipierte Zustimmung des Parlaments zum Abschluß völkerrechtlicher Verträge, die sich auf Gegenstände der Bundesgesetzgebung beziehen*, Berlin: Duncker und Humblot 1989.
Dübber, Ulrich, Neunzig Prozent ohne Resonanz. Das Bild der Bundestagsabgeordneten in Presse, Hörfunk und Fernsehen, in: Harmut Klatt (Hrsg.), *Der Bundestag im Verfassungsgefüge der Bundesrepublik Deutschland*, Bonn: Presse- und Informationszentrum des Deutschen Bundestages 1980, S. 149-151.
Durkheim, Emile, *Montesquieu and Rousseau. Forerunners of Sociology*, Ann Arbor: The University of Michigan Press 1960.
Dyson, Kenneth, Die westdeutsche "Parteibuch"-Verwaltung, in: *Die Verwaltung*, 12 (1979), S. 129-160.
Edinger, Lewis J./Searing, Donald D., Social Background in Elite Analysis. A Methodological Inquiery, in: *The American Political Science Review*, Bd. 61 (1967) S. 428-445.
Ehlermann, Claus-Dieter, Die institutionelle Entwicklung der EG unter der einheitlichen Europäischen Akte, in: *Aussenpolitik*, II/1990, S. 136-146.
Ehrlich, Stanislav, *Die Macht der Minderheit. Die Einflußgruppen in der politischen Struktur des Kapitalismus*, Wien/Frankfurt a.M./Zürich: Europa Verlag (o.J., Original Warschau 1962).
Ellwein, Thomas, *Das Regierungssystem der Bundesrepublik Deutschland*, 4. Aufl., Opladen: Westdeutscher Verlag 1977.
Ellwein, Thomas/Hesse, Joachim Jens/Mayntz, Renate/Scharpf, Fritz W. (Hrsg.), *Jahrbuch zur Staats- und Verwaltungswissenschaft*, Bd. 1, Baden-Baden: Nomos 1987.
Ellwein, Thomas/Hesse, Joachim Jens/Mayntz, Renate/Scharpf, Fritz W. (Hrsg.), *Jahrbuch zur Staats- und Verwaltungswissenschaft*, Baden-Baden, Nomos 1989.
Enzensberger, Hans Magnus, Brüssel oder Europa - eins von beiden, in: ders., *Der fliegende Robert*, Frankfurt a.M.: Suhrkamp 1989.
Eschenburg, Theodor, *Herrschaft der Verbände?*, Stuttgart: DVA 1956.
Etzioni, Amitai, *The Active Society. A Theory of Societal and Political Processes*, New York: Free Press 1968.
Etzioni-Halevy, Eva, *Fragile Democracy. The Use and Abuse of Power in Western Societies*, New Brunswick/London: Transaction Publishers 1989.
Euchner, Walter, Opposition, in: Wolfgang M. Mickel (Hrsg.), *Handlexikon zur Politikwissenschaft*, München: Ehrenwirth, 1986, S. 322-325.
Eulau, Heinz/Wahlke, John C., *The Politics of Representation. Continuities in Theory and Research*. Beverly Hills/London: Sage 1978.
Falter, Jürgen W./Fenner, Christian/Greven, Michael Th. (Hrsg.), *Politische Willensbildung und Interessenvermittlung*, Opladen: Westdeutscher Verlag 1984.
Farah, Barbara G., *Political Representation in West Germany, The Institution of Maintenance of Mass-Elite Linkages*, Ph. D. Dissertation, University of Michigan 1980.
Feist, Ursula, Votum für einen konservativen Modernisierungskurs, Analysen der Volkskammerwahl in der DDR, in: *Gewerkschaftliche Monatshefte*, 41. Jg. (1990), Nr. 4, S. 233-241.
Field, G. Lowell/Higley, John, *Eliten und Liberalismus*, Opladen: Westdeutscher Verlag 1983 (im Original, *Elitism*, London: Routledge & Kegan 1980).
Field, G. Lowell/Higley, John, National Elites and Political Stability, in: Moore (Hrsg.), 1985, S. 1-44.

Fogt, Helmut, *Politische Generationen. Empirische Bedeutung und theoretisches Modell*, Opladen: Westdeutscher Verlag 1982.
Förster, Peter/Roski, Günter, *DDR zwischen Wahl und Wende. Meinungsforscher analysieren den Umbruch*, Berlin: Linksdruck 1990.
Fraenkel, Ernst, *Deutschland und die westlichen Demokratien*, 6. Aufl., Stuttgart/Berlin/Köln/Mainz: Kohlhammer 1974.
Franke, James L./Dobson, Douglas, Interest Groups, The Problem of Representation, in: *The Western Political Quarterly*, Bd. 38, Nr. 2, Juni 1985, S. 224-237.
Friedrich, Manfred, Opposition ohne Alternative?, in: Kurt Kluxen (Hrsg.), *Parlamentarismus*, Köln/Berlin: Kiepenheuer & Witsch 1971, S. 425-440.
Friedrich, Manfred, Parlamentarische Opposition in der Bundesrepublik Deutschland, Wandel und Konstanz, in: Oberreuter (Hrsg.), 1975, S. 230 - 265.
Friesenhahn, Ernst, Parlament und Regierung im modernen Staat, in: *Veröffentlichungen der Vereinigung der Staatsrechtslehrer (VVdStRL)*, 16 (1958), S. 9-73.
Fritsch-Bournatzel, Renata, *Europa und die deutsche Einheit*, Bonn: Verl. Bonn aktuell 1990.
Fuchs, Dieter, *Die Unterstützung des politischen Systems in der Bundesrepublik Deutschland*, Phil.Diss. Universität Mannheim/Köln 1987.
Fuchs, Ruth, *Gott schütze unser Vaterland*, Berlin: Dietz 1990.
Fürst, Dietrich, Die Neubelebung der Staatsdiskussion - Veränderte Anforderungen an Regierung und Verwaltung in westlichen Industriegesellschaften, in: Ellwein/Hesse/Mayntz/Scharpf (Hrsg.), 1987, S. 261-284.
Gabriel, Oskar W., *Die EG-Staaten im Vergleich*, Opladen: Westdeutscher Verlag 1992.
Gerlach, Manfred, *Mitverantwortlich*, Berlin: Morgenbuch Verlag 1991.
Gerstecki, Joachim, *Zeitansage. Umkehr. Dokumentation eines Aufbruchs*, Stuttgart: Radius 1990.
Gibowski, Wolfgang, Demokratischer (Neu-)Beginn in der DDR. Dokumentation und Analyse der Wahl vom 18. März 1990, in: *Zeitschrift für Parlamentsfragen*, 21 (1990), S. 5-22.
Giesen, Bernd/Leggewie, Claus (Hrsg.), *Experiment Vereinigung. Ein sozialer Großversuch*, Berlin: Rotbuch 1991.
Gießen, Karl-Heinz, *Die Gewerkschaften im Prozeß der Volks- und Staatswillensbildung*, Berlin: Duncker & Humblot 1976.
Glaeßner, Gert-Joachim, *Die andere deutsche Republik. Gesellschaft und Politik in der DDR*, Opladen: Westdeutscher Verlag 1989.
Glagow, Manfred/Schimank, Uwe, Gesellschaftssteuerung durch korporatistische Verhandlungssysteme. Zur begrifflichen Klärung, in: Falter/Fenner/Greven/ (Hrsg.), 1984, S. 539-547.
Görlitz, Axel (Hrsg.), *Politische Steuerung sozialer Systeme*, Pfaffenweiler: Centaurus 1989.
Grabitz, Eberhard/Schmuck, Otto, Das Europäische Parlament im Verflechtungssystem der EG - Handlungsspielräume, Rollenbeschreibung, Funktionen, in: *Zeitschrift für Parlamentsfragen*, 13 (1984), S. 427-440.
Grabitz, Eberhard/Schmuck, Otto/Steppat, Sabine/Wessels, Wolfgang, *Direktwahl und Demokratisierung. Eine Funktionenbilanz des Europäischen Parlaments nach der ersten Wahlperiode*, Bonn: Europa Union Verlag 1988.
Grimm, Dieter, *Die Zukunft der Verfassung*, Frankfurt a.M.: Suhrkamp 1991.
Gysi, Gregor, *Wir brauchen einen dritten Weg. Selbstverständnis und Programm der PDS*, Hamburg: Konkret Literatur Verlag 1991.
Gysi, Gregor/Falkner, Thomas, *Sturm aufs Große Haus. Der Untergang der SED*, Berlin: Verl. "Das Blatt" 1990.
Haas, Ernst B., *The Uniting of Europe*, London: Stevens & Sons 1958.
Habermas, Jürgen, *Theorie des kommunikativen Handelns*, Frankfurt a.M.: Suhrkamp 1981.
Halle, Axel, Funktionsverlust des Parlaments durch Neokorporatismus? Hypothesen und Illustrationen an den Beispielen Norwegen, Schweden und Finnland, in: *Zeitschrift für Parlamentsfragen*, 13 (1984), S. 380-391.
Hamm-Brücher, Hildegard u.a., Parlamentsreform - eine demokratische Notwendigkeit, in: *Aus Politik und Zeitgeschichte*, 38. Jg. (1988).

Hamm-Brücher, Hildegard, *Der freie Volksvertreter - eine Legende? Erfahrungen mit parlamentarischer Macht und Ohnmacht*, München: Piper 1990.
Hartwich, Hans-Hermann, Die Suche nach einer wirklichkeitsnahen Lehre vom Staat, in: *Aus Politik und Zeitgeschichte*, B 46-47/87, S. 3-19.
Hartwich, Hans-Hermann, *Sozialstaatspostulat und gesellschaftlicher status quo*, 3. Aufl., Opladen: Westdeutscher Verlag 1978.
Heinze, Rolf G., *Verbändepolitik und "Neokorporatismus". Zur Soziologie organisierter Interessen*, Opladen: Westdeutscher Verlag 1981.
Helmrich, Herbert, Politische Grundsatzdiskussion oder Verbesserung der Regelungstechnik als Aufgabe der Bundestagsausschüsse, in: Hill, (Hrsg.), 1989, S. 149-176.
Hennis, Wilhelm, Verfassungsordnung und Verbändeeinfluß, in: Steinberg, Rudolf (Hrsg.), *Staat und Verbände. Zur Theorie der Interessenverbände in der Industriegesellschaft*, Darmstadt: Wissenschaftliche Buchgesellschaft 1985.
Herder-Dorneich, Philipp, Verbände im Wahlsystem - Verbandswahlen, in: ders. (Hrsg.), *Zur Verbandsökonomik*, Berlin: Duncker & Humblot 1973, S. 163-188.
Hereth, Michael, *Die parlamentarische Opposition in der Bundesrepublik*, München/Wien: Olzog 1969.
Hereth, Michael, Gewaltenverschränkung zwischen Parlament und Regierung, in: Detlef Merten (Hrsg.), *Gewaltentrennung im Rechtsstaat*, Berlin: Duncker & Humblot 1989, S. 77-89.
Hereth, Michael, Verfassungsrechtliche Bedeutung und politische Praxis der parlamentarischen Opposition, in: Schneider/Zeh (Hrsg.), 1989, S. 1055-1086.
Herles, Helmut/Rose, Ewald, *Vom Runden Tisch zum Parlament*, Bonn: Bouvier 1990.
Herzog, Dietrich, *Politische Karrieren. Selektion und Professionalisierung politischer Führungsgruppen*, Opladen: Westdeutscher Verlag 1975.
Herzog, Dietrich, *Politische Führungsgruppen*, Darmstadt: Wissenschaftliche Buchgesellschaft 1982.
Herzog, Dietrich, *Konsens und Konflikt in der politischen Führungsschicht Berlins. Ein Forschungsbericht*, FU Berlin: Informationen aus Lehre und Forschung 1/1985.
Herzog, Dietrich, Was heißt und zu welchem Ende studiert man Repräsentation?, in: ders./Bernhard Weßels (Hrsg.), *Konfliktpotentiale und Konsensstrategien*, Opladen: Westdeutscher Verlag 1989, S. 307-335.
Herzog, Dietrich/Rebenstorf, Hilke/Werner, Camilla/Weßels, Bernhard, *Abgeordnete und Bürger*, Opladen: Westdeutscher Verlag 1990.
Herzog, Dietrich, Der moderne Berufspolitiker. Karrierebedingungen und Funktion in westlichen Demokratien, in: *Eliten in der Bundesrepublik Deutschland*, Stuttgart/Berlin/Köln: Kohlhammer 1990, S. 28-51.
Herzog, Dietrich, Politik als Beruf, Max Webers Einsichten und die Bedingungen der Gegenwart, in: Hans-Dieter Klingemann/Wolfgang Luthardt (Hrsg.), *Wohlfahrtsstaat, Sozialstruktur und Verfassungsanalyse*, Opladen: Westdeutscher Verlag, im Erscheinen.
Hess, Adalbert, Zusammensetzung und Sozialstruktur des Bundestages, in: Schneider/Zeh (Hrsg.), 1989, S. 727-756.
Hesse, Joachim Jens, Aufgaben einer Staatslehre heute, in: Ellwein/Hesse/Mayntz/Scharpf (Hrsg.), 1987, S. 55-78.
Hildebrandt, Kai/Dalton, Russell J., Die Neue Politik. Politischer Wandel oder Schönwetterpolitik, in: *Politische Vierteljahresschrift*, 18 (1977), S. 230-256.
Hill, Hermann (Hrsg.), *Zustand und Perspektiven der Gesetzgebung*, Berlin: Duncker & Humblot 1989.
Hirner, Manfred, Der Deutsche Bundestag im Netzwerk wirtschafts- und sozialpolitischer Interessenorganisationen, Diplomhausarbeit, Freie Universität Berlin 1991.
Hirsch, Joachim/Roth, Roland, *Das neue Gesicht des Kapitalismus, Vom Fordismus zum Post-Fordismus*, Hamburg: VSA 1986.
Hoffmann, Hasso/Dreier, Horst, Repräsentation, Mehrheitsprinzip und Minderheitenschutz, in: Schneider/Zeh (Hrsg.), 1989, S. 165-197.
Hoffmann-Lange, Ursula/Steinkemper, Bärbel/Neumann, Helga, Conflict and Consensus Among Elites in the Federal Republic of Germany, in: Moore (Hrsg.), 1985, S. 243-283.

Hoffmann-Lange, Ursula, Structural Prerequisites of Elite Integration in the Federal Republic of Germany, in: Moore (Hrsg.), 1985, S. 45-96.
Hoffmann-Lange, Ursula, Eliten in der modernen Demokratie. Fragestellungen, theoretische Ansätze und Ergebnisse der Elitenforschung, in: *Eliten in der Bundesrepublik Deutschland*, Stuttgart/Berlin/Köln: Kohlhammer 1990, S. 11-27.
Hoffmann-Lange, Ursula, Kongruenzen in den politischen Einstellungen von Eliten und Bevölkerung als Indikator für politische Repräsentation, in: Klingemann/Stöss/Weßel (Hrsg.), 1991, S. 275-290.
Hoffmann-Lange, Ursula, *Eliten in der Bundesrepublik Deutschland*, Opladen: Leske + Budrich 1992.
Hofmann, Hasso/Dreier, Horst, Repräsentation, Mehrheitsprinzip und Minderheitenschutz, in: Schneider/Zeh (Hrsg.), 1989, S. 165-197.
Holmberg, Sören, Political Representation in Sweden, in: Klingemann/Stöss/Weßels (Hrsg.), 1991, S. 290-324.
Hoplitschek, Ernst, Partei, Avantgarde, Heimat - oder was?, in Jörg R. Mettke (Hrsg.), *Die Grünen. Regierungspartner von morgen?*, Reinbek bei Hamburg: Rowohlt 1982, S. 82-100.
Hradil, Stefan, Entwicklungstendenzen der Schicht- und Klassenstruktur in der Bundesrepublik, in: Matthes, Joachim (Hrsg.), *Krise der Arbeitsgesellschaft?*, Frankfurt a.M./New York: Campus 1983.
Hübner, Emil/Oberreuter, Heinrich, *Parlament und Regierung. Ein Vergleich dreier Regierungssysteme*, München: Ehrenwirth 1977.
Hübner, Emil/Rohlfs, Horst-Hennek, *Jahrbuch der Bundesrepublik Deutschland 1988/89*, München: Beck 1988.
Huntington, Samuel P., Postindustrial Politics. How Benign Will It Be?, in: *Comparative Politics*, 1973/74, S. 163-191.
Inglehart, Ronald, *Kultureller Umbruch - Wertwandel in der westlichen Welt*, Frankfurt a.M./New York: Campus 1989.
Inglehart, Ronald, The Silent Revolution in Europe, in: *American Political Science Review*, 65 (1971), S. 991-1017.
Inglehart, Ronald, *The Silent Revolution*, Princeton: Princeton University Press 1977.
Ismayr, Wolfgang, *Parlamentarische Kommunikation und Abgeordnetenfreiheit*, Frankfurt a.M. 1982.
Ismayr, Wolfgang, Selbständige Anträge und Entschließungsanträge, Vielfältig genutzte Mittel öffentlicher Kontrolle und Initiative, in: *Zeitschrift für Parlamentsfragen*, 21 (1991), S. 197-204.
Ismayr, Wolfgang, Der Deutsche Bundestag, Strukturprobleme und Reformperspektiven einer politischen Institution, in: *Aus Politik und Zeitgeschichte*, B 50/91 S. 25-40.
Ismayr, Wolfgang, *Der Deutsche Bundestag. Funktionen, Willensbildung, Reformansätze*, Leverkusen: Leske + Budrich 1992.
Jennings, M. Kent/Deth, Jan W. van u.a., *Continuities in Political Action*, Berlin/New York: de Gruyter 1990.
Jessop, Bob, Corporatism, Parliamentarism and Social Democracy, in: Gerhard Lehmbruch/Philippe C. Schmitter, *Trends Towards Corporatist Intermediation*, Beverly Hills/London: Sage 1979, S. 185-213.
Jung, Matthias, Parteiensystem und Wahlen in der DDR. Eine Analyse der Volkskammerwahl vom 18. März und der Kommunalwahlen vom 6. Mai, in: *Aus Politik und Zeitgeschichte*, B 27/90, S. 3-15.
Kaack, Heino, Die personelle Struktur des 9. Deutschen Bundestages, in: *Zeitschrift für Parlamentsfragen*, 11 (1981), S. 165-203.
Kaack, Heino, *Geschichte und Struktur des deutschen Parteiensystems*, Opladen: Westdeutscher Verlag 1971.
Kaack, Heino, Zur Abgeordnetensoziologie des Deutschen Bundestages, in: *Zeitschrift für Parlamentsfragen*, 18 (1988), S. 169-187
Kaase, Max, Partizipative Revolution - Ende der Parteien?, in: Joachim Raschke (Hrsg.), *Bürger und Parteien*, Bonn: Bundeszentrale f. polit. Bildung 1982, S. 173-187.
Kaase, Max/Klingemann, Hans Dieter (Hrsg.), *Wahlen und Wähler. Analysen aus Anlaß der Bundestagswahl 1987*, Opladen: Westdeutscher Verlag 1990.

Kaase, Max/Klingemann, Hans-Dieter (Hrsg.), *Wahlen und politisches System. Analysen aus Anlaß der Bundestagswahl 1980,* Opladen: Westdeutscher Verlag 1983.

Kaiser, Joseph H., *Die Repräsentation organisierter Interessen,* Berlin: Duncker & Humblot 1956.

Keller, Dietmar, *Minister auf Abruf,* Berlin: Dietz 1990.

Keller, Dietmar/Scholz, Joachim (Hrsg.), *Der Demokratie schuldig - die Schuld der Demokratie. Volkskammerspiele,* Berlin: Dietz 1990.

Kepplinger, Hans-Mathias/Fritsch, Jürgen, Unter Ausschluß der Öffentlichkeit. Abgeordnete des 8. Deutschen Bundestages berichten über ihre Erfahrungen im Umgang mit Journalisten, in: *Publizistik* 25. Jg. (1981), Heft 26, S. 33-55.

Kewenig, Wilhelm, *Staatsrechtliche Probleme parlamentarischer Mitregierung am Beispiel der Arbeit der Bundestagsausschüsse,* Bad Homburg v.d.H./Berlin/Zürich: Gehlen 1970.

Kimmel, Adolf, Parlamentarische Opposition und parlamentarische Kontrolle, in: *Neue politische Literatur,* 1979, S. 349.

Kitschelt, Herbert, Left-Libertarian Parties, in: *World Politics,* Bd. XL, 1988, S. 194-234.

Klages, Helmut/Kmieciak, Peter (Hrsg.), *Wertewandel und gesellschaftlicher Wandel,* Frankfurt a.M.: Campus 1982.

Klein, Eckart/Lörler, Sighart, Überlegungen zur Vefassungsreform in der DDR, in: *Entwicklung in Deutschland. Manuskripte zur Umgestaltung in der DDR,* Königswinter: Jakob-Kaiser-Stiftung e.V., 1990

Klingemann, Hans-Dieter, Der vorsichtig abwägende Wähler, in: Klingemann/Kaase (Hrsg.), 1986, S. 385-426.

Klingemann, Hans-Dieter/Kaase, Max (Hrsg.), *Wahlen und politischer Prozeß. Analysen aus Anlaß der Bundestagswahl 1983,* Opladen: Westdeutscher Verlag 1986.

Klingemann, Hans-Dieter/Stöss, Richard/Weßels, Bernhard (Hrsg.), *Politische Klasse und politische Institutionen. Probleme und Perspektiven der Elitenforschung,* Opladen: Westdeutscher Verlag 1991.

Klingemann, Hans-Dieter/Wattenberg, Martin P., Zerfall und Entwicklung von Parteiensystemen. Ein Vergleich der Vorstellungsbilder von den politischen Parteien in den Vereinigten Staaten von Amerika und der Bundesrepublik Deutschland, in: Kaase/Klingemann (Hrsg.), 1990, S. 325-344.

Kloth, Hans Michael, Einige Zahlen zur 10. Volkskammer, in: *Zeitschrift für Parlamentsfragen,* 22 (1991), S. 467-473.

Köser, Helmut, Demokratie und Eliteherrschaft, in: Dieter Oberndörfer/Wolfgang Jäger (Hrsg.), *Die neue Elite,* Freiburg: Rombach 1976, S. 149-193.

Kralewski, Wolfgang/Neunreither, Karlheinz, *Oppositionelles Verhalten im ersten Deutschen Bundestag, 1949-1953,* Köln-Opladen: Westdeutscher Verlag, 1963.

Kraus, Peter A., Elemente einer Theorie postautoritärer Demokratisierungsprozesse im südeuropäischen Kontext, in: *Politische Vierteljahresschaft,* 31 (1990), S. 191-213.

Kremendahl, Hans, *Pluralismustheorie in Deutschland. Entstehung, Kritik, Perspektiven,* Leverkusen: Heggen 1977.

Kremer, Andreas (Hrsg.), *Die Bundesrepublik Deutschland und das Königreich Spanien 1992 - Die Rolle der Länder und der Comunidades Autonomas im Europäischen Integrationsprozeß,* München 1989.

Krenz, Egon, *Wenn Mauern fallen,* Wien: Neff 1990.

Land, Rainer (Hrsg.), *Das Umbaupapier. Argumente gegen die Wiedervereinigung,* Berlin: Rotbuch Verlag 1990

Landeszentrale für politische Bildung NRW (Hrsg.), *Von der Einigung zur Einheit,* Düsseldorf 1991.

Lapp, Peter J., Anspruch und Alltag der Volkskammer vor dem Umbruch 1989/90, in: *Zeitschrift für Parlamentsfragen,* 21 (1990), S. 115-126.

Lapp, Peter J., *Wahlen in der DDR. Wählt die Kandidaten der Nationalen Front!,* Berlin 1982.

Lattmann, Dieter, *Die Einsamkeit des Politikers,* Frankfurt a.M.: Fischer 1982.

Laue, Sabine, *Parlamentarische Opposition und deutsche Einheit. Zu Problematik "kooperativer Opposition", dargestellt am Beispiel der Beratungen über die Verträge zur deutschen Einheit im Bundestag,* Egelsbach: Hänsel-Hohenhausen 1992.

Laumann, Edward O./Pappi, Franz Urban, *Networks of Collective Action,* New York: Academic Press 1976.
Lehmbruch, Gerhard, *Neo-Corporatism and the Function of Representative Institutions,* Papier für die Konferenz "Representation and the State", Stanford University, Stanford, Cal., 11.-15. Oktober 1982.
Lehmbruch, Gerhard, Neokorporatismus in Westeuropa, Hauptprobleme im internationalen Vergleich, in: *Journal für Sozialforschung,* 4/1983, S. 413.
Leibholz, Gerhard, Der Strukturwandel der modernen Demokratie, in: ders., *Strukturprobleme der modernen Demokratie,* Karlsruhe: C. F. Müller 1958, S. 78-131.
Leibholz, Gerhard, *Die Repräsentation in der Demokratie,* Berlin/New York: de Gruyter 1973.
Leonardy, Uwe, Bundestag und Europäische Gemeinschaft, Notwendigkeit und Umfeld eines Europa-Ausschusses, in: *Zeitschrift für Parlamentsfragen,* 19 (1989), S. 527-544.
Lepsius, Rainer M., Soziale Ungleichheit und Klassenstrukturen in der Bundesrepublik Deutschland, in: Hans-Ulrich Wehler (Hrsg.), *Klassen in der europäischen Sozialgeschichte,* Göttingen: Vandenhoek & Ruprecht 1979.
Leßmann, Herbert, *Die öffentlichen Aufgaben und Funktionen privatrechtlicher Wirtschaftsverbände. Sozialer Befund, rechtliche Einordnung und Kontrolle,* Köln/Berlin/Bonn/München 1976.
Liebert, Ulrike/Cotta, Maurizio (Hrsg.), *Parliament and Democratic Consolidation in Southern Europe,* London/New York: Pinter 1990.
Linz, Juan J./Stepan, Alfred (Hrsg.), *The Breakdown of Democratic Regimes,* Baltimore 1978.
Lipset, Seymour M./Rokkan, Stein (Hrsg.), *Party Systems and Voter Alignments, Cross-National Perspectives,* New York: Free Press 1967.
Lipset, Seymour Martin/Rokkan, Stein: Cleavage Structures, Party Systems, and Voter Alignments, An Introduction, in: dies. (Hrsg.), 1967, S. 1-64.
Loewenberg, Gerhard, *Parliament in the German Political System,* Ithaca/New York: Cornell University Press 1967.
Luhmann, Niklas, Politische Steuerung, Ein Diskussionsbeitrag, in: *Politische Vierteljahresschrift,* 30 (1989), S. 4-9.
Luhmann, Niklas, *Politische Theorie im Wohlfahrtsstaat,* München/Wien: Olzog 1981
Luhmann, Niklas, *Soziale Systeme. Grundriß einer allgemeinen Theorie,* Frankfurt a.M.: Suhrkamp 1987.
Lutz, Christian, *EG '92, Optionen der Schweiz im künftigen Europa, Erwartungen, Hoffnungen, Realitäten,* Bern/Stuttgart 1989.
Magiera, Siegfried, *Parlament und Staatsleitung in der Verfassungsordnung des Grundgesetzes. Eine Untersuchung zu den Grundlagen der Stellung und Aufgaben des Deutschen Bundestags,* Berlin: Duncker & Humblot 1979.
Maier, Hans/Rausch, Heinz/Hübner, Emil/Oberreuter, Heinrich, *Parlament und Parlamentsreform. Zum Selbstverständnis des fünften Deutschen Bundestages,* München: Verlag Ernst Vogel 1979.
Marvick, Dwaine, Les cadres des partis politiques en Allemagne, in: *Revue française de Sociologie,* 7 (1966), S. 619-635.
Marvick, Dwaine, The Middlemen of Politics, in: Crotty, W. I. (Hrsg.), *Approaches to the Study of Party Organization,* Boston: Allyn and Bacon 1968, S. 341-347.
Matthes, Joachim (Hrsg.), *Sozialer Wandel in Westeuropa,* Frankfurt a.M.: Campus 1979.
Matthews, Donald, R., *U.S. Senators and Their World,* Chapel Hill: University of North Carolina Press 1960.
Mayntz, Renate, Politische Steuerung und gesellschaftliche Steuerungsprobleme - Anmerkungen zu einem theoretischen Paradigma, in: Ellwein/Hesse/Mayntz/Scharpf (Hrsg.), 1987, S. 89-110.
Mayntz, Renate/Rosewitz, Bernd/Schimank, Uwe/Stichweh, Rudolf, *Differenzierung und Verselbständigung. Zur Entwicklung gesellschaftlicher Teilsysteme,* Frankfurt a.M./New York: Campus 1988.
Mayntz, Renate/Neidhart, Friedhelm, Parlamentskultur. Handlungsbedingungen von Bundestagsabgeordneten - eine empirisch-explorative Studie, in: *Zeitschrift für Parlamentsfragen,* 19 (1989), S. 370-387.

Menzel, Hans-Joachim, *Legitimation staatlicher Herrschaft durch Partizipation Privater? Dargestellt am Beispiel der Beteiligung von Gewerkschaften in Gremien der Wirtschaftsverwaltung*, Berlin: Duncker & Humblot 1980.
Merten, Detlef (Hrsg.), *Gewaltentrennung im Rechtsstaat. Zum 300. Geburtstag von Charles de Montesquieu*, Berlin: Duncker & Humblot 1989.
Mill, John Stuart, *Considerations on Representative Government*, zuerst 1861.
Miller, Warren E./Stokes, Donald E., Constituency Influence in Congress, in: *American Political Science Review*, 57 (1963), S. 45-56.
Mirbach, Thomas, Eine kybernetische Auflösung des Repräsentationsproblems?, in: *Zeitschrift für Parlamentsfragen* 23 (1992), S. 658-672.
Modrow, Hans, *Aufbruch und Ende*, Hamburg: Konkret Literatur Verlag 1991.
Mooser, Joseph, Abschied von der "Proletarität", in: Werner Conze/M. Rainer Lepsius (Hrsg.), *Sozialgeschichte der Bundesrepublik Deutschland*, Stuttgart: Klett-Cotta 1983, S. 143-186.
Morawitz, Rudolf, Die Zusammenarbeit von Bund und Ländern bei der Wahrnehmung von EG-Aufgaben, in: Siegfried Magiera/Detlef Merten (Hrsg.), *Bundesländer und Europäische Gemeinschaft*, Berlin: Duncker und Humblot 1988.
Mössle, Wilhelm, *Regierungsfunktionen des Parlaments*, München: Beck 1986.
Müller, Emil-Peter, Der Bundestag ist gebildeter geworden in: *Zeitschrift für Parlamentsfragen*, 18 (1988), S. 200-219.
Müller, Emil-Peter, Interessen der Sozialpartner im XI. Deutschen Bundestag, in: *Zeitschrift für Parlamentsfragen*, 18 (1988), S. 187-188.
Müller, Walter, Wege und Grenzen der Tertiarisierung, Wandel der Berufsstruktur in der Bundesrepublik Deutschland 1950-1980, in: Joachim Matthes (Hrsg.), *Krise der Arbeitsgesellschaft?*, Frankfurt a.M./New York: Campus 1983, S. 142-160.
Müller-Enbergs, Helmut, Der Brandenburger Landtag und das Problem der Vergangenheit, in: *Links*, 24 (1992), S. 21f.
Müller-Enbergs, Helmut, Die Rolle der Bürgerbewegungen in der Volkskammer, in: Gert-Joachim Glaeßner (Hrsg.), *Eine deutsche Revolution*, Frankfurt a.M.: Peter Lang 1991, S. 94-108.
Müller-Enbergs, Helmut, Welchen Charakter hatte die Volkskammer nach den Wahlen am 18. März 1990?, in: Klingemann/Stöss/Weßels (Hrsg.), 1991, S. 235-258.
Müller-Enbergs, Helmut/Schulz, Marianne/Wielgohs, Jan, *Von der Illegalität ins Parlament. Werdegang und Konzept der Bürgerbewegungen*, Berlin: Linksdruck 1991.
Müller-Rommel, Ferdinand, Erfolgsbedingungen grüner Parteien in Westeuropa, in: *Politische Vierteljahresschrift*, 33 (1992), S. 189-218.
Niedermayer, Oskar, Die Entwicklung der europäischen Parteibünde, in *Zeitschrift für Parlamentsfragen*, 14 (1984), S. 359-367.
Niedermayer, Oskar, *Innerparteiliche Partizipation*, Opladen: Westdeutscher Verlag 1989.
Nordlinger, Eric A., *On the Autonomy of the Democratic State*, Cambridge, Mass./London: Harvard University Press 1981.
Nuscheler, Franz, Regierung auf Vereinbarung der "neuen Stände"? Diskussion und Befund des Korporatismus in Großbritannien, in: *Zeitschrift für Parlamentsfragen*, 8 (1979), S. 503-524.
O'Sullivan, Noel, The political theory of neo-corporatism, in: Andrew Cox/Noel O'Sullivan (Hrsg.), *The Corporate State. Corporatism and the State Tradition in Western Europe*, Aldershot: Elgar 1988, S. 3-26.
Oberreuter, Heinrich (Hrsg.), *Parlamentarische Opposition. Ein internationaler Vergleich*, Hamburg: Hoffmann und Campe 1975.
Oberreuter, Heinrich, Parlament und Öffentlichkeit, in: Wolfgang R. Langenbucher (Hrsg.), *Politik und Kommunikation - Über die öffentliche Meinungsbildung*, München: Piper 1979.
Oberreuter, Heinrich (Hrsg.), *Pluralismus. Grundlegung und Diskussion*, Opladen: Leske + Budrich 1980.
Oberreuter, Heinrich, Legitimation durch Kommunikation - Zur Parlamentarismusforschung in der Bundesrepublik Deutschland, in: Falter/Fenner/Greven (Hrsg.), *Politische Willensbildung und Interessenvermittlung*, Opladen: Westdeutscher Verlag 1984, S. 238-253.

Oberreuter, Heinrich, Parlament und Medien in der Bundesrepublik Deutschland, in: Uwe Thaysen/Roger H. Davidson/Robert G. Livingston (Hrsg.), *US-Kongreß und Deutscher Bundestag. Bestandsaufnahmen im Vergleich*, Opladen: Westdeutscher Verlag 1988, S. 500-515.

Oberreuter, Heinrich, Entmachtung des Bundestags durch Vorentscheider auf höchster politischer Ebene?, in: Hill (Hrsg.), 1989, S. 121-139.

Otto Schmuck, Das Parlament, in: *Jahrbuch der europäischen Integration 1990/91*, Bonn: Europaunion 1991.

Pappi, Franz Urban, Konstanz und Wandel der Hauptspannungslinien in der Bundesrepublik, in: Matthes (Hrsg.), 1979, S. 465-479.

Parlaments- und Wahlstatistik, in: *Zeitschrift für Parlamentsfragen*, 21 (1991), S. 344-357.

Parlamentsarbeit der 11. Wahlperiode in Zahlen, in: *woche im bundestag (wib)*, 20 (1990), XXI/235, S. 159.

Patzelt, Werner, Wahlkreisstil und Abgeordnetenrolle, in: *Zeitschrift für Parlamentsfragen* 20 (1989), S. 114-150.

PDS, *2. Parteiag. 1. Tagung. Berlin: 26./27. Januar 1991*, Berlin 1991.

Pelinka, Anton, *Gewerkschaften im Parteienstaat. Ein Vergleich zwischen dem Deutschen und dem Österreichischen Gewerkschaftsbund*, Berlin: Duncker & Humblot 1980.

Piepenschneider, Melanie, Die europäischen Parteienzusammenschlüsse, in: *Jahrbuch der europäischen Integration 1990/91*, Bonn: Europaunion 1991.

Pitkin, Hanna F., *The Concept of Representation*, Berkeley: University of California Press 1967.

Pöhle, Klaus, Die Europa-Kommission des Deutschen Bundestages - ein politisches und geschäftsordnungsmäßiges Novum, in: *Zeitschrift für Parlamentsfragen*, 14 (1984), S. 352-358.

Politische Bildung und Studienförderung e.V. (Hrsg.), *Verbände und Herrschaft. Pluralismus in der Gesellschaft*, Bonn 1970.

Presse- und Informationszentrum des Deutschen Bundestages (Hrsg.), Schlußbericht der Enquête-Kommission Verfassungsreform des Deutschen Bundestages, in: *Zur Sache*, 2/77, Bonn 1977.

Protokoll *der Delegiertenkonferenz der Sozialdemokratischen Partei in der DDR. 12.1.-14.1.1990. Berlin: Kongreßhalle. Alexanderplatz*, Berlin o.J. (1990).

Przeworski, Adam, Some Problems in the Study of Transitions to Democracy, in: G. O'Donnell u.a. (Hrsg.), *Transitions from Authoritarian Rule*, Baltimore 1986.

Rausch, Heinz, *Bundestag und Bundesregierung. Eine Institutionenkunde*, 4.Aufl., München: Beck 1976.

Rausch, Heinz/Oberreuter, Heinrich, Parlamentsreform in der Dunkelkammer? Zum Selbstverständnis der Bundestagsabgeordneten, in: Winfried Steffani (Hrsg.), *Parlamentarismus ohne Transparenz*, Opladen: Westdeutscher Verlag 1973, S. 141-164.

Rebenstorf, Hilke, Frauen im Bundestag - anders als die Männer?, in: *Eliten in der Bundesrepublik Deutschland*, Stuttgart/Berlin/Köln: Kohlhammer 1990, S. 52-73.

Rebenstorf, Hilke/Weßels, Bernhard, Wie wünschen sich die Wähler ihre Abgeordneten?, in: *Zeitschrift für Parlamentsfragen*, 19 (1989), S. 408-424.

Rebner, Manfred, *Frau Präsidentin hat Geburtstag. Bonmots & Bad Words aus 200 Tagen Volkskammer*, Berlin: Edition Fischer Insel 1990.

Reif, Karl Heinz (Hrsg.), *Die mittlere Führungsschicht politischer Parteien in der Bundesrepublik Deutschland*, Mannheim: Institut für Sozialwissenschaften 1978.

Renzsch, Wolfgang, Deutsche Länder und europäische Integration, in: *Aus Politik und Zeitgeschichte*, B 28/90, S. 28-39.

Ritter, Gerhard A. (Hrsg.), *Gesellschaft, Parlament und Regierung - Zur Geschichte des Parlamentarismus in Deutschland*, Düsseldorf: Droste 1974.

Robins, Robert S., *Political Institutionalization and the Integration of Elites*, Beverly Hills/London: Sage 1976.

Roll, Hans-Achim, Geschäftsordnungspraxis im 10. Deutschen Bundestag, in: *Zeitschrift für Parlamentsfragen*, 16 (1986), S. 313-324.

Roth, Roland, Fordismus und neue soziale Bewegungen, in: Ulrike C. Wasmuth (Hrsg.), *Alternativen zur alten Politik?*, Darmstadt: Wissenschaftliche Buchgesellschaft 1982, S. 13-37.

Roth, Roland/Rucht, Dieter (Hrsg.), *Neue soziale Bewegungen in der Bundesrepublik Deutschland*, Bonn 1987.
Ruch, Alexander, *Das Berufsparlament. Parlamentarische Struktur- und Funktionsprobleme unter Darstellung der Parlamente in der Bundesrepublik Deutschland, Frankreich, Großbritannien, den Vereinigten Staaten von Amerika und Dänemark*, (Basler Studien zur Rechtswissenschaft, H.107), Basel/Stuttgart: Helbing & Lichtenhahn 1976.
Rudzio, Wolfgang, *Das politische System der Bundesrepublik Deutschland. Eine Einführung*, Opladen: Leske + Budrich 1987.
Rustow, Dankwart A., Transitions to Democracy, in: *Comparative Politics* 2 (1970), S. 337-363.
Schabowski, Günter, *Das Politbüro*, Reinbek: Rowohlt 1990.
Schabowski, Günter, *Der Absturz*, Berlin: Rowohlt 1991.
Schäfer, Friedrich, *Der Bundestag. Eine Darstellung seiner Aufgaben und seiner Arbeitsweise*, 4. Aufl., Opladen: Westdeutscher Verlag 1982.
Scharpf, Fritz W., Die Handlungsfähigkeit des Staates am Ende des zwanzigsten Jahrhunderts, in: *Politische Vierteljahresschrift*, 32 (1991), S. 621-634.
Scharpf, Fritz W., Politische Steuerung und Politische Institutionen, in: *Politische Vierteljahresschrift*, 30 (1989), S. 10.
Scharpf, Fritz W., Verhandlungssystem, Verteilungskonflikte und Pathologien politischer Steuerung, in: *Politische Vierteljahresschrift*, Sonderheft 19 (1988), S. 61-87.
Scharpf, Fritz W./Reissert, Bernd/Schnabel, Fritz, *Politikverflechtung. Theorie und Empirie des kooperativen Föderalismus in der Bundesrepublik*, Kronberg/Ts.: Scriptor 1976.
Schelsky, Helmut, Die Bedeutung des Schichtungsbegriffs für die Analyse der gegenwärtigen Gesellschaft, in: *Transactions of the Second World Congress of Sociology*, Bd. I, London 1954 (abgedruckt in: ders., *Auf der Suche nach Wirklichkeit*, Düsseldorf: Diederichs 1965, S. 331-336).
Schelter, Kurt, *Demokratisierung der Verbände? Demokratie als Ordnungsprinzip in privilegierten Interessenverbänden*, Berlin: Duncker & Humblot 1976.
Schendelen, Marinus P.C.M. van, Das Geheimnis des Europäischen Parlaments, Einfluß auch ohne Kompetenzen, in: *Zeitschrift für Parlamentsfragen*, 14 (1984), S. 415-426.
Schendelen, Marinus P.C.M. van, Images of democratic Representation in the European Community, in: Klingemann/Stöss/Weßels (Hrsg.), 1991, S. 357-371.
Schendelen, Marinus P.C.M. van, Informations- und Entscheidungsprozesse im niederländischen Parlament im Rahmen einer Repräsentationstheorie, in: *Zeitschrift für Parlamentsfragen*, 7 (1977), S. 252-266.
Scheuch, Erwin K./Scheuch, Ute, *Cliquen, Klüngel und Karrieren*, Reinbek: Rowohlt 1992.
Scheuner, Ulrich, Der Bereich der Regierung, in: *Festschrift für Rudolf Smend*, Göttingen: Otto Schwarz & Co. 1952, S. 253-301.
Schindler, Peter, *Datenhandbuch zur Geschichte des Deutschen Bundestages 1949 bis 1982*, Bonn: Deutscher Bundestag, 1983.
Schindler, Peter, *Datenhandbuch zur Geschichte des Deutschen Bundestages 1980 bis 1984*, Bonn: Deutscher Bundestag 1986.
Schindler, Peter, *Datenhandbuch zur Geschichte des Deutschen Bundestages 1980 bis 1987*, Baden-Baden: Nomos 1988.
Schlußerklärung der Konferenz der Parlamente der Europäischen Gemeinschaften, verabschiedet am 30.11.1990 in Rom, in: *Europa-Archiv*, 1/1991, D21-D25.
Schmid, Günther, Krise des Wohlfahrtsstaates. Alternativen zur staatlichen Finanzierung und Bereitstellung kollektiver Güter, in: *Politische Vierteljahresschrift*, 25 (1984), S. 6-30.
Schmitt, Karl, Konfessioneller Konflikt und politisches Verhalten in Deutschland, vom Kaiserreich zur Bundesrepublik, in: Best (Hrsg.), 1989, S. 155-174.
Schmitter, Philippe C., Modes of Interest Intermediation and Models of Societal Change in Western Europe, in: *Comparative Political Studies*, 1/1977, S. 9.
Schmitter, Philippe C., Neokorporatismus, Überlegungen zur bisherigen Theorie und zur weiteren Praxis, in: Ulrich von Alemann (Hrsg.), *Neokorporatismus*, Frankfurt a.M./New York: Campus 1981, S. 67.
Schmölders, Günter, *Das Selbstbildnis der Verbände*, Berlin 1965.

Schmollinger, Horst W., Abhängig Beschäftigte in Parteien der Bundesrepublik. Einflußmöglichkeiten von Arbeitern, Angestellten und Beamten, in: *Zeitschrift für Parlamentsfragen* 4 (1974), S. 58-90.
Schmollinger, Horst W./Stöss, Richard, Sozialer Wandel und soziale Basis der Parteien, in: Dietrich Staritz (Hrsg.), *Das Parteiensystem der Bundesrepublik*, 2. Aufl., Opladen: Leske + Budrich 1980, S. 229-254.
Schmuck, Otto, Der Maastrichter Vertrag zur Europäischen Union, in: *Europa-Archiv*, 47 (1992), Heft 4, S. 97-103.
Schneider, Hans-Peter, *Die parlamentarische Opposition im Verfassungsrecht der Bundesrepublik Deutschland*, Frankfurt a.M.: Klostermann 1974.
Schneider, Hans-Peter, Das parlamentarische System, in: Ernst Benda/Werner Maihofer/Hans-Jochen Vogel (Hrsg.), *Handbuch des Verfassungsrechts der Bundesrepublik Deutschland*, Berlin/New York: de Gruyter 1983, S. 237-293.
Schneider, Hans-Peter, Verfassungsrechtliche Bedeutung und politische Praxis der parlamentarischen Opposition, in: Schneider/Zeh (Hrsg.), 1989, S. 1055-1086.
Schneider, Hans-Peter/Zeh, Wolfgang (Hrsg.), *Parlamentsrecht und Parlamentspraxis in der Bundesrepublik Deutschland*, Berlin/New York: de Gruyter 1989.
Schröder, Heinrich, *Gesetzgebung und Verbände - Ein Beitrag zur Institutionalisierung der Verbandsbeteiligung an der Gesetzgebung*, Berlin: Duncker & Humblot 1976.
Schröder, Richard, Warum Parteien nötig sind. Überarbeitete Fassung eines Vortrages beim 6. Passauer Symposium zum Parlamentarismus vom 15. bis 17. Oktober 1990, veröffentlicht in: *Zeitschrift für Parlamentsfragen*, 20 (1990), S. 610-618.
Schudlich, Edwin, Kooperation statt Korporatismus. Zum Charakter der gewerkschaftlichen Interessenvertretung in der chemischen Industrie, in: Ulrich Billerbeck/Rainer Erd/Otto Jacobi/Edwin Schudlich (Hrsg.), Korporatismus und gewerkschaftliche Interessenvertretung, Frankfurt a.M/New York: Campus 1982, S. 127-172.
Schulze-Fielitz, Helmut, Das Parlament als Organ der Kontrolle im Gesetzgebungsprozeß, in: Horst Dreier/Jochen Hofmann (Hrsg.), *Parlamentarische Souveränität und technische Entwicklung*, Berlin: Duncker u. Humblot 1986, S. 71-126.
Schulze-Fielitz, Helmut, *Der informale Verfassungsstaat. Aktuelle Beobachtungen des Verfassungslebens der Bundesrepublik Deutschland im Lichte der Verfassungstheorie*, Berlin: Duncker & Humblot 1984.
Schütt-Wetschky, Eberhard, *Grundtypen parlamentarischer Demokratie - Klassisch-altliberaler Typ und Gruppentyp*, Freiburg/München, Alber 1984.
Schüttemeyer, Suzanne S., *Bundestag und Bürger im Spiegel der Demoskopie*, Opladen: Westdeutscher Verlag 1986.
Schweitzer, Carl Christoph, *Der Abgeordnete im parlamentarischen Regierungssystem der Bundesrepublik*, Opladen: Leske u. Budrich 1979.
Searing, Donald D., Rules of the Game in Britain: Can the Politicians be Trusted?, in: *American Political Science Review*, Bd. 76 (1982), S. 239-258.
Sebaldt, Martin: Innovation durch Opposition, Das Beispiel des Deutschen Bundestages 1949-1987, in: *Zeitschrift für Parlamentsfragen*, 22 (1992), S. 238-265.
Sellin, Burkart, Erste Ergebnisse des Sozialen Dialogs auf dem Gebiet der allgemeinen und beruflichen Bildung, in: *Europäisches Zentrum für die Förderung der Berufsbildung (CEDEFOP) flash special* 5/1990, S. 1-3.
Siegmann, Heinrich, The conflict between labor and environmentalism in the Federal Republic of Germany and the United States, Aldershot: Gower 1985.
Simon, Günter, *Tisch-Zeiten. Aus den Notizen eines Chefredakteurs 1981 bis 1989*, Berlin: Verlag Tribüne 1990.
Sontheimer, Kurt, *Grundzüge des politischen Systems der Bundesrepublik Deutschland*, 9.Aufl., München: Piper 1984.
SPD (Hrsg.), *Planungsdaten für die Mehrheitsfähigkeit der SPD*, Bonn 1985.
Stadler, Peter M., *Die parlamentarische Kontrolle der Bundesregierung*, Opladen: Westdeutscher Verlag 1984.
Stammen, Theo, *Parteien in Europa*, München: Bayerische Landeszentrale für politische Bildungsarbeit 1977.

Stammer, Otto u.a., *Verbände und Gesetzgebung. Die Einflußnahme der Verbände auf die Gestaltung des Personalvertretungsgesetzes,* (Schriftenreihe des Instituts für Politische Wissenschaft Bd. 18) Köln/Opladen: Westdeutscher Verlag 1965.
Statistisches Bundesamt (Hrsg.), *Datenreport 1987,* Bonn: Bundeszentrale für politische Bildung 1988.
Steffani, Winfried (Hrsg.), *Parlamentarismus ohne Transparenz?,* Opladen: Westdeutscher Verlag 1973.
Steffani, Winfried, Formen, Verfahren und Wirkungen der parlamentarischen Kontrolle, in: Schneider/Zeh (Hrsg.), 1989, S. 1325-1368.
Steffani, Winfried, *Parlamentarische und präsidentielle Demokratie,* Opladen: Westdeutscher Verlag 1979.
Steffani, Winfried, Warum die Bezeichnung "Kleine Parlamentsreform 1969"?, in: *Zeitschrift für Parlamentsfragen,* 21 (1981), S. 591-593.
Steinberg, Rudolf, Parlament und organisierte Interessen, in: Schneider/Zeh (Hrsg.), 1989, S. 217-261.
Stöss, Richard, Parteikritik und Parteiverdrossenheit, in: *Aus Politik und Zeitgeschichte,* B 21/90, S. 15-24.
Streeck, Wolfgang, Vielfalt und Interdependenz, in: *Kölner Zeitschrift für Soziologie und Sozialpsychologie,* 39 (1987), S. 452-470.
Süssmuth, Rita, Geleitwort zu, *Kürschners Volkshandbuch Deutscher Bundestag, 12. Wahlperiode 1990,* 63. Aufl., Sonderdruck für den Deutschen Bundestag - Referat Öffentlichkeitsarbeit.
Süssmuth, Rita, Nach Maastricht - Viel bleibt noch zu tun, in: *EG-Magazin:* 1/2 1992, S. 4-5.
Thaysen, Uwe, *Parlamentsreform in Theorie und Praxis,* Opladen: Westdeutscher Verlag 1972.
Thaysen, Uwe, *Parlamentarisches Regierungssystem in der Bundesrepublik Deutschland,* 2.Aufl., Opladen: Leske & Budrich 1976.
Thaysen, Uwe, Standort und Funktionen des Bundestages im parlamentarischen Regierungssystem, in: Hartmut Klatt (Hrsg.), *Der Bundestag im Verfassungsgefüge der Bundesrepublik Deutschland. Beiträge zum dreißigjährigen Bestehen des Deutschen Bundestages,* Bonn: Presse- und Informationszentrum des Deutschen Bundestages 1980, S. 63-72.
Thaysen, Uwe, Interparlamentarische Kooperation in Europa, in: *Zeitschrift für Parlamentsfragen,* 14 (1984), S. 450-451.
Thaysen, Uwe, Repräsentation in der Bundesrepublik Deutschland, in: Uwe Thaysen, /Robert H. Davidson/Robert G. Livingston (Hrsg.), *US-Kongress und Deutscher Bundestag. Bestandsaufnahmen im Vergleich,* Opladen: Westdeutscher Verlag 1988, S. 73-107.
Thaysen, Uwe, *Der Runde Tisch. Oder, Wo bleibt das Volk? Der Weg der DDR in die Demokratie,* Opladen: Westdeutscher Verlag 1990.
Thomassen, Jacques, Empirical Research into Political Representation - A Critical Reappraisal, in: Klingemann/Stöss/Weßels (Hrsg.), 1991, S. 259-274.
Thöne-Wille, Eva-Maria, *Die Parlamente der EG. Das Europäische Parlament und die nationalen Parlamente,* Kehl/Straßburg: Engel 1984.
Uppendahl, Herbert, Repräsentation und Responsivität - Bausteine einer Theorie der responsiven Demokratie, in: *Zeitschrift für Parlamentsfragen,* 11 (1981), S. 123-134.
Varain, Heinz Josef, Verbändeeinfluß auf Gesetzgebung und Parlament, in: ders. (Hrsg.), 1973, S. 305-320.
Varain, Hein Josef (Hrsg.), *Interessenverbände in Deutschland,* Köln: Kiepenheuer & Witsch 1973.
Veen, Hans-Joachim, *Opposition im Bundestag. Ihre Funktionen, institutionellen Handlungsbedingungen und das Verhalten der CDU/CSU-Fraktion in der 6. Wahlperiode 1969-1972,* Bonn: Eichholz Verlag 1976.
Vitzthun, Wolfgang von, *Parlament und Planung,* Baden-Baden: Nomos 1978.
Wahlke, John. C./ Eulau, Heinz/Buchanan, William/Ferguson, Leroy C., *The Legislative System. Explorations in Legislative Behavior,* New York/London: John Wiley 1962.

Literaturverzeichnis 313

Wasser, Hartmut, *Parlamentarismuskritik vom Kaiserreich zur Bundesrepublik. Analyse und Dokumentation*, Stuttgart/Bad Cannstatt: Frommann-Holzboog 1974.
Weber, Jürgen, *Die Interessengruppen im politischen System der Bundesrepublik Deutschland*, Stuttgart/Berlin/Köln/Mainz: Kohlhammer 1977.
Weber, Max, Parlament und Regierung im neugeordneten Deutschland, in: ders., *Gesammelte Politische Schriften*, München: Drei Masken Verlag 1921, S. 126-260.
Weber, Max, *Wirtschaft und Gesellschaft*, Tübingen: Mohr (Paul Siebeck) 1976.
Weiland, Severin/Wimmer, Michaela/Michalowski, Bernhard, *9. November. Das Jahr danach. Vom Fall der Mauer bis zur ersten gesamtdeutschen Wahl*, München: Wilhelm Heine 1991.
Werner, Camilla, Direktdemokratische Entscheidungsverfahren in der Bundesrepublik Deutschland? Zum Diskussionsstand und zu den Meinungen der Abgeordneten des 11. Deutschen Bundestages und der Volkskammer, in: Klingemann/Stöss/Weßels (Hrsg.), 1991, S. 405-433.
Werner, Camilla, Wer sind die Rebellen im Parlament? Die Interfraktionelle Initiative Parlamentsreform im 11. Deutschen Bundestag, in: *Zeitschrift für Parlamentsfragen*, 20 (1990), S. 404-418.
Wessels, Wolfgang, Institutionelle Strategien für die Politische Union, Eine Neuauflage der EEA, in: *Integration*, 4/1990, S. 192-203.
Wessels, Wolfgang, Maastricht, Ergebnisse, Bewertungen und Langzeittrends, in: *integration*, 1/1992.
Weßels, Bernhard, *Das Berliner Abgeordnetenhaus im Netzwerk gesellschaftlicher Interessen*, Berlin: Universitätsdruck 1985.
Weßels, Bernhard, *Wählerschaft und Führungsschicht*, Probleme politischer Repräsentation, (Informationen aus Lehre und Forschung, hrsg. vom Präsidenten der Freien Universität Berlin), Berlin 1985.
Weßels, Bernhard, Kommunikationspotentiale zwischen Bundestag und Gesellschaft, Öffentliche Anhörungen, informelle Kontakte und innere Lobby in wirtschafts- und sozialpolitischen Parlamentsausschüssen, in: *Zeitschrift für Parlamentsfragen*, 17 (1987), S. 285-311.
Weßels, Bernhard, Abgeordnete und Bürger, Parteien und Wahlkreiskommunikation als Faktoren politischer Repräsentation, in: Klingemann/Stöss/Weßels (Hrsg.), 1991, S. 325-356.
Weßels, Bernhard, *Erosion des Wachstumsparadigmas, Neue Konfliktstrukturen im politischen System der Bundesrepublik?*, Opladen: Westdeutscher Verlag 1991.
Weßels, Bernhard, Vielfalt oder strukturierte Komplexität? Zur Institutionalisierung politischer Spannungslinien im Verbände- und Parteiensystem in der Bundesrepublik, in: *Kölner Zeitschrift für Soziologie*, 43 (1991), S. 454-475.
Weßels, Bernhard, Bürger und Organisationen in Ost- und Westdeutschland, vereint und doch verschieden? in: Volker Eschener/Ralf Kleenfeld/Detlef Pollack/Josef Schmid/Klaus Schubert/Helmut Voelzkow (Hrsg.), *Probleme der Einheit. Organisierte Interessen in Ostdeutschland*, Marburg: Metropolis 1992, S. 509-547.
Weßels, Bernhard, Organisationsbindung und Allianzen zwischen Verbänden und politischen Parteien als Bestimmungsgründe der Wahlentscheidung in den alten und neuen Bundesländern, in: Hans-Dieter Klingemann/Max Kaase (Hrsg.), *Wahlen und Wähler - Analysen aus Anlaß der Bundestagswahl 1990*, Opladen: Westdeutscher Verlag (im Erscheinen).
Wiesenthal, Helmut, *Die konzertierte Aktion im Gesundheitswesen. Ein Beispiel für Theorie und Politik des modernen Korporatismus.* Frankfurt a.M./New York: Campus 1989
Willke, Helmut, *Entzauberung des Staates. Überlegungen zu einer sozietalen Steuerungstheorie*, Königstein: Athenäum 1983.
Winters, Peter Jochen, Zum ersten Mal frei. Die Wahlen zur Volkskammer, in: *Deutschland Archiv*, 23 (1990), S. 497-501.
Wolf, Gunter, *Issuespezifische Netzwerkanalyse als Instrument zur Bestimmung von Interaktions- und Kommunikationsbeziehungen auf nationaler Ebene*, Dissertation: Universität Mannheim 1987.
Wolf, Werner, *Wahlkampf und Demokratie*, Köln: Verlag Wissenschaft und Politik 1985.

Zapf, Wolfgang/Breuer, Sigrid/Hampel, Jürgen/Krause, Peter/Mohr, Hans-Michael/Wiegand, Peter, *Individualisierung und Sicherheit. Untersuchungen zur Lebensqualität in der Bundesrepublik Deutschland*, München: Beck 1987.

Zeuner, Bodo, *Kandidatenaufstellung zur Bundestagswahl 1965 - Untersuchungen zur innerparteilichen Willensbildung und zur politischen Führungsauslese*, Den Haag: Niyhoff 1970.

Zimmerling, Zeno und Sabine, *Neue Chronik DDR, 4./5. Folge, 23. Dezember 1989 - 18. März 1990*, Berlin: Treptower Verlagshaus 1990.

Anhang A

Auszug aus dem Fragebogen für die mündliche Befragung der Mitglieder des 11. Deutschen Bundestags

Frage 3: "Im folgenden haben wir einige Aussagen aufgeführt, die die Arbeitsorientierung eines MdB betreffen. Welche der jeweiligen alternativen Beschreibungen aus den Blöcken A, B und C trifft für Sie am ehesten zu?"

A: Ich konzentriere mich in erster Linie auf den parlamentarischen Prozeß in meinem Spezialgebiet.
Ich konzentriere mich in erster Linie darauf, einen Überblick über alle existierenden Probleme zu bekommen.
B: Ich konzentriere mich in erster Linie darauf, konkrete Politik-Probleme pragmatisch zu lösen.
Ich konzentriere mich in erster Linie darauf, bestimmte gesellschaftspolitische Ziele durchzusetzen und dabei auch langfristige Entwicklungen zu bedenken.
C: Ich konzentriere mich in erster Linie auf die Lösung innerstaatlicher Probleme.
Ich konzentriere mich in erster Linie darauf, in meine Arbeit internationale Zusammenhänge und Probleme anderer Länder einzubeziehen.

Frage 6: Bitte nennen Sie mir anhand dieser Liste, ob und wie oft Sie mit Bürgern, Organisationen und Institutionen im Wahlkreis bzw. seiner Umgebung Kontakt haben. Bitte geben Sie jeweils an, wie oft Sie entsprechenden Kontakt haben:

(Antwortvorgaben für die Kontakthäufigkeit: mindestens einmal wöchentlich, ... im Monat, ... im Vierteljahr, ... im Jahr; nur gelegentlich/ selten.)

zu Bürgern im Wahlkreis
- in der Sprechstunde bzw. durch persönliche Kontakte
- über Vereine (z.B. Sportverein)
- bei gesellschaftlichen Ereignissen, wie Festen, Eröffnungsveranstaltungen o.ä.

- zu im Wahlkreis tätigen Behörden
zu ansässigen Unternehmen und Betrieben
- Industriebetriebe
- Handel/Handwerk
- Landwirtschaft
- sonstige Dienstleistungen
zu lokalen Interessenorganisationen der
- Landwirte
- Arbeitgeber bzw. Unternehmer
- des Handwerks, Handels und Mittelstandes
- Berufsorganisationen
- Gewerkschaften und Betriebsräte
zu Bürgerinitiativen oder ähnlichen Bürgergruppen
- Umwelt und Naturschutz
- Gesundheit und Soziales
- Kultur
zu Journalisten für lokale Berichterstattung
zu lokalen Parteiorganisationen
- der eigenen Partei
- anderer Parteien (nur Vorgaben vorlesen, die nicht die eigene sind)
- der CDU/CSU
- der SPD
- der F.D.P.
- der Grünen
- sonstige, und zwar

Frage 7: "Und nun sehen wir einmal von Ihren lokalen Kontakten ab. Wie sieht es mit ihren weiteren Kontakten von überregionaler Bedeutung aus? Würden Sie sagen, daß es bei diesen wesentliche Unterschiede in der Art und Häufigkeit zwischen sitzungsfreien Wochen und Sitzungswochen gibt?"

(Antwortvorgaben: Ja/ Nein)

Auszug aus den Fragebögen

Frage 8: "Bitte sagen Sie mir, ob Sie zu den Organisationen und Institutionen auf dieser Liste Kontakt haben, und falls ja, spezifizieren dann bitte die Organisationen und wie häufig Sie jeweils Kontakt haben."

(Antwortvorgaben wie in Frage 6)

- Industriebetriebe und Unternehmen
- Private Dienstleistungsbetriebe (z.B. Banken, Versicherungen)
- Wirtschafts- und Arbeitgeberverbände auf Bundes- und Landesebene
- Handwerks- und Mittelstandsverbände auf Bundes- und Landesebene
- Landwirtschaftsverbände auf Bundes- und Landesebene
- Berufsverbände auf Bundes- und Landesebene
- Gewerkschaften auf- Bundes, Landes bzw. Bezirksebene
- Presseorgane
- Rundfunkanstalten - Hörfunk
- Rundfunkanstalten - Fernsehen
- Wissenschaftliche Hochschulen
- Forschungsinstitute
- Kulturelle Institutionen und Organisationen
- Soziale, karitative und sozialpolitische Organisationen
- Katholische Kirche
- Evangelische Landeskirchen
- Organisationen sonstiger Religionsgemeinschaften
- Bürgerinitiativen mit überregionaler Bedeutung oder ähnlicher Gruppen
- Sonstige Institutionen und Organisationen

Frage 9: "Jetzt interessieren uns Ihre Kontakte zu Parteien und zu staatlichen Institutionen. Betrachten wir zunächst Ihre Kontakte zu staatlichen Institutionen. Würden Sie sagen, daß sich Art und Häufigkeit des Kontaktes zwischen sitzungsfreien Wochen und Sitzungswochen wesentlich unterscheiden?"

(Antwortvorgaben: Ja/ Nein)

Frage 10: "Bitte sagen mir anhand dieser Liste, ob Sie zu den Institutionen regelmäßig Kontakt haben, und falls ja, spezifizieren Sie dann bitte die Organisation und wie häufig Sie jeweils Kontakt haben.

(Antwortvorgaben wie in Frage 6)

- Supranationale Institutionen (z.B. UNO, NATO, WHO)
- Institutionen der Europäischen Gemeinschaft
- Bundespräsidialamt, Bundespräsident
- Bundeskanzleramt, Bundeskanzler
- Bundesministerien, Bundesminister
- Obere Bundesbehörden
- Bundesbank, Landeszentralbanken
- Bundesgerichte / Obergerichte (z.B. Oberlandesgericht, Landesarbeitsgericht)
- Landtagsfraktionen
- Landesministerien / Staatskanzleien / Vertretungen der Länder
- Regierungspräsidien

Frage 18: Und durch welche Art der Öffentlichkeitsarbeit können Sie am meisten Unterstützung für Ihre Anliegen erreichen?

(Mehrfachnennungen möglich)

- Buchveröffentlichungen
- Fernsehen / Rundfunk
- Pressepublikationen, Interviews
- Öffentliche Veranstaltungen, Reden, Vorträge
- Veröffentlichungen in Fachzeitschriften
- Veröffentlichungen in Partei- und Verbandspresse
- Anderes, und zwar ...

Frage 23: "Wenn Sie an Ihre Abgeordneten-Tätigkeit insgesamt denken, worauf liegt da bei ihnen das Schwergewicht Ihrer Arbeit? Welche der Tätigkeitsschwerpunkte würden Sie in erster, in zweiter, in dritter, in vierter und in fünfter Linie nennen?"

(Rangordnung erstellen)

- Mitwirkung bei der Gesetzgebung und der Regierungskontrolle
- Artikulation bestimmter gesellschaftlicher Interessen und Bedürfnisse
- Politische Grundsatzarbeit und Entwurf politischer Strategien

Auszug aus den Fragebögen

- Koordinations- und Vermittlertätigkeiten zwischen verschiedenen politischen Gruppen innerhalb und außerhalb des Parlaments
- Vertretung der Interessen einzelner Bürger/innen aufgrund von persönlichen Eingaben bzw. Beschwerden.

Frage 33: "Nun würde uns Ihre Meinung zu Fragen der Parlamentsreform interessieren. Welche der in dieser Liste zusammengestellten möglichen Reformziele halten Sie für vordringlich, dringlich oder weniger dringlich?

- Stärkung der Stellung der einzelnen Abgeordneten
- Stärkung der Stellung der Opposition
- Bessere Personal- und Sachmittelausstattung des Parlaments
- Verstärkte Informations- und Auskunftspflicht der Regierung gegenüber dem Bundestag
- Verbesserung der Selbstdarstellung des Bundestages in der Öffentlichkeit
- Größere Transparenz parlamentarischer Willensbildungs- und Entscheidungsprozesse

Frage 36: "Wir haben nun noch einige Fragen zu ihren politischen Grundüberzeugungen. Viele Leute verwenden die Begriffe LINKS und RECHTS, wenn es darum geht, unterschiedliche politische Einstellungen zu kennzeichnen. Wir haben hier einen Maßstab, der von links nach rechts verläuft. Wenn Sie an Ihre eigenen politischen Ansichten denken, wo würden Sie diese Ansichten auf dieser Skala einstufen?" (10er Skala)

Frage 38: Es gibt in der öffentlichen Meinung viele Auffassungen über die Entwicklung unserer Gesellschaft. Wir haben hier einige zusammengestellt. Würden Sie bitte angeben, wie wichtig Ihnen jeder dieser Auffassungen ist.

(Antwortvorgaben: sehr wichtig, wichtig, nicht so wichtig, ganz unwichtig, bin dagegen)

- Der technische Fortschritt und das wirtschaftliche Wachstum sollten unbedingt weitergehen.
- Die Bürger sollten mehr Mitsprache bei politischen Entscheidungen haben.

- Die staatlichen Ordnungskräfte sollten weiter ausgebaut werden, um Sicherheit und Ordnung zu gewährleisten.
- Das Demonstrationsrecht sollte eingeschränkt werden.
- Bei allen wirtschaftlichen und politischen Entscheidungen sollte berücksichtigt werden, ob sie nicht eine Gefahr für die Natur und unsere Umwelt sind.
- Die Schwangerschaftsunterbrechung sollte erleichtert werden.
- Unter den Menschen sollte es weniger Konkurrenz und Leistungsdruck geben.
- Parteien sollten weniger Einfluß haben, Bürgerinitiativen dagegen mehr.
- Die Energieversorgung sollte auch durch die Nutzung von Atomkraft gesichert werden.
- Die Gewerkschaften sollten in unserer Gesellschaft mehr Einfluß erhalten.
- Für jeden, der arbeiten will, sollte auch ein Arbeitsplatz zur Verfügung gestellt werden, der seiner Ausbildung entspricht.

Frage 39: "Auch in der Politik kann man nicht alles auf einmal haben. Auf dieser Liste finden Sie einige Ziele, die man in der Politik verfolgen kann. Wenn Sie zwischen diesen Zielen wählen müßten: Welches erschiene Ihnen persönlich am wichtigsten? Und welches am zweitwichtigsten? Welches käme an dritter Stelle usw.?"

- Aufrechterhaltung von Ruhe und Ordnung in diesem Lande
- Mehr Einfluß der Bürger auf die Entscheidungen der Regierung
- Kampf gegen die Arbeitslosigkeit
- Schutz des Rechts auf freie Meinungsäußerung

Auszug aus den Fragebögen

Auszug aus dem Fragebogen für die schriftliche Befragung der Abgeordneten der 10. Volkskammer der DDR

Teil A des Volkskammerfragebogens

Frage 1: "Vergegenwärtigen Sie sich bitte Ihre Situation vor der Wahl am 18. März. Welche politischen Motive führten zu Ihrer Kandidatur?" (Kreuzen Sie bitte an.)

(Antwortvorgaben: sehr wichtig, wichtig, weniger wichtig, unwichtig)

- Gegen Rückfall in alte Verhältnisse wirken
- Den Vereinigungsprozeß beschleunigen
- Ergebnisse der Revolution sichern
- andere Motive / welche?

Frage 2: "Und welche eher persönlichen Motive sind für Ihre parlamentarische Arbeit von Bedeutung?" (Kreuzen Sie bitte an.)

(Antwortvorgaben wie in Frage 1)

- Persönliche politische Vorstellungen verwirklichen.
- Politische Ziele meiner Partei/Bewegung durchsetzen.
- Interesse an der parlamentarischen Arbeit allgemein.
- Fachliche Kenntnisse einbringen.
- An der öffentlichen Meinungsbildung mitwirken.
- Intellektuelle Befriedigung, Freude am Debattieren.
- Einfluß auf politische Entscheidung nehmen.
- Im "Zentrum der Dinge" sein.
- Die Interessen der Bürger vertreten.
- Auch um eine angemessene Vergütung für politisches Engagement zu erhalten.
- Eine Position zu haben, aus der heraus es einfacher ist, andere politisch zu überzeugen.
- Andere Motive / welche?

Frage 3: "Nun möchten wir gerne etwas darüber erfahren, wie Sie Ihre Arbeit als Volkskammerabgeordneter gestalten. Wir haben in dieser Liste verschiedene Aussagen über die Rolle von Abgeordneten notiert. Würden Sie bitte sagen, welche der vier Möglichkeiten Ihrem Verständnis am nächsten kommt?" (Bitte nur ein Kreuz.)

- Als Abgeordneter verstehe ich mich in erster Linie als Vertreter meiner Wähler.
- Als Abgeordneter verstehe ich mich in erster Linie als Repräsentant der Ziele meiner Partei/Bewegung.
- Als Abgeordneter fühle ich mich niemandem besonders verpflichtet, sondern handele in erster Linie nach meinem persönlichen Ermessen.
- Als Abgeordneter verstehe ich mich in erster Linie als Sprecher für die Belange bestimmter gesellschaftlicher Gruppen.
  Bei Zustimmung, welcher?

Frage 4: "Wenn Sie an Ihre Abgeordneten-Tätigkeiten insgesamt denken, worauf liegt da bei Ihnen das Schwergewicht Ihrer Arbeit? Welche der Tätigkeitsschwerpunkte würden Sie an erster, zweiter, dritter, vierter und fünfter Stelle nennen?"

(Rangfolge erstellen)

- Mitwirkung bei der Gesetzgebung und der Regierungskontrolle
- Artikulation bestimmter gesellschaftlicher Interessen
- Politische Grundsatzarbeit und Entwurf politischer Strategien
- Vertretung der Interessen einzelner Bürger
- Koordinations- und Vermittlertätigkeiten zwischen verschiedenen politischen Gruppen innerhalb und außerhalb des Parlaments

Frage 9: "In der Politik können nicht alle Ziele zugleich verfolgt werden. Wenn Sie zwischen diesen Zielen wählen müßten: Welches erschiene Ihnen persönlich am wichtigsten? Und welches am zweitwichtigsten? Welches käme an dritter Stelle usw.?"

- Aufrechterhaltung von Ruhe und Ordnung im Land
- Mehr Einfluß der Bürger auf Entscheidungen der Regierung
- Kampf gegen Arbeitslosigkeit
- Schutz des Rechts auf freie Meinungsäußerung

Auszug aus den Fragebögen

Frage 14: "Neben den Kontakten zu Personen und Institutionen, die für Ihre p o l i t i s c h e Informationsgewinnung sicherlich von Bedeutung sind, gibt es noch zahlreiche andere Informationsmittel. Bitte nennen Sie anhand dieser Liste, ob und wie oft Sie die aufgeführten Medien nutzen."

(Antwortvorgaben der Kontakthäufigkeit: regelmäßig, gelegentlich, selten, nie.)

- Überregionale Tageszeitungen der DDR
- Überregionale Tageszeitungen der BR Deutschland
- DDR-Wochenzeitungen
- BRD-Wochenzeitungen
- Internationale Presse
- DDR-Fernsehsendungen
- BRD-Fernsehsendungen
- DDR-Radiosendungen
- BRD-Radiosendungen
- Veröffentlichungen anderer Parteien / Bewegungen
- Veröffentlichungen von Interessenorganisationen
- Wissenschaftliche Veröffentlichungen der DDR
- Wissenschaftliche Veröffentlichungen der BRD

Frage 18: "Wie wichtig sind Ihnen folgende parlamentsinterne Informationsmöglichkeiten?"

(Antwortvorgabe: 5er Skala von "sehr wichtig" bis "nicht so wichtig")

- Plenumsdebatten
- Ausschußsitzungen/vorlagen
- Regierungsvorlagen
- Informationen aus den Fraktionsgremien
- Anfragen
- Informationsdienste der Volkskammer
- Aktuelle Stunde

Frage 19: "In der Öffentlichkeit, aber auch von Abgeordneten selbst, hört man immer wieder kritische Stimmen über die Probleme, mit denen Abgeordnete konfrontiert sind. Auf dieser Liste sind einige solcher Probleme notiert. Würden Sie uns bitte sagen, welche der folgenden Probleme für Sie wichtig oder eher nicht so wichtig sind?"

(Antwortvorgaben: wirklich wichtig; weniger wichtig)

- Der persönliche Einfluß der Abgeordneten ist zu gering
- Man hat zu wenig Zeit für das Privatleben
- Die Entschädigung ist unzulänglich
- Zu viel Büroarbeit
- Unzulängliche Möglichkeiten, sich in der Öffentlichkeit zu profilieren
- Der Einfluß des Abgeordneten auf die Ministerialverwaltung ist zu gering
- Die Repräsentationspflichten sind zu zahlreich
- Die Möglichkeit politischer Einflußnahme ist in der Opposition zu gering
- Zu wenig Zeit, sich umfassend zu informieren
- Die Partei/Bewegung übt einen zu großen Druck auf die Abgeordneten aus
- Durch die Arbeit im Parlament hat man zu wenig Zeit für Gespräche mit den Bürgern
- Die Aufgabe, den einzelnen Bürgern zu helfen, wird nur unzulänglich wahrgenommen
- Es fehlt unter den Abgeordneten an parlamentarischem Gemeinschaftsgefühl
- Man hat zu wenig Zeit, um vertiefend über politische Probleme nachzudenken
- Man hat für seine parlamentarische Arbeit zu wenig sachliche und personelle Hilfe
- Die Tätigkeit der Abgeordneten erscheint häufig sinnlos, da Probleme doch nur unzulänglich gelöst werden
- Der Verhaltensstil im Umgang miteinander läßt zu wünschen übrig
- Politische Ideale werden gar nicht mehr verfolgt, es regiert der Sachzwang
- Die Moral in der Politik zählt nicht mehr viel, Korruption, persönliche Angriffe und Demagogie sind an der Tagesordnung

Frage 20: "In der Öffentlichkeit gibt es verschiedene Sichtweisen über das Verhältnis von Parlament und Regierung. Welches entspricht heute am ehesten der Realität?"

- Die Regierung und die sie tragende Mehrheit verstehen sich als eine Einheit. Ihnen steht die Opposition gegenüber, die gegebenenfalls zur Regierungsbildung bereit ist.
- Das Gesamtparlament versteht sich als Gegenüber zur Exekutive.
- Die Koalitionsfraktionen, die Oppositionsfraktionen und die Regierung verstehen sich jeweils als eigenständige politische Gruppierungen.

Auszug aus den Fragebögen

Frage 21: "Welchem der drei Modelle würden Sie persönlich den Vorzug geben?"

Frage 22: "Die Volkskammer steht heute unter dem Einfluß vielfältiger politischer und gesellschaftlicher Gruppen. Wie würden Sie den Einfluß von Gruppen aus der BR Deutschland einschätzen."

(Bitte vergeben Sie für jede Gruppe anhand der folgenden Skala einen Wert. -4 bedeutet, Sie halten den Einfluß für zu gering, +4 bedeutet, Sie halten den Einfluß für zu stark. Mit den Werten dazwischen können Sie Ihre Meinung differenzieren.)

- Außerparlamentarische Fachleute und Gutachter
- Bundespräsident
- Bundeskanzler
- Bundesregierung
- Ministerialbürokratie
- Regierungs-Parteien
- Oppositions-Parteien
- Kirchen
- Fernsehen
- Presse
- Bürgerbewegungen
- Gewerkschaften
- Interessenverbände der Wirtschaft
- Interessenverbände der Landwirtschaft
- Öffentliche Meinung
- Andere Verbände und Organisationen / welche?

Teil B des Volkskammerfragebogens

Frage 1: "Es gibt in der öffentlichen Meinung in der DDR viele Auffassungen über die Entwicklung in der Gesellschaft. Wir haben hier einige zusammengestellt. Würden Sie bitte angeben, wie wichtig Ihnen jedes dieser Ziele ist?"

(Antwortvorgaben: sehr wichtig, wichtig, nicht so wichtig, bin dagegen)

- Die Bürger sollten mehr Mitsprache bei politischen Entscheidungen haben.
- Die staatlichen Ordnungskräfte sollten weiter ausgebaut werden, um Sicherheit und Ordnung zu gewährleisten.
- Das Demonstrationsrecht sollte eingeschränkt werden.
- Bei allen wirtschaftlichen und politischen Entscheidungen sollte berücksichtigt werden, ob sie nicht eine Gefahr für die Natur und unsere Umwelt sind.
- Unter den Menschen sollte es weniger Konkurrenz und Leistungsdruck geben.
- Parteien sollten weniger Einfluß haben, Bürgerinitiativen dagegen mehr.

Frage 2: "Zu weiteren Auffassungen in der öffentlichen Meinung in der DDR möchten wir von Ihnen wissen, ob Sie mit diesen übereinstimmen oder nicht übereinstimmen."

(Antwortvorgaben: stimme überein, stimme nicht überein)

- Der Mißbrauch des Asylrechts muß verhindert werden.
- Das DDR-Gesundheitswesen sollte in seinen Grundzügen beibehalten werden.
- Der Erhöhung des Lebensstandards in der DDR sollte höchste Priorität eingeräumt werden.
- Die Modernisierung der Industrie sollte umgehend erfolgen, ohne Ökologie- und Rationalisierungsfolge- Pläne zu entwerfen.
- Die LPGs sollten modernisiert beibehalten werden.
- Die bisherige Versorgung mit Kindergärten und Kinderhorten ist zu sichern.
- Das bisherige Bildungswesen sollte in modernisierter Form erhalten bleiben.
- Nationalistischen Tendenzen sollte entgegengewirkt, Toleranz gegenüber ausländischen Mitbürgern gestärkt werden.
- Der Schutz vor Arbeitslosigkeit muß vor dem Schutz der Umwelt stehen.
- Betriebliche Mitbestimmung behindert die Effektivität der Unternehmen.
- Um die Marktwirtschaft zum Laufen zu bringen, müssen soziale Aspekte vorübergehend zurückgestellt werden.

- Bei aller Gastfreundschaft für polnische Bürger sollte bedacht werden, daß unsere Lebensqualität dadurch eingeschränkt wird.
- Angesichts der großen ökonomischen Anstrengungen der DDR sollte gegenwärtig bei den Ausgaben für Kultur und Wissenschaft gespart werden.
- In der DDR bedarf es im Augenblick einer starken politischen Führung.
- Durch die Ergebnisse des Vereinigungsprozesses geht die in der DDR bisher erreichte Gleichstellung der Frau verloren.
- In der DDR gab es trotz aller Mängel auch gute Aspekte.

Frage 3: "Und nun zu einigen weiteren Themen, die zur Zeit in der Öffentlichkeit diskutiert werden:

(Trade-off-Fragen)

A: In der Bundesrepublik ist die Aussperrung erlaubt, d.h. die Arbeitgeber können während eines Arbeitskampfes unter bestimmten Voraussetzungen das Arbeitsverhältnis von Arbeitern und Angestellten vorübergehend außer Kraft setzen. Wie ist Ihre Meinung dazu? Sagen Sie es bitte anhand dieser (5er-)Skala:"

- Die Arbeitgeber sollen aussperren können
  ...
- Die Arbeitgeber sollen nicht aussperren können

B: "Es wird immer wieder darüber gesprochen, wie sich der Staat zu Schwangerschaftsabbrüchen verhalten soll. Auch hier gibt es unterschiedliche Auffassungen. Wie ist Ihre Meinung dazu? Bitte antworten Sie wieder anhand der Skala."(5er-Skala)

- Der Staat sollte Schwangerschaftsabbruch generell unter Strafe stellen.
  ...
- Es sollte in jedem Fall der Frau überlassen werden, ob sie die Schwangerschaft abbrechen will.

C: "Auch zur Frage der Kernenergie gibt es nach wie vor in der Öffentlichkeit gegensätzliche Auffassungen. Wie ist Ihre Meinung dazu?"(5er-Skala)

- Weiterer Ausbau der Kernenergie
  ...
- Sofortige Abschaltung aller Kernkraftwerke

D: "Es wird zur Zeit diskutiert, ob man in das Grundgesetz ein Recht auf Arbeit aufnehmen soll. Das Problem dabei ist, inwieweit der Staat in einer Marktwirtschaft jedem einen Arbeitsplatz sichern kann. Wie ist Ihre Meinung dazu?"(5er-Skala)

- Der Staat kann in einer Marktwirtschaft unter keinen Umständen jedem einen Arbeitsplatz sichern
  ...
- Der Staat muß auch in einer Marktwirtschaft dafür sorgen, daß jeder einen Arbeitsplatz bekommt

Frage 7: "In der Öffentlichkeit gibt es unterschiedliche Meinungen darüber, wer entscheidend die Ablösung der Macht der SED bewirkt hat. Welche der folgenden Faktoren halten Sie für wichtig oder nicht wichtig?"

(Antwortvorgaben auf einer 5er-Skala)

- Bürgerbewegungen
- SED-Reformer
- Staatssicherheit
- Gorbatschows Politik
- Volk
- Westparteien
- Fluchtbewegung
- Einfluß osteuropäischer Staaten

Auszug aus den Fragebögen

Frage 8: "Viele Menschen verwenden die Begriffe 'links' und 'rechts', wenn es darum geht, unterschiedliche politische Einstellungen zu kennzeichnen. Wir haben hier einen Maßstab, der von links nach rechts verläuft. Wenn Sie an Ihre eigenen politischen Ansichten denken, wo würden Sie diese Ansichten auf dieser (10er -) Skala einstufen?"

Frage 10: "In der öffentlichen Diskussion gibt es unterschiedliche Meinungen über das Verfahren der Vereinigung beider deutscher Staaten. *Unabhängig vom tatsächlichen Verlauf der Vereinigung* möchten wir von Ihnen wissen, welches Modell der Vereinigung Sie vor der Währungsunion für richtig gehalten hätten?"

(Antwortvorgaben auf einer 5er Skala: sehr richtig, richtig, eher richtig, nicht so richtig, falsch.)

- Beide deutsche Staaten vereinigen sich nach Artikel 23 des Grundgesetzes.
- Beide deutsche Staaten vereinigen sich nach Artikel 146 des Grundgesetzes.
- Beide deutsche Staaten vereinigen sich nach Artikel 23 und 146 des Grundgesetzes.
- Die DDR nimmt den Verfassungsvorschlag des Runden Tisches an.
- Die DDR und die BR Deutschland gründen eine gemeinsame Verfassungsgebende Versammlung.
- Zwei souveräne deutsche Staaten
- Staatenbund zwischen beiden deutschen Staaten

Frage 12: "Wie ist Ihre Meinung über eine mögliche Einführung plebiszitärer Elemente in eine gemeinsame deutsche Verfassung? Würden Sie uns bitte anhand dieser Liste sagen, welche der aufgeführten Verfahren direkter Bürgerbeteiligung Sie auf der Ebene eines vereinigten Deutschlands für sinnvoll und welche Sie für nicht sinnvoll halten?"

(Antwortvorgaben: sinnvoll; nicht sinnvoll)

- Rechtlich unverbindliche Volksbefragung durch das Parlament
- Rechtlich unverbindliche Volksbefragung durch die Regierung
- Volksentscheid auf Initiative einer Parlamentsminderheit
- Volksentscheid auf Initiative der Parlamentsmehrheit
- Volksentscheid auf Initiative der Regierung
- Volksentscheid aufgrund eines Volksbegehrens

Frage 13: "Die Geschwindigkeit des Vereinigungsprozesses bei der deutscher Staaten wird unterschiedlich eingeschätzt. Was ist Ihre Meinung?"

- Viel zu schnell / zu schnell / gerade richtig / eher zu langsam / viel zu langsam
Können Sie Ihre Ansicht bitte erläutern?

Teil C des Volkskammerfragebogens (ohne Nummerierung)

Frage: "Hatten Sie oder Ihre Angehörigen vor der "Wende" wegen Ihrer Auffassungen oder Aktivitäten im privaten oder beruflichen Leben Nachteile zu erleiden?" (Mehrfachantworten möglich)

- Nein
- Ja, Behinderungen in der beruflichen Entwicklung
- Ja, Behinderungen im Ausbildungsweg
- Ja, beschränkte Reisemöglichkeiten nach Osteuropa
- Ja, Belästigung durch die Staatssicherheit
- Ja, Zuführung, Festnahme, Haft

Frage: "Haben Sie vor dem 7. Oktober 1989 die Oppositionsbewegung gegen die SED-Regierung unterstützt?"(Mehrfachantworten möglich)

- Nein
- Nein, ich stand der Oppositionsbewegung eher skeptisch gegenüber
- Nein, hätte sie gern unterstützt, wenn es mir möglich gewesen wäre
- Nein, hätte sie unterstützt, wenn entsprechende Angebote vor Ort bestanden hätten

Auszug aus den Fragebögen

- Ja, habe in privaten Gesprächen Zustimmung bekundet
- Ja, habe an öffentlichen Demonstrationen teilgenommen
- Ja, habe an Gesprächskreisen teilgenommen
- Ja, andere Form der Unterstützung

Frage: "Wenn Sie an Ihre Zukunft denken, welche Perspektive kommt für Sie in Frage?"

- ich möchte die Arbeit in meinem alten Beruf wieder aufnehmen.
- ich möchte weiterhin politisch tätig sein:
    - Parlamentarisch auf kommunalpolitischer Ebene
    - Regierungsamt auf kommunalpolitischer Ebene
    - Parlamentarisch auf landespolitischer Ebene
    - Regierungsamt am landespolitischer Ebene
    - Parlamentarisch auf gesamtdeutscher Ebene
    - Regierungsamt auf gesamtdeutscher Ebene
    - Aufgaben in meiner Partei/Bewegung übernehmen
    - Für meine Partei/Bewegung in meiner Gemeinde wirken

Anhang B

Veröffentlichungen aus dem Forschungsprojekt "MdB - Rolle und Kommunikationsbeziehungen des Abgeordneten in der repräsentativen Demokratie":

Dietrich Herzog, Was heißt und zu welchem Ende studiert man Repräsentation?, in: Dietrich Herzog/Bernhard Weßels (Hrsg.), Konfliktpotentiale und Konsensstrategien. Beiträge zur politischen Soziologie der Bundesrepublik, Opladen: Westdeutscher Verlag 1989, S. 307-335.

Hilke Rebenstorf/Bernhard Weßels, Wie wünschen sich die Wähler ihre Abgeordneten?, in: Zeitschrift für Parlamentsfragen, 20 (1989), S. 408-424.

Dietrich Herzog, Der moderne Berufspolitiker. Karrierebedingungen und Funktionen in westlichen Demokratien, in: Eliten in der Bundesrepublik Deutschland, Stuttgart: Kohlhammer 1990, S. 28-51.

Dietrich Herzog/Hilke Rebenstorf/Camilla Werner/Bernhard Weßels, Abgeordnete und Bürger, Opladen: Westdeutscher Verlag 1990.

Hilke Rebenstorf, Frauen im Bundestag - anders als die Männer?, in: Eliten in der Bundesrepublik Deutschland, Stuttgart: Kohlhammer 1990, S.52-75.

Camilla Werner, Wer sind die Rebellen im Parlament? Die interfraktionelle Initiative Parlamentsreform im 11. Deutschen Bundestag, in: Zeitschrift für Parlamentsfragen, 21 (1990), S. 404-418.

Helmut Müller-Enbergs, Welchen Charakter hatte die Volkskammer nach den Wahlen am 18. März 1990?, in: Zeitschrift für Parlamentsfragen 22 (1991), S. 450-467.

Scholz, Bettina, Die Abgeordneten der ersten demokratischen Volkskammer. Von parlamentarischen Anfängern zu Berufspolitikern?, in: Bernhard Muszynski (Hrsg.), Deutsche Vereinigung. Probleme der Integration und Identifikation (Gegenwartskunde, Sonderheft 7), Opladen: Leske + Budrich 1991, S. 85-98.

Hirner, Manfred, Der Deutsche Bundestag im Netzwerk wirtschafts- und sozialpolitischer Interessenorganisationen, Diplom-Arbeit, FU Berlin, Otto-Suhr-Institut für Politische Wisenschaft 1991.

Camilla Werner, Direktdemokratische Entscheidungsverfahren in der Bundesrepublik Deutschland? Zum Diskussionsstand und zu den Meinungen der Abgeordneten des 11. Deutschen Bundestages und der Volkskammer, in: Hans-Dieter Klingemann/Richard Stöss/Bernhard Weßels (Hrsg.), Politische Klasse und politische Institutionen. Probleme und Perspektiven der Elitenforschung, Opladen: Westdeutscher Verlag 1991, S. 405-433.

Bernhard Weßels, Abgeordnete und Bürger: Parteien und Wahlkreiskommunikation als Faktoren politischer Repräsentation, in: Hans-Dieter Klingemann/Richard Stöss/Bernhard Weßels (Hrsg.), Politische Klasse und politische Institutionen. Probleme und Perspektiven der Elitenforschung, Opladen: Westdeutscher Verlag 1991, S. 325-356.

Hilke Rebenstorf, Politische Herkunft und politische Karriere, in: Hans-Dieter Klingemann/Richard Stöss/Bernhard Weßels (Hrsg.), Politische Klasse und politische Institutionen. Probleme und Perspektiven der Elitenforschung, Opladen: Westdeutscher Verlag 1991, S. 217-234.

Herzog, Dietrich, Brauchen wir eine "Politische Klasse"?, in: Aus Politik und Zeitgeschichte, B 50/91, S.3-13.

Weßels, Bernhard, Zum Begriff der "Politischen Klasse", in: Gewerkschaftliche Monatshefte, 9/1992, S.541-549.

Außerdem sind folgende Konferenzpapiere verfügbar:

Hilke Rebenstorf, Time-Budget of West-German Parliamentarians, Symposion on Legislative Research, December 13th - 16th 1989, Leiden, Niederlande;

Dietrich Herzog, Beyond Representation: The Steering Capacity of the German Bundestag, Berlin Conference on "Political Representation: Linkage Mechanisms in Comparative Perspective", Wissenschaftszentrum Berlin für Sozialforschung, 12.-14. April 1991;

Bernhard Weßels, Political Parties and Communication with the Constituency as Factors of Political Representation. The Case of West Germany, Berlin Conference on "Political Representation: Linkage Mechanisms in Comparative Perspective, Wissenschaftszentrum Berlin für Sozialforschung, 12.-14. April 1991.

Über die Autoren

Uli Brückner, geb. 1964, Dipl.-Pol., Wissenschaftlicher Mitarbeiter am Fachbereich Politische Wissenschaft, FU Berlin, z.Zt. tätig für die Europäische Kommission (Jean-Monet-Projekt). Veröffentlichungen u.a.: *Der Prozess der Europäisierung der Umsatzbesteuerung - Bedingungen, Notwendigkeiten und Chancen* (Dipl.-Arbeit, FB Polit. Wiss., FU Berlin 1990), sowie Beiträge zur Gewerkschaftsforschung und zur Europapolitik.

Dietrich Herzog, geb. 1931, Dipl.-Pol., Dr. Phil., Univ.-Prof. am Fachbereich für Politische Wissenschaft der Freien Universität Berlin, Mitgl. des Zentralinstitus für sozialwissenschaftliche Forschung, Veröffentlichungen u.a.: *Klassengesellschaft ohne Klassenkonflikt*, Berlin: Duncker & Humblot 1965; *Politische Karrieren. Selektion und Professionalisierung politischer Führungsgruppen*, Opladen: Westdeutscher Verlag 1975; *Politische Führungsgruppen: Probleme und Ergebnisse der modernen Elitenforschung*, Darmstadt: Wiss. Buchgesellschaft 1982; *Konfliktpotentiale und Konsensstrategien: Beiträge zur Politischen Soziologie der Bundesrepublik*, Opladen: Westdeutscher Verlag 1989 (Hrsg. zus. mit Bernhard Weßels); *Abgeordnete und Bürger*, Opladen: Westdeutscher Verlag 1990 (Mitautor); Zur Funktion der Politischen Klasse in der sozialstaatlichen Demokratie der Gegenwart, in: Thomas Leif/Hans-Josef Legrand/Ansgar Klein (Hrsg.), *Die politische Klasse in Deutschland*, Bonn/Berlin: Bouvier 1992; sowie Beiträge zur Parteien-, Parlaments- und Elitensoziologie in Sammelwerken und Fachzeitschriften.

Manfred Hirner, geb. 1964, Dipl.-Pol., Veröffentlichungen: *Der Deutsche Bundestag im Netzwerk wirtschafts- und sozialpolitischer Interessenorganisationen* (Dipl.-Arbeit, FB Pol. Wissenschaft der FU Berlin, 1991).

Helmut Müller-Enbergs, geb. 1960, Dipl.-Pol., Wissenschaftlicher Mitarbeiter in der Abteilung Bildung und Forschung des Bundesbeauftragten für die Sicherung der Unterlagen des Staatssicherheitsdienstes der ehemaligen Deutschen Demokratischen Republik. Veröffentlichungen u.a.: *Der Fall Rudolf Herrnstadt. Tauwetterpolitik vor dem 17. Juni*, Berlin: Christoph-Links-Verlag 1991; *Von der Illegalität ins Parlament. Werdegang und Konzepte der neuen Bürgerbewegungen*, 2. Aufl., Berlin: Christoph-Links-Verlag 1992 (Hrsg. zus. mit Marianne Schulze und Jan Wielgohs); *Bündnis 90. Entstehung, Entwicklung, Perspektiven. Ein Beitrag zur Parteienforschung im vereinigten Deutschland*, Berlin: Initial-Verlag 1992 (Hrsg.

zus. mit Marianne Schulze und Jan Wielgohs) ; *Was will die Bürgerbewegung?*, Augsburg: AV-Verlag 1992 (Hrsg.).

Hilke Rebenstorf, geb. 1960, Dipl.-Soz., Wissenschaftliche Mitarbeiterin am Zentralinstitut für sozialwissenschaftliche Forschung der FU Berlin. Veröffentlichungen u.a.: *Abgeordnete und Bürger* (Mitautorin), Opladen: Westdeutscher Verlag 1990; Politische Herkunft und politische Karriere, in: Hans-Dieter Klingemann/Richard Stöss/Bernhard Weßels (Hrsg.), *Politische Klasse und politische Institutionen*, Opladen: Westdeutscher Verlag 1991; Wie wünschen sich die Wähler ihre Abgeordneten?, in: *Zeitschrift für Parlamentsfragen*, 20. Jg. (1989), S. 408-424 (zus. mit Bernhard Weßels); Steuerung des politischen Nachwuchses durch die Parteiführungen? in: *Aus Politik und Zeitgeschichte* B34-35/92.

Bettina Scholz, geb. 1962, Dipl.-Pol., Promotionsstipendiatin der FU Berlin. Veröffentlichung: Die Abgeordneten der ersten demokratischen Volkskammer. Von parlamentarischen Anfängern zu Berufspolitikern? in: *Gegenwartskunde*, Sonderheft 7, 1991.

Camilla Werner, geb. 1949, Dipl.-Pol., Referentin im Ministerium für Umwelt, Naturschutz und Raumordnung des Landes Brandenburg. Veröffentlichungen u.a.: *Die Forderung nach Volksbegehren und Volksentscheid: Zur Analyse ihrer Entstehungsgründe und zu den möglichen Folgen ihrer Realisierung im Verfassungssystem der Bundesrepublik Deutschland* (Dipl.-Arbeit, FB Polit. Wiss. der FU Berlin, 1986); *Abgeordnete und Bürger*, Opladen: Westdeutscher Verlag 1990 (Mitautorin); Wer sind die Rebellen im Parlament? Die Überfraktionelle Initiative Parlamentsreform im 11. Deutschen Bundestag, in: *Zeitschrift für Parlamentsfragen*, 21. Jg. (1990), S. 404 - 418; Direktdemokratische Entscheidungsverfahren in der Bundesrepublik Deutschland? Zum Diskussionsstand und zu den Meinungen der Abgeordneten des 11. Deutschen Bundestages und der Volkskammer, in: Hans-Dieter Klingemann/Richard Stöss/Bernhard Weßels (Hrsg.), *Politische Klasse und politische Institutionen*, Opladen: Westdeutscher Verlag 1991, S. 405 - 433.

Bernhard Weßels, geb. 1955, Dipl.-Soz., Dr. phil., Wissenschaftlicher Mitarbeiter am Wissenschaftszentrum Berlin für Sozialforschung, Abteilung Institutionen und sozialer Wandel. Veröffentlichungen u.a.: *Konfliktpotentiale und Konsensstrategien: Beiträge zur Politischen Soziologie der Bundesrepublik*, Opladen: Westdeutscher Verlag 1989 (Hrsg. zus. mit Dietrich Herzog); *Abgeordnete und Bürger*, Opladen: Westdeutscher Verlag 1990 (Mitautor); *Erosion des Wachstumsparadigmas: Neue Konfliktstrukturen im politischen System der Bundesrepublik?*, Opladen: Westdeutscher Verlag 1991; *Politische Klasse und politische Institutionen: Probleme und Perspektiven der Elitenforschung. Dietrich Herzog zum 60. Geburtstag*, Opladen: Westdeutscher Verlag 1991 (Hrsg. zus. mit Hans-Dieter Klingemann und Richard Stöss); Kommunikationspotentiale zwischen Bundestag und Gesellschaft, in: *Zeitschrift für Parlamentsfragen*, 18. Jg. (1987), S. 285-311; Wie wünschen sich die Wähler ihre Abgeordneten?, in: *Zeitschrift für Parlamentsfragen*, 20. Jg. (1989), S. 408-424 (zus. mit Hilke Rebenstorf); Vielfalt oder strukturierte Komplexität? Zur Institutionalisierung politischer Spannungslinien im Verbände- und Parteiensystem in der Bundesrepublik, *Kölner Zeitschrift für Soziologie und Sozialpsychologie*, Jg. 43 (1991), S. 454-475; Zum Begriff der "Politischen Klasse", in: *Gewerkschaftliche Monatshefte*, 43. Jg., 9'92, S. 541-549; sowie Beiträge zur Interessenvermittlung, Wahl- und Verbändeforschung in Fachzeitschriften und Sammelwerken.